大夏合规
Great China Compliance

合规管理体系手册

原理、要素及实务指引

周万里◎主编

COMPLIANCE MANAGEMENT SYSTEMS MANUAL

Principles, Elements and Practical Guidelines

法律出版社
LAW PRESS·CHINA
北京

图书在版编目(CIP)数据

合规管理体系手册：原理、要素及实务指引／周万里主编. -- 北京：法律出版社，2023
ISBN 978 -7 -5197 -7972 -6

Ⅰ. ①合… Ⅱ. ①周… Ⅲ. ①企业法-中国-手册
Ⅳ. ①D922.291.91 -62

中国国家版本馆 CIP 数据核字(2023)第 099662 号

合规管理体系手册
——原理、要素及实务指引
HEGUI GUANLI TIXI SHOUCE
—YUANLI、YAOSU JI SHIWU ZHIYIN

周万里 主编

策划编辑 蒋 橙
责任编辑 蒋 橙
装帧设计 李 瞻

出版发行 法律出版社
编辑统筹 法律应用出版分社
责任校对 朱海波
责任印制 刘晓伟
经　　销 新华书店

开本 710 毫米×1000 毫米 1/16
印张 40.25 **字数** 546 千
版本 2023 年 6 月第 1 版
印次 2023 年 6 月第 1 次印刷
印刷 北京金康利印刷有限公司

地址：北京市丰台区莲花池西里 7 号(100073)
网址：www.lawpress.com.cn
投稿邮箱：info@lawpress.com.cn
举报盗版邮箱：jbwq@lawpress.com.cn

销售电话：010-83938349
客服电话：010-83938350
咨询电话：010-63939796

书号：ISBN 978-7-5197-7972-6
定价：148.00 元

凡购买本社图书，如有印装错误，我社负责退换。电话：010-83938349

大夏合规丛书序言

“大夏”源自“光大华夏”，其英文词“Great China”，也被直译为“伟大的中国”。中国之伟大，不仅在于国力，更在于人心。悠悠历史，谦谦君子，中国人自古便崇尚德行，深知“不以规矩，不能成方圆”。在利字当头的市场经济环境中，诚实守信变成了稀有品德，合规文化更是参差不齐，在这样的大环境下，合规与道德越来越受到国家和社会的重视。为了传播合规文化、合规理念和合规学知识，“大夏合规丛书”(Great China Compliance)应运而生。

合规无处不在，以至于我们感受不到它的存在。自2018年4月中兴通讯出口管制案以来，合规受到我国前所未有的重视。从国家标准化管理委员会于2017年制定的《合规管理体系　指南》和国务院国资委于2018年发布的《中央企业合规管理指引(试行)》，到国家发展改革委等七部门于2018年发布的《企业境外经营合规管理指引》和国务院反垄断委员会于2020年发布的《经营者反垄断合规指南》，再到最高人民检察院于2020年3月试点企业合规不起诉制度和2021年3月人力资源和社会保障部办公厅等三部门公布新职业“企业合规师”，我们看到合规的制度化、职业化和科学化的发展趋势。随着合规“春天”的到来，合规学在兴起。在省、直辖市的层面，江苏、上海、深圳等发达地区的地方政府和司法机关也颁布了诸如江苏省《省属企业合规管理指引(试行)》(2019年)、上海市《国资委监管企业合规管理指引(试行)》(2019年)和《经营者竞争合规指南》(2021 年)及深圳市《反贿赂管理体系》(2017 年)的合规规范。在金融行业,合规法律的制定更早。

国际上的合规研究由来已久。目前,美国、英国、欧盟、德国、国际标准化组织、经合组织、联合国和世界银行集团等国家和组织力推合规的制度建设。例如,美国《反海外腐败法》(1977 年)对反腐败合规提出要求、英国《反贿赂法》(2010 年)规定商业组织预防贿赂失职罪、欧盟《通用数据保护条例》(2018 年)及世界银行集团《诚信合规指南》(2010 年)等我们也耳熟能详。

我国不合规案件的发生、国际上日益成熟的合规法律法规及合规标准,给我国的合规科学提出了莫大的挑战,同时也带来前所未有的机遇。目前我国的高等教育体系中还没有哪个学科能够完全涵盖合规科学。据目前研究成果和实践运用来看,合规学是一门以合规为研究对象的交叉学科。它不仅涉及法学和管理学,还与经济学、心理学及伦理学有着密切联系。因此,大夏合规丛书本着交叉学科的视角,试图给读者展现合规学的全貌。

合规虽无处不在,但有效的合规,需要系统化和科学化的合规专业知识。大夏合规丛书是传播和分享合规专业知识的媒介。只有全社会认识到合规和道德在商业社会中的重要价值,并践行合规要求和道德规范,才能形成“联合行动”的氛围和效果。

祝愿读者知行合一,行稳致远。

以此为序。

周万里

2021 年 4 月 14 日

序　言

自2018年以来,合规在我国一直是热点话题。其间,合规理论和实践发展到新的阶段。随着合规在立法、执法和司法中不断受到人们重视,由国有企业合规、涉案企业合规和合规管理体系标准组成的合规“三驾马车”在我国形成。这“三驾马车”相互作用,在不同的发展阶段,此消彼长,推动形成具有中国特色的“合规型监管”模式。

一直以来,合规理论界与实务界缺少一部被普遍认可的合规最佳实践或标准。2022年4月13日,国际标准化组织发布《合规管理体系　要求及使用指南》(ISO 37301:2021),取代该组织于2014年12月5日发布的《合规管理体系　指南》(ISO 19600:2021),使全球有了第一部可以用来做认证的合规管理体系标准。2022年10月12日,国家市场监督管理总局和国家标准化管理委员会联合发布并实施中文等同采用标准《合规管理体系　要求及使用指南》(GB/T 35770—2022),代替我国在2017年12月发布的国家推荐标准《合规管理体系　指南》(GB/T 35770—2017)。

我国的《合规管理体系　要求及使用指南》保持与国际标准文本的一致性,仅在正文的术语部分对术语3.14“要求”和3.28“合规文化”增加了注解,并在使用指南部分增加了补充使用指南。由于国际标准化组织的《合规管理体系　要求及使用指南》在全球得到普遍使用,是各国理解和适用该国际标准的基础，使该国际标准具有普适性和权威性，因此，本书关于合规管理体系的理解和运用，围绕国际标准化组织发布的《合规管理体系　要求及使用指南》展开，同时兼顾我国标准的表述和补充材料的具体内容。

国际标准化组织和我国先后在2021年和2022年发布《合规管理体系　要求及使用指南》，具有以下几个方面意义：

首先，企业和各类组织开展合规管理体系建设有了参考依据。《合规管理体系　要求及使用指南》作为一项国际标准，反映了合规管理的最佳实践，汇聚了全球权威合规专家的智慧，代表了合规管理的当代“技术水平”。

其次，执法机关或司法机关可参考该标准开展“合规型监管”。在一些发达国家，执法机关或司法机关认可企业积极开展合规管理的努力，有效合规对企业的违法犯罪行为的处理有积极意义，尤其体现为减轻处罚或免除处罚。对企业而言，基于《合规管理体系　要求及使用指南》进行“合规抗辩”，使抗辩理由具有说服力，有利于当事人与行政机关、司法机关进行有效沟通。我国检察机关主导的涉案企业合规改革（所谓的“合规不起诉”），是合规型监管的典型。为此，第三方组织专业人员（合规监管人）需要评估涉案企业合规管理的有效性。《合规管理体系　要求及使用指南》虽不是法律文件，却可以成为合规管理有效性评估和审查的重要参考依据。这也是国际标准化组织制定该标准的目标之一。

再次，该标准作为国际标准化组织的A类标准，能够成为企业开展合规管理体系认证的依据。合规管理体系认证，不仅能够促进企业重视合规文化、加强合规管理，也能够向外界展示企业积极的、负责任的形象，推进“责任企业管理”，有助于企业开拓市场、获得新业务。在行政程序或司法程序中，企业在违法犯罪行为发生前后做了合规管理体系认证，对案件处理结果也有积极的意义。

最后，该标准可以促进国际贸易，减少跨国贸易的交易成本。在国际贸易中，语言、文化、习惯、风俗以及法律等的不同，往往阻碍交易方达成可信任的交易基础。基于《合规管理体系　要求及使用指南》开展合规管理体系建设，不仅能够有效管控上述不确定因素，还可以使交易方对企业文化（合规文化）、可持续发展等话题达成共识，进而促进国际贸易。尤其是在全球化的背景下，越来越多的国家和国际组织要求企业在供应链管理中，注重对生态环境、社会、人权等非经济事项利益的保护。企业的价值观管理对内对外的实施，尤其是针对其供应链开展价值观管理，成为21世纪企业经营管理的必然选择。社会责任、企业责任、ESG以及可持续发展，逐渐成为主流的合规重点领域。对于可持续发展合规、ESG合规，《合规管理体系　要求及使用指南》大有作为。

本书由合规领域的权威专家联合撰写。他们当中既有拥有丰富的合规管理经验的合规官，又有合规标准方面的专家，还有办理过涉案企业合规案件的检察官，以及专注合规研究的著名学者。与《合规管理体系　要求及使用指南》的框架一致，本书基于PDCA循环模型，搭建全书体系。全书分为五篇二十七章，分别是基础、策划、执行、检查和改进。

第一篇“基础”围绕《合规管理体系　要求及使用指南》中的基本概念、原理及相关理论等展开，是对这部标准的整体阐述。第一篇还对一体化管理体系（整合管理体系）、中小企业合规以及数字化合规管理进行了研究。

第二篇“策划”涉及《合规管理体系　要求及使用指南》的第四章、第五章和第六章，对应PDCA循环中的“P”环节，内容包括组织环境分析、合规风险评估、领导作用、合规文化、合规方针、合规组织以及合规目标等合规管理体系的要素。

第三篇“执行”涉及《合规管理体系　要求及使用指南》的第七章和第八章，对应PDCA循环中的“D”环节，主要内容为合规支持，包括资源、能力、意识等方面的支持，以及合规管理的运行，包括合规管理的控制活动、举报机制和内部调查。

第四篇“检查”涉及《合规管理体系　要求及使用指南》的第九章，对应PDCA循环中的“C”环节，关注合规管理的绩效评价。如对合规管理的监视、测量、审核、评审等评价工作。

第五篇“改进”涉及《合规管理体系　要求及使用指南》的第十章，也即PDCA循环中的“A”环节，主要内容是持续改进和针对不符合或不合规行为采取的纠正措施。后者一般是在合规危机管理的主题下论述。

本书出版，得益于每位参编者的付出、努力和奉献，也感谢世界银行项目——西门子集团诚信倡议资助的“大夏合规”项目。该项目为合规界提供平台，促进各位参编者和读者相互认识、交流和学习合规管理体系。

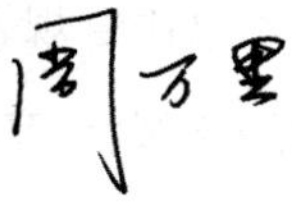

2023年5月

编写分工

第一章	合规与合规管理体系	周万里
第二章	一体化管理体系	郭青红
第三章	中小企业合规	宇文沛、郑婷
第四章	数字化合规管理	陈炽、翟伯荫
第五章	组织环境	周万里
第六章	合规风险评估	胡国辉、赵亚
第七章	领导作用	周万里
第八章	合规文化	卞传山
第九章	合规方针	郑莉、杜友震
第十章	合规组织	李玉玲
第十一章	合规目标	周万里
第十二章	雇佣与合规的融合	刘芸
第十三章	合规沟通	姜迎宁
第十四章	合规培训	沈艳蓉
第十五章	文件化信息	李素鹏
第十六章	运行控制	周万里
第十七章	商业伙伴合规	周万里
第十八章	举报	王宗秀、孙宋龙

第十九章	内部调查	马靖云、朱焱
第二十章	合规监视和测量	潘露铃
第二十一章	合规评估指数	李本灿
第二十二章	合规报告	孙培岳
第二十三章	内部审核	周森
第二十四章	管理评审	胡国辉、石子立
第二十五章	合规认证	马海鹏
第二十六章	持续改进	李勇
第二十七章	合规危机管理	殷秀芳
附　录	合规管理体系审查清单	周万里

《合规管理体系　要求及使用指南》框架图

合规管理体系　要求及使用指南

<table>
<tr><th>1. 范围</th><th>2. 规范性引用文件</th><th>3. 术语和定义</th><th>策划</th><th>执行</th><th>检查</th><th>改进</th><th>目标</th><th>原则</th><th>附录</th></tr>
<tr><td rowspan="3">用途：建立、开发、实施、评价、维护和改进有效的合规管理体系</td><td rowspan="6">无</td><td rowspan="6">组织 相关方
最高管理者
管理体系 方针
目标 风险 过程
能力 文件化信息
绩效 持续改进
有效性 要求/需求
符合 不符合
纠正措施 审核
测量 监视
治理机构 人员
合规团队
合规风险
合规义务 合规
不合规 合规文化
行为 第三方
程序</td><td rowspan="2">4. 组织环境：
理解组织及其环境
理解相关方的需要和期望
确定合规管理体系的范围
合规管理体系
合规义务
合规风险评估</td><td rowspan="3">7. 支持：
资源
能力：聘用过程；培训
意识
沟通
文件化信息：创建与更新；控制</td><td rowspan="6">9. 绩效评价：
监视、测量、分析和评价：合规绩效的反馈来源；指标的制定；合规报告；记录保存
内部审核：审核内容；审核方案
管理评审：管理评审输入；管理评审结果</td><td rowspan="6">10. 改进：
持续改进
不符合与纠正措施</td><td>诚信</td><td>诚信</td><td rowspan="6">使用指南</td></tr>
<tr><td>文化</td><td>良好治理</td></tr>
<tr><td rowspan="3">5. 领导作用：
领导作用和承诺：治理机构和最高管理者；合规文化；合规治理
合规方针
岗位、职责和权限：治理机构和最高管理者；合规团队；管理者；人员</td><td>符合</td><td>匹配</td></tr>
<tr><td rowspan="3">普适性：适用于所有类型的组织</td><td rowspan="3">8. 运行：
运行的策划和控制
确立控制和程序
提出疑虑
调查过程</td><td>声誉</td><td>透明</td></tr>
<tr><td>价值</td><td>问责</td></tr>
<tr><td>6. 策划：
应对风险和机会的措施
合规目标及其实现的策划
针对变更的策划</td><td>道德</td><td>可持续</td></tr>
</table>

目　录

CONTENTS

第一篇　基　础

第一章　合规与合规管理体系 / 003

第一节　概述 / 005

一、合规、合规管理及合规管理体系 / 005

(一)合规 / 005

(二)合规管理 / 006

(三)合规管理体系 / 007

二、运用场景 / 009

(一)合规管理体系建设 / 009

(二)行政执法或司法程序 / 010

(三)市场交易 / 011

(四)合规认证 / 012

三、发展史 / 013

(一)澳大利亚《合规方案》 / 013

(二)国际标准化组织《合规管理体系　指南》 / 015

四、相关合规标准比较 / 016

(一)与《合规管理体系　指南》的比较 / 016

(二)与《中央企业合规管理指引(试行)》的比较 / 020

(三)与《中央企业合规管理办法》的比较 / 022
(四)与《涉案企业合规建设、评估和审查办法(试行)》的比较 / 025
(五)与美国司法部《企业合规计划评估》的比较 / 026
(六)与世界银行《诚信合规指南》的比较 / 027
第二节 管理体系的一般特征 / 028
一、高阶结构 / 028
二、协同结构 / 029
三、PDCA 循环 / 031
四、风险导向 / 033
第三节 合规管理体系的要素 / 033
一、目标 / 034
(一)诚信 / 034
(二)文化 / 035
(三)符合 / 035
(四)声誉 / 036
(五)价值观 / 036
(六)道德 / 036
二、原则 / 037
(一)诚信 / 037
(二)良好治理 / 038
(三)匹配 / 038
(四)透明 / 039
(五)问责 / 039
(六)可持续 / 040
三、合规管理体系建设的步骤 / 040
(一)策划 / 041
(二)实施 / 041

(三)评价 / 041
(四)改进 / 042
第四节 整合管理体系 / 042
一、组织治理标准家族 / 043
(一)组织治理 / 043
(二)管理体系 / 044
二、一体化公司治理 / 045
(一)公司治理 / 045
(二)合规管理 / 046
(三)内部控制 / 047
(四)风险管理 / 048
(五)整合方法 / 050
第五节 推荐阅读 / 050

第二章 一体化管理体系 / 053
第一节 基础 / 055
一、企业管理体系 / 055
二、标准化管理体系 / 055
三、一体化管理体系 / 057
第二节 一体化管理体系的最佳实践案例 / 058
一、"三标"起源和发展 / 058
二、"三标"比较 / 059
(一)"三标"对照表 / 059
(二)"三标"的趋同性 / 061
(三)"三标"的差异性 / 061
(四)"三标"各自独立的弊端 / 062
三、"三标"一体化实践 / 063
(一)"三标"一体化理论研究 / 063

(二)企业开展“三标”一体化实践 / 063
(三)“三标”一体化审核 / 064
第三节 国家标准推动一体化管理体系建设 / 064
一、《整合管理体系指南》(征求意见稿) / 065
(一)整合管理体系的原因 / 065
(二)整合管理体系的基本框架 / 065
二、国家标准《合规标准》 / 067
(一)概述 / 067
(二)融合的范围、方法与路径 / 067
第四节 思考与探索:基于合规管理的一体化管理体系 / 069
一、思考与探索之一:国际标准中可认证管理体系一体化 / 069
(一)探索“四标”一体化:合规管理与质量管理、环境管理、职业健康安全管理一体化管理体系 / 070
(二)探索合规管理与其他领域管理一体化管理体系 / 070
二、思考与探索之二:反贿赂管理体系与合规管理体系一体化 / 070
(一)两个标准的趋同性 / 071
(二)深圳标准《反贿赂管理体系》 / 071
(三)一体化管理体系的思考和建议 / 072
三、思考与探索之三:我国中央企业、地方国有企业合规管理体系与其他管理体系一体化 / 073
(一)从建立法律、合规、风险、内控一体化管理平台到建立法务、合规、内控、风险管理协同运作机制 / 073
(二)协同运作机制建设实践 / 074
(三)建设协同运作机制的思考和建议 / 076
第五节 推荐阅读 / 077

第三章 中小企业合规 / 078
第一节 基础 / 080
一、合规对中小企业的价值 / 080
(一)合规减少企业风险 / 081
(二)合规提升企业竞争力 / 082
二、中小企业如何建立有效合规管理体系 / 083
(一)我国中小企业合规管理体系建设现状初览 / 083
(二)中小企业合规管理体系认证 / 084
(三)科学理论指导内部建设 / 085
三、合规管理体系的策划阶段 / 085
(一)最高管理者发挥领导作用 / 086
(二)理解组织环境、识别合规义务、评估合规风险 / 087
(三)策划合规具体制度 / 088
四、合规管理体系的执行阶段 / 089
(一)资源支持 / 089
(二)制度融入 / 090
(三)合规宣贯 / 090
(四)文件化管理 / 091
五、合规管理体系的检查阶段 / 092
(一)检查和监视 / 092
(二)合规沟通 / 093
(三)合规疑虑和举报机制 / 094
(四)内部审核和管理评审 / 095
六、合规管理体系的改进阶段 / 095
(一)纠正措施 / 096
(二)持续改进 / 096
第二节 最佳实践 / 097
第三节 推荐阅读 / 099

第四章　数字化合规管理 / 100
第一节　基础 / 102
一、数字化合规管理介绍 / 102
(一)数字化 / 102
(二)数字化合规管理 / 103
(三)数字化合规管理的作用与意义 / 105
(四)数字化合规管理面临的挑战 / 107
二、搭建数字化合规管理体系 / 108
(一)数据治理 / 108
(二)风险识别与评估 / 109
(三)风险调查与持续改进 / 110
第二节　最佳实践 / 111
一、大数据合规管理平台 / 111
(一)多源数据整合 / 111
(二)合规风险评估与监控 / 112
(三)案件管理 / 112
(四)定制化合规报告 / 113
二、智能合规风险评估系统 / 114
(一)公开信息检索 / 115
(二)股权穿透 / 115
(三)利益冲突分析 / 116
三、数字化企业诚信合规举报系统 / 117
(一)举报事项接收 / 118
(二)审核与分类 / 119
(三)与举报人的沟通 / 119
(四)开展调查 / 119
(五)结果反馈及事后分析 / 119
第三节　推荐阅读 / 120

第二篇 策 划

第五章 组织环境 / 123
第一节 基础 / 125
一、组织与环境的关系 / 125
(一)概述 / 125
(二)环境的类型 / 126
二、组织及其环境 / 128
(一)组织 / 128
(二)环境 / 129
三、利益相关者的需要和期望 / 131
(一)基本理解 / 131
(二)具体运用 / 132
四、合规管理体系的范围 / 134
(一)基本理解 / 134
(二)具体运用 / 135
第二节 最佳实践 / 136
一、PESTLE 分析法 / 136
二、组织结构分析法 / 137
三、利益相关者管理 / 138
第三节 推荐阅读 / 141

第六章 合规风险评估 / 143
第一节 基础 / 145
一、概念 / 145
二、合规义务 / 146

（一）合规义务的分类 / 146
（二）合规义务的渊源 / 146
（三）合规义务的识别和更新维护 / 149
三、合规风险评估和应对 / 150
（一）合规风险识别 / 151
（二）合规风险分析 / 152
（三）合规风险评价 / 154
（四）合规风险策略 / 155
四、合规举措 / 155
第二节 最佳实践 / 156
一、合规话题 / 156
二、合规话题关联性分析 / 159
三、合规义务清单 / 160
四、合规义务分布图 / 160
五、合规风险矩阵 / 161
六、合规风险清单 / 161
第三节 推荐阅读 / 162

第七章 领导作用 / 164
第一节 基础 / 166
一、概念 / 167
（一）治理机构 / 167
（二）最高管理者 / 169
二、法律中的领导作用 / 170
三、合规规范中的领导作用 / 170
四、管理者职责 / 174
（一）领导作用、合规承诺及模范作用 / 174
（二）合规管理义务 / 175

（三）行为守则 / 176
（四）合规治理 / 179
第二节　最佳实践 / 180
第三节　推荐阅读 / 186

第八章　合规文化 / 188
第一节　基础 / 190
一、加强企业合规文化建设的现实意义 / 191
二、企业合规文化建设的现状分析 / 193
（一）我国现有企业合规文化的类型 / 193
（二）现有企业合规文化建设的误区 / 195
（三）我国企业合规文化建设存在的问题 / 195
三、加强企业合规文化建设的基本设想 / 197
（一）合规文化的精神层建设 / 197
（二）合规文化的制度层建设 / 199
（三）合规文化的物质层建设 / 201
（四）强化合规文化宣传教育，提升全员合规素养 / 201
四、加强企业合规文化建设的主要路径 / 202
（一）完善现有的理念文化体系 / 202
（二）优化企业制度的设计 / 203
（三）注重制度的系统建设 / 204
（四）提升物质文化水平 / 204
（五）深化员工对企业文化的认同度 / 204
（六）提供合规文化建设的组织和实施保障 / 205
（七）调整不同阶段的企业文化 / 205
（八）在借鉴发掘整合中建设企业合规文化 / 206
第二节　最佳实践 / 207
一、中国某商业银行合规文化建设实践 / 207

(一)合规文化建设理念的形成 / 207
(二)合规文化建设的持续发展 / 207
(三)合规文化发布及建设规划 / 208
二、某上市国企合规文化管理实践 / 209
第三节 推荐阅读 / 210

第九章 合规方针 / 211
第一节 基础 / 213
一、基本概念 / 213
(一)释义 / 213
(二)目的及价值 / 213
二、内涵要点 / 214
(一)宗旨 / 214
(二)目标 / 215
(三)范围 / 215
(四)原则 / 215
(五)承诺 / 215
(六)后果 / 216
(七)支持 / 216
三、注意事项 / 216
(一)总领性 / 216
(二)可获取性 / 216
(三)地域性 / 217
(四)灵活性 / 217
第二节 最佳实践 / 217
一、招商局集团合规方针 / 217
二、中国中铁股份有限公司合规方针 / 219
三、西门子公司合规方针 / 220

第三节 推荐阅读 / 222

第十章 合规组织 / 224

第一节 基础 / 226

一、《合规标准》中的合规岗位、职责和权限 / 226

二、治理机构和最高管理者 / 226

(一)建立合规委员会或指定合规负责人 / 227

(二)建立有效的合规监督 / 228

(三)建立有效的问责机制 / 228

三、合规职能 / 229

四、管理者及人员 / 230

第二节 最佳实践 / 232

第三节 推荐阅读 / 235

第十一章 合规目标 / 236

第一节 基础 / 238

一、目标类型 / 238

二、目标体系 / 240

三、意义 / 241

(一)概述 / 241

(二)合规目标与其他合规要素的关系 / 241

(三)合规目标在其他合规规范中的角色 / 242

四、基本要求 / 244

五、不同角色职能部门的合规目标 / 245

(一)治理机构、最高管理者和业务部门 / 245

(二)合规职能部门 / 245

(三)高风险员工 / 246

六、对合规目标内容的要求 / 246

(一)与合规方针一致 / 246
(二)可测量 / 246
(三)反映适用的要求 / 247
(四)应当被监视 / 248
(五)应当被沟通 / 248
(六)适当时更新 / 248
(七)作为文件化信息被获取 / 248
七、合规目标的程序要求 / 248
(一)具体活动 / 249
(二)资源需求 / 249
(三)负责人 / 249
(四)时限 / 249
(五)结果评估 / 249
第二节　最佳实践 / 250
一、SMART 分析法 / 250
二、改变理论 / 251
第三节　推荐阅读 / 252

第三篇　执　　行

第十二章　雇佣与合规的融合 / 257
第一节　基础 / 259
一、《合规标准》中的“雇佣与合规” / 259
二、国际通用合规文件中的相关内容 / 261
三、不恰当的雇佣对企业的损害 / 262
四、企业雇佣过程中的合规有效性 / 265
(一)企业面对的首要合规风险 / 265

(二)企业需要采取哪些措施应对合规风险 / 266
第二节 最佳实践 / 267
一、招聘环节 / 268
二、录用环节 / 270
三、雇佣期间 / 273
(一)绩效考核 / 273
(二)岗位调整和晋升 / 274
(三)纪律处分 / 274
第三节 推荐阅读 / 277

第十三章 合规沟通 / 279
第一节 基础 / 281
一、合规沟通的概念 / 281
(一)合规沟通的内容 / 282
(二)合规沟通的时间 / 282
(三)合规沟通的对象 / 283
(四)合规沟通的方式 / 283
二、合规沟通的意义及定位 / 284
(一)合规沟通的意义 / 284
(二)合规沟通的定位 / 285
三、合规沟通的历史 / 285
四、合规沟通的域外经验 / 286
(一)美国 / 287
(二)英国 / 288
(三)经济合作与发展组织 / 290
(四)世界银行 / 291
第二节 最佳实践 / 292
一、合规沟通场景设计的最佳实践 / 292

二、合规沟通参与者的最佳实践 / 293
三、合规沟通方式的最佳实践 / 294
四、合规沟通资源保障的最佳实践 / 295
第三节　推荐阅读 / 296

第十四章　合规培训 / 297
第一节　基础 / 299
一、合规培训的价值与意义 / 299
二、合规培训的内容 / 302
三、合规培训的对象 / 311
四、合规培训的方式 / 313
第二节　最佳实践 / 315
一、合规培训的若干注意重点 / 315
二、合规培训的总设计师 / 317
第三节　推荐阅读 / 317

第十五章　文件化信息 / 319
第一节　基础 / 321
一、基本概念 / 321
(一)标准原文 / 321
(二)对应的中文意思 / 321
(三)对中文意思的解释 / 322
(四)扩展说明 / 322
二、"文件化信息"的意义 / 324
(一)意义 / 324
(二)范围 / 325
三、《合规标准》明示的文件化信息 / 326
(一)《合规标准》明示的文件化信息列表 / 326

(二)组织中常见的合规文件化信息 / 330
四、《合规标准》对“文件化信息创建和更新”的要求 / 332
(一)具体要求 / 332
(二)附加说明 / 334
五、《合规标准》对“文件化信息控制”的要求 / 335
(一)具体要求 / 335
(二)附加说明 / 335
六、与合规管理体系认证相关的文件化信息 / 336
第二节 最佳实践 / 336
一、外部监管要求文件化信息 / 337
二、企业规章制度文件化信息 / 338
三、企业业务表单文件化信息 / 342
四、企业合同文件化信息 / 343
五、其他文件化信息 / 344
(一)合规倡议书 / 345
(二)合规承诺书 / 345
六、文件化信息管理实践 / 347
(一)文件化信息分级分类管理 / 347
(二)文件化信息全生命周期管理 / 349
第三节 推荐阅读 / 350

第十六章 运行控制 / 351
第一节 基础 / 353
一、运行的策划和控制 / 353
(一)相关概念 / 353
(二)具体要求 / 355
(三)比较 / 357
二、合规内部控制体系 / 359

(一)内部控制 / 360
(二)历史渊源 / 362
(三)具体要求 / 362
(四)比较 / 363
第二节 最佳实践 / 364
一、RACI 矩阵 / 364
二、BPMN 2.0 / 365
第三节 推荐阅读 / 366

第十七章 商业伙伴合规 / 367
第一节 基础 / 369
一、相关概念 / 369
(一)商业伙伴 / 370
(二)第三方 / 371
(三)人员 / 372
二、商业伙伴合规管理的目标、原则 / 373
(一)目标 / 373
(二)原则 / 374
三、商业伙伴合规管理的附加值 / 375
四、商业伙伴合规管理的法律义务 / 376
(一)国内法依据 / 377
(二)国外法依据 / 378
五、商业伙伴合规管理体系 / 381
(一)基于 PDCA 循环的管理 / 382
(二)制度体系 / 383
(三)流程管理 / 383
第二节 最佳实践 / 385
一、诺华制药的第三方风险管理 / 385

二、德国物资、采购与物流联邦协会的供应商合规管理 / 387
(一)供应商合规管理 / 387
(二)行为守则 / 389
第三节 推荐阅读 / 389

第十八章 举报 / 391
第一节 基础 / 393
一、合规举报制度概述 / 393
(一)概念 / 393
(二)特征 / 394
二、合规举报制度的价值功能 / 396
三、有效合规举报制度的建立 / 397
(一)原则 / 397
(二)合规举报信息的收集与处理 / 399
(三)保障机制 / 401
第二节 最佳实践 / 402
第三节 推荐阅读 / 406

第十九章 内部调查 / 407
第一节 基础 / 409
一、种类 / 409
二、功能 / 409
三、基本原则 / 410
(一)合法性原则 / 410
(二)保密性原则 / 410
(三)独立性原则 / 410
四、合规风险易发、高发环节 / 410
五、具体策略 / 411

(一)机构与人员 / 411
(二)准备工作 / 412
(三)内部调查技巧 / 412
六、基本流程 / 413
(一)发现、接收线索 / 413
(二)制订内部调查计划 / 413
(三)固定外围证据 / 414
(四)面谈调查 / 414
(五)第三方调查取证 / 415
(六)形成内部调查报告 / 415
第二节　最佳实践 / 415
第三节　推荐阅读 / 417

第四篇　检　查

第二十章　合规监视和测量 / 421
第一节　基础 / 423
一、概述 / 423
(一)基本概念 / 426
(二)《合规标准》的变化 / 432
二、理解与应用 / 433
(一)监视和测量 / 434
(二)分析和评价 / 444
(三)提供文件化信息作为结果的依据 / 449
(四)合规绩效的反馈 / 449
第二节　最佳实践 / 452
第三节　推荐阅读 / 463

第二十一章　合规评估指数 / 474
第一节　基础 / 476
一、合规计划标准的文本考察 / 476
（一）《美国联邦量刑指南》的标准 / 476
（二）美国司法部的标准 / 478
（三）美国证券交易委员会的标准 / 479
（四）经济合作与发展组织的标准 / 480
（五）我国的相关标准 / 481
（六）总结 / 481
二、有效合规计划的构建 / 482
（一）构建原则 / 482
（二）合规计划的设计 / 483
第二节　最佳实践 / 489
一、西门子公司的合规实践 / 489
（一）西门子公司行贿案简介 / 489
（二）合规计划的改善情况 / 489
二、湖南省建筑工程集团总公司的合规政策和程序 / 490
第三节　推荐阅读 / 492

第二十二章　合规报告 / 493
第一节　基础 / 495
一、概述 / 495
二、合规报告的目的 / 496
三、合规报告的原则 / 496
四、合规报告的种类与规范 / 498
五、合规报告的主体内容 / 499
六、合规报告的格式规范及框架模板参考 / 499
（一）定期合规报告的格式 / 499

（二）不定期合规报告的格式 / 500
七、合规部门及各管理部门上报合规报告的内容规范 / 501
八、合规报告的基本标准 / 503
九、合规报告的提交及报告路线 / 504
第二节　最佳实践 / 504
一、概述 / 504
二、定期报告 / 505
三、不定期报告 / 506
四、报告的时间与频率 / 506
五、报告的组织与安排 / 506
六、报告的责任与奖惩 / 507
七、合规报告模板 / 507
第三节　推荐阅读 / 508

第二十三章　内部审核 / 509
第一节　基础 / 511
一、内部审核的定义 / 511
二、内部审核方案 / 512
（一）目标、准则和范围 / 512
（二）实施审核 / 513
（三）报告 / 513
三、内部审核实施 / 514
（一）内部审核的组织和管理 / 514
（二）内部审核方式 / 515
（三）内部审核结果沟通 / 516
第二节　最佳实践 / 516
第三节　推荐阅读 / 519

第二十四章 管理评审 / 520
第一节 基础 / 522
一、目的 / 522
二、管理评审过程 / 523
(一)组织 / 523
(二)收集信息 / 524
(三)运用结论 / 526
三、管理评审要点 / 527
(一)适宜性 / 527
(二)充分性 / 527
(三)有效性 / 527
第二节 最佳实践 / 528
一、美国司法部的评审框架 / 528
(一)设计 / 529
(二)运行 / 530
(三)结果 / 530
二、中国证券业协会的评审框架 / 531
第三节 推荐阅读 / 531

第二十五章 合规认证 / 533
第一节 基础 / 535
一、认证概论 / 535
(一)管理体系认证 / 535
(二)我国的管理体系认证认可制度及认证机构 / 536
(三)管理体系认证的价值 / 538
(四)合规管理体系认证 / 541
二、合规管理体系认证程序及方法 / 543
(一)认证申请与受理 / 543

（二）认证审核 / 544
（三）认证决定与证书 / 548
三、合规管理体系证书保持 / 550
（一）监督审核 / 550
（二）再认证 / 551
（三）证书暂停或撤销 / 551
第二节 最佳实践 / 553
一、体系建设 / 553
（一）组建团队 / 553
（二）项目策划 / 554
（三）沟通与培训 / 554
（四）对标分析 / 555
（五）风险评估及应对策划 / 555
（六）合规管理体系策划 / 556
（七）合规管理体系文件编制 / 556
（八）合规管理体系文件评审与发布 / 557
二、体系试运行 / 558
三、体系评价与持续改进 / 559
第三节 推荐阅读 / 560

第五篇 改 进

第二十六章 持续改进 / 563
第一节 基础 / 565
一、意义与内涵 / 565
二、原理与功能 / 566
三、原则与要求 / 567

四、基本方法 / 568
(一)考量要素 / 568
(二)持续改进的基本方法 / 568
五、操作步骤 / 569
(一)目标设定 / 569
(二)现状调查 / 570
(三)原因分析 / 570
(四)调整政策 / 571
(五)培训沟通 / 571
(六)对策试行 / 572
(七)效果检测 / 572
第二节 最佳实践 / 572
一、案情简介 / 572
二、持续改进过程 / 573
第三节 推荐阅读 / 573

第二十七章 合规危机管理 / 575
第一节 基础 / 577
一、危机的定义 / 577
二、不合规的类型 / 577
(一)不合规项的来源 / 577
(二)不合规的严重程度 / 578
(三)不合规的内容 / 579
三、合规危机的应对策略 / 585
(一)目标 / 585
(二)危机的周期模型和特征 / 585
(三)合规危机管理中的要素 / 586
(四)应对策略 / 586

四、纠正措施 / 589
(一)评估产品和服务性 / 590
(二)改进和重新设计产品和服务 / 590
(三)变更组织惯例和程序 / 591
(四)再培训雇员 / 592
(五)重新评估通知利益相关方的必要性 / 592
(六)对潜在不合规问题做出的早期预警 / 592
(七)重新设计和审查控制 / 592
(八)加强通知和逐级报告步骤(内部和外部) / 593
(九)沟通有关不合规的事实和组织对不合规的立场 / 593
第二节　最佳实践 / 593
第三节　推荐阅读 / 595

附　录

合规管理体系审查清单 / 599

第一篇

基　础

第一章

合规与合规管理体系

【导读】

合规以规则为基础，以价值观为导向，是确保组织及其成员遵守规则的结果或过程。合规管理体系则是实现合规目标的涉及组织、过程等的相互关联的一组要素。在众多不同风格的合规管理体系中，除了美国联邦量刑委员会的合规与道德体系以及西门子合规体系，国际标准化组织发布的合规管理体系标准也备受关注。不同风格的合规管理体系之间，虽然在概念、框架和要素等方面存在区别，但是它们还是有很多相似和关联之处。基于不同的目的，合规管理体系可以用在不同的场景。就国际标准化组织发布的《合规管理体系　要求及使用指南》而言，其具有高阶结构、协同结构、PDCA 循环以及风险导向等特征。也正因如此，合规管理体系与其他的管理体系的整合或一体化，成为可能。整合管理体系建设，应当从体系论视角，统筹法务管理、合规管理、内部控制、风险管理以及公司治理体系等领域的管理工作。

【关键词】

合规管理体系　高阶结构　协同方法　PDCA 循环　整合管理体系

【思维导图】

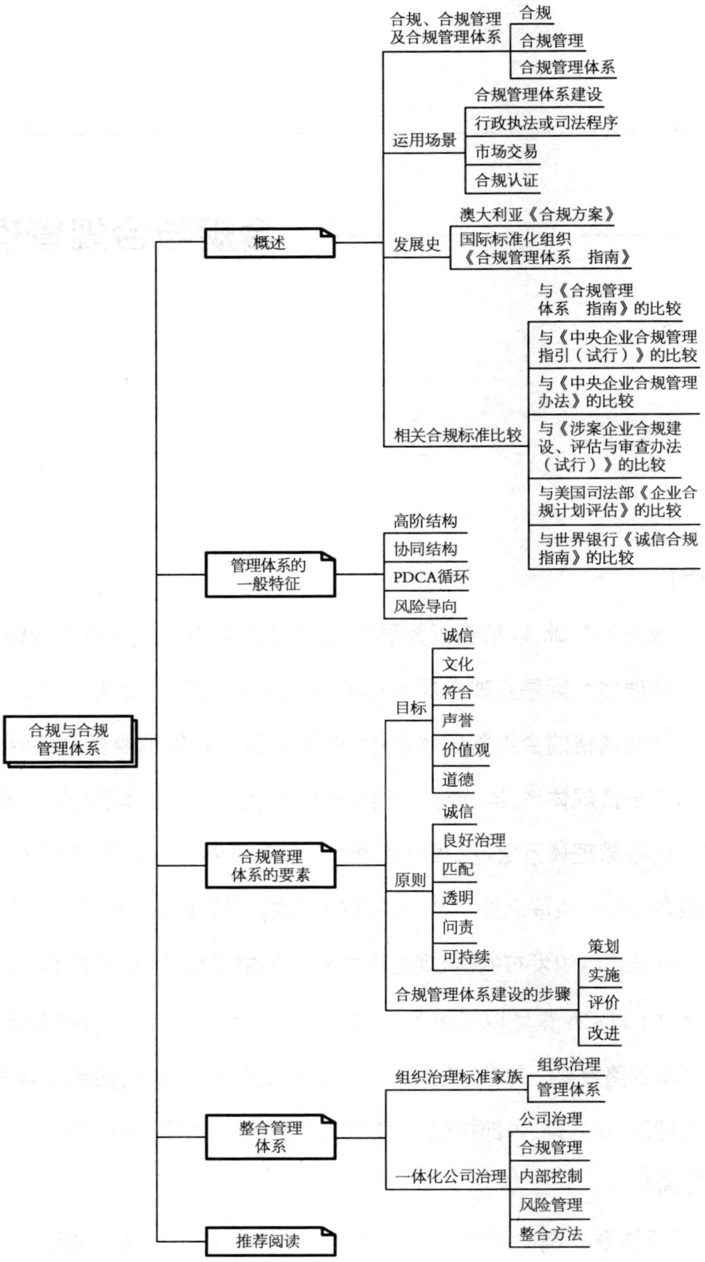
合规与合规管理体系
概述
合规、合规管理及合规管理体系
合规
合规管理
合规管理体系
运用场景
合规管理体系建设
行政执法或司法程序
市场交易
合规认证
发展史
澳大利亚《合规方案》
国际标准化组织《合规管理体系　指南》
相关合规标准比较
与《合规管理体系　指南》的比较
与《中央企业合规管理指引（试行）》的比较
与《中央企业合规管理办法》的比较
与《涉案企业合规建设、评估与审查办法（试行）》的比较
与美国司法部《企业合规计划评估》的比较
与世界银行《诚信合规指南》的比较
管理体系的一般特征
高阶结构
协同结构
PDCA循环
风险导向
合规管理体系的要素
目标
诚信
文化
符合
声誉
价值观
道德
原则
诚信
良好治理
匹配
透明
问责
可持续
合规管理体系建设的步骤
策划
实施
评价
改进
整合管理体系
组织治理标准家族
组织治理
管理体系
一体化公司治理
公司治理
合规管理
内部控制
风险管理
整合方法
推荐阅读

合规是企业行稳致远的基础,也是企业持续发展的机遇。只有当人们认识到,合规创造价值,合规管理从成本中心转变为价值中心,合规工作才会得到越来越多企业的认可和重视。只有积极、主动开展合规建设,企业才能在法治化、全球化、利益多元化的环境中生存和发展。不只是企业,合规是所有类型的组织面临的管理工作。国际标准化组织在2021年4月发布的《合规管理体系　要求及使用指南》(以下简称《合规标准》)满足了企业和各类型的组织参考合规管理最佳实践及开展合规认证的需要。

第一节　概述

一、合规、合规管理及合规管理体系

(一)合规

合规管理体系是一个框架,由组织、方针、过程以及程序构成,其目的是实现预期的合规结果,并发挥防范、发现、应对不合规行为的作用。[1] 合规管理体系由"合规"和"管理体系"两部分构成。合规是组织履行所有的合规义务。管理体系则是相互关联、相互作用的,用来实现特定目标的一组要素。[2] 合规管理体系是以合规为主题的管理体系。在国际标准化体系中,管理体系就像"驱动",而"合规"等的具体内容就像"应用"。

企业基于《合规标准》开展合规管理体系建设,基础是管理体系,目标是合规风险防控。这类合规管理模式的优点是管理的格式化、形式化,易于实现不同

〔1〕 参见《合规标准》A.4.4。

〔2〕 中国认证认可协会组编:《管理体系认证基础》,高等教育出版社2019年版,第53页。

管理体系的融合，进而降低管理成本。在全球化的背景下，这种管理模式能够实现更大范围的认可度。该合规管理模式的缺点是流于形式，可能导致内容匮乏，阻碍管理模式创新。另外，《合规标准》的产生过程非常不透明，缺乏民主基础。尤其中小企业在市场竞争中，在没有资源发展出适合自己的合规管理模式时，并没有选择权，只能选择“他治”的《合规标准》，并基于该标准开展合规管理体系认证。

（二）合规管理

除了上述将合规管理体系理解为实现合规目标的要素组合，实务中也基于不同的理解开展合规管理体系建设。合规管理是组织采取的确保组织、管理者和成员的行为合规的措施。[1] 组织、制度、流程以及程序等，均是组织采取的合规措施。合规管理的体系化，既可以基于合规标准开展，也可以基于其他的范式构建。

如中央企业的合规管理，是指“企业以有效防控合规风险为目的，以提升依法合规经营管理水平为导向，以企业经营管理行为和员工履职行为为对象，开展的包括建立合规制度、完善运行机制、培育合规文化、强化监督问责等有组织、有计划的管理活动。”[2] 国有企业主要是采用组织机制、运行机制、保障机制等模块，开展合规管理建设。[3] 闻名全球的西门子合规体系，采用的是“防

---

〔1〕 Vgl. Petsche/Larcher, Was ist Compliance? in Petsche/Maier, Handbuch Compliance, S. 33; Buff, Compliance Management, S. 6.

〔2〕 国务院国资委《中央企业合规管理办法》第 3 条第 3 款。国务院反垄断委员会于 2020 年发布的《经营者反垄断合规指南》第 2 条采用了与该定义相似的描述，即合规管理“是指以预防和降低反垄断合规风险为目的，以经营者及其员工经营管理行为为对象，开展包括制度制定、风险识别、风险应对、考核评价、合规培训等管理活动。”

〔3〕 参见国务院国资委《中央企业合规管理指引（试行）》第四章和第五章。

范、发现、应对”（PDR[1]）三阶段范式。如图 1－1 所示，这些合规管理工作并非以管理体系为基础，开展合规管理体系建设。不过，和《合规标准》相同，国有企业的合规管理模式以及西门子合规体系都注重对合规要素的精心安排。

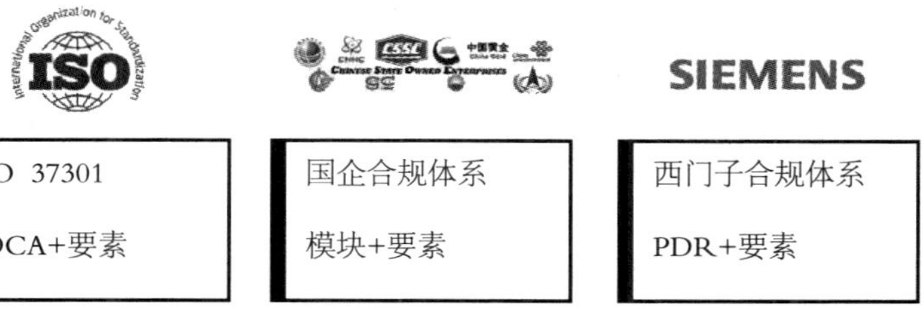

图 1－1　不同风格的合规管理体系

（三）合规管理体系

合规管理体系主要出现在标准化和组织管理活动中。此外，除了合规管理体系，在不同的语境下，还有合规体系、合规计划、合规方案、合规与道德体系以及诚信合规等的表述。它们在本质上都是体系化的合规管理活动，反映了对企业遵守规则、尊重环境和诚信的基本要求。如合规计划的表述在刑法学界和刑事司法活动中，成为专业术语。即使这些表述出现在不同的语境中，关注不同的合规问题，在企业开展合规管理建设中，《合规标准》也是一份重要的参考文件。

《合规标准》在“要求”部分，并没有明确界定“合规管理体系”。在“指南”部分，《合规标准》描述了合规管理体系，即“合规管理体系是一个框架，该框架整合了基本结构、方针、过程和程序，其目的是实现预期的合规结果，并发挥防

---

[1] PDR 是 prevent（防范）、detect（发现、监查或监察）以及 respond（应对）的首个字母。对此，参见《西门子管理体系》，载 https://assets.new.siemens.com/siemens/assets/api/uuid:543ceebe－6ad6－4476－8143－29cd82ba023d/compliance-system－2019.pdf?ste_sid=13be810d771b78d76e400165da473828，最后访问日期：2022 年 11 月 29 日。

范、发现、应对不合规行为的作用。”[1]该描述包含了合规管理体系的要素、目标和功能。另外，基于《合规标准》在“要求”部分对“合规”和“管理体系”的定义，从体系解释的角度，可以界定合规管理体系。[2] 管理体系，是指组织为确定方针、目标及其实现的过程所形成的相互关联或相互作用的一组要素。[3] 结合《合规标准》对合规的定义，[4]合规管理体系是指组织为了履行其所有的合规义务，确定方针、目标及其实现的过程所形成的相互关联或相互作用的一组要素。

另外，德国审计师协会在其发布的《合规管理体系通用审计标准》中对合规管理体系有明确的界定：[5]

“合规管理体系，是指为了确保企业的法定代表人、员工或第三方的行为符合规则，也即确保遵守特定的规则并防范重大的违规行为，企业基于法定代表人确定的目标，实施的规则。”[6]

也即，合规管理体系是企业实施的规则。规则作为上位概念，包括合规管理体系框架下的原则、程序和规定措施。[7]

德国合规研究院在2021年发布的《合规管理体系》标准中，对合规管理体

[1] 参见《合规标准》A.4.4。

[2] Vgl. Makowicz, 1. Kapitel. Praktische Einführung, Globale Compliance Management Standards, Rn. 81.

[3] 参见《合规标准》3.4。

[4] 参见《合规标准》3.26。

[5] 2021年的修订稿对合规管理体系的定义，与2011年的版本有细微差别。在2021年的版本中，合规管理体系是一种规则，包括合规管理体系框架内的原则、程序和规定措施（Grundsätze, Verfahren und vorgegebene Maßnahmen），而在2011年的版本中，它仅指企业采取的原则和措施（Grundsätze und Maßnahmen）。

[6] IDW Verlautbarungen Werkstand, Entwurf einer Neufassung des IDW Prüfungsstandards: Grundsätze ordnungsmäßiger Prüfung von Compliance Management Systemen (IDW EPS 980 n. F.), 10. 2021, IDW Life 7/2022, Tz. 13 (b).

[7] Vgl. IDW Verlautbarungen Werkstand, Entwurf einer Neufassung des IDW Prüfungsstandards: Grundsätze ordnungsmäßiger Prüfung von Compliance Management Systemen (IDW EPS 980 n. F.), 10. 2021, IDW Life 7/2022, Tz. 13 (c).

系的定义，也关注其要素：

“合规管理体系，是指为实现合规目标、完成合规任务，建立和实施的涉及流程和结构的相互关联的要素。”[1]

美国联邦量刑委员会在《量刑指南》中，也对合规管理体系做了界定。在该指南中，合规管理体系被称为“合规与道德体系”，它是指：

“旨在防范、发现犯罪行为的体系”。[2]

二、运用场景

（一）合规管理体系建设

《合规标准》的目标之一，是协助组织建立、实施、运行和维护合规管理体系，推动组织的治理机构和最高管理者等积极推动合规文化，并将其融入员工的行为和意识中，将有效管理合规风险作为企业发展的机遇。基于《合规标准》，开展合规管理体系建设，为组织带来的益处，包括：[3]

(1)增加商业机会，促进可持续发展；

(2)保护并提升组织的声誉和信誉；

(3)考虑利益相关方的期望；

(4)展现组织有效率、有效地管理合规风险的承诺；

(5)增强第三方对组织实现可持续成功的信心；

(6)最大限度降低不合规的风险及其相关的成本和损失。

由于《合规标准》的适用对象不仅限于企业，还包括个体工商户、企业集团、

〔1〕 DICO, Compliance-Management-Systeme, übergreifender Standard der DOCI-Standard-Reihe, S. 28.

〔2〕 United States Sentencing Commission, Guidelines Manuel 2021, p. 519.

〔3〕 参见《合规标准》第6页。

协会、事业单位和政府机关等,[1]《合规标准》具有广泛的适用性,能够协助不同类型的组织开展合规管理体系建设,使合规管理工作拥有共同的话语体系。

(二)行政执法或司法程序

合规管理体系标准的意义和重要性,不仅取决于标准本身的质量,也取决于执法机关、司法机关对《合规标准》的认可和适用。国际标准化组织明确指出,各国的监管机关、司法机关可以从使用合规标准中受益。[2] 早期的经验证明了该观点。[3]

在我国的法律法规、司法裁判中,还没有明确《合规标准》作为企业合规建设的参考依据。反垄断合规和涉案企业合规均明确企业合规在行政机关执法、司法机关作出决定时的重要意义,并发布了相应的合规建设指引。[4] 这些指引与《合规标准》有较大的差别。《合规标准》本质上属于一种技术标准,反映了社会在某一个阶段的技术水平。这意味着合规标准建设可以被视为一种事实,作为证据使用,测量企业的合规技术水平。如《产品质量法》第41条第2款的生产者免责条款,符合合规标准,意味着企业可以为此免责。基于质量管理的视角,采用《合规标准》可以提升合规管理的效率和效果。[5]

《合规标准》在多大程度上影响我国由检察机关主导的涉案企业合规改革试点,还需要观察。全国工商联和最高人民检察院等九部委联合发布了《涉案

---

〔1〕 参见《合规标准》3.1。

〔2〕 参见《合规标准》引言。

〔3〕 澳大利亚1998年发布的《合规方案》(AS 3806)得到企业的广泛使用,并在亚洲一些国家产生影响,主要是由于《合规方案》得到市场监管机关的认可,尤其是澳大利亚竞争委员会引用《合规方案》的12项原则,要求企业建立、实施和维护有效合规管理。参见 Bühr/Petsche/Tolar, ISO 19600 – Compliance Management Systems, p.3。

〔4〕 如国务院反垄断委员会于2020年9月发布的《经营者反垄断指南》以及全国工商联、最高人民检察院、司法部、财政部等九部委于2022年4月发布的《涉案企业合规建设、评估和审查办法(试行)》。

〔5〕 Vgl. DICO, Kriterien zur internen Qualitätssicherung von CM-Systemen, S. 6f.

企业合规建设、评估和审查办法（试行）》，初步规定涉案企业合规计划的建设、评估和审查方法，但在体系化和成熟度等方面，远没有达到《合规标准》的逻辑高度。该办法并没有排除参考适用《合规标准》。因此，《合规标准》进入第三方监督评估机制，具有积极的意义，能够推动和深化涉案企业合规改革试点。

对有涉外业务的企业而言，基于《合规标准》开展合规管理体系建设，在一些国家的行政执法、司法程序中，企业可能被减轻或免除处罚。如西班牙标准化协会基于国际标准化组织于 2014 年发布的《合规管理体系　指南》制定《刑事合规管理体系　要求及使用指南》，供涉案企业在《西班牙刑法典》第 31 条框架下开展合规管理体系建设，进而能够免除刑事责任。[1]

（三）市场交易

《合规标准》能够从两个方面减少交易成本，增强交易方的信任，促进交易发生。一方面，在普遍意义上，企业采用《合规标准》，开展合规管理体系建设，能够向社会、商业伙伴和利益相关者展示合法合规经营、“责任企业管理”的价值观，增强交易方对企业及其价值观的信任，从而减少或避免由于信息不对称、互不信任导致的额外交易成本。在该意义上，基于《合规标准》开展合规管理体系认证，受益的是中小企业。

另一方面，在国际贸易和国际投资中，企业基于《合规标准》开展合规管理体系建设及认证，能够减少交易方的信息不对称，展现交易方对合法合规、诚信等价值观的认同，进而促进企业开展国际业务，在国际竞争中获得更多的商业机会。

---

〔1〕 See UNE 19601：2017, Management system for criminal compliance. Requirements with guidance for use.

（四）合规认证

《合规标准》作为可认证标准，符合条件的认证机构可以基于合规标准，给各类型组织提供合规审核和合规认证服务。国际标准化组织在 2021 年 12 月发布《合格评定　管理体系审核认证机构要求　第 13 部分：合规管理体系审核与认证能力要求》〔1〕，对提供合规管理体系审核和认证的机构提出能力要求，对《合格评定　管理体系审核认证机构要求　第 1 部分：要求》〔2〕关于管理体系审核认证机构的一般性要求做了补充。

企业开展合规管理体系认证，具有以下几个优点：

首先，基于《合规标准》是全球的“最佳实践标准”，合规认证能够使企业在全球范围内得到商业伙伴和境外执法机关及司法机关的认可。

其次，开展合规管理体系认证，展现了企业在合规管理方面的承诺和努力。这在政府调查程序及司法程序中，可能会得到办案部门和人员的认可，对办案结果产生积极影响。

再次，由于《合规标准》遵循高阶结构、协同结构及 PDCA 循环的逻辑，在企业其他的管理体系已经认证的情况下，企业可以高效、快速开展合规管理体系认证。这在认证成本上具有优势。

最后，合规管理体系认证反映了企业回应利益相关者的期望和要求的积极态度。合规认证有利于强化企业的声誉，使企业在市场竞争中取得竞争优势。

〔1〕 ISO/IEC TS 17021 - 13：2021，Conformity assessment—Requirements for bodies providing audit and certification of management systems—Part 13：Competence requirements for auditing and certification of compliance management systems.

〔2〕 国家标准化管理委员会《合格评定　管理体系审核认证机构要求　第 1 部分：要求》（GB/T 27021.1—2017）。

三、发展史

《合规标准》最早可追溯到澳大利亚在 1998 年发布的《合规方案》(AS 3806),[1]再发展到全球第一个合规管理标准,即 2014 年 12 月国际标准化组织发布的《合规管理体系　指南》。在该指南文件的基础之上,最终产生《合规标准》。国家标准化管理委员会分别在 2017 年 12 月和 2022 年 10 月发布了等同采用的合规管理体系标准。

图 1－2　《合规标准》发展历程

（一）澳大利亚《合规方案》

澳大利亚标准委员会在 1998 年首次发布《合规方案》[2],在 2006 年对该标准进行了更新。[3] 2009 年,澳大利亚《合规方案》成为新西兰的标准。2012 年,澳大利亚标准委员会建议国际标准化委员会基于该国《合规方案》制定合规管

[1] Bühr/Petsche/Tolar, ISO 19600 – Compliance Management Systems, p. 3.
[2] Standards Australia, Compliance programs, AS 3806 – 1998.
[3] Standards Australia, Compliance programs, AS 3806 – 2006.

理体系标准，设立的项目委员会 PC 271 由澳大利亚的合规专家马丁·托拉（Martin Tolar）领导，并将项目委员会的秘书处设在澳大利亚标准委员会。基于项目组的工作，最终形成 2014 年 12 月国际标准化委员会发布的《合规管理体系　指南》。2015 年，《合规管理体系　指南》取代《合规方案》，成为澳大利亚的标准。

国际标准化组织的《合规标准》没有采用“合规方案”（compliance programm）的提法，取而代之的是合规“管理体系”（management systems）。前者是指结合在一起用来实现合规的一组活动，[1] 后者则是指组织的相互关联、相互作用的一组要素，用来建立合规方针、合规目标及其实现的过程。[2] 国际标准化组织的《合规标准》更强调诸多要素的角色及其相互关联、相互作用，进而实现合规目标。而在前者的框架下，合规是指遵守法律、产业和组织标准和守则、良好治理原则以及认同的社区和道德标准。[3] 在后者的框架下，合规是指组织满足所有的合规义务。[4] 相对而言，前者的表述更为具体，后者的表述较为抽象，涵盖的范围更广。

如表 1－1 所示，在结构方面，《合规方案》与《合规管理体系　指南》有着明显差别。前者采用原则导向的方法论，以 12 项原则贯穿标准，[5] 体现在四大主题中。后者则是采用高阶结构，基于 PDCA 循环，安排七大主题。

---

〔1〕 Standards Australia, Compliance programs, AS 3806－2006, 1.3.6.

〔2〕 ISO 19600:2021, 3.7; GB/T 35770－2017/ISO 19600: 2014, 2.7.

〔3〕 Standards Australia, Compliance programs, AS 3806－2006, 1.3.3.

〔4〕 ISO 19600:2021, 3.17; GB/T 35770－2017/ISO 19600: 2014, 2.17.

〔5〕 基于《合规方案》，合规原则涵盖四类主题 12 项原则。第一类主题“承诺”，包括原则 1：治理机构、最高管理者承诺贯穿整个组织的有效合规；原则 2：合规方针与组织的策略及商业目标一致，并得到治理机构的公开支持；原则 3：有适当的资源建立、实施、维护和改进合规方案；原则 4：治理机构、最高管理者公开支持合规方案的目标、策略；原则 5：识别、评估合规义务。第二类主题“实施”，包括原则 6：明确规定和配置对合规结果的职责；原则 7：识别、强调所需的能力和培训，使员工能够履行其合规义务；原则 8：鼓励实施和支持合规的行为，不容忍妥协合规的行为；原则 9：采取控制措施，以管理经识别的合规义务，并实现想要的结果。第三类主题“监视和测量”，包括原则 10：监视、测量和报告合规方案的绩效；原则 11：通过文件化和实践，组织能够展现其合规方案。第四类主题“持续改进”是指原则 12：定期评审、持续改进合规方案。

表 1-1 澳大利亚《合规方案》与国际标准化组织《合规管理体系 指南》之比较

序号	《合规方案》	《合规管理体系 指南》
1	范围与总则	范围
2	合规原则	规范性引用文件
3	—	术语和定义
4	—	组织环境
5	承诺	领导作用
6	—	策划
7	—	支持
8	实施	运行
9	监视与测量	绩效评价
10	持续改进	改进

（二）国际标准化组织《合规管理体系 指南》

国际标准化组织于 2014 年 12 月发布的《合规管理体系 指南》是该组织的第一个以合规为主题的管理体系标准。该标准属于 B 类标准，内容是建议性质的，虽反映了合规管理的全球最佳实践，[1] 但不可作为管理体系认证的依据，[2] 在法律上不具有任何意义。[3] 我国国家标准化管理委员会于 2017 年发布了同等转换的中文标准《合规管理体系 指南》（以下简称国家标准《合规管

---

〔1〕 See Bühr/Petsche/Tolar, ISO 19600 – Compliance Management Systems, p. 4; Schmidt/Wermelt/Eibelshäuser, ISO 19600 aus der Sicht der Wirtschaftsprüfung, CCZ 2015, 18; Interview von Rück-und Ausblick zur ISO 19600, Comply 2017, Heft 3, S. 25.

〔2〕 不过，在实务中，有认证机构基于该标准为企业开展了合规管理体系认证。参见 Interview von Rück-und Ausblick zur ISO 19600, Comply 2017, Heft 3, S. 25。

〔3〕 Vgl. Hauschka, Von Normen und Normen-zur ISO 19600, CCZ 2015, 1.

理体系　指南》)。[1] 2014年国际标准化组织《合规管理体系　指南》发布后，一些合规专家批评该标准制定过程不透明，没有民主的基础。如标准制定代表在对该标准投票时，虽然有180多位代表参与该标准的制定，仅有14位代表投票同意通过标准，9位代表投票反对通过标准，约有160位代表弃权。[2] 2021年4月，国际标准化组织发布的《合规标准》取代并废止了《合规管理体系　指南》。[3]

四、相关合规标准比较

（一）与《合规管理体系　指南》的比较

在形式上，《合规标准》以"要求"代替"指南"，成为可认证标准。在内容方面，《合规标准》强调合规文化在合规管理中的意义，新增诸如合规治理、雇佣过程、报告疑虑和调查过程等内容。国家标准《合规管理体系　指南》由于省略第二章"规范性引用文件"，导致其结果与国际标准化组织发布的《合规管理体系　指南》的顺序错位。

表1-2　《合规标准》与《合规管理体系　指南》之比较

ISO 37301:2021	ISO 19600:2014	GB/T 35770:2017
1　范围	1　范围	1　范围
2　规范性引用文件	2　规范性引用文件	—
3　术语和定义	3　术语和定义	2　术语和定义

〔1〕 国家质量监督检验检疫总局（现为国家市场监督管理总局）、国家标准化管理委员会《合规管理体系　指南》（GB/T 35770—2017），2017年12月29日发布。

〔2〕 Vgl. Hauschka, Von Normen und Normen-zur ISO 19600, CCZ 2015, 1.

〔3〕 参见《合规标准》引言。

续表

ISO 37301:2021	ISO 19600:2014	GB/T 35770:2017
4　组织环境	4　组织环境	3　组织环境
4.1　理解组织及其环境	4.1　理解组织及其环境	3.1　理解组织及其环境
4.2　理解利益相关者的需求和期望	4.2　理解相关方的需求和期望	3.2　理解相关方的需求和期望
4.3　确定合规管理体系的范围	4.3　确定合规管理体系的范围	3.3　确定合规管理体系的范围
4.4　合规管理体系	4.4　合规管理体系和良好治理原则	3.4　合规管理体系和良好治理原则
4.5　合规义务	4.5　合规义务	3.5　合规义务
—	4.5.1　合规义务的识别	3.5.1　合规义务的识别
—	4.5.2　合规义务的维护	3.5.2　合规义务的维护
4.6　合规风险评估	4.6　合规风险的识别、分析和评价	3.6　合规风险的识别、分析和评价
5　领导作用	5　领导作用	4　领导作用
5.1　领导作用和承诺	5.1　领导作用和承诺	4.1　领导作用和承诺
5.1.1　治理机构和最高管理者	5.3.2.1　最高管理者在鼓励合规中的角色	6.3.2.1　最高管理者在鼓励合规中的角色
5.1.2　合规文化	7.3.2.3　合规文化	6.3.2.3　合规文化
5.1.3　合规治理	—	—
5.2　合规方针	5.2　合规方针	4.2　合规方针
—	5.2.1　总则	4.2.1　总则
—	5.2.2　制定	4.2.2　制定
5.3　岗位、职责和权限	5.3　组织的角色、职权和权限	4.3　组织的角色、职权和权限
—	5.3.1　总则	4.3.1　总则

续表

ISO 37301:2021	ISO 19600:2014	GB/T 35770:2017
—	5.3.2 组织内合规职责的分配	4.3.2 组织内合规职责的分配
5.3.1 治理结构和最高管理者	5.3.3 治理机构和最高管理者的角色和职责	4.3.3 治理机构和最高管理者的角色和职责
5.3.2 合规职能	5.3.4 合规职能	4.3.4 合规团队
5.3.3 管理者	5.3.5 管理层职责	4.3.5 管理层职责
5.3.4 人员	5.3.6 员工职责	4.3.6 员工职责
6 策划	6 策划	5 策划
6.1 风险和机会的应对措施	6.1 合规风险的应对措施	5.1 合规风险的应对措施
6.2 合规目标及实现目标的策划	6.2 合规目标和实现目标的策划	5.2 合规目标和实施策划
6.3 针对修改的策划	—	—
7 支持	7 支持	6 支持
7.1 资源	7.1 资源	6.1 资源
7.2 能力	7.2 能力和培训	6.2 能力和培训
7.2.1 通则	7.2.1 能力	6.2.1 能力
7.2.2 雇佣过程	—	—
7.2.3 培训	7.2.2 培训	6.2.2 培训
7.3 意识	7.3 意识	6.3 意识
—	7.3.1 总则	6.3.1 总则
—	7.3.2 行为	6.3.2 行为
7.4 沟通	7.4 沟通	6.4 沟通
—	7.4.1 总则	6.4.1 总则
—	7.4.2 内部沟通	6.4.2 内部沟通
—	7.4.3 外部沟通	6.4.3 外部沟通

续表

ISO 37301:2021	ISO 19600:2014	GB/T 35770:2017
7.5 文件化信息	7.5 文件化信息	6.5 文件化信息
7.5.1 通则	7.5.1 总则	6.5.1 总则
7.5.2 文件化信息的创建与更新	7.5.2 创建和更新	6.5.2 创建和更新
7.5.3 文件化信息的控制	7.5.3 文件化信息的控制	6.5.3 文件化信息的控制
8 运行	8 运行	7 运行
8.1 运行的策划和控制	8.1 运行的策划和控制	7.1 运行的策划和控制
8.2 建立控制和程序	8.2 建立控制和程序	7.2 建立控制和程序
—	8.3 外包过程	7.3 外包过程
8.3 提出疑虑	—	—
8.4 调查过程	—	—
9 绩效评价	9 绩效评价	8 绩效评价
9.1 监视、测量、分析和评价	9.1 监视、测量、分析和评价	8.1 监视、测量、分析和评价
9.1.1 通则	9.1.1 总则	8.1.1 总则
—	9.1.2 监视	8.1.2 监视
9.1.2 合规绩效反馈来源	9.1.3 合规绩效反馈来源	8.1.3 合规绩效反馈来源
—	9.1.4 信息收集方法	8.1.4 信息收集方法
—	9.1.5 信息分析和分类	8.1.5 信息分析和分类
9.1.3 指标制定	9.1.6 指标制定	8.1.6 指标制定
9.1.4 合规报告	9.1.7 合规报告	8.1.7 合规报告
—	9.1.8 合规报告的内容	8.1.8 合规报告的内容
9.1.5 记录保存	9.1.9 记录	8.1.9 记录
9.2 内部审核	9.2 审核	8.2 审核

续表

ISO 37301:2021	ISO 19600:2014	GB/T 35770:2017
9.2.1　通则	—	—
9.2.2　内部审核方案	—	—
9.3　管理评审	9.3　管理评审	8.3　管理评审
9.3.1　通则	—	—
9.3.2　管理评审输入	—	—
9.3.3　管理评审结果	—	—
10　改进	10　改进	9　改进
10.1　持续改进	10.2　持续改进	9.2　持续改进
10.2　不符合和纠正措施	10.1　不合格、不合规和纠正措施	9.1　不合格、不合规和纠正措施
—	10.1.1　总则	9.1.1　总则
—	10.1.2　上报	9.1.2　上报

（二）与《中央企业合规管理指引（试行）》的比较

国务院国资委于2018年11月发布的《中央企业合规管理指引(试行)》在结构和内容上,与《合规标准》没有明显的对应关系,但是包含了《合规标准》中的要素。《合规标准》可以被视为《中央企业合规管理指引(试行)》的延伸。该指引的主要目的是强化对中央企业的监管,通过合规打造法治央企,化解合规风险,为企业发展保驾护航。随着经济的发展和国家监管的不断完善,伴随着对外贸易中合规风险的浮现,更多企业产生了强烈的合规需求,一个适用性更广泛,更加与国际相接轨的标准呼之欲出。《合规标准》可以视为与国际化标准接轨的产物,具有更好的普适性,是在未来一段时间每个企业都可以参照的标准。两者之间的内在联系可以通过表1－3来展现。

表 1－3　《合规标准》与《中央企业合规管理指引（试行）》之比较

序号	《中央企业合规管理指引(试行)》			ISO 37301:2021
1	总则	第 1 条	目的	引言
		第 2 条	定义	3　术语和定义 3.24　合规风险 3.26　合规
		第 3 条	监管要求	4.1　理解组织及其环境 4.2　理解利益相关者的需要和期望
		第 4 条	原则	引言
2	合规管理职责	第 5 条	董事会	5　领导作用
		第 6 条	监事会	
		第 7 条	经理层	
		第 8 条	合规委员会	
		第 9 条	合规管理负责人	
		第 10 条	合规管理牵头部门	
		第 11 条	业务部门	
3	合规管理重点	第 12 条	三大合规重点	4.3　确定合规管理体系的范围
		第 13 条	重点领域	
		第 14 条	重点环节	
		第 15 条	重点人员	
		第 16 条	海外投资经营行为	
4	合规管理运行	第 17 条	合规管理制度	5.2　合规方针
		第 18 条	合规风险识别预警机制	4.6　合规风险评估
		第 19 条	合规风险应对	6.1　风险和机会的应对措施
		第 20 条	健全合规审查机制	8.1　运行的策划和控制 8.2　建立控制和程序
		第 21 条	违规问责	7.2.2　雇佣过程
		第 22 条	合规管理评估	9.3　管理评审

续表

序号	《中央企业合规管理指引(试行)》			ISO 37301:2021
5	合规管理保障	第23条	合规考核	7.2.2 雇佣过程
		第24条	合规管理信息化	7.5 文件化信息 9.1.2 合规绩效反馈来源
		第25条	合规管理人员	7.2 能力
		第26条	合规培训	7.2.3 培训
		第27条	合规文化	5.1.2 合规文化
		第28条	合规报告	9.1.4 合规报告
6	附则	第29条	合规管理实施细则	附录A 使用指南
		第30条	解释权	引言
		第31条	生效时间	发布时间

(三)与《中央企业合规管理办法》的比较

上述的《中央企业合规管理指引(试行)》是国务院部门的规范性文件,2022年8月,国务院国资委发布《中央企业合规管理办法》,提高了合规管理规范的效力层级,即部门规章,成为中央企业开展合规管理工作的硬性规定。《中央企业合规管理办法》的发布和生效,并未废止《中央企业合规管理指引(试行)》。《中央企业合规管理办法》生效后,《中央企业合规管理指引(试行)》继续有效,并补充《中央企业合规管理办法》的实施。如表1-4所示,《中央企业合规管理办法》与《合规标准》在要素等方面,有很多的相似之处。

表 1-4　《合规标准》与《中央企业合规管理办法》之比较

序号	《中央企业合规管理办法》			ISO 37301:2021
1	总则	第 1 条	目的	引言
		第 2 条	适用范围	1　范围
		第 3 条	定义	3　术语和定义
		第 4 条	主管机关	—
		第 5 条	工作原则	引言、1　范围
		第 6 条	支持	7.1　资源
2	组织和职责	第 7 条	党委(党组)	5.3.1　治理机构和最高管理者
		第 8 条	董事会	
		第 9 条	经理层	5.3.3　管理者
		第 10 条	主要负责人	5.3.1　治理机构和最高管理者
		第 11 条	合规委员会	5.3.2　合规职能
		第 12 条	首席合规官	5.3.2　合规职能
		第 13 条	业务及职能部门	5.3.3　管理者
		第 14 条	合规管理牵头部门	5.3.2　合规职能
		第 15 条	纪检监察、审计等部门	9.2　内部审核 9.3　管理评审
3	制度建设	第 16 条	合规管理制度体系	5.2　合规方针
		第 17 条	合规管理基本制度	
		第 18 条	合规管理具体制度	
		第 19 条	制定修订及检查	

续表

序号	《中央企业合规管理办法》			ISO 37301:2021
4	运行机制	第20条	合规风险识别评估预警机制	4.6 合规风险评估
		第21条	合规审查	8.1 运行策划和控制 8.2 建立控制和程序
		第22条	合规风险应对	6 策划
		第23条	违规问题整改机制	10.2 不符合和纠正措施
		第24条	举报	8.3 提出疑虑
		第25条	追责问责机制	10.2 不符合和纠正措施
		第26条	协同运作机制	引言
		第27条	有效性评价	3.13 有效性 9.1 监视、测量、分析和评价
		第28条	考核评价	9.1 监视、测量、分析和评价
5	合规文化	第29条	领导模范	5.1 领导作用和承诺
		第30条	合规培训机制	7.2.3 培训
		第31条	合规教育与合规承诺	7.3 意识 7.4 沟通
		第32条	全员合规	5.3.4 人员
6	信息化建设	第33条	合规管理信息系统	—
		第34条	过程管控	
		第35条	信息互联互通	
		第36条	实时动态监测	

续表

序号	《中央企业合规管理办法》			ISO 37301:2021
7	监督问责	第 37 条	合规管理不到位责任	10　改进
		第 38 条	失职渎职责任	
8	附则	第 39 条	结合实际建立健全合规管理体系	—
		第 40 条	地方国资监管参照适用	
		第 41 条	解释权	
		第 42 条	施行日期	

（四）与《涉案企业合规建设、评估和审查办法（试行）》的比较

2022 年 4 月，为贯彻落实最高人民检察院、司法部、财政部等九部委联合印发的《关于建立涉案企业合规第三方监督评估机制的指导意见（试行）》及其实施细则，依法推进企业合规改革试点工作，全国工商联、最高人民检察院、司法部、财政部等九部委研究制定了《涉案企业合规建设、评估和审查办法（试行）》。如表 1－5 所示，该办法中包含合规管理体系的要求，与《合规标准》有相似之处。

表 1－5　《合规标准》与《涉案企业合规建设、评估和审查办法（试行）》之比较

序号	ISO 37301:2021	《涉案企业合规建设、评估和审查办法（试行）》
1	4. 组织环境	涉案企业应当全面分析研判企业合规风险。（第 4 条）
2	5. 领导作用	涉案企业实际控制人、主要负责人应当在专项合规计划中作出合规承诺并明确宣示合规的优先价值。（第 6 条） 应当设置与企业类型、规模、业务范围、行业特点等相适应的合规管理机构或者管理人员。（第 7 条） 合规管理机构和各层级管理经营组织，应确定合规目标，细化合规措施。（第 8 条） 合规管理机构或管理人员的独立性。（第 8 条）

续表

序号	ISO 37301:2021	《涉案企业合规建设、评估和审查办法(试行)》
3	6. 策划	通过制定合规管理规范、弥补监督管理漏洞等方式,建立健全合规管理的制度机制。(第8条)
4	7. 支持	应当为合规管理制度机制的有效运行提供必要的人员、培训、宣传、场所、设备和经费等人力物力保障。(第9条)
5	8. 运行	应当建立监测、举报、调查、处理机制,保证及时发现和监控合规风险,纠正和处理违规行为。(第10条)
6	9. 绩效评价	应当建立合规绩效评价机制,引入合规指标对企业主要负责人、经营管理人员、关键技术人员等进行考核。(第11条) 第三方组织开展涉案企业合规评估。(第3章)
7	10. 改进	应当建立持续整改、定期报告等机制,保证合规管理制度机制根据企业经营发展实际不断调整和完善。(第12条)

(五)与美国司法部《企业合规计划评估》的比较

美国司法部刑事局在2020年发布的《企业合规计划评估》,通过三个问题统领涉案企业合规计划有效性的评估方法。如表1-6所示,该文件与《合规标准》在诸多方面有相似之处。

表1-6 《合规标准》与美国司法部《企业合规计划评估》之比较

序号	ISO 37301:2021	《企业合规计划评估》
1	4. 组织环境	Ⅰ.A 风险评估
2	5. 领导作用	Ⅱ.A 高级和中级管理者的承诺 Ⅱ.B 独立性和资源
3	6. 策划	Ⅰ.B 方针和程序

续表

序号	ISO 37301:2021	《企业合规计划评估》
4	7. 支持	Ⅰ.A　风险评估 Ⅰ.C　培训和沟通 Ⅱ.B　独立性和资源 Ⅱ.C　激励和纪律措施
5	8. 运行	Ⅰ.D　保密报告结构和调查过程 Ⅰ.E　第三方管理 Ⅲ.B　对不当行为调查 Ⅲ.C　对任何潜在不当行为的分析和补救
6	9. 绩效评价	Ⅰ.B　方针和程序 Ⅲ.A　持续改进、定期测试和评审
7	10. 改进	Ⅲ.C　对任何潜在不当行为的分析和补救

（六）与世界银行《诚信合规指南》的比较

世界银行的制裁体系适用于由其提供贷款的项目，禁止投标方、建设方等采取欺诈、腐败、合谋或阻碍等手段参与项目建设。被世界银行制裁的企业，不能参与由其提供贷款的项目。基于世界银行的《诚信合规指南》，被制裁的企业可以通过开展合规体系建设，解除制裁。该指南与合规标准也有紧密的联系。

表1-7　《合规标准》与世界银行《诚信合规指南》之比较

序号	ISO 37301:2021	《诚信合规指南》
1	4. 组织环境	3. 启动体系建设、风险评估与审查 11. 联合行动
2	5. 领导作用	1. 禁止不当行为 2. 责任 4. 内部方针
3	6. 策划	3. 启动体系建设、风险评估与审查

续表

序号	ISO 37301:2021	《诚信合规指南》
4	7. 支持	4. 内部方针 7. 培训和沟通
5	8. 运行	5. 商业伙伴制度 6. 内部控制 9. 报告 10. 不当行为补救措施
6	9. 绩效评价	3. 启动体系建设、风险评估与审查
7	10. 改进	3. 启动体系建设、风险评估与审查

第二节　管理体系的一般特征

《合规标准》作为管理体系标准,具有国际标准化组织针对管理体系采用高阶结构、协同结构和PDCA循环的一般特征。

一、高阶结构

高阶结构是指适用于所有的管理体系的结构。组织一般建设多个管理体系。在大型企业中,管理体系的数量更多。在没有高阶结构的情况下,不同的管理体系之间会发生冲突、重复,导致管理效率下降,甚至会对组织活动产生消极影响。组织采用相同的"模板"——高阶结构,不仅便于组织整合不同类型的管理体系,提高管理活动的效果和效率,而且能够提高相关方之间沟通的效率,促进交易。[1] 国际标准化组织自2012年起制定的管理体系标准,均采用高阶结

〔1〕 参见中国认证认可协会组编:《管理体系认证基础》,高等教育出版社2019年版,第69~70页。

构。如图 1-3 所示，高阶结构由十个部分组成。其中对于第八章“运行”，不同管理体系的内容有较大的差别。[1]

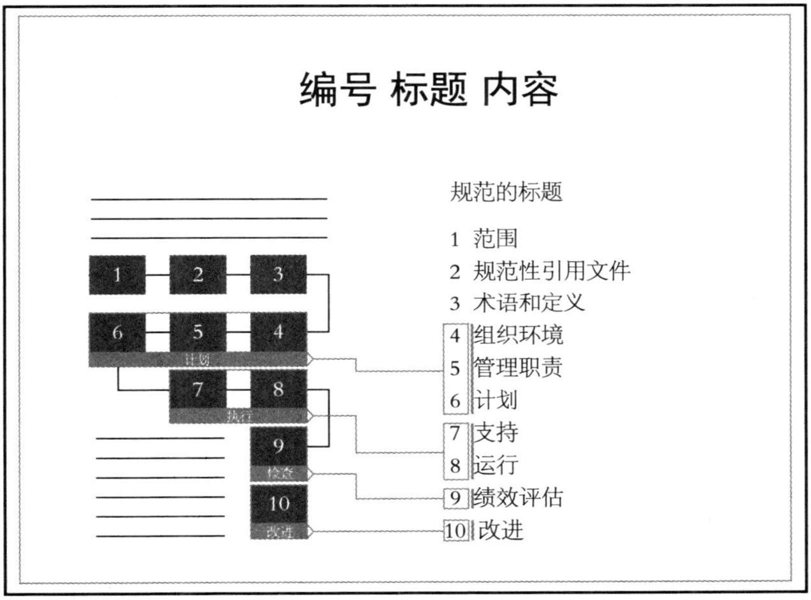

图 1-3 高阶结构

二、协同结构

国际标准化组织在 2021 年修订“高阶结构”，针对不同的管理体系，采用“协同方法”，形成“协同结构”。基于协同结构，管理体系标准采用相同的条款编号、条款标题、文本、通用术语和核心定义。[2] 该结构与上述高阶结构一致，共有十章。从以下的协同结构可以看出，每章的正文采用预设的表述，也起到“模板”作用。

〔1〕 参见中国认证认可协会组编：《管理体系认证基础》，高等教育出版社 2019 年版，第 71 页。

〔2〕 See ISO/IEC Directives, Part 1, Annex SL, Appendix 2, thirteenth edition, 2022.

表 1-8　协同结构

协同结构（2021 年）
引言
1. 范围
2. 规范性引用文件
3. 术语和定义
3.1　组织
3.2　相关方（优先术语）
3.3　最高管理者
3.4　管理体系
3.5　方针
3.6　目标
3.7　风险
3.8　过程
3.9　能力
3.10　文件化信息
3.11　绩效
3.12　持续改进
3.13　有效性
3.14　要求
3.15　符合
3.16　不符合
3.17　纠正措施
3.18　审核
3.19　测量
3.20　监视
4. 组织环境
4.1　理解组织及其环境
4.2　理解相关方的需要和期望
4.3　确定×××管理体系的范围
4.4　×××管理体系
5. 领导作用
5.1　领导作用和承诺
5.2　×××方针
5.3　角色、职责和权限
6. 策划
6.1　应对风险和机会的措施
6.2　×××目标及其实现的策划
6.3　针对变更的策划

续表

7. 支持
7.1　资源
7.2　能力
7.3　意识
7.4　沟通
7.5　文件化信息
7.5.1　总则
7.5.2　文件化信息的创建和更新
7.5.3　文件化信息的控制
8. 运行
8.1　运行策划和控制
8.2　外部提供的产品和服务的控制
9. 绩效评价
9.1　监视、测量、分析和评价
9.2　内部审核
9.2.1　总则
9.2.2　内部审核方案
9.3　管理评审
9.3.1　总则
9.3.2　管理评审输入
9.3.3　管理评审输出
10. 改进
10.1　持续改进
10.2　不符合和纠正措施

协同结构适用于所有的管理体系标准，包括合规管理体系标准。采用该结构，能够促进不同管理体系间的协同运作，满足了组织同时建设多个管理体系标准的需求，解决了整合管理体系建设的困境。[1]

三、PDCA 循环

与高阶结构有紧密联系的是 PDCA 循环。如图 1－3 所示，PDCA 循环体现在高阶结构的第四章至第十章。如图 1－4 所示，管理体系采用的 PDCA 循环，

［1］ See ISO/IEC Directives, Part 1, Annex SL, Appendix 2, introduction, thirteenth edition, 2022.

分为四个阶段,即策划(plan)、执行(do)、评价(check)及改进(act)。[1] PDCA 循环具有三个特征,即闭环管理、环中有环及螺旋上升。[2] 领导作用,亦称管理者职责,在整个 PDCA 循环中起到核心作用。

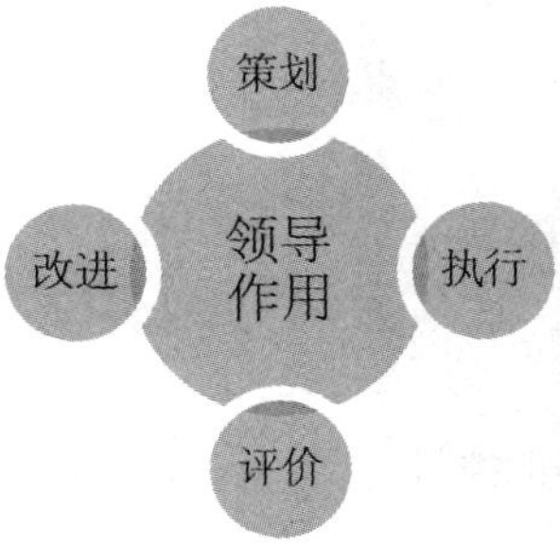

图 1-4　PDCA 循环

一般而言,管理体系是组织为了回应外部环境和利益相关者的要求和需求而采取的体系化的措施。如图 1-5 所示,[3]基于利益相关者的要求和需求,组织制定方针和目标,开展特定的管理体系建设,产生绩效,并将其反馈给外部环境和利益相关者,进而改进管理体系,形成持续改进的过程。

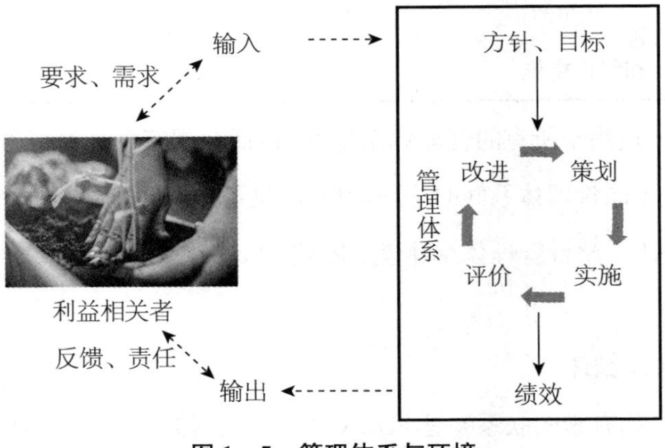

图 1-5　管理体系与环境

〔1〕参见中国认证认可协会组编:《管理体系认证基础》,高等教育出版社 2019 年版,第 43 页。

〔2〕参见中国认证认可协会组编:《管理体系认证基础》,高等教育出版社 2019 年版,第 43~44 页。

〔3〕See Bühr/Petsche/Tolar, ISO 19600 – Compliance Management Systems, p. 6.

四、风险导向

所有的管理体系都是以风险为导向。不同的管理体系处理不同的风险。合规管理体系处理的是合规风险。风险是指不确定性对目标的影响。合规风险则是指因不符合组织的合规义务，而发生不合规的可能性及其后果。[1] 对于风险评估方法，国际标准化组织发布的《风险管理　指南》（ISO 31000：2018）针对所有的管理体系应对不同的风险，建立了统一的体系和框架。[2]

第三节　合规管理体系的要素

《合规标准》基于高阶结构和 PDCA 循环，发展出合规管理体系的要素。[3] 除高阶结构的前三章，后七章被称为合规管理体系的七要素。此外，一个有效的合规管理体系，还应当具有明确的目标和原则。图 1－6 源自中、英文版本的《合规标准》，形象地反映了 PDCA 循环基础之上目标、原则及要素之间的关系。原则、目标也是合规管理体系的要素。[4]

〔1〕 参见《合规标准》3.24。
〔2〕 Kohl, Standards for Management System, p. 173.
〔3〕 要素也可以被视为指标。在《合规标准》中，共有三级指标。
〔4〕 参见《合规标准》A.4.4。

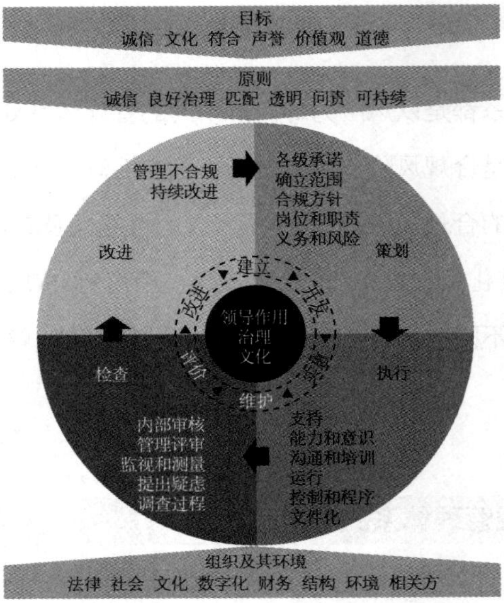

图1-6 合规管理体系的PDCA循环

一、目标

基于《合规标准》，合规管理体系的目标包括诚信、文化、符合、声誉、价值观和道德[1]。这六个目标反映了合规管理的基本价值，是任何的合规管理体系应当追求的目标。[2]

（一）诚信

诚信即诚实信用，是行为人遵守正式或非正式的规则，使他人对行为人产生信任、尊重，行为人因而获得声誉。诚信的英文词“integrity”可以追溯到拉丁文

〔1〕 中文《合规标准》将ethics译为伦理。

〔2〕 可惜的是，在《合规标准》中，关于六个目标和六项原则并没有详细的阐述。

"integritas",意思是"毫无瑕疵"、"不可亵渎"或"诚恳"。[1] 在企业合规的语境下,诚信则是指员工基于所在企业的价值观行事。[2] 即企业诚信(corporate integrity)。由于企业内部的规定不仅包括显性的规章制度,还包括企业的价值观,因此,员工行为应当与法律规定、企业内部规定及道德规范一致,以这些规定作为行为导向,并且对法律允许自己的自治领域设定限制。企业的价值观与员工个人的价值观不一定完全一致,这是企业开展有效合规建设的主要原因之一。

(二)文化

合规文化是指贯穿整个组织的价值观、道德规范、信仰和行为,并与组织结构和控制体系相互作用,产生有利于合规的行为规范。[3] 文化在组织实现有效合规管理中扮演重要的角色。《合规标准》引言的第一句就强调,组织要想取得长久的成功,应建立和维护合规文化。合规文化是潜意识的,通过人的行为方式表现出来。有效合规的一个指标,就是评价合规文化的建设情况。为此,组织的领导者在建立和推动合规文化的过程中,起到关键作用。[4]

(三)符合

符合是指满足要求。它是管理体系标准的专业术语。认证的本质,就是判断组织的活动是否符合某个标准。因此,符合对于认证活动具有根本性意义。对合规管理而言,符合是合规的本质要求。只有当组织的行为与正式或非正式的规范一致时,才可以被称为"符合"。不过,合规相较于符合,范围小于后者。

---

〔1〕 Durrer/Hunziker/Unruh/Würzburg, Integrity as a Management Tool, in Global Ethics, Compliance & Integrity (Yearbook 2021), S. 134.

〔2〕 Vgl. DICO, Integrity Management, S. 7; Pikó/Uhl, in Pikó/Uhl/Licci, HB Corporate Compliance, § 1 N 47.

〔3〕 参见《合规标准》3.28。

〔4〕 参见《合规标准》5.1.2。

不符合并不意味着不合规。[1]

（四）声誉

声誉是合规管理体系的目标之一，是由于不合规导致组织的声誉受损，对组织产生的负面影响可能不亚于对组织直接产生的经济损失。合规管理在该意义上，也是声誉管理，目的是防范声誉风险对组织产生不利影响。

（五）价值观

合规管理是价值观导向的。[2] 实务中，按照部分人的观点，合规被认为是纯粹的技术工作，没有价值判断的因素。在本质上，合规管理首先是价值观管理，是组织采取措施影响其成员的意识和行为，进而形成组织的价值观、企业文化以及相应的合规文化。

（六）道德

道德与上述的价值观有紧密的联系。组织由自然人组成，拥有特定的组织文化，深层次地影响个体实施道德或不道德的行为。关注组织的行为的道德性，反映了组织理论突破了“唯利是图”的目标导向，转向考虑利益相关者的关切、善良风俗、公平正义等道德问题。例如，在美国司法部、联邦量刑委员会的合规规范中，合规与道德是“孪生兄弟”，合规管理体系被称为“合规与德道体系”（compliance and ethics programs）。

---

〔1〕 参见《合规标准》3.16。

〔2〕 《合规标准》中关于价值观的英文表述是“value”，也是合规管理体系的目标之一。但是，我国的《合规标准》中，将“value”译为“价值”，而非“价值观”，往往会造成理解困难或歧义。原因是价值也有经济价值的意思。

二、原则

组织开展合规管理体系建设，应该遵守诚信、良好治理、匹配、透明、问责以及可持续的原则。原则并非穷尽。在这些原则基础之上，还可以得出合规管理体系的其他的原则。[1] 如图 1－7 所示，上述原则渗透建立、实施、维护和改进合规管理体系的每个环节，适用于合规管理体系所有的要素。[2]

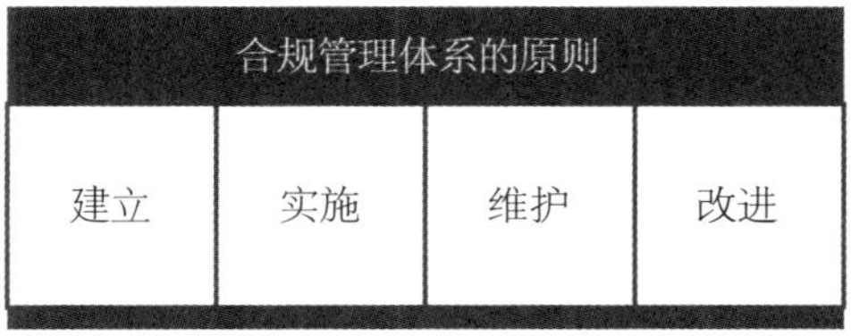

图 1－7　合规管理体系的原则与各阶段的关系

（一）诚信

诚信不仅是合规管理体系的目标，也是其原则，[3]都是言行一致、表里如一的意思。除了合规管理，还有诚信管理的提法和实践，如世界银行的《诚信合规指南》。诚信管理更注重行为人的内心活动，关注组织的价值观、道德等对行为人的影响。行为人实施合规行为，不仅是惧怕不合规对个人造成的不利后果，更主要的是不合规行为不符合行为人的价值观、道德观。诚信描述了这样的遵从

---

〔1〕 如灵活性、效率、认可以及法律优先等原则。对此，参见 Makowicz, 2. Kapitel. CMS-Modelle und Grundgestaltung, in Globale Compliance Management Standards。

〔2〕 Vgl. Makowicz, 2. Kapitel. CMS-Modelle und Grundgestaltung, in Globale Compliance Management Standards, Rn. 1.

〔3〕 由于英文词"integrity"是多义词，既有诚信，也有完整性、不可侵犯等的意思，导致人们对该英文词的理解产生困惑。我国等同采用的《合规标准》（征求意见稿）中，采用"完整性"而非"诚信"的表述，但在公布版中最终还是采用了"诚信"的表述。

个人内心而为的表里如一品性。[1]

（二）良好治理

良好治理是指组织基于规范、实践、行为、道德、文化、结构和过程，作出决策，确保组织提供符合利益相关者期望的长期的价值。[2] 在联合国《2030 可持续发展议程》中，各国认识到没有“在各级实行有效的法治和良政（也即‘良好治理’），并有透明、有效和负责的机构”，就不能实现可持续发展的目标。[3]

合规管理体系作为一种管理体系，作为治理框架的组成部分，其目标和原则等都应当反映组织的价值、目标、战略、文化以及风险等情况。良好治理在合规管理体系的语境下，主要体现为合规治理，其基本思想是合规职能能够直接接触最高管理者、拥有独立性以及充分的职权和资源。[4]

（三）匹配

匹配原则，亦称适当性原则或比例原则，要求合规管理体系建设需要和组织的内外部情形相适应。比例原则是公法的基本原则，在私法等领域，也得到广泛的运用。在法学中，比例原则是指组织采取的措施应当适当、必要、相称。[5] 适当也即实施的措施能够实现所要追求的目的。必要也即实施的措施对个体和整体造成最小的伤害。相称也即实施的措施对当事人产生的不利影响与为当事人带来的益处相对称。从这三个要求来看，比例原则的要求更为严格，超越了匹配原则下的适当性要求。

---

〔1〕 Vgl. Schwarz/Ritzenhoff, Compliance ist erst der Anfang-Wie Integrität die Unternehmenswelt verändert, CB 2020, 320.

〔2〕 See Introduction, ISO 37000:2020.

〔3〕 参见联合国《2030 可持续发展议程》，序言 35。

〔4〕 参见《合规标准》5. 1. 3；Makowicz, 2. Kapitel. CMS-Modelle und Grundgestaltung, in Globale Compliance Management Standards, Rn. 4。

〔5〕 Vgl. Klaus Weber/Raik Werner, Verhältnismäßigkeitsgrundsatz, in Weber, Rechtswörterbuch 28. Edition 2022.

对于合规管理体系,匹配原则主要体现在组织基于其面临的合规风险及其对应的风险等级,采取应对措施。[1] 另外,组织应当基于合规管理体系的规模、成熟度,组织的环境以及组织活动和目标的性质、复杂度等,灵活运用《合规标准》,也是匹配原则的要求。[2] 因此,匹配原则也反映了灵活性原则。[3] 最后,匹配原则体现合规措施与合规目标的相称性。过度的合规措施,往往会产生适得其反的效果。在该意义上,比例原则为合规管理工作设定界限,要求"合规的合规"。[4]

(四)透明

透明原则是指合规管理公开及开放。一方面,透明原则能够增强合规管理的利益相关者对组织开展合规管理的信任,进而提高合规管理的效果。正如在政治和社会生活中,公开、透明往往能够增强社会成员对公共机关的信任。在经济生活中,透明原则也能够提升员工、第三方等对合规管理体系的信任。另一方面,合规制度的制定、实施,如合规培训、合规沟通等的透明公开,能促进员工及时了解合规管理的具体内容,使合规能够真正落地。

(五)问责

问责能够产生信任和正当性,提高组织的绩效,因此,问责是组织治理的一个关键。[5] 它要求对于不合规行为,应当有承担责任的人。该原则从反向激励的角度,促使组织成员遵守法律法规以及内部规章制度等。问责原则体现了合

---

〔1〕 参见周万里主编:《企业合规讲义》(第2版),法律出版社2022年版,第14页。

〔2〕 See Introduction, ISO 37301:2021.

〔3〕 Vgl. Makowicz, 2. Kapitel. CMS-Modelle und Grundgestaltung, in Globale Compliance Management Standards, Rn. 2.

〔4〕 Vgl. Makowicz, 2. Kapitel. CMS-Modelle und Grundgestaltung, in Globale Compliance Management Standards, Rn. 5.

〔5〕 See ISO 37000:2021, 6.5.

规管理的重要理念,也即合规激励是合规管理体系的必备要素之一。

(六)可持续

可持续是指满足当代人需要的同时,不牺牲未来人的需求。它关注当代与未来的代际关系,不以牺牲未来人的需求为代价,满足现代人的需求。早在1992年,联合国就将可持续发展确定为环境保护的核心目标。在合规管理体系的语境下,组织开展合规管理建设,应当基于可持续原则,统一当下发展需要和未来发展的需要之间的关系,使合规管理具有延续性、动态性。如上文所述,合规管理体系建设应当遵循良好治理原则,而良好治理原则又是可持续发展的前提。在该意义上,组织在良好治理框架下开展合规管理体系建设,能够推动组织和社会的可持续发展。[1]

三、合规管理体系建设的步骤

基于《合规标准》的高阶结构和PDCA循环,如图1-8所示,组织建设合规管理体系,需要四阶段七步骤。

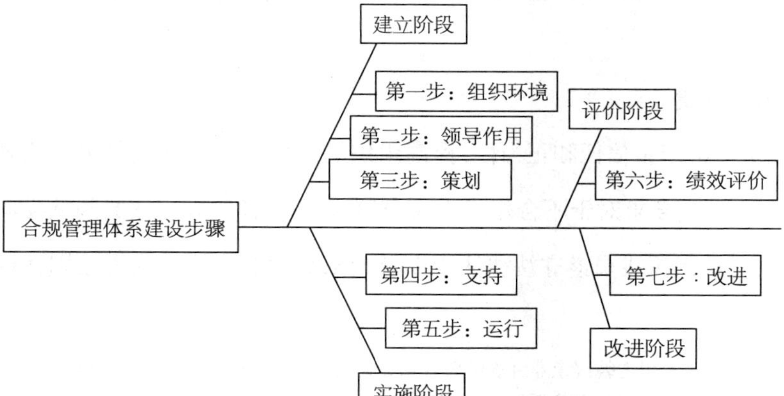

图1-8 合规管理体系建设步骤

〔1〕 参见联合国《2030可持续发展议程》,序言35,以及上文的良好治理原则。

（一）策划

在策划阶段，工作内容不仅包括标准的第四章“组织环境”，还包括“领导作用”和狭义的“策划”。

在组织环境的工作部分，组织需要对组织所处的环境（包括内部结构）、利益相关者进行分析，并确定合规义务，开展合规风险评估，在此工作的基础上，组织确定合规管理体系的范围。在“领导作用”的二级要素中，《合规标准》比较重视治理机构、最高管理者在合规承诺、模范作用、合规方针、合规文化以及合规治理方面的关键作用，并详细列举合规职能、经理层，全体员工的合规职责。

在狭义的“策划”阶段（《合规标准》第六章），主要工作包括合规风险和机会的应对措施、合规目标设定以及对改变的策划。

（二）实施

实施阶段的工作，包括“支持”和“运行”。支持是组织对合规管理在资源、能力、意识等方面给予合规管理的保障。在“运行”阶段，组织对在策划阶段开展的活动进行控制，包括通过制定制度和程序，对合规管理体系进行控制。此外，提出疑虑（主要是指举报）和内部调查过程，是运行阶段的重要的工作内容，体现了合规管理工作的特殊性。

（三）评价

在评价工作阶段，《合规标准》列举了多种方式组织用来评价合规管理体系绩效。具体而言，评价方法包括监视、测量、内部审核（亦称内部审计）和管理评审。与评价活动密切相关的是合规报告机制。

（四）改进

组织在上述评价工作的基础上，实施相应的措施，包括持续改进和纠正措施。基于持续改进，组织不断改进合规管理体系的适当性、全面性及有效性。针对不符合或不合规，组织应当做根源分析，采取纠正措施和补救措施。

第四节 整合管理体系

基于《合规标准》，合规管理在保持独立性的同时，最好能与其他的管理体系融合，也即整合管理体系。[1] 在理想的情况下，合规管理体系与诸如风险、反贿赂、质量、环境、信息安全和社会责任等管理体系一起实施，共同作用，实现组织设定的总目标[2]

一个组织中有多个管理体系，合规管理体系是以合规为主题的管理体系。合规管理体系作为组织的管理体系的一个子体系，不仅需要和其他的子体系协同运作或者整合，也需要与企业的业务、人事等融合。只有是整合的合规管理体系，合规管理才不会脱离企业管理的实践被孤立，出现所谓的“两张皮”。

合规管理体系与其他的管理体系的整合，被称为整合管理体系。由于不同管理体系之间整合的程度不同，如图1－9所示，可大致分为合作、整合以及一体化的整合阶段。[3]

---

〔1〕 参见《合规标准》引言。

〔2〕 参见《合规标准》A.1.1。

〔3〕 参见国家认证认可监督管理委员会《整合管理体系评价指南》3.2；Makowicz，2. Kapitel. CMS-Modelle und Grundgestaltung，in Globale Compliance Management Standards，Rn. 30。

图 1－9　整合管理体系发展阶段

实践中发展出很多的管理体系整合的方法论，如基于高阶结构的整合管理体系、GRC 及 COSO 的企业风险管理框架。

一、组织治理标准家族

国际标准化组织在 2016 年设立组织治理委员会（TC 309），负责制定与组织治理相关的标准，包括组织的管理、控制和责任等主题。组织治理标准分为治理标准和管理体系标准。治理关注组织的战略、方针和价值观（所谓的“doing the right thing”），管理则是关注组织架构、流程和实施（所谓的“doing the things right”）。[1] 涉及组织治理的标准，是国际标准化组织于 2021 年 9 月发布的《组织治理　指南》（ISO 37000:2021）。

（一）组织治理

如图 1－10 所示，组织治理标准作为指引类标准（B 类标准）位于其他的管理体系的顶层设计位置，确定组织治理的基本框架和 11 项原则。[2] 如上文所述，在各个层面实现良好治理，是实现联合国可持续发展目标的前提条件。因此，

---

[1] Vgl. Makowicz, 1. Kapitel. Praktische Einführung, in Globale Compliance Management Standards, Rn. 98.

[2] 这 11 项原则分为一项基本原则、四项根本原则以及六项赋能原则。一项基本原则为目的。四项根本原则包括价值创造、战略、监督和问责。六项赋能原则包括利益相关者参与、领导作用、数据及决策、风险治理、社会责任及持续的生存能力和表现。

作为组织治理框架组成部分的管理体系,也能够促进组织和社会的可持续发展。

图1-10　组织治理标准家族

(二)管理体系

组织治理框架中的管理体系,目前有三个已经发布,即《反贿赂管理体系　要求及使用指南》(ISO 37001:2016)、《举报管理体系　指南》(ISO 37002:2021)以及《合规标准》。以下六项管理体系标准正在起草过程中。

(1)《反舞弊控制管理体系　组织应对反舞弊风险指南》(ISO 37003)。

(2)《组织治理　治理成熟度模型》(ISO 37004),2021年6月发起。

(3)《组织治理　指标的选择、制定及运用:治理机构指南》(ISO 37005),2021年6月发起。

(4)《有效组织治理指标　指南》(ISO 37006),2021年6月发起。

(5)《公司治理　效率测量指南》(ISO 37007),2021年2月发起。

(6)《组织内部调查　指南》(ISO 37008),2021年9月发起。

组织开展合规管理体系建设,应当将合规管理整合到组织治理体系中。基于国际标准化组织针对管理体系采用的高阶结构、协同结构和PDCA循环,可对合规管理体系与其他的管理体系进行整合,建设整合管理体系。

二、一体化公司治理

除上述基于国际标准化组织的组织治理家族的特征开展合规管理体系的整合,实践中还有 GRC、全面风险管理、协同运作机制等模式,对合规管理与风险管理、内部控制、内部审计、法务管理等职能进行整合。这些模式的共同特点是围绕合规、风险管理与内部控制展开,有的强调治理的顶层设计角色,有的还增加法务管理、数据安全等不同的领域。[1] 图 1－11 是典型的一体化公司治理框架。[2]

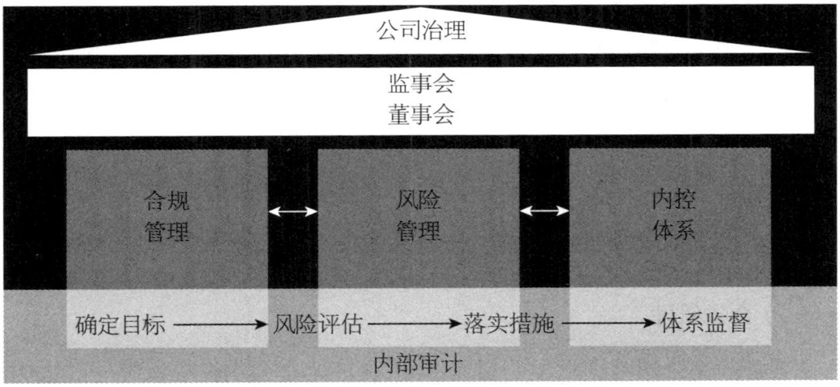

图 1－11 GRC 框架

(一)公司治理

公司治理的理念源自英国[3],是指关于公司管理和监督的体系化安排。

---

〔1〕 Vgl. IDW Verlautbarungen Werkstand, Entwurf einer Neufassung des IDW Prüfungsstandards: Grundsätze ordnungsmäßiger Prüfung von Compliance Management Systemen (IDW EPS 980 n. F.), 10. 2021, IDW Life 7/2022, Tz. A. 3, A. 11.

〔2〕 参见周万里主编:《企业合规讲义》,中国法制出版社 2018 年版,第 5 页。

〔3〕 即现代公司治理最佳实践的起点——1992 年的英国《卡德伯利报告》(Cadbury Report)。

公司治理的产生，是因为股东和管理者之间因信息不对称，对股东的利益产生不利的影响。此外，大股东和小股东以及公司控制人和公司外部人之间的利益冲突，也是公司治理重点关注的问题。典型的公司治理问题包括股东会、董事会、监事会的定位和职权，高级职员的职权和激励、控股股东的行为、投资者关系以及社会责任等。围绕这些问题，公司治理有两个视角，一个是内部视角，包括上述的股东与管理者的关系，以及大股东与小股东的关系。另一个是外部视角，处理公司控制人和公司外部人的关系。

依据我国2018年修订的《上市公司治理准则》，[1] 上市公司应当建立内部控制和风险管理制度，设立或指定部门负责对运行行为、下属公司管控、财务信息披露和合规进行监督和检查。因此，在我国的公司治理制度中，明确区分了内部控制和风险管理，将合规管理作为内部控制和风险管理的组成部分。

一般而言，一体化公司治理体系由合规管理、内部控制、风险管理及内部审计组成。[2]

（二）合规管理

合规管理是公司治理框架的组成部分，关注的是公司在经营管理过程中，如何确保公司及其员工遵守法律法规、监管规定和选择遵守的义务。通过合规管理体系建设，企业能够有效预防、及时发现并且有效应对不合规行为，并能持续改进公司的合规管理体系，适应和满足外部环境和利益相关者的需求和期望。合规也是内部控制和风险管理的目标之一。

---

〔1〕 参见《上市公司治理准则》第94条。

〔2〕 Vgl. IDW Verlautbarungen Werkstand, Entwurf einer Neufassung des IDW Prüfungsstandards: Grundsätze ordnungsmäßiger Prüfung von Compliance Management Systemen (IDW EPS 980 n. F.), 10. 2021, IDW Life 7/2022, Tz. A. 3; Laue, Integration der Corporate-Governance-Systeme, p. 101 – 106.

（三）内部控制

内部控制是指企业董事会、监事会、经理层和全体员工实施的，旨在实现控制目标的过程。[1] 现代的内部控制体系的基本框架，可追溯到美国反欺诈财务报告委员会发起组织委员会（COSO）于 1992 年发布的《内部控制——整合框架》。我国财政部等五部门于 2008 年发布的《企业内部控制基本规范》的基本概念、框架等与 COSO 的《内部控制——整合框架》基本一致。如《企业内部控制基本规范》关于内部控制的定义、目标、要素以及涉及单元等，均可以在 COSO 的《内部控制——整合框架》中找到对应文本。

如图 1－12 所示，COSO 的 2013 年版本《内部控制——整合框架》包含三个目标、五个要素以及四个单元。具体而言，内部控制的目标包括运营的效率和效果、报告的真实性以及合规。五个要素包括控制环境、风险评估、控制活动、信息与沟通以及监督活动。

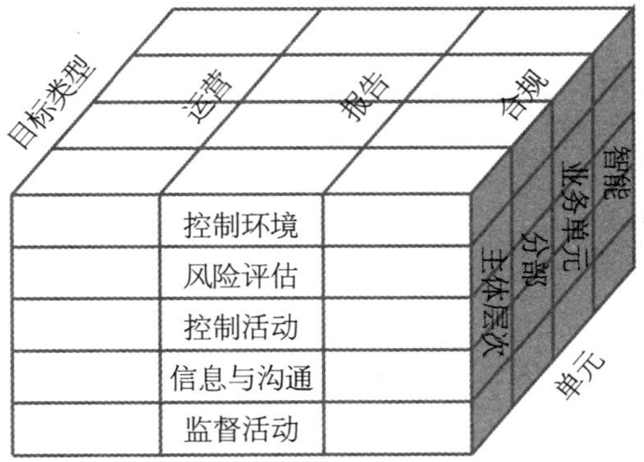

图 1－12　COSO 内部控制体系（2013 年）

由于合规是内部控制的目标之一，合规成为内部控制的工作内容。在企业

[1] 参见《企业内部控制基本规范》第 3 条。

中内部控制部门负责合规管理工作。[1]

（四）风险管理

风险管理是指针对风险开展的指导、控制组织的协调活动。[2] 基于中央企业全面风险管理的规定，全面风险管理是指“企业围绕总体经营目标，通过在企业管理的各个环节和经营过程中执行风险管理的基本流程，培育良好的风险管理文化，建立健全全面风险管理体系，包括风险管理策略、风险理财措施、风险管理的组织职能体系、风险管理信息系统和内部控制系统，从而为实现风险管理的总体目标提供合理保证的过程和方法”。[3] 另外，COSO 分别在 2004 年和 2017 年发布《企业风险管理——整合框架》，[4] 对各国制定风险管理的制度和实践产生了重要影响。国务院国资委关于全面风险管理的定义与 COSO 关于风险管理的定义基本一致。

基于传统认识，风险是不确定性对目标产生的不利影响。这也是 COSO 对风险的认识。[5] 不过在国际标准化组织的风险管理框架下，风险是指不确定性对目标的影响。这种影响可以是消极的，也可以是积极的。[6]

如图 1－13 所示，COSO 的风险管理框架（2004 年版本）与上述的 COSO 内部控制框架相似，由四个目标、八个要素以及四个单元构成。

---

〔1〕 Vgl. Bachmann, DCGK G4 [Kontroll-und Risikomanagementsystem], Kremer u. a., Deutscher Corporate Governance Kodex, 8. Auflage 2021, Rn. 9; Roth, Compliance und Corporate Governance－99 One Pagers, S. 52.

〔2〕 参见《风险管理　术语》3.1。

〔3〕 国务院国资委《中央企业全面风险管理指引》第 4 条。

〔4〕 See COSO 2004, Enterprise Risk Management-Integrated Framework; COSO 2017, Enterprise Risk Management-Integrated Framework.

〔5〕 美国 COSO：《企业风险管理——整合框架》（2017 年修订版），方红星、王宏译，东北财经大学出版社 2017 年版，第 158 页。

〔6〕 参见《风险管理　术语》2.1。

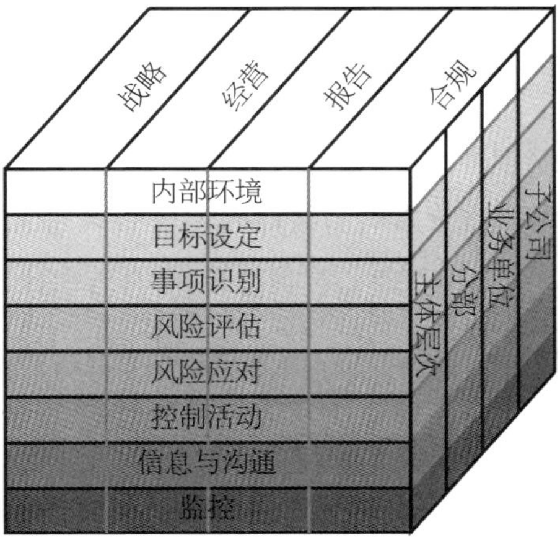

图 1－13　COSO 企业风险管理框架(2004 年)

而在国际标准化组织的风险管理框架中,如图 1－14 所示,风险管理的过程由六个步骤组成,依次为沟通和咨询、适用范围、环境和准则、风险评估、风险应对、监督和检查以及记录和报告。其中风险评估由风险识别、风险分析和风险评价三个环节组成。

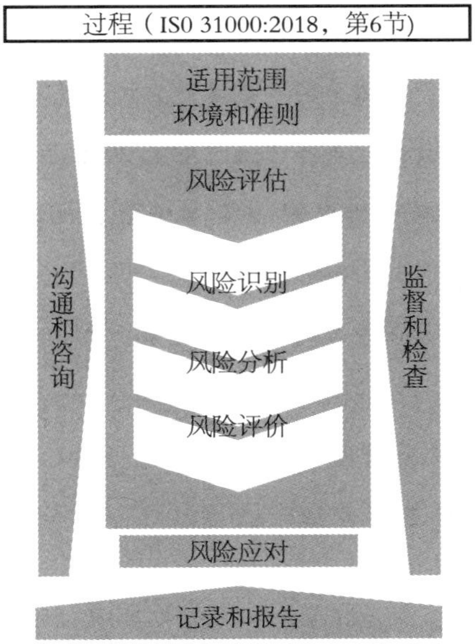

图 1－14　风险管理过程

（五）整合方法

从公司治理、内部控制、风险管理的定位和要素来看，它们都和合规管理有紧密的联系。在实践中，合规管理与其他的体系的整合模式，最常见的是 GRC（公司治理、风险管理与合规管理）、三道防线、整合管理体系和 COSO 的全面风险管理。无论哪一种整合模式，公司治理都位于顶层设计的位置。[1] 一般而言，整合管理体系应以风险为导向，以内部控制为基础，以法务管理、合规管理等为重点。

第五节　推荐阅读

卞传山：《企业法务与合规管理实务》，上海交通大学出版社 2021 年版。

陈飞泉：《治理风险与合规》，中国经济出版社 2021 年版。

郭青红：《企业合规管理体系实务指南》，人民法院出版社 2020 年版。

胡国辉：《企业合规概论》，电子工业出版社 2018 年版。

华东师范大学企业合规研究中心编：《企业合规讲义》，中国法制出版社 2018 年版。

李素鹏、叶一珺、李昕原编著：《合规管理体系标准解读及建设指南》，人民邮电出版社 2021 年版。

美国 COSO：《企业风险管理——整合框架》（2017 年修订版），方红星、王宏译，东北财经大学出版社 2017 年版。

---

〔1〕 参见周万里主编：《企业合规讲义》（第 2 版），中国法制出版社 2022 年版，第 3 ~ 7 页；陈飞泉：《治理风险与合规》，中国经济出版社 2021 年版，第 5 ~ 8 页。

中国认证认可协会组编:《管理体系认证基础》,高等教育出版社 2019 年版。

周万里、孙培岳编:《企业合规师执业必备规范汇编》,法律出版社 2022 年版。

周万里:《合规型监管研究》,人民出版社 2021 年版。

周万里主编:《合规学高等教育及其课程设计》,法律出版社 2021 年版。

周万里主编:《企业合规讲义》(第 2 版),中国法制出版社 2022 年版。

周万里主编:《企业合规师手册》,法律出版社 2022 年版。

Alexander Petsche/Karin Maier, Handbuch Compliance, 2019.

Barbara Neiger, Successful Compliance, 2021.

Bartosz Makowicz, Globale Compliance Management Standards, 2018.

Benjamin van Rooij/D. Daniel Sokol, Cambridge Handbook of Compliance, 2021.

Christoph Hauschka/Klaus Moosmayer/Thomas Lösler, Corporate Compliance, 3. Auflage 2016.

Daniel Lucien Bühr/Alexander Petsche/Martin Tolar, ISO 19600 – Compliance Management Systems, 2016.

DICO, Compliance-Management-Systeme, übergreifender Standard der DOCI-Standard-Reihe, 2021.

DICO, Integrity Management, 2021.

DICO, Kriterien zur internen Qualitätssicherung von CM-Systemen, 2016.

Herbert G. Buff, Compliance Management, 2015.

Herfried Kohl, Standards for Management System, 2020.

IDW Verlautbarungen Werkstand, Entwurf einer Neufassung des IDW-Prüfungsstandards: Grundsätze ordnungsmäßiger Prüfung von Compliance Management

Systemen（IDW EPS 980 n. F.）, 10. 2021, IDW Life 7/2022.

Jens C. Laue, Integration der Corporate-Governance-Systeme, 2021.

Monika Roth, Compliance und Corporate Governance – 99 One Pagers, 2021.

Monika Roth, Compliance, 2021.

Peter Fissenewert, Praxishandbuch internationale Compliance-Management-Systeme, 2015.

Rita Pikó/Laurenz Uhl/Sara Licci, Handbuch Corporate Compliance, 2022.

Thomas Grützner/Alexander Jakob, Compliance von A-Z, 2. Auflage 2015.

国家认证认可监督管理委员会:《整合管理体系评价指南》,2020 年版。

ISO 37000:2021, Governance of organizations-Guidance.

ISO 37001: 2016, Anti-bribery Management Systems-Requirements with guidance for use.

ISO 37002:2021, Whistleblowing Management Systems-Guidance.

ISO 37301: 2021, Compliance management systems-Requirements with guidance for use.

ISO/IEC TS 17021 – 13:2021, Conformity assessment-Requirements for bodies providing audit and certification of management systems-Part 13: Competence requirements for auditing and certification of compliance management systems.

第二章

一体化管理体系

【导读】

企业往往会建立多个管理体系，它们相互独立，各司其职，交叉、矛盾、重复问题突出，导致企业管理效率低下，管理资源浪费，管理成本居高。一体化管理体系旨在于各管理体系之间建立相互融合的管理机制，推动各管理领域之间实现优势互补、提供整体解决问题的方案，以减少管理上的矛盾和不协调，整合管理资源，优化管理环节，降低管理成本，提高综合管理效能。

有关管理体系的框架及构成要素存在趋同性，为一体化管理体系的建立提供了理论和实践基础。“三标”一体化为一体化管理体系建设提供了最佳实践案例。国际标准暨国家标准《合规标准》为合规管理体系与其他管理体系的一体化建设提供了更广阔的领域和空间。我国国家标准化管理委员会正在制定的国家标准《整合管理体系指南》，将对一体化管理体系的建设发挥积极的推动作用。

【关键词】

管理体系国际标准　三标一体化　一体化探索

【思维导图】

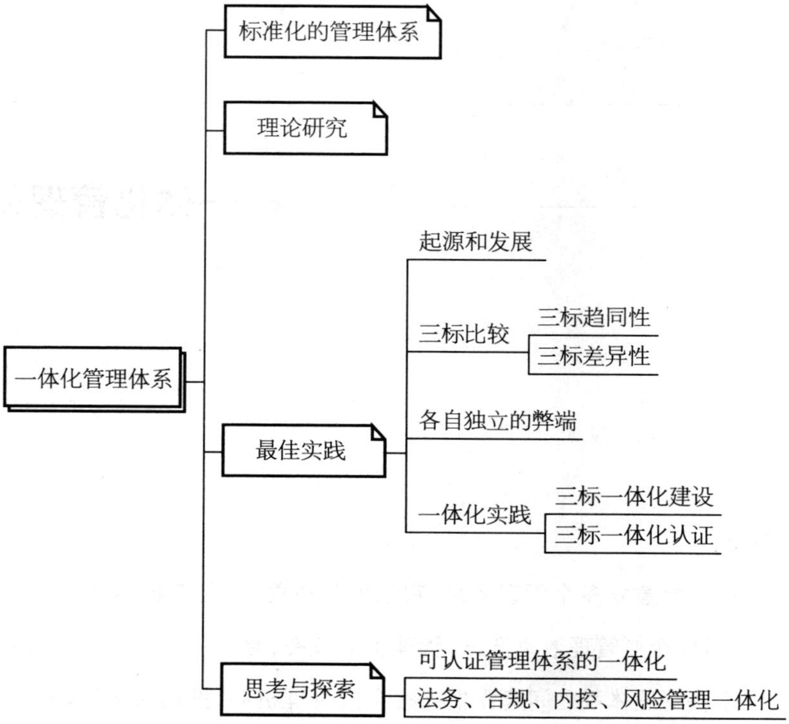
一体化管理体系
标准化的管理体系
理论研究
最佳实践
起源和发展
三标比较
三标趋同性
三标差异性
各自独立的弊端
一体化实践
三标一体化建设
三标一体化认证
思考与探索
可认证管理体系的一体化
法务、合规、内控、风险管理一体化

第一节 基础

一、企业管理体系

管理体系，即 Management System，是企业组织制度和企业管理制度的总称。[1] 企业的管理体系很多，几乎在每一经营管理部门领域都有相应的管理体系，且不同性质、不同规模的企业以及处于不同发展阶段的同一企业，其管理体系的数量、范围等都存在区别。

例如，从企业业务管理领域来划分，管理体系包括产品研发管理体系、生产管理体系、采购与物流/供应链管理体系、销售和售后服务管理体系等。从企业横向职能管理领域来划分，管理体系包括组织管理体系、行政管理体系、财务管理体系、人力资源管理体系、质量管理体系、环境管理体系、安全与职业健康管理体系、社会责任管理体系、全面风险管理体系、内部控制体系、法务管理体系、合规管理体系、信息管理体系、企业文化管理体系等。

又如，我国中央企业和大型国有企业都建立了全面风险管理体系、内部控制体系、法务管理体系、合规管理体系等，但我国大多数民营企业（尤其是中小型民营企业）大多尚未建立这些管理体系。

二、标准化管理体系

国际标准化组织等国际组织制定了多个管理体系标准，现行有效的主要管理体系标准，见表 2 - 1。

---

[1] 参见本书第一章第一节关于“合规管理体系”的论述。

表 2－1　主要的管理体系

序号	体系	名称(最新版本)	等同转换的国家标准
1	质量管理体系	ISO 9001:2015《质量管理体系　要求》	GB/T 19001—2015《质量管理体系　要求》
2	环境管理体系	ISO 14001:2015《环境管理体系　要求及使用指南》	GB/T 24001—2016《环境管理体系　要求及使用指南》
3	职业健康安全管理体系	ISO 45001:2018《职业健康安全管理体系　要求及使用指南》	GB/T 45001—2020《职业健康安全管理体系　要求及使用指南》
4	信息安全管理体系	ISO/ISEC 27001:2005《信息安全管理体系　要求》	GB/T 22080—2008《信息安全管理体系　要求》
5	食品安全管理体系	ISO 22000:2018《食品安全管理体系　食品链中各类组织的要求》	SN/T 1443. 1—2004《食品安全管理体系　要求》
6	医疗器械质量管理体系	ISO 13485:2016《医疗器械质量管理体系　用于法规的要求》	YY/T 0287—2017《医疗器械　质量管理体系　用于法规的要求》
7	社会责任标准管理体系	SAI SA8000®:2014《社会责任》	GB/T 39604—2020《社会责任管理体系　要求及使用指南》
8	反贿赂管理体系	ISO 37001:2016《反贿赂管理体系　要求及使用指南》	—
9	风险管理指南	ISO 31000:2018《风险管理指南》	GB/T 24353—2009《风险管理　原则与实施指南》
10	法律风险管理体系	ISO 31022:2020《风险管理　法律风险管理指南》	原 GBT 27914—2011(正在修订)
11	合规管理体系	ISO 37301:2021《合规管理体系　要求及使用指南》	GB/T 35770—2022《合规管理体系　要求及使用指南》

三、一体化管理体系

一体化管理体系是英文“Integrated Management System”的中文翻译，简称“IMS”，是指将两个或两个以上并存管理体系相同的构成要素整合在一起，并在统一的管理构架下运行的模式。[1]

如前文所述，企业（尤其是大型企业）建立了诸多管理体系，有些管理体系在架构及构成要素等方面存在相互关联、内容相互交叉之处。但是，由于各管理体系之间大多相互独立、各司其职，管理体系之间的交叉、矛盾、重复问题十分突出，导致企业管理效率低下，管理资源浪费，管理成本居高，且难以实施和控制。

但是，有些管理体系以及针对这些管理体系建立的管理体系国际标准存在相互关联、内容相互交叉之处。比较典型的就是质量管理体系、环境管理体系以及职业健康安全管理体系。国际标准化组织就这三个管理体系制定的国际标准，ISO 9001:2015《质量管理体系　要求》、ISO 14001:2015《环境管理体系　要求及使用指南》和 ISO 45001:2018《职业健康安全管理体系　要求及使用指南》均采用 PDCA 模型作为体系架构的基础，在标准的思想、架构和要素以及运行模式等方面具有很强的关联性和趋同性，为将这三个体系建设成为一体化管理体系提供了可行性，也为一体化管理体系的建立提供了最佳实践案例。

2020 年 1 月 13 日，国家标准化管理委员会正在审查的《整合管理体系指南》（计划号 20110839 – T – 469）以及 2022 年 10 月 12 日发布的国家标准 GB/T 35770—2022《合规标准》，对管理体系的整合以及合规管理体系与其他体系的融合给出了指引，对基于合规管理体系的一体化管理体系的建立提供了重要的参考依据。

推行一体化管理体系，有助于在企业内部建立各管理体系融合的管理理念

---

〔1〕 参见本书第一章第四节关于“整合管理体系”和“一体化公司治理”的论述。

和管理机制;有助于推动各管理领域之间实现优势互补、提供整体解决问题的方案;有助于减少管理上的矛盾和不协调,整合管理资源,优化管理环节,降低管理成本,提高管理效率。

第二节　一体化管理体系的最佳实践案例

一体化管理体系建设的最佳实践案例是质量管理体系、环境管理体系、职业健康安全管理体系一体化,业内多称为“三标一体化”。

一、“三标”起源和发展

ISO 9001 质量管理体系起源于以国际标准化组织 ISO 9001:1987《质量体系　设计、开发、生产、安装和服务的质量保证模式》为代表的 1987 版 ISO 9000 族标准,该标准主要运用于制造业,在其他领域的应用受限。国际标准化组织于 1994 年对 1987 版 ISO 9000 族标准进行了修订,扩大了产品和行业应用范围。2000 版 ISO 9000 族标准引入了 PDCA 循环模式,为之后其他标准的架构和构成要素奠定了基础。2015 版 ISO 9000 族标准更在架构和构成要素方面实现了与另两个标准的基本一致。

ISO 14001 环境管理体系起源于 ISO 14001:1996《环境管理体系　规范及使用指南》和 ISO 14004:1996《环境管理体系　原则、体系和支持技术指南》。ISO 14001 环境管理体系标准提出了完整的 PDCA 循环模式。ISO 14001 环境管理体系标准先后于 2004 年、2015 年进行了两次修订。最新版本为 ISO 14001:2015《环境管理体系　要求及使用指南》。

ISO 45001 职业健康安全管理体系起源于 OHSAS 18001:1999《职业安全卫

生管理体系 规范》以及 2000 年的 OHSAS 18002:2000《职业健康安全管理体系-OHSAS18001:1999 的实施指南》。OHSAS 18001 和 OHSAS 18002 系英国标准。为了完善 ISO 体系标准，与 ISO 9001 质量管理体系、ISO 14001 环境管理体系更加兼容，国际标准化组织于 2018 年制定了 ISO 45001:2018《职业健康安全管理体系 要求及使用指南》。

二、“三标”比较

（一）“三标”对照表

实际上，为增强不同管理体系标准之间的协调性和兼容性，国际标准化组织自 2012 年起，对管理体系标准的架构进行了优化和统一，所有管理体系标准均采用通用的高阶结构，即均基于 PDCA 管理逻辑、采用一致的体系架构，且均具有相同的十个主条款，甚至使用一些共同的术语和定义等。“三标”比较如表 2-2 所示。

表 2-2 “三标”比较

ISO 9001:2015	ISO 14001:2015	ISO 45001:2018
1 范围	1 范围	1 范围
2 规范性引用文件	2 规范性引用文件	2 规范性引用文件
3 术语和定义	3 术语和定义	3 术语和定义
4 组织环境 4.1 理解组织及其环境 4.2 理解相关方的需求和期望 4.3 确定质量管理体系的范围 4.4 质量管理体系及其过程	4 组织所处的环境 4.1 理解组织及其所处的环境 4.2 理解相关方的需求和期望 4.3 确定环境管理体系的范围 4.4 环境管理体系	4 组织所处的环境 4.1 理解组织及其所处的环境 4.2 理解工作人员及其他相关方的需求及期望 4.3 确定职业健康安全管理体系的范围 4.4 职业健康安全管理体系

续表

ISO 9001:2015	ISO 14001:2015	ISO 45001:2018
5　领导作用 5.1　领导作用和承诺 5.2　方针 5.3　组织的岗位、职责和权限	5　领导作用 5.1　领导作用与承诺 5.2　环境方针 5.3　组织的角色、职责和权限	5　领导作用和工作人员参与 5.1　领导作用与承诺 5.2　职业健康安全方针 5.3　组织的角色、职责和权限 5.4　工作人员的协商和参与
6　策划 6.1　应对风险和机遇的措施 6.2　质量目标及其实现的策划 6.3　变更策划	6　策划 6.1　应对风险和机遇的措施 6.2　环境目标及其实现的策划	6　策划 6.1　应对风险和机遇的措施 6.2　职业健康安全目标及其实现的策划
7　支持 7.1　资源 7.2　能力 7.3　意识 7.4　沟通 7.5　形成文件的信息	7　支持 7.1　资源 7.2　能力 7.3　意识 7.4　沟通 7.5　文件化信息	7　支持 7.1　资源 7.2　能力 7.3　意识 7.4　沟通 7.5　文件化信息
8　运行 8.1　运行策划和控制 8.2　产品和服务的要求 8.3　产品和服务的设计开发 8.4　外部提供过程、产品和服务的控制 8.5　产品和服务提供 8.6　产品和服务的放行 8.7　不合格输出的控制	8　运行 8.1　运行策划和控制 8.2　应急准备和响应	8　运行 8.1　运行策划和控制 8.2　应急准备和响应
9　绩效评价 9.1　监视、测量、分析和评价 9.2　内部审核 9.3　管理评审	9　绩效评价 9.1　监视、测量、分析和评价 9.2　内部审核 9.3　管理评审	9　绩效评价 9.1　监视、测量、分析和评价 9.2　内部审核 9.3　管理评审

续表

ISO 9001:2015	ISO 14001:2015	ISO 45001:2018
10　改进 10.1　总则 10.2　不符合和纠正措施 10.3　持续改进	10　改进 10.1　总则 10.2　不符合和纠正措施 10.3　持续改进	10　改进 10.1　总则 10.2　事件、不符合和纠正措施 10.3　持续改进

（二）“三标”的趋同性

三个标准存在以下共同点：

(1)三个标准都是国际标准化组织可用于管理体系认证的A类标准。

(2)三个标准的体系架构及主要构成要素趋同，都包括10个主要条款。除《质量管理体系　要求》第8条(运行)因产品质量控制的特殊需求作出更详细的规定和要求，以及《职业健康安全管理体系　要求及使用指南》第5条(领导作用和工作人员)基于职业健康安全管理的需要增加了第5.4款(工作人员的协商和参与)外，其他条款的安排都是一致的。

(3)三个标准都基于风险思维，都采用PDCA管理模型(策划—实施—检查—改进)，都采用“过程方法”，甚至主要术语和定义都采用一致的表述。

(4)“三标”管理体系规范的内容本身具有很强的关联性。组织加强质量控制，有助于减少能源和原材料浪费以及废品处理带来的污染。组织关注员工职业健康和安全问题，有助于提高和稳定产品质量，预防安全事故和环境污染。因此，就组织而言，其质量、环境、职业健康和安全具有很强的关联性。

（三）“三标”的差异性

三个标准存在很强的关联性和趋同性，但其规范的是组织管理的不同领域，三个标准分别应用于组织的质量管理、环境管理及职业健康安全管理，在管理目的、对象以及管理体系及其要素应用方面都存在差异。

(1)ISO 9001 质量管理体系标准的目的,是满足组织的质量管理和顾客满意度的要求,旨在帮助各类组织主动识别顾客及顾客对组织产品和服务质量的各种期望并以有效的系统方法管理形成产品质量。识别顾客、顾客期望以及监测、分析顾客的满意是组织维持正常经营活动的关键。因此,ISO 9001 质量管理体系标准侧重于对组织产品质量的管理,其服务对象是顾客(消费者)。

(2)ISO 14001 环境管理体系标准旨在基于"可持续发展"目标,帮助组织实施和改善环境管理体系并提供一套关于有效地建立、改善并保持环境管理体系的方法。该标准服务于组织的各相关方之需要以及社会对环境保护不断发展的需要。因此,环境管理体系标准注重对组织的环境因素(气、水、土、生态系统、公共环境等)的管理,服务对象是社会和组织的相关方。

(3)ISO 45001 职业健康安全管理体系标准侧重于对组织的职业安全健康进行管理(改善工作条件、消除事故隐患、控制职业危害、保护员工安全与健康等),其服务对象主要是企业内部员工,还包括外部来访者。

(四)"三标"各自独立的弊端

三个标准由于其差异性的存在以及制定于不同时间而自成系统、各司其职,过去在具体实施和运行中存在以下问题:

(1)企业内部管理重复,职责交叉甚至矛盾,管理资源浪费严重,信息不能共享甚至互相排斥。

(2)企业为了满足三个不同标准认证的需要,不得不重复劳动,出现了类似三本手册、三套程序文件、重复内审、重复管理评审等现象,管理体系运行效率低下。

(3)三个标准都是可以用于体系认证的 A 类标准。由于认证审核不统一,企业为了获得三种证书,就得接受三种审核(可能由不同认证机构进行),造成审核费用增加,大量耗费人力、物力和时间。

三、"三标"一体化实践

理论界积极开展"三标"一体化的理论研究,企业积极开展"三标"一体化管理体系建设的实践,管理体系认证机构积极推动"三标"一体化审核,共同推动、促进"三标"一体化的形成和发展。

(一)"三标"一体化理论研究

自 1996 年以来,越来越多的专家、国家和组织开始重视一体化管理体系的研究和推动工作。

(1)在理论研究方面,特兰默(Tranmer)在《解决一体化管理体系中存在的问题》、威尔金森(Wilkinson)在《质量、环境、职业健康和安全一体化管理体系:几个关键问题的考查》等著作中,对一体化管理体系的现状及发展做了深入研究和详细介绍。在我国,许杰峰著《一体化管理体系的建立与实施》、刘守德著《一体化综合管理体系理论与实践:基于流程整合的视角》等对一体化管理体系的理论和实践做了详细介绍。

(2)在一些国家,如英国召开了多次研讨会,对一体化管理体系进行研讨;澳大利亚和新西兰两国共同建立了研究机构,基于 ISO 9001 研究提出企业如何建立一体化管理体系的程序和方法。

(二)企业开展"三标"一体化实践

在企业界,美国朗讯公司、英国核燃料有限公司运输部、日本夏普公司的复印机制造厂等以及中国境内的沈阳松下蓄电池有限公司、广州爱斯佩克环境仪器有限公司等企业也从实务角度热烈响应,积极推动一体化管理体系的整合与建设。

企业开展“三标”一体化体系建设,能够帮助企业:

(1)降低管理费用;

(2)有效地利用资源和实施业务计划;

(3)各管理领域间可以取长补短;

(4)提供对生产问题的全面监视并有助于寻求互助的解决方案;

(5)提供满足质量、环境和职业健康安全要求的全面解决方案,如减少不合格品等于降低浪费和原材料的无效使用,降低产品的危险程度可以提高质量和满足顾客要求。

(三)“三标”一体化审核

BSI、SGS、CEPREI、NQA 等众多认证机构都积极推出一体化管理体系的审核要求。“三标”一体化审核具有重要的现实意义。

(1)可以降低管理体系的审核次数和企业的认证费用,减轻被审核企业的负担;

(2)企业的产品生存过程和连续管理时间的中断得以减少;

(3)协调企业在日常管理工作中所涉及的相同或相近的要求,以及由于不同体系的分别审核而造成的审核间的差异;

(4)可以更加全面、更加准确和客观地评价组织的综合管理水平,有利于组织采取更为合理的措施,改进整体管理效能,实现不断持续改进的目的。

第三节 国家标准推动一体化管理体系建设

2014 年 7 月 7 日,国家标准化管理委员会发布由中国认证认可协会、中国质量认证中心等单位起草的《整合管理体系指南》(征求意见稿,计划号20110839-T-469),项目周期为24个月,目前尚在审查阶段。虽然该标准历经多年尚未发布实施,但仍然为企业管理体系的整合提出了可借鉴的操作指南,具有重要的参考意义。

一、《整合管理体系指南》(征求意见稿)

(一)整合管理体系的原因

按照该指南的"前言",不同管理体系标准(或规范)有着不同的管理意图、要求和对象。当一个组织应用多个管理体系标准(或规范)时,它们既有独立的部分,也有通用的部分,还有相互制约的部分,可能引发相互交叉或重复,从而导致管理成本上升、过程效率滞缓、有效性下降等问题。因此,很多组织希望能够将不同管理体系共性的部分进行整合,避免管理的复杂化、重复化和资源浪费。

该指南则旨在帮助各类组织建立和实施整合管理体系。

(二)整合管理体系的基本框架

如图2-1所示,该指南的"前言"基于适用于所有管理体系PDCA循环模式,便于组织将任何特定的管理体系要求融入管理体系框架中。

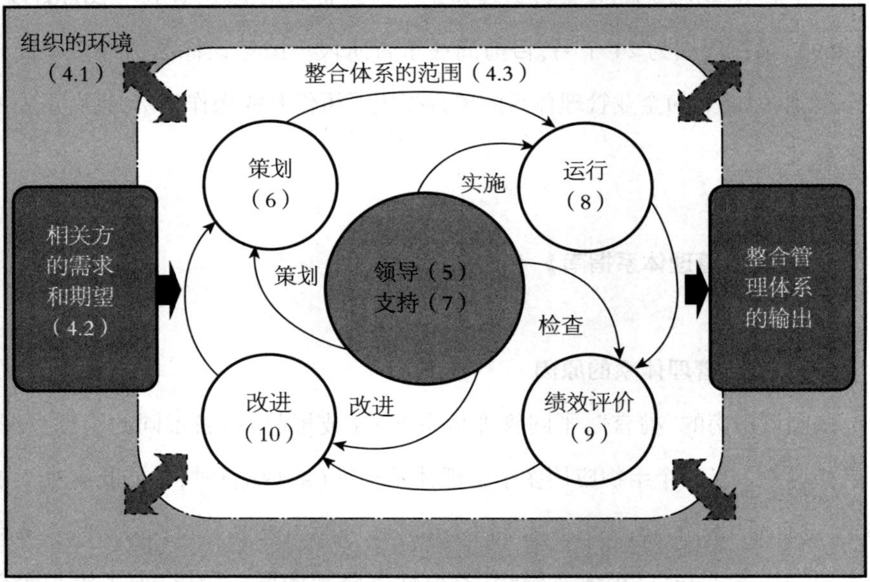

图 2－1　整合管理体系[1]

《整合管理体系指南》(征求意见稿)采用了国际标准化组织对管理体系标准采用的“高阶结构”,基于风险思维和 PDCA 管理逻辑,采用“过程方法”,采用共同的术语、定义以及一致的框架结构(具有相同的 10 个主条款):

(1)范围,提供整合管理体系的结构框架及相关要素的基本指南,以增强组织的管理体系整合能力,提高管理绩效;

(2)规范性引用文件;

(3)术语和定义,采用了与国际标准化组织管理体系标准相同的术语和定义;

(4)组织环境,基于理解组织所处的环境及相关方的需求和期望,确定整合管理体系的范围,整合管理体系;

[1] 该图出自《整合管理体系指南》(征求意见稿)的前言。

(5)领导作用；

(6)策划；

(7)支持；

(8)运行；

(9)绩效评价；

(10)改进。

《整合管理体系指南》(征求意见稿)对主要条款的整合提出了实践指导。

二、国家标准《合规标准》

国家标准《合规标准》在等同采用国际标准时，增加了附录NA(资料性)《补充使用指南》。NA.4对管理体系一体化融合提出了具体指导意见。

(一)概述

《补充使用指南》NA.4.1(概述)对融合的体系范围、关键和目标提出了指导意见。

(1)组织建立合规管理体系往往涉及与既有体系的融合，可涉及合规管理基础工具的融合，即法律、内控、风险管理等，也可涉及管理体系间的一体化融合，即质量管理体系、环境管理体系、职业健康安全管理体系、能源管理体系、信息安全管理体系、资产管理体系、反贿赂管理体系等。

(2)合规管理体系与相关体系的一体化融合，并非简单的体系、规则等要求的叠加，宜将合规管理与相关管理体系的核心要求、方法与标准相结合。

(二)融合的范围、方法与路径

《补充使用指南》NA.4.2对体系一体化融合的范围、方法与路径提出了指导。

1. 融合的范围

一体化融合的范围可涉及治理原则、组织结构与职责、风险识别方法、制度与过程、运行与保障、评价、监督、持续改善和信息化等。

2. 融合的方法

一体化融合的方法宜采取制度对标,即识别所需融合的各个管理体系标准与规则,以融合后的要求为基准对组织开展评价、对标梳理,形成统一的治理要求和体系文件并确保其嵌入组织管理职责、制度及内部业务过程。

3. 融合的路径

一体化融合的路径一般包括以下内容。

(1)构建一体化管理体系要求

组织宜结合自身管理实践,针对融合需求,收集、整理、汇总各项标准与规则,制定一体化管理体系的原则、目标,以便实施、评价一体化融合工作时有据可依。

(2)实施制度对标

组织宜依据一体化管理体系要求开展制度对标,对内部职责、过程及制度进行对标梳理,确保融合的管理体系能够全面、准确地落实到组织的治理体系与日常经营管理中。

(3)形成一体化管理体系文件

体系文件一般包括三个层次,第一层为纲领性文件,第二层为规章制度,第三层为操作规则。组织宜根据以下原则形成一体化管理体系文件:①不同标准中相同的要求进行合并;②相近的要求进行融合;③差异化要求保持独立;④重点关注融合后的体系文件内容是否满足一体化管理体系要求。

(4)运行一体化管理体系

组织宜关注体系运行的有效性,以及各过程、职能的衔接。组织宜借助合规数字化运行监督一体化管理体系并实时反馈体系运行情况,确保满足组织预期的目标。

第四节　思考与探索：基于合规管理的一体化管理体系

一、思考与探索之一：国际标准中可认证管理体系一体化

如本章第一节所述，国际标准中可认证的管理体系见表2－3。

表2－3　可认证的管理体系标准

序号	体系	名称（最新版本）	等同转换的国家标准
1	质量管理体系	ISO 9001:2015《质量管理体系　要求》	GB/T 19001—2015《质量管理体系　要求》
2	环境管理体系	ISO 14001:2015《环境管理体系　要求及使用指南》	GB/T 24001—2016《环境管理体系　要求及使用指南》
3	职业健康安全管理体系	ISO 45001:2018《职业健康安全管理体系　要求及使用指南》	GB/T 45001—2020《职业健康安全管理体系　要求及使用指南》
4	信息安全管理体系	ISO/ISEC 27001:2005《信息安全管理体系　要求》	GB/T 22080—2008《信息安全管理体系　要求》
5	社会责任标准管理体系	SAI SA8000®:2014《社会责任》	GB/T 39604—2020《社会责任管理体系　要求及使用指南》
6	反贿赂管理体系	ISO 37001:2016《反贿赂管理体系　要求及使用指南》	—
7	合规管理体系	ISO 37301:2021《合规管理体系　要求及使用指南》	GB/T 35770—2022《合规管理体系　要求及使用指南》

按照《合规标准》A.4.3（确定合规管理体系的范围）第1款的规定，组织可以自由灵活地选择在整个组织、组织内具体单元或具体职能部门实施合规管理体系。这为合规管理体系与其他具体部门管理体系的一体化提供了可能性。

（一）探索“四标”一体化：合规管理与质量管理、环境管理、职业健康安全管理一体化管理体系

与“三标”（ISO 9001 质量管理体系标准、ISO 14001 环境管理体系标准、ISO 45001 职业健康安全管理体系标准）一样，ISO 37301 标准与“三标”同样存在很强的趋同性，即都是国际标准化组织发布的、可用于管理体系认证的 A 类标准；体系架构及主要构成要素趋同，都包括 10 个主要条款；都基于风险思维，都采用 PDCA 管理模型（策划—实施—检查—改进），都采用“过程方法”，甚至主要术语和定义都采用一致的表述。

因此，可以从以下几个方面探索“四标”一体化：

（1）以现有良好的“三标”管理体系为基础，优先选择在质量管理、环境管理、职业健康安全管理领域建立和实施合规管理体系；

（2）在推动“三标”一体化的同时，将合规管理要素、要求以及合规风险评估和应对融入企业质量管理体系、环境管理体系和职业健康安全管理体系；

（3）探索“四标”一体化审核，充分发挥一体化审核的优势。这也要求企业选择具备“四标”体系认证资格的管理体系认证机构为企业提供管理体系认证服务。

（二）探索合规管理与其他领域管理一体化管理体系

同样，企业可以探索在其他管理领域开展合规管理体系建设，如信息安全管理、社会责任管理等，并探索合规管理与信息安全管理、社会责任管理的一体化管理体系建设以及一体化管理审核。

二、思考与探索之二：反贿赂管理体系与合规管理体系一体化

国际标准化组织发布的有关合规管理的标准，包括于 2016 年发布的《反贿

赂管理体系　要求及使用指南》和于2021年发布的《合规标准》。

《反贿赂管理体系　要求及使用指南》侧重于反贿赂管理体系的建立,《合规标准》则涵盖了全面合规管理体系以及在个别或多个部门领域或功能板块建立合规管理体系。

(一)两个标准的趋同性

与“三标”(ISO 9001质量管理体系标准、ISO 14001环境管理体系标准、ISO 45001职业健康安全管理体系标准)一样,ISO 37001标准和ISO 37301:2021标准存在很强的趋同性。

(1)两个标准都是国际标准化组织发布的、可用于管理体系认证的A类标准。

(2)两个标准的体系架构及主要构成要素趋同,都包括10个主要条款。

(3)两个标准都基于风险思维,都采用PDCA管理模型(策划—实施—检查—改进),都采用“过程方法”,甚至主要术语和定义都采用一致的表述。

(4)除以上三点以外,反贿赂领域本来就是开展合规管理及建立合规管理体系的最早动因,也是合规管理的优先的重点领域。从这个意义上讲,反贿赂管理体系本身就是合规管理体系的一个子体系,或者说是重点领域的合规管理体系。

(二)深圳标准《反贿赂管理体系》

2017年6月12日,深圳市市场监督管理局发布《深圳市市场监督管理局关于发布反贿赂管理体系的通知》:深圳市市场监督管理局会同市纪委组织制定了深圳市标准化指导性技术文件《反贿赂管理体系》(编号:SZDB/Z245－2017),自2017年7月1日起实施。在业内,该标准被称为《反贿赂管理体系》深圳标准。

该标准借鉴和参考了《反贿赂管理体系　要求及使用指南》国际标准，其主要内容与核心要求与国际标准基本一致，并且吸纳了不少本地企业在反贿赂领域的最佳实践经验，对 ISO 37001 反贿赂管理体系标准的结构做了适当调整和简化。

《反贿赂管理体系》深圳标准属于非强制性标准，企业可自主选择导入并进行认证。在该标准发布实施的 2017 年当年，万科、中兴、中集集团等 60 多家企业就先行先试，率先按照该标准建立了反贿赂管理体系并通过了管理体系认证。

（三）一体化管理体系的思考和建议

遗憾的是，迄今为止，我国标准化管理委员会尚未将 ISO 37001：2016《反贿赂管理体系　要求及使用指南》等同转换为我国国家标准，按照该标准进行反贿赂管理体系认证的工作在我国尚未展开。

《反贿赂管理体系》深圳标准对深圳市的企业建立反贿赂管理体系发挥了重要的积极作用，但因属于地方标准，深圳市以外的企业按照该标准建立反贿赂管理体系并通过反贿赂管理体系认证的仍然有限。同时，该标准属于推荐性标准，其认证效力亦仍然有限。

因此，有必要在以下几个方面开展研究工作，并加以推动：

（1）企业建立反贿赂管理体系，有助于企业有效开展反贿赂工作。不少外国企业及国际项目将建立反贿赂管理体系作为企业参与投标的资格条件之一。因此，企业建立反贿赂管理体系有其必要性。

（2）我国企业，尤其是民营企业、外商投资企业、开展国际贸易和境外投资的企业以及在美国上市的企业，可以探索推动反贿赂管理体系与合规管理体系的一体化建设，按反贿赂管理体系标准与合规管理体系标准，在反贿赂领域同时建立反贿赂管理体系与合规管理体系，充分发挥一体化管理体系建设的优势。

(3)我国管理体系认证机构应积极推动反贿赂管理体系与合规管理体系的一体化审核,充分发挥一体化审核的优势。

三、思考与探索之三：我国中央企业、地方国有企业合规管理体系与其他管理体系一体化

(一)从建立法律、合规、风险、内控一体化管理平台到建立法务、合规、内控、风险管理协同运作机制

我国中央企业、地方国有企业自2006年国务院国资委发布实施《中央企业全面风险管理指南》以后,在横向监督管理领域,陆续建立了全面风险管理体系、内部控制体系、法务管理体系与合规管理体系。

2015年12月8日,国务院国资委发布《关于全面推进法治央企建设的意见》,要求中央企业建立依法治企体系(包括依法治理、依法合规经营和依法规范管理),探索建立法律、合规、风险、内控一体化管理平台。各省、自治区、直辖市国资委都发布实施了类似的规范性文件,要求地方国有企业探索建立法律、合规、风险、内控一体化管理平台。

2021年10月17日,国务院国资委发布《关于进一步深化法治央企建设的意见》,要求中央企业探索构建法律、合规、内控、风险管理协同运作机制,加强统筹协调,提高管理效能。

2022年8月23日,国务院国资委发布《中央企业合规管理办法》。第26条要求中央企业应当结合实际建立健全合规管理与法务管理、内部控制、风险管理等协同运作机制,加强统筹协调,避免交叉重复,提高管理效能。

就同一内容,两份文件的表述略有不同,但背后含义丰富。

一是法律、合规、内控、风险四大管理领域在组织体系、制度体系、运行机制、保障机制等方面存在很强的趋同性(尤其是组织体系、保障机制以及运行机制

中的风险管理、事项审查、违规追责、管理评估等),但也存在差异性(如法务管理中的专业性法律事务、合规管理中的违规管理、内部控制中会计控制等)。因此,整合法律、合规、内控、风险四大管理体系,须求同存异。一方面要减少管理交叉甚至矛盾、优化管理环节、整合管理资源,对存在强趋同性的方面进行要素整合;另一方面要保留而不能抹除四大体系各自的特殊功能,保留其差异性和专业性。亦即,要协同运作,而非绝对的一体化管理。

二是按照国务院国资委 2019 年 10 月 19 日《关于加强中央企业内部控制体系建设与监督工作的实施意见》,全面防控企业各类风险是四大体系的主要管理目标,四大体系要以风险为导向,以内控为根基,以法律合规管理为重点。因此,建立四大管理体系的协同运作机制,排序从“法律、合规、风险、内控”调整为“法律、合规、内控、风险”,更能反映四大体系之间的逻辑关系。

三是《中央企业合规管理办法》将“法律管理”修正为“法务管理”,符合企业“法律事务管理”的实质。

(二)协同运作机制建设实践

近年来,我国不少中央企业和地方国有企业积极开展建立法务、合规、内控、风险管理协同运作中机制的理论研究和实践。

根据《国家法治》于 2022 年 3 月 2 日《国家电投集团基于法治框架的法律、合规、风险、内控协同运作机制》一文的介绍,以国家电力投资集团公司为例,该公司将法律、合规、内控、风险管理面向业务、基于流程、根植岗位的四项职能,建立体制协同、体系协同、机制协同、岗位协同的四个协同模式,建立和强化法律、合规、内控、风险管理四项职能的协同运作。体制协同着力在组织领导和责任划分等领域建立协同关系,解决四项职能在公司治理和职能管理中的定位问题。体系协同着力是在管理理念、机构设置、职责划分、方法工具、人员配置等管理要素方面建立协同关系,将四项职能有机协同嵌入公司计划、实施、检查、整改、信息共享、独立报告、能力培训、考核评价 8 个方面。机制协同着力四项职能在工作事项、规则、程序、标准、评价等方面建立有机联系和高效运转的工作方式，把属性类同、高度关联的工作事项一次完成，最大限度地避免工作重复、交叉，使四项职能高质量保障业务发展。岗位协同着力是指四项职能在岗位上职责明确、相互配合，实现工作有序开展，面向业务快速、高效响应，达到节约信息传递与沟通成本，提高工作效率和质量的效果。在岗位协同方面，国家电投合同审查和决策事项审查以合规为主线，整合法律、风险、内控要求，在同一岗位实现合同、协议、章程、投资项目等决策事项和法律文件审查一次完成；体系文件和规范性文件的审查以内控为主线整合法律、合规、风险要求，在同一岗位实现制度、流程、工作方案、实施意见等体系文件和规范性文件审查一次完成。

中国铁建股份有限公司、山东发展投资集团等以大风控体系建设拉动法律、合规、内控、风险管理协同运作机制的建设。例如，山东发展投资集团推出“国企金盾”风控品牌建设，以“以全面风险管理为目标，建立覆盖战略风险、投资风险、财务风险、运营风险和法律风险的全面风险管理体系，把风险管理落实到经营管理的各个层面与环节，助力集团行稳致远和高质量发展”为总体思路，着眼于“全风险”视野，以“防范化解重大风险”为主线，将风险、法律、内控、合规、审计五项职能统一纳入“国企金盾”风险管理体系，实现同计划、同部署、同实施、同检查的一体化管理和五项职能的协同发力。

江苏宁沪高速股份有限公司以风险为导向，以全面风险管控为目标，将四大管理领域（法务管理、合规管理、内部控制和风险管理）和相应四大体系（法务管理体系、合规管理体系、内部控制体系和风险管理体系）中趋同性较高的构成要素予以整合，同时兼顾每一领域的专业性和独立性（例如，法律事务的专业性和实务性，合规管理评价和调查的独立性、内部控制活动的专业性等），建立涵盖全员、全面、全过程风险管控以及资源整合、信息共享、同防共治的大风控体系。

（三）建设协同运作机制的思考和建议

1. 4 个体系的趋同性

4 个体系在体系架构和要素构成方面（组织体系、制度体系、运行机制、保障机制）具有较强的趋同性，尤其是法务管理与合规管理的趋同性更强。因此，可以对趋同性较强的构成要素进行协同甚至整合。举例如下。

（1）整合组织体系：治理机构（中央企业、国有企业还包括党委会）、管理委员会、负责人、主管部门、业务部门（日常法律、合规、内控、风险管理）等；

（2）制度体系：法律合规审查制度、风险管理制度、管理评价制度（融入内部控制评价）、反舞弊与违规管理制度、考核评价指引、计划与报告办法等；

（3）运行机制：法律合规审查、风险管理、反舞弊与违规管理、管理评价（融入内部控制评价）等；

（4）保障机制：监督检查、审计、考核评价、宣传培训、计划报告、管理信息化等。

2. 关注 4 个体系的差异性

但是，必须同时关注四大体系一些构成要素之间的差异性和独立性，在建立协同运作机制时需要予以保留。举例如下。

（1）在组织体系中，内部控制体系中的管理委员会是审计委员会。审计委员会具有很强的独立性，直接向董事会汇报，在风险管理中属于第三道防线。因此，在整合组织体系中的管理委员会时，宜保留审计会员会的独立性，而仅仅将其他三个体系的管理委员会（法治建设领导小组、合规委员会、风险管理委员会）进行整合或者合署。

（2）在制度体系中，内部控制制度体系几乎涵盖企业经营管理各部门、各层级的制度流程，因此，四个领域制度流程的整合更多体现在个别具体制度的整合或协同，如法律合规审查、风险管理、计划与报告、管理评价等。

(3)在运行机制中,每个领域都有自己专业性的一面。例如,法务管理中专业性法律事务(合同管理法律事务、劳动人事法律事务、知识产权法律事务、并购重组法律事务、纠纷处理法律事务等)、合规管理中的合规风险管理和违规管理、内部控制中的会计控制和管理控制、全面风险管理中的风险管理策略、风险管理偏好、风险容忍度等。在建立协同运作机制、安排运行机制协同运作时,需要考虑并保留四大体系专业性较强要素的独立性。

3. 以风险管理为导向及核心

全面风险管理的主要和直接目标是防范全面风险,法务管理的目标是防范法律风险,合规管理的目标是防范合规风险。内部控制基于风险评估,为法律风险、合规风险、全面风险提供应对的措施(组织机构、制度流程等的修改、完善和增补等)。因此,四大体系都以风险管理为导向,风险管理是四大体系的核心。

企业建立法律、合规、内控、风险管理协同机制,首先需要在全面风险管理框架下,建立四大领域的风险管理融合机制,包括风险管理组织(人员)、风险管理制度流程、风险管理评估、风险管理清单、风险监测预警、风险管理维护和持续改进等。

第五节　推荐阅读

郭青红:《企业合规管理体系实务指南》,人民法院出版社2021年版。

周万里主编:《企业合规讲义》(第2版),中国法制出版社2022年版。

第三章

中小企业合规

【导读】

中小企业一直以来是中国经济和社会发展的主力军，工业和信息化部中小企业局局长梁志峰曾表示，“中小企业好，中国经济才会好”。实际上，中小企业合规管理落地面临较多现实困境。本章将主要说明合规对中小企业的价值，如何在中小企业建立可行的合规管理体系，以及如何依据 PDCA 循环理论及参考最佳实践实现中小企业合规管理体系科学化。

【关键词】

中小企业　合规价值　合规管理体系　PDCA 循环理论　最佳实践

【思维导图】

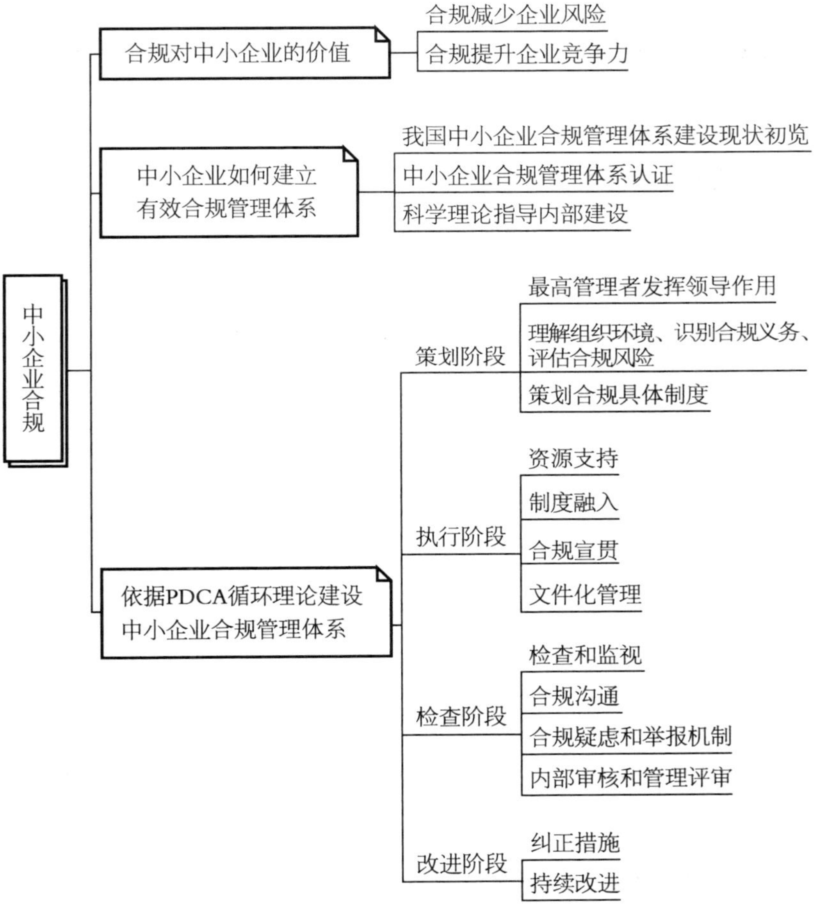
中小企业合规
合规对中小企业的价值
合规减少企业风险
合规提升企业竞争力
中小企业如何建立有效合规管理体系
我国中小企业合规管理体系建设现状初览
中小企业合规管理体系认证
科学理论指导内部建设
依据PDCA循环理论建设中小企业合规管理体系
策划阶段
最高管理者发挥领导作用
理解组织环境、识别合规义务、评估合规风险
策划合规具体制度
执行阶段
资源支持
制度融入
合规宣贯
文件化管理
检查阶段
检查和监视
合规沟通
合规疑虑和举报机制
内部审核和管理评审
改进阶段
纠正措施
持续改进

第一节 基础

一、合规对中小企业的价值

中小企业在我国《中小企业促进法》中的定义为“在中华人民共和国境内依法设立的,人员规模、经营规模相对较小的企业”,划分标准则是结合行业标准,根据企业从业人员、营业收入、资产总额等指标确定,具体可见由工业和信息化部、国家统计局、国家发展改革委、财政部制定的《关于印发中小企业划型标准规定的通知》。例如,工业领域的中小企业从业人员小于1000人,且营业收入低于4亿元;在住宿、餐饮、软件开发等服务业,中小企业从业人员小于300人,且营业收入低于1亿元。《中小微企业创新发展报告》显示,截至2020年年底,我国市场主体总数达到1.4亿户,其中,中小企业占比高达95.68%,营业收入占比62.98%,利润总额占比53.46%。可见,中小企业规模较小数量多且为国民经济的重要组成部分,被称为国民经济的“毛细血管”。

《中小企业促进法》第4条规定:“中小企业应当依法经营,遵守国家劳动用工、安全生产、职业卫生、社会保障、资源环境、质量标准、知识产权、财政税收等方面的法律、法规,遵循诚信原则,规范内部管理,提高经营管理水平;不得损害劳动者合法权益,不得损害社会公共利益。”其中,除了对中小企业应当遵守的各方面法律法规提出要求外,还将中小企业遵循诚信经营、规范内部管理、提高经营管理水平这样的道德义务上升至法律层面,以强调其重要性。其实这已经开始对中小企业的合规提出了初步要求。

实际上,强调合规对中小企业的价值,正是顺应了近年来中央对加强企业合规管理的要求。自2018年以来,《中央企业合规管理指引(试行)》《中央企业合规管理办法》《企业境外经营合规管理指引》《关于建立涉案企业合规第三方监督评估机制的指导意见(试行)》《涉案企业合规建设、评估和审查办法(试行)》等文件陆续出台,从体系到实务,多层次、多维度强调了企业合规经营的重要性。

究竟什么是合规?合规,简言之就是"符合规定"。内容上不仅包括遵守国家现行有效的法律、法规、规章以及其他规范性文件、强制性标准、党内法规,还包括私法下的合同义务、自愿遵守的标准规范、公司管理制度以及上升至法律层面的道德义务。[1]

对于中小企业而言,建立合规管理体系有不同角度的正向作用,中小企业建立合规管理体系是合法合规经营的应有之义。从防御价值角度来看,合规管理体系建设可以使企业减轻甚至免除法律责任;从创造价值角度来看,合规管理体系能够使企业提高竞争力、吸引企业增长资源等重要价值,具体如下。

(一)合规减少企业风险

中小企业建立合规管理体系,可以使企业内部及早发现合规风险并及时应对合规事件,避免更大的经济损失。从司法实践上看,从"雀巢公司合规无罪抗

[1] 根据《中央企业合规管理指引(试行)》,"本指引所称合规,是指中央企业及其员工的经营管理行为符合法律法规、监管规定、行业准则和企业章程、规章制度以及国际条约、规则等要求"。根据《企业境外经营合规管理指引》,"本指引所称合规,是指企业及其员工的经营管理行为符合有关法律法规、国际条约、监管规定、行业准则、商业惯例、道德规范和企业依法制定的章程及规章制度等要求"。

辩第一案"[1]开始,就体现了公司合规体系的完整建立,合规措施的有效落地,能够充分切割公司责任与员工个人责任,使得公司避免承担法律责任。在该经典案例公布后,各地检察院对数百家企业开展了合规整改不起诉的良好实践。近期发布的《涉案企业合规建设、评估和审查办法(试行)》更是明确说明,在试点范围内部分刑事犯罪进行合规整改后可给予不批捕、变更强制措施或不起诉等从宽处理。[2] 企业建立合规管理体系逐渐被司法机关认为是企业减轻、免除刑事责任的重要情节。

(二)合规提升企业竞争力

建立合规管理体系是中小企业提升竞争力的重要方式。《国务院促进中小企业发展工作领导小组关于印发提升中小企业竞争力若干措施的通知》中明确表示需要"推动企业合规化建设。引导企业增强合规意识,建立合规管理组织

---

〔1〕 根据兰州市城关区人民法院2016年作出的刑事判决书,2011年至2013年9月,被告人郑某、杨某在担任雀巢(中国)有限公司西北区婴儿营养部市务经理、兰州分公司婴儿营养部甘肃区域经理期间,为了抢占市场份额,推销雀巢奶粉,授意该公司兰州分公司婴儿营养部员工被告人杨某某、李某某、杜某某、孙某通过拉关系、支付好处费等手段,多次从兰州大学第一附属医院、兰州军区总医院、兰州兰石医院等多家医院医务人员手中非法获取公民个人信息。雀巢公司在《雀巢指示》和《关于与保健系统关系的图文指引》等文件中明确规定,"对医务专业人员不得进行金钱、物质引诱"。对这些规定,雀巢公司要求所有营养专员都需接受培训,并签署承诺函。经当庭质证的医务渠道WHO在线测试成绩、测试卷、关于在高风险国家与医务专业人员和医疗保健机构交往的指示以及员工奖金表均证明,被告人郑某、杨某、李某某、杜某某、杨某某、孙某均参加过雀巢公司不允许营养专员向医务人员支付费用获取公民信息的培训和测试。2016年10月31日,一审法院判决雀巢公司郑某、杨某、孙某等6人以非法方式获取公民个人信息,情节严重;医院王某某、丁某某等3人违反国家规定,将本单位在履行职责或者提供服务过程中获得的公民个人信息出售或者非法提供给他人,情节严重。上述9人的行为均已构成侵犯公民个人信息罪。2017年5月31日,兰州市中级人民法院经过不开庭审理后认为:"单位犯罪是为本单位牟取非法利益之目的,在客观上实施了由本单位集体决定或者由负责人决定的行为。雀巢公司手册、员工行为规范等证据证实,雀巢公司禁止员工从事侵犯公民个人信息的违法犯罪行为,各上诉人违反公司管理规定,为提升个人业绩而实施的犯罪为个人行为。"据此,兰州市中级人民法院裁定驳回上诉,维持原判。

〔2〕 《涉案企业合规建设、评估和审查办法(试行)》第2条第1款规定:"对于涉案企业合规建设经评估符合有效性标准的,人民检察院可以参考评估结论依法作出不批准逮捕、变更强制措施、不起诉的决定,提出从宽处罚的量刑建议,或者向有关主管机关提出从宽处罚、处分的检察意见。"

架构、制度体系和运行机制，提升合规管理能力”。

如今，许多跨国企业、国有企业均已建立完善的合规管理体系。这些大型跨国企业不仅对自身有合规经营上的要求，还同样要求其供应商、分包商等第三方商业伙伴建立合规管理体系。可见，从纵向来看，合规管理体系的建设实际是全产业上下游联动的。对于中小企业来说，唯有建立良好合规管理体系的企业才能与该类大型企业合作，成为它们的优质供应商或者商业伙伴，否则在残酷的商业竞争环境中很可能被淘汰。

同样，中小企业非常需要资源、外部投资以维持增长，建立完备的合规管理体系更易获得投资人的信任。中小企业要进入资本市场，获取优质融资，也必定需要建立完善的合规管理体系。这意味着，一些中小企业需要改变原有“突击式”的合规模式，尽早谋划，打造全流程合规管理体系才能适应目前新兴资本市场的上市审核模式，最终成功上市。

二、中小企业如何建立有效合规管理体系

首先我们需要建立一种认识：中小企业合规管理体系建设不同于大型企业。虽然从外部监管层面，面对不合规行为的惩处，不同规模、类型的企业所应承担的法律责任都是一样的，但如果要求中小企业按照跨国企业、央企国企、上市企业同样的标准建立一套健全完善的合规管理体系，只会造成文件堆砌，执行时却如同“空中楼阁”一般无法落地。中小企业有自身特性，如规模小、人数少、资源紧缺，其合规管理体系建设更需要“因地制宜”，可通过外部认证及内部自发依据科学理论指导合规管理体系建设的方式进行。

（一）我国中小企业合规管理体系建设现状初览

我国中小企业的合规建设主要存在两种现状：

一种现状是，许多中小企业仍处于初创阶段，主要以业务为导向。“先谋生

存,再谋合规发展”成为多数初创企业家们的共同想法。从成本和收益权衡角度考量,相较于将有限的资源投入长期的合规管理体系建设,中小企业家们更愿意将这部分资源投入可能短期就能产生效益的业务拓展上,甚至有少部分企业家宁愿“铤而走险”地开拓业务。即便在我国营商环境不断改善的大背景之下,企业家们逐渐形成了合法合规经营的意识,但是愿意实际投入资源开展合规管理体系建设的还是少之又少。这就导致中小企业本身难以建立起完善的合规制度体系,如几乎没有体系化的合规政策/文件、合规职能部门缺失等情形。

另一种现状是,中小企业的合规建设动力主要来自商业伙伴或投融资需求。部分中小企业会根据其商业伙伴或投融资机构的要求建立相应合规体系或制度,但这种外部驱动力仅仅能够使相关合规体系或制度展现出“形式上”的符合合规要求,尽管这套体系或制度是设计良好的,也难以获得资源的投入使之真正地落地有效施行。未落地的合规制度与根本没有建立合规制度在实际效果上殊途同归,都无法为企业起到预防风险的作用,无法成为风险屏障,也无法真正实现“事前合规”的功能。

(二)中小企业合规管理体系认证

无论是国家推荐性标准还是国际标准,尽管都不属于企业应当遵守的强制性规则,但该国际标准发布以来,国内多家企业都申请按照该标准建立合规管理体系并获得了认证证书,如美的集团〔1〕(认证范围:美的集团智能家居、工业技术、楼宇科技在中国境内业务运营的反垄断与数据保护合规管理)、中国电信〔2〕

〔1〕 参见 https://www.bsigroup.com/zh-CN/about-bsi/media-centre/press-releases/2022/january-2022/-iso373012021/,最后访问日期:2022年7月2日。

〔2〕 参见 https://www.greeni.cn/qyxw/202206/254384.html,最后访问日期:2022年7月2日。

百度公司[1](认证范围:金融智能化相关的合规管理活动)等。

除了上述大型企业获得认证证书外,我们还注意到,贵州白山云科技股份有限公司作为一家小微企业于 2022 年 3 月获得中国质量认证中心(CQC)颁发的 ISO 37301 合规管理体系认证。[2]《合规标准》在"1. 范围"中说明"本文件规定适用于所有类型的组织,不论其类型、规模、性质,也不论其是公共的、私营的或非营利性的"。可见,标准并没有限制企业性质、规模。各种规模的企业,包括中小企业,都可以从实施标准中受益。此外,《合规标准》也可以用于企业某些业务或部门合规管理体系的建立和实施。对于一家中小型企业来说,可以根据企业自身情况选择全部适用或部分适用标准。寻求外部认证,通过外部的整改以实现合规管理体系建设,是中小企业进行合规管理体系建设的一个选择。

(三)科学理论指导内部建设

基于目前我国中小企业合规建设的现状和中小企业本身规模导致的特殊性,可借鉴《合规标准》中 PDCA 循环理论的思路,从合规建设的策划、执行、检查、改进四个方面进行合规管理体系的构建,以实现真正有效合规。

在后文中,我们将详细结合《合规标准》中 PDCA 循环理论,从合规管理体系的策划、执行、检查、改进四个阶段分别探讨中小企业在搭建有效合规管理体系中的实践问题与解决办法。

三、合规管理体系的策划阶段

合规管理体系的建立和策划,首先离不开企业最高管理者发挥领导作用。

---

[1] 参见 https://cloud.baidu.com/news/detail.html? type = news&newsId = 12b3047e-a791 - 4319 - 8283 - 48e27bff6c55&track = 0311,最后访问日期:2022 年 7 月 2 日。

[2] 参见 https://mp.weixin.qq.com/s/pwBXuRGRfYiwJXklpQyYVQ,最后访问日期:2022 年 7 月 2 日。

其次需要确定合规方针、组建合规管理职能部门。再次是理解组织环境、识别合规义务并评估合规风险。最后则需要将上述过程落于纸面，形成合规具体制度。

（一）最高管理者发挥领导作用

有效合规管理是一个自上而下的过程。最高管理者发挥领导作用是中小企业建立有效合规管理体系的必要前提。在中小企业，最高管理者可能是CEO、董事长或执行董事，他们通常被称为“企业家”。

第一，企业家应作出公开和积极承诺。这是企业家们以身作则、带头示范、体现企业家自身合规意识的具体表现。

合规管理体系的建立必须获得组织治理机构和最高管理者的积极承诺。承诺的内容包括：确立合规方针、目标，确保合规管理体系融入企业业务流程，保障合规管理体系所需的资源和支持，确保合规管理体系实现预期结果，合规管理体系的持续改进等。[1]

具体做法不同企业各异：有的企业将企业CEO或董事长的合规承诺写入公司章程或者员工手册/行为准则中，在员工入职之初就能看到企业家对合规做出的表率；还有的是由企业家向全员内部邮箱直接发送自己的合规承诺。尽管以上做法形式上不尽相同，但都能体现企业家对合规的积极表态。

作为初创型企业的“灵魂人物”，企业家作出合规承诺的行为在建立合规文化、倡导全员合规方面发挥着重要作用。企业家在合规上的一次表态，甚至比合规职能部门的数次合规培训对员工合规意识的培养更为有效。

第二，企业家应确立合规方针。企业家可以通过合规方针表达自己的合规承诺，同时合规方针也是企业核心价值观的体现，可以为企业树立良好的内部及

〔1〕 参见《合规标准》5.1、A.5.1。

外部形象。合规方针主要以通俗语言书写,易于所有人员理解,内容上与企业的价值观、目标和战略保持一致,要求遵守合规义务,概述不遵守合规义务的后果等。例如,西门子公司的合规方针是:“只有清廉的业务才是西门子的业务。西门子的合规体系,以管理层职责为核心,打造诚信与透明的企业文化。我们以负责任的态度开展各项业务,严格遵守中国的各项法律法规以及西门子的《商业行为准则》。公司决不姑息任何违法和不道德的行为,以一整套约束性的规章制度,要求所有的员工遵纪守法,诚信守德。”

第三,企业家应组建独立的合规职能部门。对于中小企业来说,有条件的企业可以单独设置合规职能部门或者首席合规官,而人员较少、组织架构较为单一的小型企业可以聘请外部企业合规师或专业律师。应确保合规职能部门或人员的独立性,防止履职时产生利益冲突。尤其对“家族型”中小企业来说,应确保合规职能人员履职时不受“家族裙带关系”的影响,保持客观中立。此外,应给予合规职能部门或人员足够的权限。例如,合规职能部门或人员有直接向企业治理机构或最高管理者接触或汇报的权限、对违规行为有调查的权限以及报告合规疑虑的权限。

(二)理解组织环境、识别合规义务、评估合规风险

如上文所述,中小企业的合规管理体系建设需根据企业各自情况设计,模板化的合规管理体系无法在中小企业中发挥实际效用。“先摸清家底,才能对症下药。”在中小企业决心开始设立合规管理体系时,厘清公司目前现有的制度体系情况十分必要。

根据《合规标准》,企业需要理解组织环境、识别合规义务并对合规风险进行评估。组织环境是指对合规管理体系预期结果产生影响的内部和外部因素,包括但不限于企业自身的商业模式(包括企业的战略、性质、规模、复杂性和可持续性)、企业内部的结构、方针、流程及资源等、企业自身的合规文化、与第三

方业务关系的性质和范围、法律和监管环境、经济环境、社会文化背景等。理解组织环境可以更好地指导合规管理体系的策划、执行、运行和改进。组织环境的外部环境最直接的作用便是对企业合规义务产生影响。合规义务是指企业的活动、产品和服务所产生的义务。[1]

具体的做法可以是对企业内部进行全面的“合规体检”。在公司内部未设立相关独立部门或有条件的情况下,可以聘请外部第三方专业机构进行“合规体检”。此外,理解组织环境和识别合规义务是一个动态的过程。考虑到中小企业的发展中业务变化较频繁,企业的组织环境以及合规义务也在不断变化,因此,当企业业务模式发生重大变化时,则有必要再次对企业内部进行全面“合规体检”。

“合规体检”的目的不仅在于明白企业目前的合规义务、理解企业主要合规缺陷在何处,更在于识别合规风险,将合规风险进行分级分类,以更好地制定合规制度以及应对措施。

(三)策划合规具体制度

前期对合规具体制度的策划至关重要。只有战略层面方向正确,战术上才能真正发挥作用。在对合规风险进行分级分类后,企业需要根据合规风险制定相应的合规政策。但考虑到中小企业自身资源的有限性,可制定的政策或采取的应对措施难以覆盖所有可识别合规风险。因此,企业管理者或合规职能部门根据其开展的业务、所处行业的重点领域建立具体合规政策、制度。在建立合规政策、制度时,不能局限于法律规定的最低要求,还需要了解本行业的监管要求。根据行业特征,判断何类合规问题属于优先级较高,何类问题优先级较低。

例如,A公司为一家初创互联网公司,公司管理层希望建立起合规管理体

〔1〕 参见《合规标准》4.1、4.5、4.6。

系。企业在设计合规政策时，不仅需要关注短期内法律风险较高的领域，如反腐败、反商业贿赂、保护商业秘密等政策，还需要关注其行业内的监管要求。随着我国《数据安全法》《个人信息保护法》的相继出台，对互联网行业中的数据保护、个人信息收集和处理领域有了较强的监管要求。因此，A公司还相应出台了关于数据合规、互联网产品监管方面的合规政策。

为确保合规政策的落地，企业还应制定相应的配套具体制度，如规程、细则及SOP。考虑到企业的实际合规问题错综复杂、业务发展迭代较快，还可根据业务情况，优先制定个性化的合规规程或细则。此外，企业的各项具体政策、制度、流程，也需要根据实际情况不断进行调整和改进。

四、合规管理体系的执行阶段

无论是由合规职能部门撰写还是委托第三方撰写的合规具体制度，都需要将相应的制度实际落地，否则即便制度设计良好，仍然只是流于表面，无法起到实质作用，也就是“纸面合规”或者“形式合规”。要使策划好的制度政策能在执行阶段落地实施，重点应包含资源支持、制度融入、合规宣贯、文件化管理四个方面。

（一）资源支持

企业需要为建立、实施、维护和持续改进合规管理体系，提供所需要的资源，包括财政、人力和技术资源，以及获取外部咨询和专业技能的机会、组织基础设施、专业发展情况、技术和关于合规管理与法律义务的参考资料。[1]

企业家应充分意识到合规落地的重要性，投入资源并由上而下宣导相关制度的落地。资源支持是企业家的合规意识在合规管理体系执行阶段的体现。企

〔1〕 参见《合规标准》7.1、A.7.1。

业家如果愿意投入资源，那么合规制度的执行将会更加顺利，公司内部的阻力才会更小。

（二）制度融入

制度融入是指将合规政策/制度融入已有的项目/业务流程的不同时期及阶段中。这样才能使合规深入到业务的各个细节。

《合规标准》中并未对“制度融入”做单独说明，而是分散在不同章节中体现。这部分内容对开始建立“合规管理体系”的中小企业来说十分重要。实践中，许多中小企业“为了合规而合规”，单独制定一套所谓的合规管理体系，但并没有实现“制度融入”，导致合规与企业自身业务明显割裂。合规的政策和精神无法触及企业业务及经营层面，也就无法实现有效合规。

企业需要根据自身的不同业务模式，将合规制度融入业务的全流程。例如，A公司以项目为模式开展业务。根据A公司的业务流程，项目开展前必须对项目进行内部立项，只有立项评估通过才能启动业务。为确保业务的合规性，合规职能部门被纳入项目立项评估的审批流程中。一旦发现项目可能存在严重的合规问题，如必须通过不合规方式获得某地区业务，合规职能部门可以根据情况和权限及时制止或暂停项目并向上级报告风险，避免埋下高风险的隐患。此外，A公司还将合规职能部门同时纳入项目中期评估流程。例如，由合规职能部门对项目开展中的相关材料进行审核。那么合规职能部门便能够了解中期项目是否按照项目初期评审的合规意见进行发展，从而进一步保证业务及项目的合规性。

合规的全流程介入，可以使员工切实感受到合规政策并非束之高阁，而是需要自己在岗位和职责上实实在在了解和接触的重要内容。

（三）合规宣贯

合规管理体系中培训的目的在于确保人员有能力以符合本企业合规文化和

合规制度要求的方式履行其岗位职责。[1] 合规宣贯看似并不复杂，但其实要使员工形成合规意识、符合企业合规文化，实际操作起来十分复杂。在每个合规政策颁布之后，要使相关政策内容深入员工内心，往往需要采取多种手段和方式，如合规测试、新人培训、合规竞赛、合规短片等。只有让员工切实理解合规政策，潜移默化地建立合规意识，主动接受合规，并将合规意识融入日常岗位职责，在业务行为动作之前就有自己的合规判断，便能实现主动合规，达到相较于被动合规而言更为事半功倍的效果。

员工对企业合规文化的感受主要来自两类人，一类来自企业的最高管理者；另一类则是该员工所属部门的负责人。[2] 对小型企业来说，由企业负责人直接向员工进行企业合规文化、合规制度/政策的宣讲能够起到较好的效果。对中型企业来说，建议可以在合规职能部门或人员的支持和辅助下，由部门负责人向该部门员工进行合规培训。

此外，合规宣贯并非仅局限于企业内部已入职员工，可能也包括外部供应商、经销商等第三方主体。例如，A 公司希望强化反腐败、反商业贿赂的政策培训及宣导，并且将这次合规培训覆盖全体公司员工及所有外部供应商、经销商等第三方商业伙伴。

（四）文件化管理

文件化管理是中小企业极易忽视但又极为重要的环节。根据《合规标准》，文件化信息包括了合规方针、流程、合规管理体系的目标、指标、结构以及内容、合规岗位和职能分配、合规义务清单、合规风险清单、不合规以及调查记录、年度

---

〔1〕 参见《合规标准》A. 7. 2. 3。

〔2〕 See McNulty J. P., Knox J., Harned P., *What an Effective Corporate Compliance Program Should Look Like*, Journal of Law, Economics & Policy, 2013(9). p. 375 - 398.

合规计划、培训记录、审核过程记录等，[1]实际上覆盖了企业合规管理体系的全流程文件。

在数字化快速发展的今天，文件化管理往往需要借助一些管理软件或信息化工具。例如，A企业要做培训记录，但是由于合规培训需要实现内部及外部全覆盖，对于合规职能部门来说，仅凭人力进行培训记录统计显然并不现实。因此，在进行多部门培训、对外培训的场景下，借助培训工具就显得尤为重要。良好的培训工具能够集合培训记录数据整理、培训真实性监控、培训测试、新人入职培训、培训通知、培训激励等多功能于一体，在增强员工参与合规体验的同时，也能更加有效地进行合规培训记录管理，便于企业未来进行外部审计/尽调应对及合规证明。

五、合规管理体系的检查阶段

完善的合规管理体系，需要定期检查合规落地情况。在检查阶段，最主要的就是要发现合规管理体系运作过程中的问题。除了检查和监控能够发现合规管理体系的问题外，还可通过内外部沟通、举报机制、内部审核及管理评审制度及时发现问题。

（一）检查和监视

检查和监视是为了评估合规管理体系的有效性和组织的合规绩效而收集信息的过程。[2] 一般在较为完善的合规职能部门中，会单独设置员工负责合规检查工作。合规监控岗位往往更多是需要与数据“打交道”而并非进行法律及规定的解释。合规职能部门需要对合规政策的落地情况进行量化，即合规绩效评

〔1〕 参见《合规标准》7.2.3、A.7.2.3。

〔2〕 参见《合规标准》9.1。

估。合规绩效评估的依据源于合规管理体系运行中的各类数据统计，如梳理每个月的合规流程实施情况，统计具体数字，检查落地情况。通过这些数据的梳理，汇总并分析哪些合规流程还不够完善，以制定改进措施，或者锁定重点领域进行进一步的合规宣贯。

例如，A 公司已具有反商业贿赂政策及礼品招待政策，并配有内部宴请、招待、赠礼的事先申请、合规审批流程。在该申请流程的运行过程中，合规职能部门监视人员，应定期对审批流程进行数据抓取，查看数据是否存在异常：如某申请人的高额奢侈招待、宴请对象为重复对象，明显不合理招待（一天进行 4 次餐饮类招待）或者明显虚构被招待对象（企业名称虚假）等。通过“回头看”的方式，及时发现潜在合规风险，也能让合规职能部门了解申请流程的漏洞，进一步实现流程及政策的改进。

（二）合规沟通

合规沟通旨在合规职能部门更好地了解合规管理体系的运行情况，是否出现问题及如何实施后期改进措施。合规沟通从对象上可分为内部员工沟通及外部第三方沟通。[1]

在合规管理体系运作过程中，与内部员工的沟通十分必要。通过内部沟通，合规职能部门发现具体合规政策或制度在业务侧适用过程中的问题。例如，在 A 公司就业务人员接触医疗卫生专业人士制定了合规管控政策，并配有具体的合规申请审批流程。在制度颁布初期合规申请审批流程运行良好，但在运行一段时间后，合规职能部门发现有个别业务部门的员工未进行事先申请而直接与医疗卫生专业人士进行互动的情况。经业务人员反馈了解，出现上述情况的原因在于合规申请审批流程过于烦琐。为了改进上述问题，合规职能部门与业务

〔1〕 参见《合规标准》A.7.4。

部门不断进行沟通并了解业务流程后，重新设计合规职能部门的审批卡点，顺利地解决了原有审批流程过于烦琐的问题。

当然，建设完善的企业合规管理体系还需与外部第三方进行沟通。跨国企业或国有企业一般对于供应商有着严格的准入制度和供应商合规管理准则或政策，而中小企业往往作为该类企业的供应商，需要与大型企业不断进行沟通以使自己满足供应商的准入和合规要求。

例如，A公司为B公司的供应商，B公司系大型外资企业，对入库供应商的合规要求极高。B公司在对A公司进行准入尽职调查时，便会按照B公司已有的成熟合规管理体系成熟度评价标准要求A公司。在这种情况下，即便A公司是中小企业，也不得不强化合规体系建设，以实现入库。在目前的实务中，在数据合规和个人信息保护领域表现得尤为明显，该领域有较明显的行业上下游高标准合规联动要求。当B公司被监管机构要求以高标准建设数据合规及个保体系时，其也同样要求A公司不低于该合规标准建立相应的合规管理体系。实际上，该类合规要求较为烦琐，需要企业投入大量人力、物力，合规体系建设难度较大。通过与第三方的沟通，可以更好地了解B公司的合规要求，以减少人力、物力资源的浪费。

（三）合规疑虑和举报机制

根据《合规标准》的要求，企业应当建立内部举报制度，并考虑建立匿名或保密的举报机制，使举报人不必担心遭到报复。[1] 举报制度被称为企业的“啄木鸟”“吹哨人”，能够及时发现合规管理体系的问题以及企业的潜在风险。

实践中，大多数企业尽管也会建立举报制度，但更多容易流于形式。一方面

〔1〕 参见《合规标准》8.3。

在于受我国社会文化观念因素的影响,举报制度在我国本土企业"水土不服";[1]另一方面,中小企业内部举报人"不敢举报"。与大型企业不同,中小企业人员数量较少,互相之间的合作也更紧密,就算是匿名举报实际效果也与实名无异。出于"害怕报复"的心理,举报人自然也不敢举报。因此,为了鼓励报告合规疑虑或举报不合规行为中小企业更应注重对举报人的保护。不仅需要设立匿名举报制度,更应对被举报人进行秘密调查和及时处理,调查过程应严格保护举报人的信息,防止被举报人实施报复行为。

(四)内部审核和管理评审

企业应当定期实施内部审核,[2]以判断企业自身是否符合合规管理体系的要求以及合规管理体系是否有效实施和维护。为此,企业需要策划、制定一份或多份内部审核方案。方案一般需要涵盖审核的频次、方法、职责、要求和报告。需要注意的是,为保证审核结果尽可能客观中立,内部审核人员应当避免利益冲突并保持独立性。有条件的企业,也可将内部审核委托给第三方专业机构完成。

与内部审核不同,管理评审[3]则是由企业家对合规管理体系进行评审。企业家需要定期了解合规管理体系运作过程中的成果或问题。发现问题的,可直接要求改进,以确保合规管理体系的适当性、充分性和有效性。

六、合规管理体系的改进阶段

中小企业合规管理体系的改进阶段,主要包括对不合规行为的纠正措施和对合规管理体系的持续改进两方面。

---

[1] 参见沈新渊:《我国企业内部人举报制度研究》,暨南大学2020年硕士学位论文。
[2] 参见《合规标准》9.2。
[3] 参见《合规标准》9.3。

（一）纠正措施

在内部审核中发现不符合合规管理体系要求或不合规行为时，企业应及时采取措施。首先，是对不合规行为本身采取控制和纠正措施，还包括对违规后果的及时处理。其次，需要分析发生问题的根本原因，比如是员工自身原因，抑或是评审过程产生的问题。此外，还需要考虑企业其他地方是否同样可能存在不合规行为，以预防不合规行为的再次发生。如果调查发现，该不合规行为属于企业系统性风险的，则有必要对合规管理体系进行修改或改进。

在实务中，很多中小企业会十分担心在内部审核或审计中发现合规政策或制度的问题或不合规行为，但《合规标准》指出，"未能预防或检测到一次性不合规，并不一定意味着合规管理体系在预防和检测不合规时缺乏有效性"。[1] 相反，如中小企业自身可以通过内部审核发现不合规行为并及时采取纠正措施，恰恰能够证明合规管理体系达到了预期的良好效果，实现了对合规风险的内部控制。

（二）持续改进

《合规标准》指出："合规管理体系的有效性特点在于它具有持续改进和发展的能力。由于企业内部和外部的环境、业务会随着时间发生变化，因此相应的合规义务也会随之而变"。[2]

在上述合规管理体系的策划、执行和检查阶段，我们都强调在发现问题后应及时对相关制度、政策的改进。但改进的过程是需要谨慎和综合考量的。改进并未全盘否定，大部分时候，改进都是细微的，比如只是修改审批政策中一个小

〔1〕 参见《合规标准》A.10.2。
〔2〕 参见《合规标准》10.1。

小的卡点。只有在有重大缺陷时，才需要考虑将一些政策重新制订并发布。如有必要修改的，仍应保持修改后合规管理体系的完整性和有效性，并且考虑各个变化要素对整个体系的影响、变化后合规资源的可用性以及合规职能和权限的分配调整。

第二节　最佳实践

某中型涉案企业合规管理体系建设实践[1]

某中型建设集团企业涉嫌单位行贿犯罪。为取得检察机关的从宽或不起诉处理，该中型涉案企业在剖析违法违规原因的基础上，自愿建立合规管理体系。经检察机关审查通过后，该中型涉案企业最终获得了从宽处理。

该企业的合规管理体系搭建主要分为三个阶段，同样采用PDCA循环理论进行合规管理体系的搭建、执行、检查和改进，可供参考借鉴。

第一阶段为企业合规管理体系的搭建阶段：(1)该企业通过剖析违法违规原因找到合规疏漏；(2)取得企业领导的强力支持，获得领导的合规承诺并确立企业合规方针；(3)设立企业法律合规部门，配备专职合规人员，以牵头启动、组织、协调和推动企业合规管理；(4)通过实地考察、现场访谈、问卷清单、资料查阅等方式识别企业业务领域、经营模式、组织架构、政策制度、业务流程、项目管理等领域存在的合规风险。

第二阶段为企业合规管理体系的执行阶段：(1)梳理企业合规重点领域，

---

〔1〕 参见最高人民检察院涉案企业合规研究指导组编：《涉案企业合规办案手册》，中国检察出版社2022年版，第160～187页。

在逐步制定重点领域合规管理制度的同时对企业现有规则制度和流程进行分析比较，首先甄别其合规偏差与不足，然后根据企业的合规规范，对企业现有规章制度和流程进行修改、补充和再造，融入合规要求与合规承诺；(2)修改劳动合同、供应商协议，将企业的合规义务载入员工劳动合同、供应商合同中；(3)收集整理企业外部及内部合规规范，形成合规义务清单；(4)重视培训，不仅在公司内部对公司管理层、公司基层员工进行合规培训，还会对子公司、关联公司、供应商等外部第三方进行针对性培训，此外还邀请第三方专业人员对员工进行专题讲座并组织相关人员前往企业合规法律服务中心进行参观学习；(5)重视合规文化宣传，通过有奖问答、知识竞赛、合规手册、宣传墙等多形式、多渠道进行合规宣传。

第三阶段为企业合规管理体系的检查和改进阶段：(1)企业高级管理人员、财务部门、采购部门、项目部门对企业合规运行整体情况、专题事项等定期汇报，形成书面报告并统一归档；(2)定期、不定期进行企业内部自查，发现问题并及时纠正，对“合规模范”发放奖励，对违规人员进行处罚；(3)对合规制度的执行情况进行考核评估，评估制度是否有效、是否执行到位、是否及时根据企业情况进行更新，发现问题，制定整改方案及时整改。

限于篇幅，无法将该企业建设合规管理体系的过程全数展现，以上仅为该企业在建设过程的大致步骤及重点环节。对中小企业来说，能实现合规管理体系从“0”到“1”的突破已是极为重要的跨越。在建立初期可以不必过于拘泥于某些流程细节，按照PDCA循环理念搭建的合规管理体系核心在于其能够持续改进、自我革新，在实施过程中不断发现问题并予以纠正。体系的建立也可以由点到面不断扩展，从而使企业合规成为一个常态化、全面化的过程。

第三节 推荐阅读

周万里主编:《企业合规师手册》,法律出版社 2022 年版。

周万里主编:《企业合规讲义》(第 2 版),中国法制出版社 2022 年版。

周万里:《合规型监管研究》,人民出版社 2021 年版。

最高人民检察院涉案企业合规研究指导组编:《涉案企业合规办案手册》,中国检察出版社 2022 年版。

第四章

数字化合规管理

【导读】

在传统合规管理实务中，存在合规风险评估范围覆盖不全面、风险预警不及时、复杂合规风险难以识别、合规人员工作任务繁重等问题。本章将重点介绍如何将先进数字化技术引入企业合规管理中，帮助企业更为精准而全面地识别和管理合规风险点，提升合规管理综合能力。

【关键词】

数字化合规　风险识别　数据治理　大数据　人工智能

【思维导图】

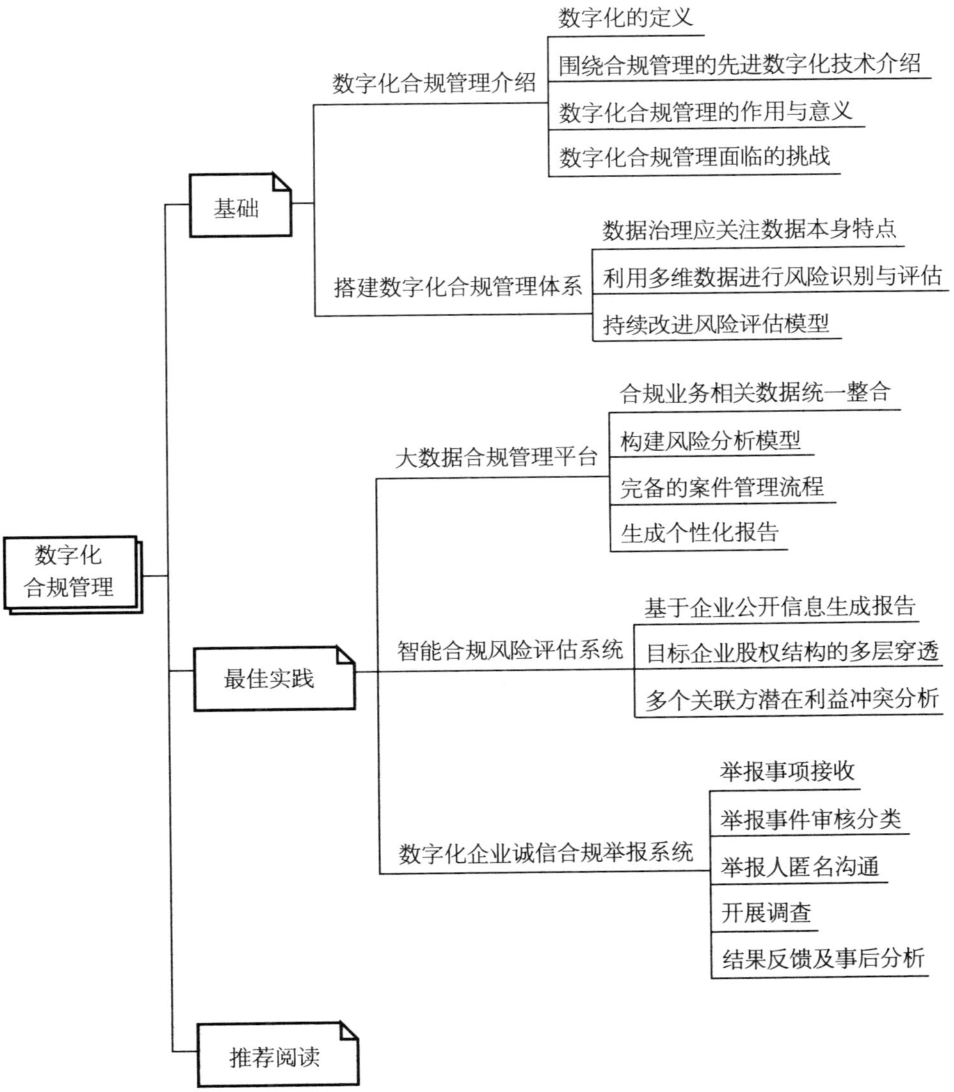
数字化合规管理
基础
数字化合规管理介绍
数字化的定义
围绕合规管理的先进数字化技术介绍
数字化合规管理的作用与意义
数字化合规管理面临的挑战
搭建数字化合规管理体系
数据治理应关注数据本身特点
利用多维数据进行风险识别与评估
持续改进风险评估模型
最佳实践
大数据合规管理平台
合规业务相关数据统一整合
构建风险分析模型
完备的案件管理流程
生成个性化报告
智能合规风险评估系统
基于企业公开信息生成报告
目标企业股权结构的多层穿透
多个关联方潜在利益冲突分析
数字化企业诚信合规举报系统
举报事项接收
举报事件审核分类
举报人匿名沟通
开展调查
结果反馈及事后分析
推荐阅读

第一节　基础

一、数字化合规管理介绍

随着信息化的发展，数字化已然成为助力社会创新发展的中坚力量，习近平总书记指出："数字技术正以新理念、新业态、新模式全面融入人类经济、政治、文化、社会、生态文明建设各领域和全过程，给人类生产生活带来广泛而深刻的影响。"[1]

2021 年 12 月 27 日，中央网络安全和信息化委员会发布了《"十四五"国家信息化规划》，该规划提出要"建立健全规范有序的数字化发展治理体系"，[2] 以推动数字化生态的全面发展，加速落实数字化建设进程。

（一）数字化

数字化因场景、语境不同，有广义和狭义两种含义。狭义的数字化，是指利用数字技术，将组织的具体业务、具体场景中复杂多变的信息转变为可度量的数据；广义的数字化，是指利用数字化技术，对组织的管理，运营等各个领域进行全面系统性变革，强调的是数字化技术对整个组织的重塑，成为赋能模式创新和业务突破的核心力量。[3]

在信息技术日新月异的今天，数据贯穿了企业管理和运营的全过程，包括需

---

〔1〕 http://www.gov.cn/xinwen/2022-03/23/content_5680843.htm，最后访问日期：2022 年 6 月 17 日。

〔2〕 http://www.gov.cn/xinwen/2021-12/28/5664873/files/1760823a103e4d75ac681564fe481af4.pdf，最后访问日期：2022 年 6 月 17 日。

〔3〕 参见我国标准《合规标准》，NA.3 数字化及合规管理工具。

求挖掘、产品研发管理、生产制造管理、生产设备管理、市场服务管理等整个生命周期。运用数字化技术助力企业运营已然成为企业提高核心竞争力、挖掘市场潜力、拓展业务模式、优化内部管理的关键要素之一。创新数字化技术如云计算、大数据和人工智能等的发展,有助于深度释放企业数据的潜在价值,实现将数据资产作为企业未来价值创造的核心驱动力量。

（二）数字化合规管理

数字化合规管理本质上是企业合规管理战略,并不局限于大数据、人工智能、云计算等科学技术,而是基于企业自身实际情况,以合规管理业务需求为导向、数据为基础,运用先进数字技术赋能企业合规管理与创新。

1. 数字化合规管理的目标

企业应明确合规管理目标,梳理合规管理流程及关键风险控制节点,厘清现有合规管理中存在的痛点,评估企业自身合规管理业务与数字化结合的可行性,将合规管理业务需求转化为数据需求,盘点合规管理环节涉及的关键信息系统及数据源,从而推动合规管理与数字化的有机结合。数字化技术与实际合规管理业务需求的紧密结合,是企业数字化合规体系建设的核心理念,只有将数字化技术围绕合规管理业务场景的本质,以数据和数字化技术驱动合规管理决策,才能有效实现数字化合规管理的目标与价值。

2. 数据治理

数据是推进企业合规数字建设的关键要素之一。2020 年 4 月,中共中央、国务院发布的《关于构建完善的要素市场化配置体制机制的意见》中首次把数据作为一种新型生产要素纳入生产要素市场化配置,[1]与常规传统生产要素并驾齐驱。高质量、标准化的数据是实现数字化合规管理的前提条件。通过数据

---

〔1〕 参见《“十四五”国家信息化规划》。

治理，企业合规管理活动可突破企业内部不同层级和信息系统之间的数据壁垒，从而有效提升数据质量，支持企业合规管理业务应用和管理决策，加速数据从潜在价值向实际业务价值的转化过程。

3. 常见数字化技术

人工智能、机器学习、大数据技术、云计算等数字化处理技术在合规管理中的应用，有效地增强了合规管理工作中各类风险识别及评估能力，促进合规治理精耕细作，提升企业合规的综合治理能力和创新能力，降低与企业合规相关的管理运营成本。

（1）人工智能

人工智能是研究、开发用于模拟、延伸和扩展人类智能的理论、方法和应用系统的新兴技术科学。人工智能的目的就是使机器具有智能，即让机器能够模拟人类思考模式。人工智能的主要研究包括机器人、自然语言识别、图像识别，自然语言生成等。例如，搭载了人工智能算法的合规聊天机器人，可结合上下文语境，解析并理解对方提出的问题，同时，通过智能算法检索合规数据库，形成问题答案回复提问者。另外，自然语言处理和知识图谱技术也可实现自动解析最新发布的合规管理政策全文本，并自动对比更新合规政策制度的更变，及时提醒合规业务人员检查并更新相关风险监测指标以符合最新监管要求。

（2）机器学习

机器学习属于人工智能的重要分支，主要通过利用数据和算法，模拟人类的学习模式，提高模型学习的精确性。通过使用统计学方法，训练算法，从而在数据挖掘项目中执行分类预测并提供关键见解。机器学习的学习方式主要分为有监督学习和无监督学习。

其中，有监督学习需利用已打好标签的数据集来训练算法模型，最终形成能够对无标签数据进行预测的模型能力。例如，事先收集明确有风险样本和无风险样本，之后使用这些风险明确的样本训练机器学习算法模型，使得模型能够学习复杂且多维的样本特征，最终形成能够预测新样本有无风险的分类器，该分类器可有效避免由于人为原因导致的风险误判。无监督学习通过训练机器学习算法，可对未标签化的数据集进行分析，并自动形成聚类，其中有相似特征的数据样本会被归集至同一个类中。该算法可以自动检测发现存在相同异常模式的数据样本集合，由于该算法无须对数据进行打标签等人工处理，因此可以有效减少人力资源成本。

(3)大数据技术

大数据技术一般指从海量数据中快速获取有价值信息的能力。大数据技术的产生提高了数据采集、存储和计算能力的上限。大数据技术具有数据处理规模极大、数据获取来源广泛、数据处理速度极快的特征，而传统的数据分析技术在处理上述类型的数据时面临巨大挑战。大数据技术支持收集并分析历史区间内的全量数据，可基于完整历史数据发掘数据规律，对进行中的事情实现更精准的预测，而不局限于分析抽样数据。

(4)云计算

云计算是一种虚拟化技术，可对数据实现分布式计算，其通过虚拟平台即可对相应终端完成数据备份、迁移和扩展。云计算将网络“云”的庞大数据计算处理程序分解成众多的小程序，处理分析由多台服务器组成的系统，并将结果合并返回给用户。该技术支持超过千万级数据的秒级处理，可提供功能强大的网络分析服务，其主要优势是按需部署、动态可扩展、灵活性高。

（三）数字化合规管理的作用与意义

现代商业活动的发展对企业合规管理水平提出了更高的要求，企业合规业务场景日趋复杂，以及行业相关监管要求的动态变化，企业传统合规管理方式面临诸多挑战。应当加强对企业自身的数字化合规管理体系的建设，从而完善及时反馈、持续改进的合规管理机制，全面提升企业合规管理水平。

1. 降低人力成本，提升合规管理效率

传统合规风险评估主要依赖于人工处理，由于合规风险判断的复杂性和庞大的合规业务体量，内部合规管理资源往往难以支撑频繁全面的合规风险筛查。因此，企业通常会选择借助外部第三方机构的能力，协助提高合规管理工作效率，然而在使用第三方机构提供的服务时，又存在信息传递失真的潜在风险，导致企业对前线一手合规业务信息控制力减弱。数字化技术的引入，可帮助企业自动识别潜在不合规风险，减少合规人员重复机械的工作内容，提高合规管理效率，同时能有效降低因人的主观因素导致的合规风险误判的概率。

2. 实现实时、全方位、动态化合规风险监测

企业在对组织内部合规风险溯源时，使用传统监测手段往往难以对所有高风险领域进行全方位详尽的筛查与监测。而通过搭建数字化合规管理一体化平台，打通各个关键信息系统，企业合规管理部门可实时、持续且全方位地洞悉公司合规管理流程，并对平台输出的监测报告数据进行分析，实现对合规管理流程的持续改进，优化各关键合规管理环节控制点，产生效益附加值。

3. 提高风险预测能力，减少事后损失

传统合规整改与优化主要依赖于事后分析，即在不合规现象发生后，企业通过对事后损失进行复盘，再对现有合规手段进行弥补与完善。企业可使用人工智能、机器学习等技术搭建不合规行为识别模型和不合规风险预测模型，实时监测企业内部和外部合规管理风险。通过使用机器学习算法，学习历史期间积累的不合规案例的行为特征和最新颁布的监管规定，进行系统化的预测与分析，及时预警企业合规管理人员调整合规业务开展方式以确保满足监管要求，并将风险识别前置。企业通过数字化合规风险防控管理优化事前预测、事中控制、事后溯源，从而减少合规管理损失。

（四）数字化合规管理面临的挑战

当前，数字化合规管理在实际运用中仍处于发展阶段，数字化合规管理体系的构建在实际推行过程中仍面临着诸多挑战。

1. 合规管理流程、监管规定与数字化融合难度大

当前企业存在合规管理流程和监管规定与信息系统难以融合的问题，为此企业需在理解自身业务流程的基础上，将各个流程对应的合规制度和监管规则数字化，并且确立各个关键环节的合规管理人员，同时对合规管理人员进行培训，使其了解其义务，针对数字化中关键合规风控节点加强审查，做好事前、事中、事后控制，强化合规管理过程管控。

2. 数据标准不统一，且质量参差不齐

企业通常是按业务管理分别建设对应的业务系统，因此往往企业的业务数据也被独立保存至各式各样的业务系统中，各类业务数据存储较分散，且由于不同系统设计目标和规格存在差异，导致数据存储标准不统一，质量良莠不齐，整合难度大，因此在构建数字化合规管理体系的建设过程中，数据治理仍是必不可少的一环。

3. 算法模型的局限性

算法模型对已知模式的案例数据可快速响应并执行预先设定的方案，但当遇到无历史数据模式可供参照的新案例数据时，算法模型可能无法作出令人满意的判断。同时，当新偏差发生时，很容易导致算法模型与实际情况之间的偏差难以收敛，因此算法模型的应用并非一劳永逸，它需要动态修正和管理。

4. 存在后续追责难题

传统合规管理工作中，合规管理人员作为风险识别和执行者，同时会对其决策承担对应的法律责任。然而将人工智能或算法引入合规工作中，用数字化手段替代部分合规管理人员的工作后，一旦出现误判，后续追责较为困难。此外随

着监管规则的变化，合规管理人员也无法完全信任或者依赖数字化监管规则底层的脚本和算法逻辑。

为了使企业合规管理从传统的合规手段转变为数字化合规手段，提升企业合规管理运营的效率，实现成本最小化与效率最大化。首先，企业需将合规人员管理体系和合规业务流程数字化；其次，企业应将各个部门的底层业务和控制在逻辑上打通，统一规范数据存储，层层把控数据质量；再次，企业也应根据自身的实际及合规业务发展情况，采用适合企业自身的数字化技术方案；最后，企业可以借助法律法规要求和完善企业各项规章制度，明确数字化合规责任归属，加快制度创新，推动合规管理制度的完善。

二、搭建数字化合规管理体系

搭建数字化合规管理体系，应以实际合规管理业务场景为核心线索，从实际合规执行者的角度出发，紧密结合业务流程中的关键合规风险点和控制节点。将合规管理从传统人工管理转为数字化智能合规管理，从而进一步提高合规管理的信息化和数字化水平，强化合规风险识别及处理效率，降低合规管理成本，构建及时而完备的数字合规管理全景体系。

（一）数据治理

1. 整合多源数据

统一企业各部门应用的信息系统，构建统一的信息共享一体化平台，打破不同系统或渠道数据源之间信息孤岛状态，适应复杂多变的合规管理数据需求，促进企业各部门、各系统之间的数据互通和流程整合。

2. 建立数据标准

以企业合规管理业务主线为核心，梳理各合规管理业务场景，制定统一的数据标准，并明确数据定义和规范，形成企业统一业务术语库。通过构建数据台，将企业中多个部门、多个系统中不同类型、不同口径的数据整合，形成标准数据并存储。数据中台所创建的中间环境，可有效整合企业中的多样数据源，实现多系统中多样数据源的管理，以满足数字化合规管理建立的数据需求。

3. 提高数据可读性

通常，企业中可用数据主要分为结构化数据和非结构化数据两类。其中，结构化数据是指数据经过分析可分解成多个相互联系的组成部分，各组成部分之间存在明确的层级关系，诸如业务系统中的订单数据，付款数据等。同时，企业中也存在大量非结构化数据，这些数据是企业数据的重要组成部分，但由于结构无序，因此数据解析难度大，数据可读性差，如图像、文本、视频，语音记录等，这类数据往往较多依赖人工处理，处理过程耗时长且成本高昂。人工智能等处理技术可以有效清洗和解析此类非结构数据，实现非结构化数据的解读和标准化，有效提高合规管理过程中的数据可用范围和数据质量。

（二）风险识别与评估

1. 多维合规风险评估

企业基于自身合规业务流程和内外部法规政策，针对具体业务环节，从不同维度与视角全面地梳理关键合规风险控制点。结合数字化技术，构造风险识别预测模型，对数据规律进行深度挖掘，以实现对可疑人员、可疑行为的及时预警和拦截。利用机器学习算法对用户行为进行标签化处理，还原用户多维度数据特征，并对其进行描述性分析，将合规风险分析结果立体化呈现，以实现事前、事中、事后的合规风险识别，提供业务导向性的预测分析和风险提示。随着风险案例数据的累积，持续训练合规风险预测和评估模型，可不断优化合规风险预测和评估模型的准确性。

2. 自动化合规风险监测

建立持续更新的合规风险指标库，通过大数据实时识别风险控制点并自动生成合规报告，将风险预警信息与风险评估报告实时推送至合规管理人员，实现全方位、动态化地监控企业的各个关键合规风险控制环节，实现持续化的合规评估和监管，降低人力监测成本，减少主观因素对合规风险判断的影响。

3. 合规风险可视化

借助数字可视化工具取代传统固定格式的评估报告，以呈现合规风险分析结果。通过采用可视化仪表盘，以动态图表的形式直观高效地展现合规风险评估报告，通过数据图形化放大数据特征，展示原本被忽略甚至无法发现的特征模式，降低报告读者的使用门槛，快速识别异常风险指标、定位具体不合规事件。同时，交互式合规风险报告，支持用户自主地针对关键信息点向下钻取进行深度分析。复杂数据集的分析速度也得到了显著提升，这降低了合规报告的数据分析时间成本。

（三）风险调查与持续改进

1. 风险调查

在获取风险评估结果后，企业可对合规报告中的异常结果进行深入调查分析，并支持全流程跟踪案件调查进度及处理结果。针对每个案件的发展进行实时追溯，使用数字技术深入挖掘数据规律，对案件发展动态进行实时数据分析，对相似案件的风险数据特征进行分类统计，为案件调查及持续合规风险评估提供辅助决策。

2. 风险评估体系持续改进

在识别合规风险并调查验证其存在性后，将案件调查结果数据实时同步至合规风险分析预测模型，用以完善合规风险分析预测模型的可靠性与准确性。基于滚动的累积数据对已建立模型进行持续训练，优化模型对未知风险的识别和预测能力，使人工智能等数字化技术高效赋能合规管理，实现合规风险的智能防范、监测与分析。

第二节　最佳实践

一、大数据合规管理平台

为适应新合规环境下对合规工作全面、及时、可控、智能的要求，提高企业内部合规管理质量及效率，某企业建设了全流程大数据合规风险管理平台。该平台的主要功能模块包括多源数据整合、合规风险评估与监控、案件管理及定制化合规报告。如图4-1所示，该平台通过采用前沿数字化技术，如数据挖掘、机器学习等，使合规管理工作体系化、高效化、智能化。

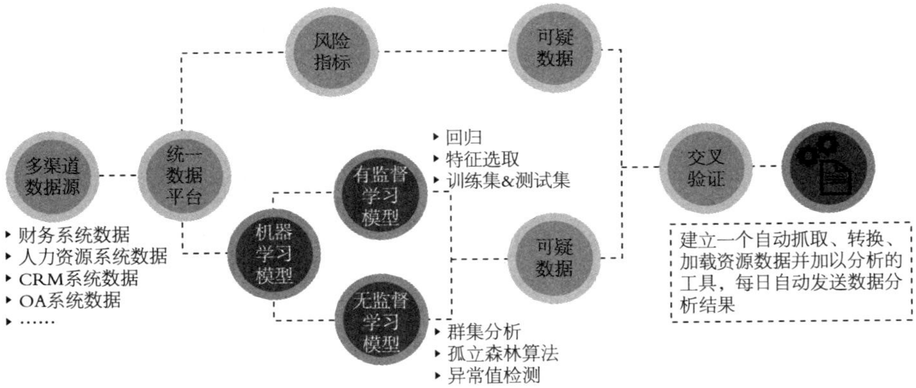

图4-1　大数据合规管理平台技术架构

（一）多源数据整合

数据整合是在进行合规风险分析前的必要环节，需厘清合规业务的相关流程，梳理企业内部与合规业务相关的数据，明确相关数据资产、数据质量、数据来源和使用情况，整合公司内部各类合规管理的相关系统和数据。主要包括财务系统、人力资源系统、采购系统、会议组织系统、差旅系统等。

（二）合规风险评估与监控

大数据合规管理平台是基于长期的合规数据积累，提炼出数据中的风险特征，运用人工智能等技术构建高风险数据预警模型、反欺诈模型等数据分析模型。本实践中，该管理平台利用有监督的学习算法，基于标签化的数据样本构建风险数据预测模型，当可疑的事件或人物行为触发风险预测模型时，系统将自动对其进行标记并上报给相关负责人员。在有监督的算法学习训练过程中，可由训练数据集学习并建立智能分类器，该分类器可以预测新数据的风险类别归属。用于分类器训练的数据通常是规范统一的，本系统会收集如事件申请信息、员工资料、会议主持者信息、场地信息，费用信息等数据。系统后台会分析处理这些数据，并识别提取事件中的关键信息。数据准备好之后，系统平台会根据业务属性，应用特征工程，选择显著变量及适用的算法建立预测模型，即分类器。该系统平台内置支持的算法包括决策树、随机森林、朴素贝叶斯、KNN、线性回归等。

同时，该系统平台也运用了无监督学习算法实时对潜在的可疑数据模式进行合规风险检测，异常行为模式被识别后，会被推送至系统中合规风险预警功能模块，形成合规风险实时监测和预警机制。系统平台操作人员可以利用模型的输出结果推断异常来源和特征，从而重点关注特定领域，利用该方法在增强公司合规管理防控能力的同时亦能减少在合规管理方面上的人力资源投入。

（三）案件管理

针对合规风险评估与监控的工作中所监控到的风险点和案件，合规专员在确认上报可疑违规事件后，将触发案件管理功能模块。该功能提供对案件从上报、资料收集、案件处理、案件审批，结案归档等环节完整的后台管理流程，便于案件受理人员对违规事件的管理和溯源。同时，系统平台还提供了案件数据统计及分析的功能，以用于支持后续合规管理风险评估、决策和优化。

（四）定制化合规报告

定制化合规报告功能模块支持按不同需求为各部门、各层级的员工提供个性化报告。报告主要分为日常合规报告和合规案件报告。系统内置有适合各报告使用的报告模板，数据接入后，可自动生成报告。

日常合规报告提供管理层仪表盘、企业风险预警报告、工作量统计报告、审计报告，调查报告等，利于各层级员工开展工作及管理层作出决策。合规案件报告主要针对合规工作中出现的突发案件，在结案后可根据要求出具案件报告，方便进行汇报。

如图4－2所示，大数据合规管理平台可实时、连续、动态地监控数据，通过抓取、分析数据自动生成合规报告，优化信息采集流程，有助于合规业务人员根据实时、持续的平台检测结果和反馈，进而实现合规评估的持续优化和改进。

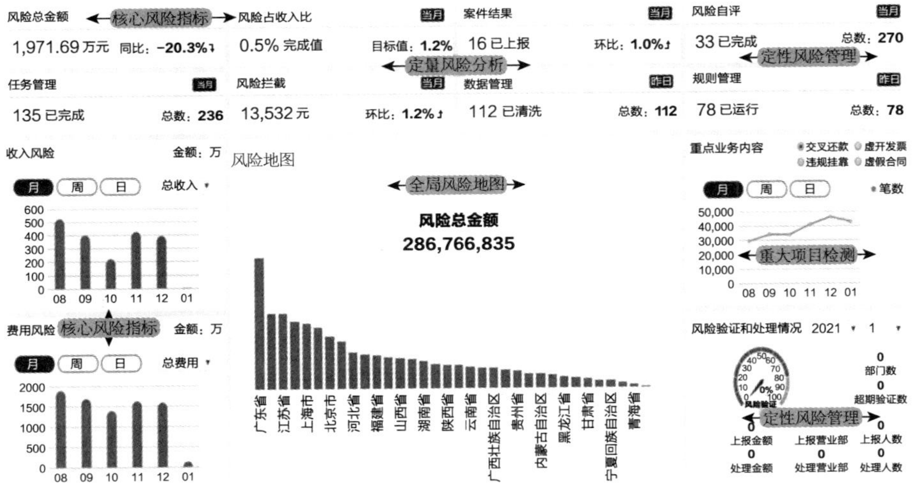

图4－2 定制化合规报告示例

二、智能合规风险评估系统

企业及其关联方的背景调查和相关风险核查是企业投资并购、供应商合规等管理工作中的重要环节，繁多的数据源以及其复杂的股权层级关系和组织架构也增加了合规管理中风险识别的困难程度。为了对目标企业进行充分有效的合规风险评估，企业需在海量互联网信息资源中收集并核查相关企业信息，以识别是否存在潜在的合规风险。然而传统的人工核查的方式，一是无法从大数据中迅速、广泛地有效获取目标公司数据；二是人工分析方式往往只能进行基础的比对核查，无法进行复杂维度的量化风险分析，且无法精准识别和定位相关风险；三是人工处理方式耗时长、人力成本极高。该系统运用数字化技术，从海量数据源中收集信息，快速智能识别目标公司潜在合规风险，在企业背景调查工作中扮演着重要角色。

该系统包含三大主要功能，即快速检索收集多渠道信息、多层级的股权穿透和利益冲突风险识别。系统具有强大的数据获取能力，可抓取、汇集多源信息，实现单一平台有效查询多维度数据源；构建统一合规管理数据中台，以协助执行者识别及持续监控合规风险指标，全面核查目标公司及其关联方合规风险，挖掘关联方利益冲突。图 4－3 为该系统实现自动化风险评估的管理流程。

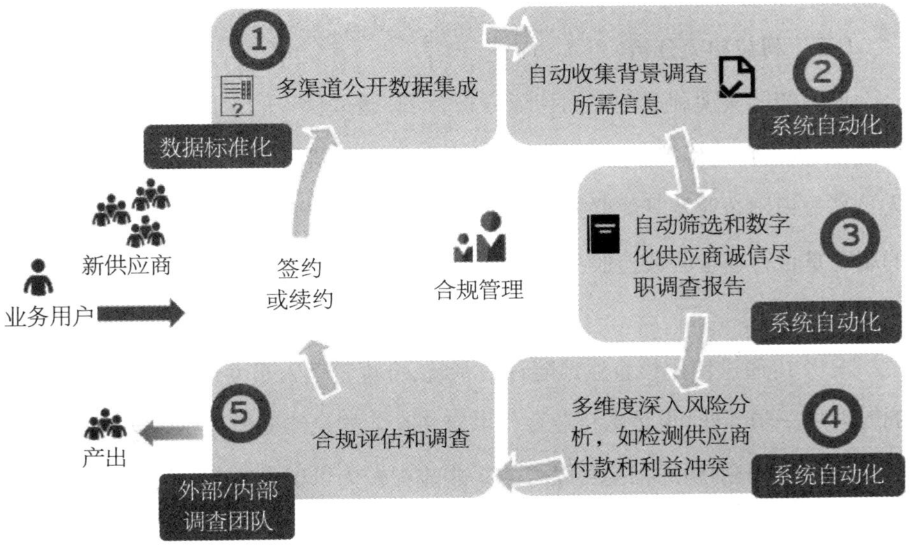

图4－3 智能合规风险评估系统流程

（一）公开信息检索

业务人员在该平台上传待查询企业清单后发起执行背景调查，平台会在数分钟内通过数据接口自动从海量数据源中完成数据收集并形成数据归集结果。收集的数据包括新闻舆情、工商信息、行政处罚、法律诉讼、股东清单、对外投资企业清单等公开信息。

（二）股权穿透

该系统支持目标企业股权结构的多层穿透，可快速识别目标企业的多层股东，并定位目标企业的最终受益人，清晰列示目标企业的股东、投资对象关系及占股、投资比例等重要股权信息。

（三）利益冲突分析

该系统能实现利益冲突的智能分析检测，通过预设的风险指标和风险评估算法，系统可自动检测多个企业之间是否存在潜在利益关联，有效协助合规管理人员高效识别企业及其关联方存在的利益冲突，规避潜在合规风险，诸如本企业的职工是否存在参股或控股关联方的行为。以下为系统平台识别到的利益冲突典型案例。

案例1：通过使用该企业风险评估系统，合规管理人员发现X先生是本企业的管理层一员，同时也是本企业合作供应商企业的最终受益人，结合企业内的采购流程分析，识别到的相关关联方的采购流程较为可疑，存在利益冲突。

案例2：通过使用该企业风险评估系统，合规管理人员发现与本企业合作的多家供应商的最终受益人均为同一人，另外结合公司采购流程数据分析发现公司对这些供应商发起的采购流程较为可疑，存在利益冲突。

案例1和案例2的图示见图4－4。

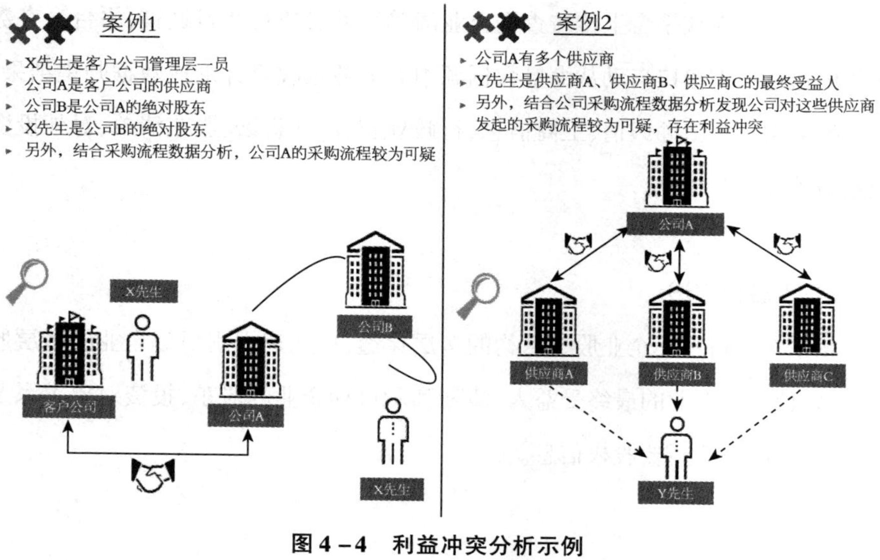

图4－4　利益冲突分析示例

除此之外,系统平台还能根据合规管理人员的需求实现个性化功能,如定量化风险评分、出具调查报告、风险指标可视化仪表盘,对标国际黑名单库等。

该智能风险评估系统为合规管理人员提供了精准全面的风险核查服务,显著缩短了风险识别的时间,有助于企业综合提高合规管理的效率,提升企业的风险识别和预警能力,优化合规管理流程。

三、数字化企业诚信合规举报系统

近年来,不断出现的企业员工不规范行为及违法违规事件引起了各国政府及企业的高度警惕,进一步强化合规要求及监管环境成为监管机构的共识。基于《合规标准》,“组织应考虑建立匿名或保密的举报机制,以便组织的雇员和代理方进行报告不合规或寻求关于不合规的指导,而不必担心遭到报复”。[1] 来源于企业内外部对不合规事件的举报,是企业发现潜在不合规问题的重要途径和方法,因此,为进一步作好合规建设,企业应建立和完善上报机制,以鼓励和帮助员工对潜在的不合规行为进行上报。使员工对潜在的不合规行为有途径进行匿名举报,且不公开举报内容,确保员工在遇到不合规的问题时能及时上报或寻求指导,且不必担心被被举报人打击报复。随着企业内外部举报事件的日益增加,对举报事件的规范管理的呼声也越来越高。因此构建数字化企业诚信合规举报系统,是企业合规管理数字化过程中重要一环。

为从全局的视角进行举报事件的评估、监控及调查,补足企业的合规管控能力使其满足相关监管规定,某企业开发了数字化企业诚信合规举报系统,见图4-5。该系统分为举报模块和管理模块,涵盖不限于企业的反舞弊政策、反舞弊制度流程、举报信息的持续监控、上报和应对风险等。同时,基于企业管理政策及当地法律法规,通过“举报事件接收、事件审核与分类、沟通、调查、结果反馈

[1] 《合规标准》A.8.3。

及事后分析”，实现举报事件的全流程管理，帮助企业洞察相关风险，全程跟踪案件处理流程和解决方案，并进行事件归档，以备事后分析和对内部控制的完善和风险预防。该数字化举报上报和管理系统具备如下功能。

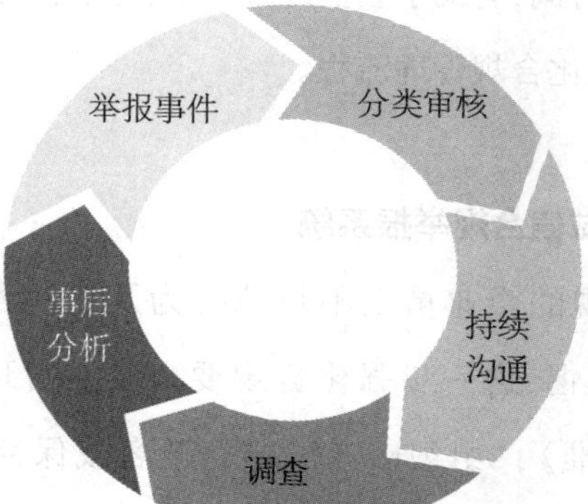

图 4-5　数字化企业诚信合规举报系统流程

（一）举报事项接收

举报人进入举报系统的接收页面后，根据说明填写举报事项。与此同时，举报人也可以通过热线、电子邮件或信件报告相关事项，见图 4-6。

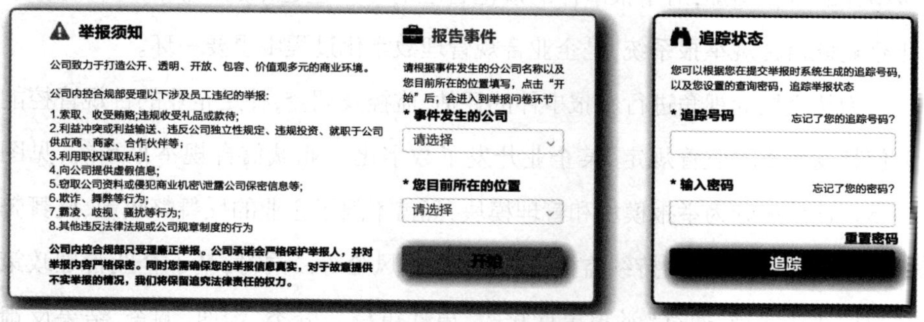

图 4-6　企业诚信合规举报系统填报模块

（二）审核与分类

在案件受理人员登录举报管理系统后，可看到列示的已接收的举报案件。案件受理人员将对其进行初步审核，判断其是否与企业合规管理事件相关，见图4－7。

图4－7　企业诚信合规举报系统待审批功能示例

（三）与举报人的沟通

系统后台为案件受理人员与举报人提供了保密渠道用于进一步沟通。如举报人可以通过该渠道上传补充材料。

（四）开展调查

案件管理团队可以独立调查案件，也可以委托第三方开展调查。调查结束并出具调查报告后，管理层审阅相关调查结果。

（五）结果反馈及事后分析

企业可就调查结果与举报人进行沟通；举报管理系统同时提供了事后数据统计及分析功能，并支持可视化分析报告的自动生成，企业可以通过多维度的可视化报告结果进行后续的判断与优化，见图4－8。

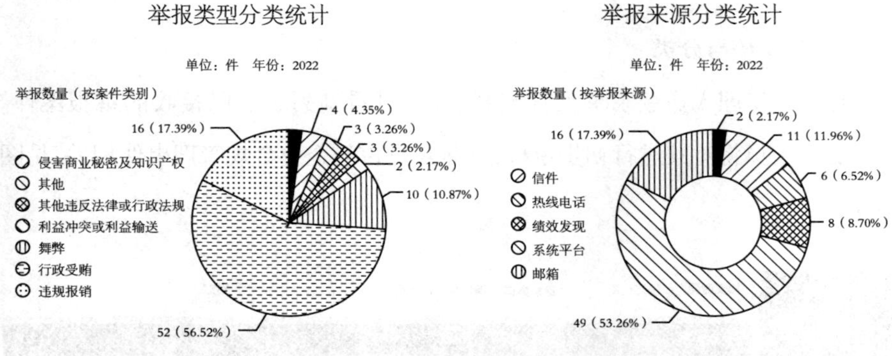

图4－8　企业诚信合规举报系统举报数据可视化统计与分类

数字化企业诚信合规举报系统可构建全面的举报信息收集渠道，确保与举报人的有效沟通，其填写流程人性化，构建了完整而清晰的举报内容模块；建立了严密的个人信息保护机制；该系统拥有完善的后台，支持数据统计及分析。

该系统有效维护了企业内外部员工对不合规问题进行举报的积极性，使企业能够有针对性地对不合规问题进行调查与解决，完善事件调查的全流程管理，从而提升企业的合规管理的效率和水平，加快数字化合规体系的建设。

第三节　推荐阅读

山成英、赵大伟：《人工智能在合规科技中的应用研究》，载《清华金融评论》2019年第8期。

郑花祯：《提高内控合规管理一体化、数字化水平的路径和方法》，载《中国银行业》2021年第9期。

张能鲲、沈佳坤：《企业数字化转型中的合规风险识别与防控对策探讨》，载《国际商务财会》2022年第1期。

第二篇

策　划

第二部

股　票

第五章

组织环境

【导读】

组织环境是组织存在和运行的基础，包括组织所处的环境和组织内部的结构。组织环境分析，是组织开展合规管理体系建设的首要步骤，目的是确定组织内外的利益相关者对组织的期望、需求和要求。管理学发展出的一些分析工具在这里发挥了关键作用。普遍使用的工具包括 PESTLE 分析法、SWOT 分析法、组织结构分析法以及利益相关者管理等。

【关键词】

环境分析　组织分析　利益相关者管理

【思维导图】

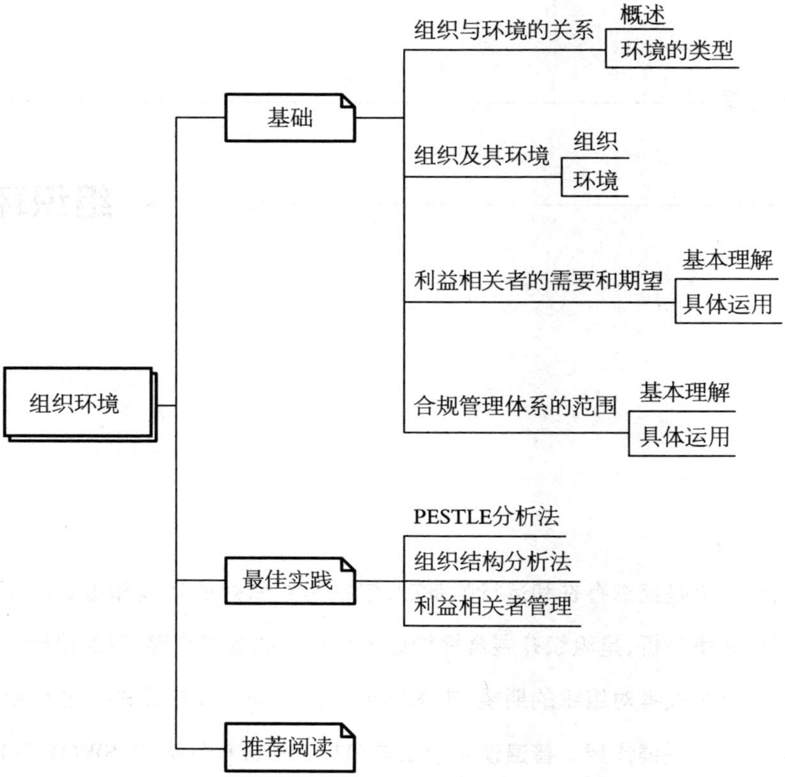
组织环境
基础
组织与环境的关系
概述
环境的类型
组织及其环境
组织
环境
利益相关者的需要和期望
基本理解
具体运用
合规管理体系的范围
基本理解
具体运用
最佳实践
PESTLE分析法
组织结构分析法
利益相关者管理
推荐阅读

合规管理体系建设的起点是对组织及其环境的分析。组织及其环境以及利益相关者的要求和期望，构成合规管理体系的输入。在评估合规管理有效性时，输入是基本的参照点。

第一节　基础

一、组织与环境的关系

（一）概述

组织所处的环境是组织得以生存的基础。环境是影响人类行为及其发展的外部条件和资源。[1] 如何处理组织和环境之间的关系，是企业管理学的一个核心问题。[2] 环境作为外生变量，对企业行为产生约束，也对企业的内部结构、流程和决策产生影响。[3] 企业针对环境产生的影响，也不是被动应对。事实上，企业通过一些决定（包括市场、产品、技术和环境扫描[4]等）选择并影响自己所处的环境，[5]包括对环境产生的负外部效应。在该意义上，环境是由企业创造出来的。[6] 对于企业与其环境的相互依赖和相互作用的关系，尤其需要从市

---

〔1〕 Environment, A Dictionary of Economics, 2017, p. 171.

〔2〕 Schreyögg/Geiger, Organisation, 2016, S. 19f.

〔3〕 Buchanan/Huczynski, Organizational Behaviour, 2019, p. 38.

〔4〕 Environmental Management Perspective and environmental scanning, A Dictionary of Business and Management, 2016, p. 219; Buchanan/Huczynski, Organizational Behaviour, 2019, p. 43.

〔5〕 Miles/Snow, Organizational Strategy, Structure, and Process, 2003, p. 5; Jean-Paul Thommen, Betriebswirtschaft und Management, S. 50ff.

〔6〕 Buchanan/Huczynski, Organizational Behaviour, 2019, p. 42.

场、环境、[1]利益相关者和问题管理[2]等视角做差异化的分析。[3]

在利益多元化的社会,利益相关者对企业的需要和期望,也构成企业的环境,并成为对企业的要求。将利益相关者的要求输入组织,产生利益相关者想要的结果。

基于企业本身及其环境和利益相关者的要求,合规管理体系的范围得以确定,合规方针和合规目标也得以确立。在该意义上,企业及其环境和利益相关者成为企业建立合规管理体系的起点。见图5-1。

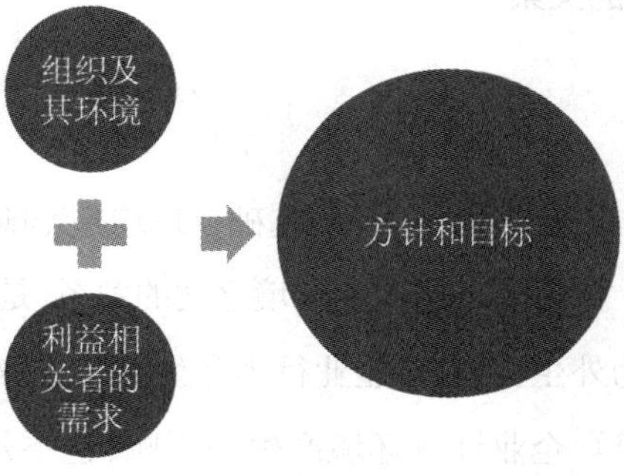

图5-1 组织环境

(二)环境的类型

企业与其环境的界限在何处,一直困扰着管理学的研究。直到卢曼的系统论被引入管理学,该问题才有了说服力的回答,也即界限是区分的标准。企业相当于一个系统,具有自创生的能力。其通过产生和维护与环境的区分,本身构成系统。企业通常以商业模式和客户群定位等行为方式,使客户产生行为期

---

〔1〕 这里的环境主要有四种类型,即社会环境、生态环境、技术环境和经济环境。

〔2〕 问题管理(issue management)是指企业采取的解决社会问题、生态问题、技术问题和经济问题的措施。问题管理分为问题识别、问题分析、实施不同措施及其评估。

〔3〕 Jean-Paul Thommen, Betriebswirtschaft und Management, 50f.

待。[1] 企业(系统)之外的部分,就是环境。

《合规标准》中,在"组织环境"部分,该标准从组织及其环境和利益相关者的三个视角,为组织提供分析影响合规管理体系的要素的方法。如上文所述,利益相关者也可以被视为环境。[2]

从环境的具体内容来看,如图 5－2 所示,其区分为全局环境和任务环境。[3]

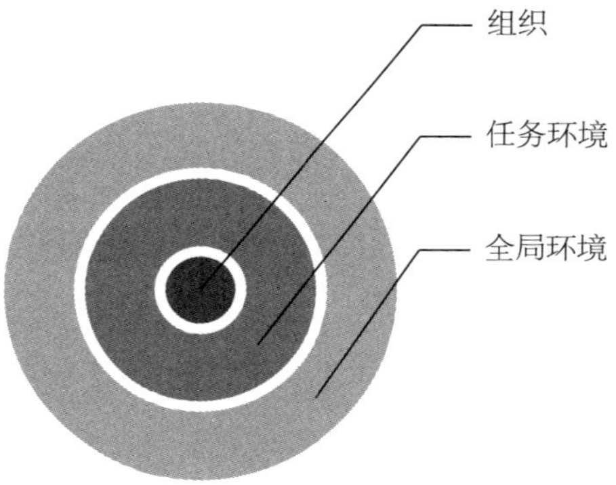

图 5－2　全局环境和任务环境

任务环境[4]与组织要完成的任务直接相关。[5] 全局环境[6]对组织任务产生间接影响,大致分为技术环境、政治法律环境、社会文化环境、生态环境和宏观经济环境,[7]与下文的 PESTLE 分析中 6 种环境因素存在重合。

---

〔1〕 Schreyögg/Geiger, Organisation, S. 189ff.

〔2〕 Jean-Paul Thommen, Betriebswirtschaft und Management, 50f.

〔3〕 Schreyögg/Geiger, Organisation, S. 199.

〔4〕 任务环境一般被称为竞争环境。按照波特五力模型,公司间竞争、潜在新公司的威胁、替代产品、供应商和买方决定了竞争环境的情形。

〔5〕 这种直接关系体现在与组织有合作关系或竞争关系。

〔6〕 大致可以分为技术环境、政治法律环境、社会文化环境、生态环境和宏观经济环境。

〔7〕 Schreyögg/Geiger, Organisation, S. 199ff.

二、组织及其环境

"组织环境"(context of the organization)是《合规标准》的第四章,由"理解组织及其环境""理解利益相关方的需求和期望""确定合规管理体系范围""合规管理体系""合规义务""合规风险评估"构成。[1]

《合规标准》4.1 明确对"组织及其环境"的分析要素,有助于企业对可能影响其合规管理体系的重要问题,建立高层次理解。[2] 组织对法律法规、监管规定以及公民社会的期望的认识,对组织的活动及合规管理体系的建立、实施、运行和改进,是不可或缺的环节。[3]

(一)组织

基于《合规标准》,合规管理体系建设,企业应当考虑与其相关的内部因素:[4]

(1)商业模式,包括组织活动和运行的战略、性质、规模、复杂性及可持续性;

(2)与第三方业务关系的性质和范围;

(3)内部结构、方针、过程、程序和资源,包括技术;

(4)组织的合规文化。

就国有企业而言,以下要点是合规管理关注的重点:[5]

---

〔1〕 参见中国认证认可协会组编:《管理体系认证基础》,高等教育出版社2019年版,第73页;国家标准化管理委员会《环境管理体系 要求及使用指南》4;国家标准化管理委员会《职业健康安全管理体系 要求及使用指南》4。

〔2〕 《合规标准》A.4.1。

〔3〕 《合规标准》A.4.1;Rothe, Compliance, VI, S. 1。

〔4〕 参见《合规标准》4.1。

〔5〕 国务院国资委《中央企业合规管理指引(试行)》第14条。

(1)制度制定环境；

(2)经营决策环节；

(3)生产运营环节等。

基于国际标准化组织制定的通用的风险评估标准——《风险管理 指南》(ISO 31000:2018),对其内部环境的分析要点,包括以下几个方面:[1]

(1)愿景、使命和价值；

(2)治理、组织结构、角色和责任；

(3)战略、目标和方针；

(4)组织文化；

(5)组织采用的标准、指南和模式；

(6)容量,也即基于资源和职能的方面考虑,包括资本、时间、人员、知识产权、过程、体系和技术等；

(7)数据、信息系统和信息流；

(8)考虑到内部利益相关者的认识和价值,与内部利益相关者的关系；

(9)合同关系和承诺；

(10)独立性和相互关联性。

(二)环境

1. 概述

对环境分析的方法,常用的是 PESTLE 分析法。组织运用此方法识别政治、经济、社会、技术、法律和生态的因素对组织产生的影响。

组织在分析其所在环境、组织变革和制定组织战略等时,PESTLE 分析法可

[1] See ISO 31000:2018, 5.4.1.

以为此提供方向性的指引。[1] 另外，明确组织环境是任何管理体系的必经环节。PESTLE 分析法源自市场营销的实践，现被普遍用来支持组织分析其所处的大环境。具体而言，P（political）是指政治，E（economic）是指经济，S（social）是指社会，T（technological）是指技术，L（legal）是指法治（或法律），E（ecological）是指生态。[2] PESTLE 分析法涉及的因素见图 5-3。

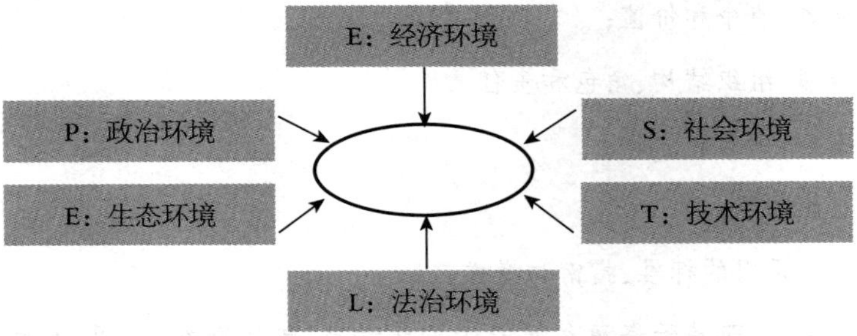

图 5-3 PESTLE 分析法

2. 合规管理的环境

基于《合规标准》，对于合规管理体系的建立，组织应当考虑以下环境因素：[3]

（1）法律和监管环境；

（2）经济状况；

（3）社会、文化、环境背景。

相较于上述的 PESTLE 分析法涉及的因素，《合规标准》并未列出技术因素。技术因素在知识产权合规管理、商业秘密合规管理、数据保护合规等体系建

〔1〕 Buchanan/Huczynski, Organizational Behaviour, 43; Kohl, Standards for Management Systems, p. 547.

〔2〕 Neiger, Erfolgreich mit Compliance, S. 116.

〔3〕 参见《合规标准》4.1。

设过程中，具有重要意义。[1] 在美国司法部的《企业合规计划评估》中，企业对经营环境的定期分析并据此持续改进合规计划，是评价涉案企业合规计划有效性的一项指标。[2]

在国际标准化组织的《风险管理 指南》中，对组织的外部环境的分析要点，包括以下几个方面：[3]

(1)社会、文化、政治、法律、监管、财务、技术、经济和环境的因素，不管是国际、国内，地区还是当地的；

(2)影响组织目标的关键推动力和趋势；

(3)外部利益相关者的关系、认识、价值、需要和期望；

(4)合同关系和承诺；

(5)网络和依赖的复杂性。

三、利益相关者的需要和期望

(一)基本理解

建立合规管理体系，除需要理解组织及其环境外，还应考虑利益相关方的需要和期望。利益相关方是指能影响决策或活动、受决策或活动影响或认为自己受决策或活动影响的个体或组织。[4] 国际标准化组织采用利益相关方(interested party)的表述，而非常用的利益相关者(stakeholder)。前者或被表述

[1] 参见上海市浦东新区人民检察院、中国信息通信研究院知识产权与创新发展中心：《企业知识产权合规标准指引(试行)》(2021年)，第4条(4)动态性原则、第6条(2)、第21条和第22条等；广东省知识产权局：《企业知识产权国际合规管理规范(征求意见稿)》(2021年)，4.1(组织环境)。

[2] U. S. Department of Justice Criminal Division, Evaluation of Corporate Compliance Programs (2020), p. 15.

[3] See ISO 31000:2018, 5.4.1.

[4] 《合规标准》3.2。

了“相关方”[1]或“有关相关方”。[2] 虽然这些表述不同，但表达了相同的意思，起到了相同的作用。因此，这两个词语可相互替代使用。[3] 不过，利益相关者的用法，得到更为普遍的认可和使用。[4]

（二）具体运用

并非所有的利益相关者的需要和期望，都是组织的合规义务。组织可自愿选择利益相关者的某些要求作为合规义务。另外，不同的管理体系，关注的利益相关者的期望和要求的侧重点不同。[5] 合规管理体系关注的是，利益相关者对企业合规且是责任经营管理的关切。[6] 如图5－4所示，组织的利益相关者由组织的所有权人、创始人、商业伙伴、公共机构等组成。

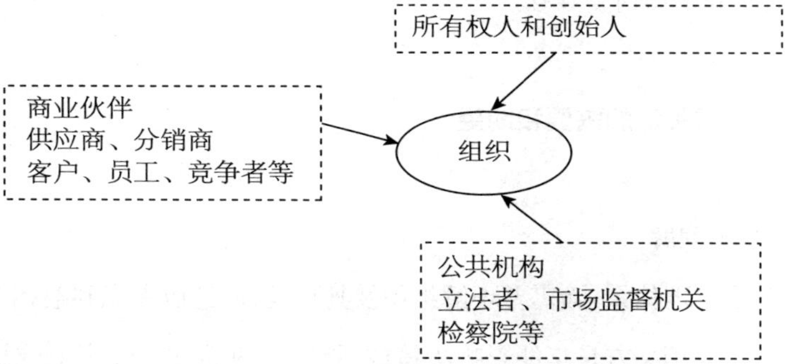

图5－4　利益相关者

---

〔1〕 参见国家标准化管理委员会《合规管理体系　指南》2.2；国家标准化管理委员会《质量管理体系　基础和术语》2.2.4；国家认证认可监督管理委员会《整合管理体系评价指南》（RB/T 051—2020）5.4.1.2。

〔2〕 参见国家标准化管理委员会《质量管理　组织的质量实现持续成功指南》5.2。

〔3〕 Vgl, Neiger, Erfolgreich mit Compliance, S.95.

〔4〕 参见中国证券监督管理委员会《上市公司治理准则》（2018年）第3条、第26条和第八章。

〔5〕 国家认证认可监督管理委员会《整合管理体系评价指南》（RB/T 051—2020）5.4.1.2，注2。

〔6〕 Neiger, Erfolgreich mit Compliance, S. 121.

为了确定利益相关者的要求可能成为合规义务,企业通过三个步骤确定合规管理体系要解决的期望和要求:

(1)合规管理体系的利益相关者;

(2)这些利益相关者的有关要求;

(3)合规管理体系需要解决的要求。

对此,其中的一个关键是识别组织的利益相关者。就合规管理体系而言,利益相关者包括:[1]

(1)影响合规管理体系的人或组织;

(2)受合规管理体系影响的人物或组织;

(3)认为自己受到影响的人或组织。

如图5-5所示,组织外部的利益相关者包括政府、监管机构和客户等。[2]

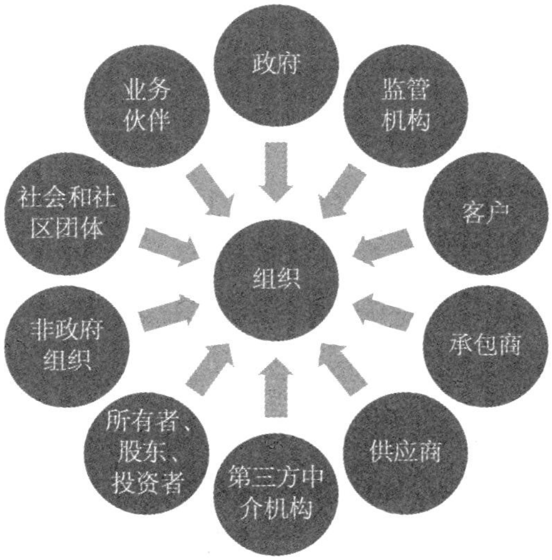

图5-5 外部的利益相关者

[1] 参见《合规标准》4.2。

[2] 《合规标准》A.4.2;Schreyögg/Geiger, Organisation, S.204。

如图5-6所示,内部的利益相关者是组织内部的机关或个人。[1]

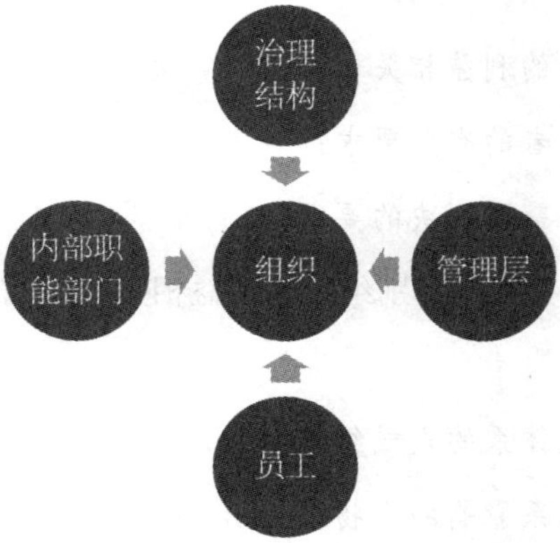

图5-6 内部的利益相关者

企业积极主动回应利益相关者的期望和要求,需要对利益相关者进行管理,具体工作包括利益相关者识别、利益相关者战略管理及其实施和控制。[2]

四、合规管理体系的范围

(一)基本理解

企业可自由和灵活决定其合规管理体系的地域边界和组织边界。[3] 地域边界可以是全球范围,也可以是国内范围和区域范围。组织边界可参考美国COSO的《企业风险管理——整合框架》中第三个维度"单元",区分为主体层次

〔1〕《合规标准》A.4.2。

〔2〕参见[美]斯蒂芬·P.罗宾斯、玛丽·库尔特:《管理学》(第11版),李原等译,中国人民大学出版社2012年版,第47~48页;Jean-Paul Thommen, Betriebswirtschaft und Management, 56; Harmeier, Stakeholder identifizieren, analysieren und Strategien entwickeln, S. 5。

〔3〕参见《合规标准》A.4.2。

(整个组织)、分部、业务单位和子公司。[1]

在确立合规管理体系的范围时,企业应当考虑企业及其环境、利益相关者的要求、合规义务以及合规风险评估。范围应当以文件化信息的方式确定和获取。

另外,应当注意的是,《合规标准》1“范围”与4.3中的“范围”所指的内容不同。前者表明合规标准的适用范围(“所有类型的组织”),并指明标准的内容(“建立、制定、实施、评价、维护和改进有效的合规管理体系”)。[2] 而4.3中的“范围”是指具体组织的合规管理体系的地域范围和组织边界。在合规管理体系建设初期,组织就应当明确界定其范围;否则,合规管理的后续工作不能得到有序开展。[3]

(二)具体运用

合规风险评估的对象,应当包含组织履行的全部的合规义务。[4] 经合规风险评估,如果组织认为某种合规风险需要通过合规管理体系实现管控,那么该合规风险即可以成为合规管理体系的具体内容。例如,为应对反腐败合规风险,建立了反腐败合规管理体系。为应对反垄断合规风险,组织建立反垄断合规管理体系。其他的没有纳入合规管理体系的合规风险,组织可通过其他措施对其实行管控。[5] 当然,一个合规管理体系可以同时涉及多个合规风险的管控,或者说这是多个合规管理体系的整合,[6]即合规整合管理体系。

---

〔1〕 美国COSO:《企业风险管理——整合框架》(2017年修订版),方红星、王宏译,东北财经大学出版社2017年版,第6页。

〔2〕 主要是四个方面的内容,即合规管理体系的建立、实施、维护和改进。

〔3〕 参见李素鹏、叶一珺、李昕原编著:《合规管理体系标准解读及建设指南》,人民邮电出版社2021年版,第58页。

〔4〕 参见《合规标准》3.26、4.5以及4.6。

〔5〕 Neiger, Erfolgreich mit Compliance, 126.

〔6〕 参见国家认证认可监督管理委员会《整合管理体系评价指南》(2020年)3.1。

第二节 最佳实践

一、PESTLE 分析法

企业在确定对其合规管理的有效性产生影响的环境时，应尽可能详细列举所有的环境领域，也可以基于特定的合规风险或业务环节，确定待分析的相关环境领域。在此基础之上，企业明确各个环节领域对企业的期望和要求，也即合规义务。

基于上述的 PESTLE 分析法，[1] 企业可以采取以下表格，对外部环境做详细分析，见表 5－1。

表 5－1 组织环境分析

环境类型	要素	合规义务
政治	如政治制度、政党、国家政策	如财税合规义务、产业政策合规义务和国际贸易合规等
经济[2]	如商品市场、劳务市场、金融市场、原材料市场、市场发展趋势	如社会保障合规义务、联合国全球契约十项原则合规义务和人权合规义务等
社会[3]	如传统、文化、企业文化	如道德规范合规义务和企业社会责任合规义务等
技术	如知识产权、数字化、人工智能	如知识产权合规义务、隐私合规义务等

〔1〕 与 PESTLE 分析法拥有相同思路，也用来分析环境的是 Dester 分析法，即从人口环境、经济环境、社会文化环境、技术环境、生态环境和政治环境 6 个方面分析组织所处的环境。

〔2〕 与《合规标准》4.1 的“经济状况”对应。

〔3〕 与《合规标准》4.1 的“社会、文化……背景”对应。

续表

环境类型	要素	合规义务
法治[1]	如反腐败法、反垄断法、个人信息保护、消费者法	如反腐败合规义务、反垄断合规义务等
生态[2]	如环境保护、水资源、土地资源空气污染和噪声	如 ESG 合规义务和环境合规义务等

二、组织结构分析法

基于《合规标准》，内部因素包括组织（内部）结构或组织架构。因此，企业在建立和实施合规管理体系时，应考虑影响组织结构的要素。[3] 组织结构是用来控制、协调和激励员工共同工作，实现组织目标的任务及汇报关系的正式的体系。[4] 如表 5－2 所示，企业可分别列出构成组织机构的要素，并分别做出详细的分析。

表 5－2　组织结构分析

要素	主题	对合规管理体系的影响
工作专门化	工作任务分工	如专业部门与合规职能部门的合作；IT 部门支持合规管理；合规咨询
层级	组织中管理层级	如合规文化
管理跨度	单个管理者管理的员工	如合规培训

[1] 与《合规标准》4.1 的“法律和监管环境”对应。

[2] 与《合规标准》4.1 的“环境背景”对应。

[3] 参见［美］斯蒂芬・P. 罗宾斯、玛丽・库尔特：《管理学》（第 11 版），李原等译，中国人民大学出版社 2012 年版，第 263 ～ 271 页；Buchanan/Huczynski, Organizational Behaviour, p. 493; Neiger, Erfolgreich mit Compliance, S. 119。

[4] 参见［美］斯蒂芬・P. 罗宾斯、玛丽・库尔特：《管理学》（第 11 版），李原等译，中国人民大学出版社 2012 年版，第 263 页；Buchanan/Huczynski, Organizational Behaviour, p. 492。

续表

要素	主题	对合规管理体系的影响
指挥链	汇报关系	如合规汇报机制
部门化	职位分组	如独立的合规部或整合的诚信合规部；合规部与风控和内部部门的合作
正规化	规则范围	如合规管理制度、反腐败合规行为守则
集权化	决策地	如合规职能中央化或去中央化；总部合规部和子公司的合规部的工作关系

三、利益相关者管理

在《合规标准》中，利益相关者特指影响合规管理体系或受其影响的人或组织。因此，企业需要基于特定标准识别利益相关者，然后确定和满足其要求。[1] 为此开展的利益相关者管理分为四步。

第一步：利益相关者识别。

在该阶段，企业应当汇总所有的利益相关者，制定利益相关者清单。按照上述的外部利益相关者和内部利益相关者的区分，企业可以制定以下清单，见表5－3和表5－4。

表5－3　外部利益相关者清单

外部利益相关者	说明
1.	
2.	
3.	

〔1〕 Kohl, Standards for Management Systems, p. 30, 514.

表 5－4 内部利益相关者清单

内部利益相关者	说明
1.	
2.	
3.	

利益相关者识别考虑的因素包括以下方面：[1]

（1）为组织提供商品或服务；

（2）购买组织提供的商品或服务；

（3）受组织经营生产活动影响；

（4）组织的合同方；

（5）政府或监管机关的要求；

（6）行业协会的要求；

（7）为组织提供劳务或劳动。

第二步：利益相关者关系分析。

通过第一步确定好利益相关者之后，并不是所有的利益相关者的要求都需要企业回应。即使是回应，企业对于不同的要求，也需要有选择性地安排优先性和次序。就合规而言，企业需要基于以下问题，确定利益相关者要求的权重：[2]

（1）利益相关者对企业的合规管理能施加什么影响？

（2）利益相关者对企业有什么利益？

（3）企业的经营管理行为影响利益相关者的程度如何？

（4）利益相关者行使权利的意愿如何？

基于上述的分析，企业采用目标矩阵来确定利益相关者的要求对企业的合

〔1〕 Kohl, Standards for Management Systems, p. 515.

〔2〕 Harmeier, Stakeholder identifizieren, analysieren und Strategien entwickeln, S. 9.

规目标的影响，见表5-5。

表5-5 目标矩阵

		某企业的合规目标		
		反腐败合规	数据合规	知识产权合规
某利益相关者的要求	要求1			
	要求2			
	要求3			

基于利益相关者的要求对企业的合规目标的影响程度，企业可排列利益相关者的重要性序列。利益相关者在合规方面对企业有不同要求的，企业应该基于合规战略或合规方针确定某个利益相关者的要求得到优先考虑。另外，如果将利益相关者的要求纳入企业的战略发展中，可将不同的利益相关者的要求视为企业战略目标实现的约束条件。就合规而言，可用表5-6展示企业合规战略与利益相关者要求施加的约束。[1]

表5-6 合规目标及其约束条件

合规目标与约束条件	层面	每年的目标和约束条件		
		第一年	第二年	第n年
合规目标	■			
约束条件	■			
■	■			
■	■			
■	■			

第三步：利益相关者关系安排。

基于上述分析，针对不同利益相关者对合规产生不同的影响，企业可分别采

〔1〕 Vgl. Harmeier, Stakeholder identifizieren, analysieren und Strategien entwickeln, S. 13.

取以下三种措施:

(1)建立长期的合作;

(2)沟通;

(3)保持观察。

第四步:利益相关者关系改进。

由于企业的外部经营环境发生变化、新的利益相关者产生、上述的利益相关者的优先性变化或之前的利益相关者关系安排需要改进等,企业需要对利益相关者关系进行持续改进,如在合规方面,再次评估利益相关者。表5-7展现了针对不同的利益相关者的合规义务的再评估。

表5-7 利益相关者的再评估

利益相关者	合规指标
客户	■ 产品质量或服务质量 ■ 个人信息保护 ■ 消费者保护
员工	■ 工资 ■ 社保 ■ 工作条件
国家	■ 纳税 ■ 支持防疫 ■ 企业社会责任

第三节 推荐阅读

卞传山:《企业法务与合规管理实务》,上海交通大学出版社2021年版。

郭青红:《企业合规管理体系实务指南》(第2版),人民法院出版社2020年版。

李素鹏、叶一珺、李昕原编著:《合规管理体系标准解读及建设指南》,人民邮电出版社 2021 年版。

[美]斯蒂芬·P. 罗宾斯、玛丽·库尔特:《管理学》(第 11 版),李原等译,中国人民大学出版社 2012 年版。

中国认证认可协会组编:《管理体系认证基础》,高等教育出版社 2019 年版。

周万里:《合规型监管研究》,人民出版社 2021 年版。

周万里主编:《企业合规讲义》(第 2 版),中国法制出版社 2022 年版。

周万里主编:《企业合规师手册》,法律出版社 2022 年版。

Babara Neiger, Erfolgreich mit Compliance, 2021.

David A. Buchanan/Andrzej A. Huczynski, Organizational Behaviour, 2019.

Georg Schreyögg/Daniel Geiger, Organisation, 2016.

Herfried Kohl, Standards for Management Systems, 2020.

Jean-Paul Thommen, Betriebswirtschaft und Management, 2016.

Jens Harmeier, Stakeholder identifizieren, analysieren und Strategien entwickeln, 2021.

Monika Roth, Compliance, 2021.

Raymond E. Miles/Charles C. Snow, Organizational Strategy, Structure, and Process, 2013.

第六章

合规风险评估

【导读】

组织以确保履行合规义务为目标进行合规管理，影响组织达成这个目标的不确定性即为合规风险。合规风险评估包括识别、分析和评价三个步骤，适用风险评估的一般方法，因此可以与企业的其他风险评估工作同步进行。

【关键词】

合规义务　合规风险　合规风险清单　风险评估　合规举措

【思维导图】

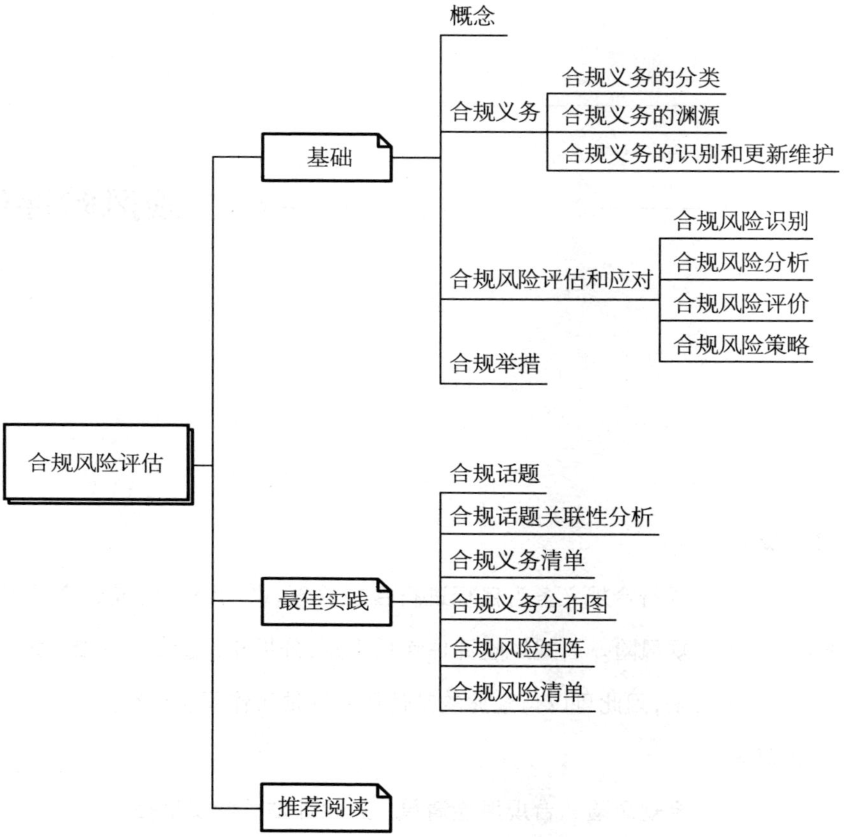
合规风险评估
基础
概念
合规义务
合规义务的分类
合规义务的渊源
合规义务的识别和更新维护
合规风险评估和应对
合规风险识别
合规风险分析
合规风险评价
合规风险策略
合规举措
最佳实践
合规话题
合规话题关联性分析
合规义务清单
合规义务分布图
合规风险矩阵
合规风险清单
推荐阅读

第一节　基础

一、概念

《合规标准》国际标准将“合规义务”定义为“组织强制性地必须遵守的要求,以及组织自愿选择遵守的要求”。

合规义务是合规管理工作的基石。在合规义务概念的基础上,衍生出合规管理的其他概念。例如,在同一份国际标准中,“合规”被定义为“履行组织的全部合规义务”,“不合规”被定义为“未履行合规义务”,“合规风险”被定义为“组织未履行合规义务因而导致不合规的可能性及其后果”。

ISO 31000《风险管理　指南》国际标准将“风险”定义为“不确定性对目标的影响”,这也是当前风险管理从业者普遍接受的定义。结合此定义,可以看出《合规标准》在定义“合规风险”时,将“组织履行合规义务”默认为合规管理的整体目标,影响这个目标的不确定性即发生不合规的可能性。

国务院国有资产监督管理委员会于2017年发布的《中央企业合规管理指引(试行)》将“合规风险”定义为“中央企业及其员工因不合规行为,引发法律责任、受到相关处罚、造成经济或声誉损失以及其他负面影响的可能性”。这个定义与国际标准中的定义在本质上是一致的,都是从发生不合规的可能性和不合规所造成的后果两个维度关注合规风险。这里的“不合规行为”需要从广义上理解,既包括作为,也包括不作为,既包括行为的过程,也包括行为的结果。

后果和影响是同义词,不合规在大多数情况下可能造成负面影响。有些风险管理从业者主张风险后果可能是负面的,也可能是正面的,这同样适用于合规风险。例如,法律规定修改后,原本不合规的行为变得成合规,而且按照从新原则不追究过往的不合规，组织因此获得竞争优势，这种情况并不罕见。尽管如此，几乎没有公权力机构鼓励或者明示允许违反当前的法律规定。

二、合规义务

（一）合规义务的分类

从定义来看，国际标准化组织将合规义务分为合规要求和合规承诺两个主要类别，这一点在《合规标准》前一版的 ISO 19600《合规管理体系　指南》中更为明确。改版后的《合规标准》将这个分类放在推荐性的附录中。

合规要求是指组织强制性遵守的合规义务。这些合规义务来自组织外部，组织只能接受，既不能选择，也无法协商。

合规承诺是组织自愿选择遵守的合规义务。这些合规义务可能来自组织外部，也可能来自组织内部，在其被组织正式接受之前，组织可以主动权衡取舍，但是一旦被组织正式接受，即以某种方式固定下来，对组织具有约束力，直至承诺已经履行完毕、超过承诺的期限或者组织撤回承诺。需要注意的是，组织撤回承诺可能被认为是有违诚信的行为。

合规要求与合规承诺之间的界限并非泾渭分明，在强制性规定并不明确的情况下尤其如此。例如，用人单位应当创造条件，改善集体福利，提高劳动者的福利待遇，这是劳动法对用人单位提出的合规要求。但是，如何理解和实践“创造”“改善”“提高”，用人单位仍然有很大的自主选择权，当用人单位做出具体、可执行的承诺时，企业就承担了合规义务。

（二）合规义务的渊源

合规义务的渊源是指合规义务的来源，也就是确定组织承担特定合规义务的依据。

合规义务的渊源通常分为外部渊源和内部渊源。

外部渊源通常包括以下几个。

1. 法律法规

法律法规中适用于组织的要求构成最常见的合规义务。法律法规的适用性是一个复杂的问题。通常，组织应当遵守母国和所在国（地区）的法律法规，与经营管理活动发生直接或间接关联的外国也可能将其法律法规用于组织。此外，当组织签署协议时，可能因为协议的法律适用条款或者援引外国法律规定而导致组织接受外国法律管辖。

2. 强制性标准

为了维护公共利益或者保护弱势群体，公权力机构可能发布强制性的技术标准或公益标准，或者通过援引的方式就某些非强制性标准赋予其强制约束力。当这些标准中的要求适用于组织提供的产品、服务或生产过程时，即构成组织的合规义务。

3. 监管规定

监管机构发布的规则、指引、命令中适用于组织的要求，构成组织的合规义务。与法律法规相比，监管规定内容更为庞杂，形式灵活多样。

4. 许可条件

组织开展经营管理活动可能需要获得某些许可、执照或者其他形式的授权文件。组织获得这些许可通常附有条件，组织应当持续满足条件的要求才能保留许可，这些条件构成组织的合规义务。

5. 法院判决或行政命令

法院判决或行政命令可能要求组织进行某种活动、不得进行某种活动或者维护某种状态等，这些判决和命令中的要求构成组织的合规义务。即使判决或命令与本组织没有直接的关系，判决和命令可能带来对法律法规新的理解。

6. 成员规则

社会团体和行业自律性组织制定章程等文件约束成员的行为，以形成良性的行业环境。组织在加入社会团体和行业协会时通常需要承诺遵守成员规则，在少数情况下可以对某些条款予以保留，这些被接受的规则中的要求构成组织的合规义务。

7. 公益性协议

组织与公权力机构、非政府组织和社区团体等达成的公益性协议中包含了组织的合规义务。商业合同中关于遵守某些特定的公益性或道德性要求的条款，也构成组织的合规义务，违反这些条款既构成违约，也构成不合规。商业合同中基于等价交换原则达成的协议不构成合规义务，违反这些协议是违约行为，不视为不合规。

8. 国际条约

国际条约、国际公约、国际协定等文件中适用于组织的要求，构成组织的合规义务。

9. 道德规范

公序良俗、商业伦理、行业惯例等是否构成合规义务的渊源，当前存在争议。基于道德规范形成的规则具有极大的模糊性和时代性，对这些规则的理解经常演变成从不同立场出发的争论。合规管理中的两难困境通常也是在这个背景下形成的。

内部渊源通常包括以下几个。

1. 公开承诺

组织就利益相关者关注的问题作出的公开承诺对组织具有约束力。这些承若包括组织的行为准则、高于法律规定的产品和服务质量标准、承担社会责任等。

2. 内部规则

在形成和贯彻组织意志时，组织应当考虑外部渊源的合规义务和企业的公开承诺。组织通过内部规则固化组织意志,这些内部规则通常以制度文件为载体。内部规则对外部渊源的合规义务进行加工,形成更具可操作性的要求,并与组织内部的计划、组织、指挥、协调、控制等职能匹配。

3. 先例和惯例

组织处理公益性和道德性事务的先例和惯例可能成为合规义务的渊源。即使组织没有公开声明或确认将这些先例或惯例作为反复遵守的制度,利益相关者可能推定组织在类似情况下会按照先例和惯例处理相关事务。

(三)合规义务的识别和更新维护

《合规标准》要求组织系统地识别合规义务,将合规义务与组织的活动、产品和服务关联,评估合规义务对组织运行的影响,并且形成合规义务相关的记录。

在未建立合规管理体系的组织里,合规义务识别工作是在自发状态下分散开展的,组织内部不同单位和不同成员各自采用自己认可的方法进行合规义务分类、跟踪、评估和记录。

在合规管理体系建设过程中,组织应当有意识地进行合规义务识别,根据本组织的实际情况,采用适用的识别方法,并形成完整的记录。如果组织配置了专业的合规团队,应当由合规团队组织开展这项工作。

合规义务识别不是一劳永逸的工作。当合规义务渊源发生调整或者组织的经营管理活动发生改变时,组织需要评估这些变化带来的影响,如新的立法带来新的合规义务,重点执法行动导致原本被忽视的合规义务成为关注的焦点。组织可以通过各种方法跟踪合规义务的变化情况,诸如订阅专业信息服务、关注监管部门官方媒体、与监管部门建立常态化信息沟通渠道、参加行业协会组织的论坛和研讨会。

在合规义务识别中,组织需要避免三个误区。

首先，将合规义务的渊源与合规义务混淆。合规义务的渊源通常是各种权责分配、解释说明、良好实践乃至宣传辞令的综合体。在合规义务识别时，需要从中筛选出构成组织合规义务的内容，否则合规义务将变成一个充满噪声的信息库，虽然内容庞大，但缺少实用价值，而且会给更新和维护带来巨大的负担。

其次，只关注法律规定中的合规义务。法律规定是道德规范的最低要求，突破法律规定即构成违法，在法律规定与利益相关者对组织的合理期待之间存在巨大的空间。法律没有而且也不可能涵盖社会生活和组织运行的方方面面，组织运行中涉及的很多问题没有对应的法律规定，只关注法律规定会遗漏关键合规义务。

最后，将成文规则中的条款作为合规义务。由于成文规则容易获取，内容相对清晰和固定，因此组织倾向于将相关文件中的要求性条款挑选出来作为合规义务。与法学研究中对法律条文和法律精神的区分类似，如果仅从字面上理解规则条款中的合规义务，可能导致与组织的经营管理活动脱节。这些条款通常基于普遍适用的目的拟定，对于特定的组织显得过于笼统或者晦涩。在进行合规义务识别时，需要根据组织的情况，对这些条款进行转化，以便于组织成员理解和应用。

三、合规风险评估和应对

《合规标准》要求在合规义务与组织的活动、产品、服务和运营的相关方面之间建立联系。这包括三重含义。首先，组织应当系统地识别合规义务；其次，组织应当系统地梳理经营管理活动；最后，组织需要在这二者之间建立联系。本章第二节将介绍合规话题关联性分析的方法。

合规风险评估适用风险评估的一般方法，如历史数据法、专业清单法、情景分析法、穿行测试法、专家调查法、调研讨论法等方法，读者可以通过风险管理专业著作学习，本书不再赘述。

合规风险评估应当实现专业人员与从业人员的结合。专业人员是指对合规义务和合规风险有较深刻认识的人员,包括组织内部合规团队的人员和外部专家。从业人员是指对相关经营管理活动有较深刻认识的人员,包括对组织内部管理程序、实际操作情况、行业通行做法等比较熟悉的管理人员和普通员工。

在合规风险评估中,需要关注偏见的影响。由于合规具有道德属性,参与合规风险评估的专业人员、管理人员和普通员工可能从个人的道德观念出发,夸大或者掩盖某些信息,因此在合规风险评估中需要分清事实、猜测、观点、态度和立场。

合规风险评估还应当实现日常评估与定期评估的结合。日常评估包括在日常经营管理活动中持续关注内外部环境变化对合规风险的影响,也包括通过前文提到的跟踪合规义务的变化情况,及时评估对本组织合规风险的影响。定期评估是指组织周期性地开展全面或特定领域的合规风险评估,其中的周期应当根据前一次合规风险评估的结果确定。当然,如果内外部环境发生重大变化,而且这种变化影响的范围超过某项特定交易的范围,则组织应当及时评估与之相关的合规风险,如出台重要的新法律、组织开辟新的业务领域、组织的业务模式发生重要调整、发生严重的不合规事件等。

ISO 37301 国际标准要求组织保留合规风险评估的记录。

(一)合规风险识别

在建立合规义务与经营管理活动之间关联关系的基础上,可以系统性地进行合规风险识别,即查找、发现和描述在经营管理活动中可能出现的合规风险场景、风险源和风险后果。

风险场景是指可能出现的不合规情形。在风险场景、风险源和风险后果三者之间,风险场景相对容易梳理,因此合规风险识别通常围绕合规风险场景展开。风险场景与风险源和风险后果并非一一对应关系,即同一个风险场景可能由多个风险源诱发,并可能带来多重风险后果,把握风险场景这条主线可以避免线索过多导致的混乱。

合规风险的风险源通常表现为环境因素、组织因素、个人因素和第三方因素。环境因素包括法律规定不明确、法律规定不具有技术和经济可行性、外部渊源的合规义务之间存在冲突、执法不严格不公正、不合规等。组织因素包括组织追求的其他目标与合规目标存在冲突、组织未能识别合规义务、组织未能将合规义务转化为内部规则、组织内部规则之间存在冲突、组织内部规则不合理、组织对成员缺乏培训和指导、组织对成员的行为缺乏控制和监督。个人因素包括组织成员个人的道德修养、心理状态和行为习惯等。第三方因素是指独立于组织的第三方发生不合规行为,第三方包括组织的关联方、商业伙伴和无关第三方。

合规风险的后果通常包括生命和健康损失、环境破坏、刑事制裁、监管处罚、物质损失、经济损失、声誉损失、组织文化破坏、民事法律争议和业务影响等。

(二)合规风险分析

合规风险分析的目的是判断合规风险的关键特征。这些特征如下。

1. 风险发生的可能性

这里的可能性不同于数学上的概率。在大多数组织中,过往发生的不合规事件具有低频、分散、隐蔽的特征,组织在合规风险评估中收集到的历史事件数据往往不能满足统计上对样本量的要求,无论表述是百分比还是频率,无法根据这些数据对未来趋势进行合理判断。部分组织采用专家打分法得出可能性结论,通过扩大参与打分人群的规模并进行加权计算,努力使个体的主观判断接近群体的共识。溯源反馈也是常用的方法,即就特定合规风险识别与之形成正反馈或者负反馈的因素,对这些因素进行赋值和加权,通过计算分数确定风险发生的可能性区间。这些方法实质上都离不开主观判断,其结果仅能作为参考。

不合规行为可能没有造成直接或明显的负面影响，或者虽然造成了负面影响但没有被发现，甚至被发现了而没有被处理，因此不合规行为与负面影响之间并非自然相关。《合规标准》建议组织关注发生不合规的可能性，而非造成负面影响的可能性，因为对后者的不当关注可能导致侥幸心理、从众心理甚至故意掩盖不合规行为。

2. 风险后果的严重程度

在分析风险后果的严重程度时，通常综合使用定性和定量分析的方法。常见的定量分析是对风险可能造成的货币化损失进行计算，包括直接的支出、财产损失和业务中断造成的收入和利润损失。生命和健康损失、环境破坏、声誉损失、组织文化破坏等后果通常难以进行货币化计算或者从道德的角度不允许进行货币化计算。在划定后果严重程度的区间时，组织应当考虑不同类型后果的特点。

3. 合规风险在组织内部的分布情况

分布情况包括在组织内部各部门、工作岗位和各种类型活动中的分布情况。在分析分布情况时，可以从部门职能职责、岗位职责入手，但是本书建议组织从经营管理活动入手。一方面，从部门职能职责和岗位职责入手可能受到刻板印象的影响，加深内部的隔阂；另一方面，组织内部各部门和岗位之间存在协同合作关系，并非职能职责的简单加总，一项经营管理活动通常贯穿多个部门和岗位，从部门和岗位入手，分析由它们组织、控制的活动可能涉及的合规风险，忽视其发起、参与和支持的活动。

4. 已有风险控制措施及其有效性

即使组织尚未系统性建立合规管理体系，也不意味着这个组织在合规风险管理方面完全空白，组织通常已经有意识或者自发性地采取了部分风险控制措施。在合规管理中，为了避免重复性工作和措施之间的冲突，组织应当分析针对具体的合规风险是否已经存在控制措施，以及这些控制措施是否足以实现合规目标。在这个过程中，组织可以适用风险管理通用方法中的固有风险和剩余风险分析方法，本书不再赘述。

（三）合规风险评价

合规风险评价的目标是判断合规风险对组织的影响，从而作出风险处置决定。合规风险评价通常包括五个维度。

1. 风险距离

例如，一部新的法律从提出草案到正式颁布要经过一段时间，当其刚刚作为立法建议被提出时，组织只需要适当关注，但是如果已经进入二读阶段，则其成为正式文件就指日可待了。

2. 现有风险控制措施的充分性

如果现有风险控制措施不足以满足组织对风险控制的要求，则需要进一步考虑可供选择的措施。

3. 风险控制的紧迫性

例如，组织计划在新的领域开拓业务，如果未能及时采取风险控制措施，可能错过时机或者需要付出更大的代价。

4. 风险控制的成本和难易程度

某些风险控制措施容易实施且成本不高，即使其效果不确定，组织也可以决定先行采取这些措施。

5. 合规目标的合理性

在合规风险评价过程中，组织可能发现原来设定的合规目标不能满足组织需要或者不合理，因此重新调整合规目标。合规目标调整后，组织需要进行新的合规风险识别、分析和评价循环。

风险评价中风险等级评定的方法对于合规风险同样适用，组织可以对固有合规风险进行等级评定，也可以对剩余合规风险进行等级评定。

（四）合规风险策略

组织通常采取回避、转移、降低和接受四种策略应对合规风险。

1. 回避

回避是指放弃可能导致合规风险的经营管理活动，这是一种比较彻底的风险策略，同时也是一种消极的策略，在回避风险的同时也放弃了机会。

2. 转移

转移是指通过合同安排或者购买专业服务将风险转移给第三方承担，这种方式通常会增加营业成本。需要注意的是，组织将内部活动外包给第三方或者向第三方购买专业服务并不必然将合规风险彻底转移。《合规标准》要求组织评估第三方风险，即评估由外包的或者由第三方实施的活动中的合规风险。如果组织鼓励、纵容、默许第三方从事不合规行为，或者明知第三方存在不合规行为而采取放任态度，则组织仍然可能承担不利后果。

3. 降低

降低是指通过制订计划和采取控制措施降低风险发生的可能性或者减轻风险可能造成的损害。

4. 接受

接受是指组织承受风险，不采取控制措施，但需要监控风险是否实际发生，并在发生风险事件时承担其后果。实际上，组织无法彻底消除合规风险，对剩余合规风险只能采取接受的策略。尽管如此，接受合规风险并不等于接受不合规行为，组织应持续监控发生不合规行为的迹象，并且及时做出响应和处理。

四、合规举措

组织应当在战略层面和运营层面考虑如何开展合规管理。在战略层面设计的活动通常称为合规举措，在运营层面设计的活动通常称为合规方案。本部分侧重合规举措。

合规举措包括合规管理组织架构建设、管理资源配置、专业人才培养、宣传教育培训认证、监督检查、举报调查、信息化工具、绩效考核、管理评审等。

在设计合规举措时，组织应充分考虑合规目标、合规义务和合规风险评估的结果，避免以下误区。

首先，组织应当全面考虑内外部环境，既关注风险因素，也关注有利于实现合规目标的积极因素，而不是一味地进行风险防范。例如，通过提升组织成员的工作体验和满意度，可以增强责任感和荣誉感，使组织成员自觉地履行合规义务。

其次，组织应当认识到合规既是一个目标，也是一个过程，无法毕其功于一役，组织的内外部环境和自身经营管理活动始终处于动态发展中，落实合规举措需要持续的努力，而不是追求短期效果。

最后，尽管合规举措是出于正当目的设计的，其在实际执行中可能发生偏差，甚至可能被滥用，如被用作排除异己的工具。组织应当警惕合规举措带来的影响。

因此，在战略层面的合规管理应当是目标导向的，组织应当通过 PDCA 循环中的检查环节不断发现实际执行效果与预期目标之间的差距，进行校准并持续改进。

第二节　最佳实践

一、合规话题

从上文的分析可以了解到，合规义务源自众多渊源，组织如果试图从源头对合规义务进行全面梳理将是浩大的工程，把梳理出来的信息加工整理成适用于本组织的合规义务清单，将是另外一个浩大的工程，实践中很少有组织采用这种做法。

组织更常见的做法是按照合规话题梳理合规义务。合规话题即按照内容划分的合规义务类别。经过近20年的实践，组织对常见的合规话题及其内容已经达成了共识，就每个合规话题也形成了基本管理模型。这些合规话题包括以下几个。

(1)组织治理。组织应当遵守相关法律法规和监管机构就组织内部治理提出的监管要求。

(2)资质资格。组织应当取得所从事活动必备的证照许可，并持续满足证照许可所附带的条件。

(3)行业监管。组织应当遵守所在行业的监管机构就本行业提出的监管要求。

(4)质量管理。组织应当确保其使用的技术、所生产的产品或者提供的服务符合相关强制性标准和非强制性的合理的技术规范，符合组织声明遵守的其他标准。

(5)数据安全保护。组织应当遵守数据安全相关法律法规和监管要求，避免内部信息遭到窃取或者未经授权的披露。

(6)知识产权保护。组织应当采取措施避免侵犯他人知识产权，维护自身知识产权，不应放任假冒和伪造行为发生。

(7)保密信息保护。组织应当采取措施保护本组织的保密信息和本组织控制的他人保密信息，防止保密信息遭到窃取或者未经授权的使用和披露。

(8)个人信息保护。组织应当遵守个人信息保护相关法律法规和监管规定，避免不当地获取、存储、使用、分享、公开和处置个人信息。

(9)消费者权益保护。组织应当遵守消费者权益保护相关法律法规和监管规定,保护消费者的合法权益。

(10)环境保护。组织应当遵守环境和资源保护相关法律法规和监管规定,节约能源和资源,降低对环境的影响,防止发生污染或其他公害。

(11)职业健康。组织应当遵守职业健康相关法律法规和监管规定,提供符合安全和健康需要的工作环境,防止发生职业病和职业危害。

(12)安全环保。组织应当遵守安全生产相关法律法规和监管规定,控制生产过程中可能导致安全事故的因素。

(13)反垄断。组织应当遵守反垄断法相关法律法规和监管规定,避免市场垄断行为和滥用优势地位。

(14)反不正当竞争。组织应当遵守反不正当竞争相关法律法规和监管规定,以公平的方式参与市场竞争。

(15)反贿赂。组织应当避免为了获得交易机会、竞争优势或者免于承担不利后果而向外部方给予或者承诺给予贿赂,应当防止内部人员接受贿赂或者不当利益。

(16)反舞弊。组织应当避免发生有组织的或由高级管理人员参与的故意误导、隐瞒或者其他形式的弄虚作假。

(17)反洗钱。组织应当遵守反洗钱相关法律规定和监管要求,防止为洗钱活动提供便利。

(18)文化禁忌。组织应当尊重相关群体基于信仰、历史、风俗习惯等形成的文化禁忌,维护良好的社会风气。

(19)工作场所行为。组织应当保护员工免于遭受歧视、骚扰、暴力威胁等不当行为的影响。

(20)劳动用工。组织应当遵守劳动法相关法律法规和监管要求,保护劳动者的合法权益。

(21)财务税收。组织应当遵守财务税收相关的法律法规和监管要求,采用合理的方式记录和报告财务信息,依法纳税。

(22)上市公司监管。组织应当遵守上市公司监管相关的法律法规和监管要求,及时准确地进行信息披露,防止内幕交易。

(23)国有资产监管。组织应当遵守国有资产监管相关的法律法规和监管要求,进行国有资产登记,履行审批、报告、公开等程序。

(24)出口管制。组织应当遵守出口管制相关的法律法规和监管要求,避免将受限物项转让给受限对象或者出口至受限地域。

(25)经济制裁。组织应当遵守经济制裁相关的法律法规和监管要求,避免与受到经济制裁的对象发生被制裁条件禁止的往来或交易。

(26)国家安全。组织应当遵守国家安全相关的法律法规和监管要求,避免卷入可能危害国家安全的活动或交易。

二、合规话题关联性分析

在进行合规话题关联性分析之前,组织首先需要梳理其经营管理活动。基于内部权责指引、部门职能职责、岗位职责、流程手册、信息化流程、内部控制手册、制度文件等提供的信息,结合记录检查、现场观察、穿行测试和访谈等手段,组织可以对经营管理活动进行全面梳理,形成经营管理活动清单。经营管理活动清单应当尽量条线清晰,至少细化到三级,以提供足够的细节。线条过于粗糙的清单可能给后续的深入工作带来障碍。清单应当内容完整,避免遗漏重要活动。

所有合规话题都默认与组织存在关联,这种关联关系默认处于"常规"水平。受到经营管理活动中特殊因素的影响,关联性可能上升或者降低。例如,如果组织经营的业务处于准入类行业或者从事某些需要获得特别许可或授权的活动,则资质资格合规与之的关联性上升。如果组织占有大量个人信息或者占有比较多的敏感个人信息,则个人信息保护合规与之的关联性上升。如果组织并非上市公司，在日常经营管理中也不接触上市公司的非公开信息，则上市公司监管合规与之关联性下降。

进行合规话题关联性分析的价值在于帮助组织将管理资源优先投放到关联性高的合规话题上。

三、合规义务清单

合规义务清单是在合规话题基础上的进一步分类和细化描述。以反贿赂合规话题为例，可以进一步分为防止发生主动贿赂和防止发生被动贿赂。前者又称为外部贿赂，即组织或组织成员向外部相关方及其人员行贿，后者又称为内部贿赂，即组织或组织成员接受贿赂。主动贿赂可以进一步分为贿赂政府机关和公职人员，或者商业贿赂。

合规义务可以采用主体 + 条件 + 行为的表述方式，例如“组织应当避免为了获得交易机会、竞争优势或者免于承担不利后果而向外部方给予或者承诺给予贿赂”。这里的主体通常为组织自身，也可能是组织成员或者关联方。当主体为组织自身时，合规义务自然及于代表组织作出决定或者采取行动的组织成员。当合规义务涉及外部相关方时，组织自然承担责任约束组织成员履行合规义务；反之，如果组织成员违反了合规义务，可以推定组织承担责任，除非组织能够证明已经尽到了约束责任。

四、合规义务分布图

合规义务分布图是合规话题与经营管理活动共同构成的矩阵图。关联标记“√”代表在此项经营管理活动中应当遵守本合规话题项下的合规义务。通过关联标记，可以清晰地看到某个合规话题与哪些经营管理活动相关，也可以从另一个维度看到某个经营管理活动与哪些合规话题相关。合规义务分布图示例见表 6－1。

表 6 – 1　合规义务分布图示例

	合规话题 A	合规话题 B	合规话题 C	合规话题 D
经营管理活动 1				
经营管理活动 2	√			
经营管理活动 3	√	√	√	
经营管理活动 4				√

五、合规风险矩阵

合规风险矩阵是对合规义务分布图的引申，进一步解释在此项经营管理活动中可能出现哪些不合规情形，即合规风险场景。在同一项经营管理活动项下，针对同一个合规义务可能存在不同的合规风险场景。显然，对经营管理活动划分得越细致，则合规风险场景越具体。

六、合规风险清单

合规风险清单是对合规风险进行全面、具体描述的文件，通常采用目录式或者登记簿式，借助信息化手段可以实现丰富的可视化效果，见表 6 – 2 和表 6 – 3。

表 6 – 2　目录式的合规风险清单示例

经营管理活动	合规义务	合规目标	合规风险描述	现有控制措施	控制措施责任方	控制证据	控制频率	制度依据

表 6－3　登记簿式的合规风险清单示例

<table>
<tr><td>风险名称</td><td colspan="4"></td></tr>
<tr><td>风险编号</td><td colspan="4"></td></tr>
<tr><td>风险责任人</td><td colspan="4"></td></tr>
<tr><td>风险来源</td><td>风险场景</td><td>风险后果</td><td>风险发生可能性</td><td>风险等级</td></tr>
<tr><td></td><td></td><td></td><td></td><td></td></tr>
<tr><td colspan="5">风险处置</td></tr>
<tr><td>风险控制措施</td><td>责任人</td><td>控制证据</td><td>控制频率</td><td>评价标准</td></tr>
<tr><td></td><td></td><td></td><td></td><td></td></tr>
<tr><td></td><td></td><td></td><td></td><td></td></tr>
<tr><td></td><td></td><td></td><td></td><td></td></tr>
<tr><td colspan="5">监督检查</td></tr>
<tr><td>审核日期</td><td colspan="4">审核结果</td></tr>
<tr><td></td><td colspan="4"></td></tr>
<tr><td></td><td colspan="4"></td></tr>
</table>

第三节　推荐阅读

陈飞泉:《治理风险与合规》,中国经济出版社 2021 年版。

樊光中等主编:《合规风险识别评估与案例》,中国经济出版社 2017 年版。

贺志东:《最新企业内部控制原理与操作实务》,电子工业出版社 2019 年版。

贾仁安等:《组织管理系统动力学》,科学出版社 2014 年版。

姜先良:《企业合规与律师服务》,法律出版社 2021 年版。

王志乐主编:《建立有效的合规管理体系》,中国经济出版社 2016 年版。

王志乐主编:《企业合规管理操作指南》,中国法制出版社 2017 年版。

周万里:《合规型监管研究》,人民出版社 2021 年版。

周万里主编:《企业合规讲义》(第 2 版),中国法制出版社 2022 年版。

周万里主编:《企业合规师手册》,法律出版社 2022 年版。

Babara Neiger, Successful Compliance-For Efficient Organizations with ISO 37301:2021, 2021.

Carole Basri, Corporate Compliance, 2017.

International Organization for Standardization, ISO 31000 – 2018 – Risk Management-A Practical Guide, 2021.

International Organization for Standardization, ISO31000:2018 Risk Management Guidelines, 2018.

第七章

领导作用

【导读】

组织开展合规管理体系建设的方式，应当是“自上而下”，而不是“由下而上”。也即组织的最高管理者和治理机构，在合规管理工作中，起到关键作用和模范作用。治理机构和最高管理者作出明确、积极的合规承诺，言行一致，以身作则，能够展现合规管理的“高层基调”，促进组织实现有效合规管理。

【关键词】

领导作用　合规承诺　高层基调　模范作用

【思维导图】

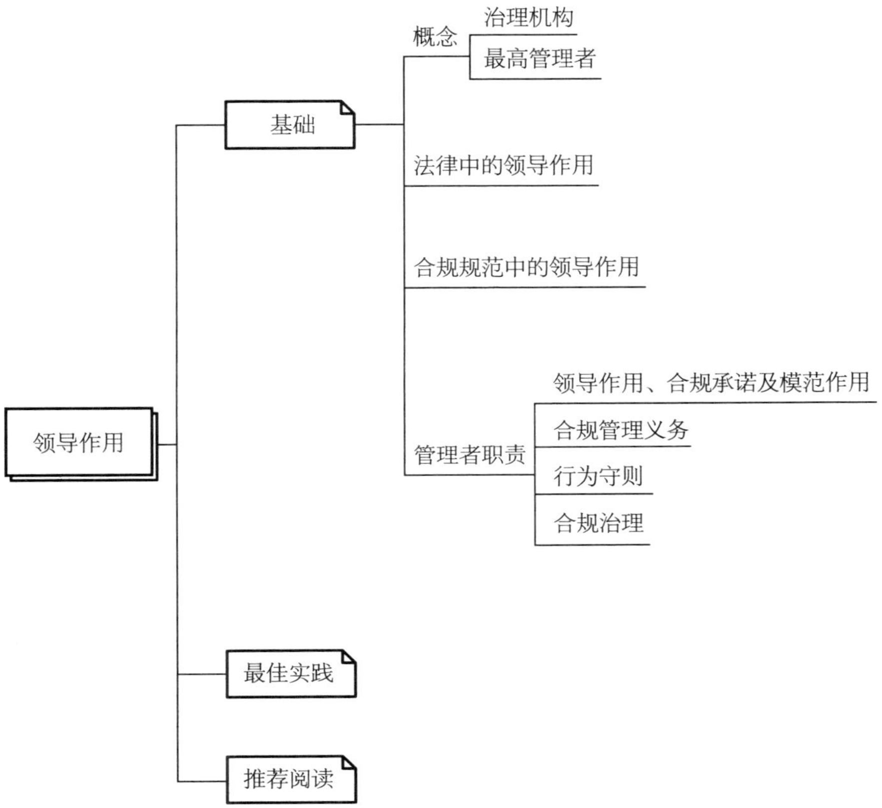
领导作用
基础
概念
治理机构
最高管理者
法律中的领导作用
合规规范中的领导作用
管理者职责
领导作用、合规承诺及模范作用
合规管理义务
行为守则
合规治理
最佳实践
推荐阅读

第一节 基础

领导作用位于合规管理体系建设的核心位置。[1] 组织领导者的态度和行为,往往决定了合规管理体系建设的效率和效果,成为合规管理成功与否的关键。《合规标准》第5节专门规定了合规管理体系建设中的领导作用。"领导作用"也是国际标准化组织制定管理体系时构成高阶结构的必要组成部分。在诸多不同内容的管理体系中,均有关于领导作用的要求。如在《整合管理体系评价指南》中,领导作用是评价要素之一。[2] 通过表7-1对"领导作用"的要素比较,可以看出,相较于其他的管理体系,合规管理体系建设更加突出治理机构、最高管理者发挥的作用,并且更为重视合规文化、合规治理在合规管理体系建设中的特殊意义。

表7-1 不同管理体系中的领导作用

5. 领导作用			
合规管理体系(ISO 37301:2021)	反贿赂管理体(ISO 37001:2016)	质量管理体系(ISO 9001:2015)	环境管理体系(ISO 14001:2015)
5.1 领导作用和承诺	5.1 领导作用和承诺	5.1 领导作用和承诺	5.1 领导作用
5.1.1 治理机构和最高管理者	5.1.1 治理机构	5.1.1 总则	—

[1] 参见《合规标准》序言中"合规管理体系要素"图。

[2] 国家认证认可监督管理委员会《整合管理体系评价指南》(2020年)5.3。

续表

合规管理体系（ISO 37301:2021）	反贿赂管理体（ISO 37001:2016）	质量管理体系（ISO 9001:2015）	环境管理体系（ISO 14001:2015）
5.1.2　合规文化	5.1.2　最高管理者	5.1.2　以顾客为关注焦点	—
5.1.3　合规治理	—	—	—
5.2　合规方针	5.2　反贿赂方针	5.2　方针	5.2　环境方针
—	—	5.2.1　制定质量方针	—
—	—	5.2.2　沟通质量方针	—
5.3　角色、职责和权限	5.3　组织角色、职责与权限	5.3　组织的岗位、职责和权限	5.3　组织的角色、职责和权限
5.3.1　治理机构和最高管理者	5.3.1　角色与职责	—	—
5.3.2　合规职能	5.3.2　反贿赂合规职能	—	—
5.3.3　管理者	5.3.3　授权决策	—	—
5.3.4　人员	—	—	—

一、概念

（一）治理机构

治理机构（governing body）是指对组织的活动、治理、方针负有最终职责，并且最高管理者向其报告、对其负责的个体或群体。[1] 治理机构不仅对组织进行

〔1〕参见《合规标准》3.21；国家质量监督检验检疫总局、国家标准化管理委员会《质量管理体系　基础和术语》（2016年）3.21。

治理,也对风险管理、合规管理以及内部控制负责并承担最终责任。[1] 这里所指的治理机构并非国家机关、行政机关。[2]

对于公司,我国《公司法》采用双层制的公司治理结构,分设董事会和监事会。不同于以德国为代表的双层制公司治理结构,[3]我国的董事、监事都是由股东会选举产生。[4] 董事会行使决定公司的经营计划和投资方案、公司内部管理机构的设置以及制定公司的基本管理制度等职权,承担对公司的忠实义务和勤勉义务。[5] 监事会行使对董事、高级管理人员的监督职权。因此,《公司法》下的董事会是《合规标准》意义上的治理机构。在双重制公司治理机构下,如果董事是由监事会选举产生,监事会则是《合规标准》意义上的治理机构。[6] 在特定情形下,董事会委员会或受托人也有可能成为治理机构。[7]

在单一制公司治理结构下,董事会是治理机构。董事会拥有管理和监督的职权。管理职权由执行董事行使,监督职权则是由非执行董事或独立董事行使。对于非公司性质的企业类型、小型组织,出资人往往兼任管理者,对企业的方针、经营管理活动等负有最终责任。因此,出资者是《合规标准》意义上的治理机构,并且治理机构和最高管理者混同。[8] 因此认定《合规标准》意义上的治理机构,应采用功能主义或实用主义的方法。

治理机构的确定,应当基于《合规标准》对治理机构及其与其他职责的区分的目的,以及实用主义的方式,灵活处理。[9] 《合规标准》强调治理机构的角

[1] See Bühr/Petsche/Tolar, ISO 19600, p. 18.
[2] See Neiger, Successful Compliance, 3.21.
[3] 德国《股份法》第84条第1款。
[4] 《公司法》第37条第2项、第98条。
[5] 《公司法》第147条、第148条。
[6] See Bühr/Petsche/Tolar, ISO 19600, p. 18.
[7] 《合规标准》3.21,注2。
[8] 《合规标准》3.21,注1。
[9] See Neiger, Successful Compliance, 3.21.

色、作用,是因为治理机构对于合规管理体系有效性、资源支持、合规文化、合规方针等方面,起到了决定性作用。

(二)最高管理者

最高管理者(top management)是指在最高层管理和控制组织的个体或群体。[1] 在《合规标准》中,最高管理者特指最高级别的执行管理层。[2] 在我国《公司法》中,最高管理者对应的是经理。经理由董事会聘任或解聘,对治理机构董事会负责,负责日常经营管理活动。[3] 不过,按照我国《公司法》,体现最高管理者的明显特征的战略管理、预算分配以及组织建设,并非经理的法定职责。[4] 基于《合规标准》,最高管理者在组织中有授权和提供资源的权力。[5] 实践中,最高管理者可以由多个高级管理者组成执行委员会。如果合规管理体系的范围仅涵盖组织的某个部分,管理和控制该部分的个体或群体是最高管理者。[6]

《合规标准》在"岗位、职责和权限"小节,[7]单列"管理者"合规职责。这里的管理者是指业务管理者、中层管理者,其位阶低于最高管理者。[8]

---

〔1〕《合规标准》3.3;国家质量监督检验检疫总局、国家标准化管理委员会《质量管理体系基础和术语》(2016年)3.1.1;中国认证认可协会组编:《管理体系认证基础》,高等教育出版社2019年版,第53页。

〔2〕《合规标准》3.3,注3。

〔3〕《公司法》第46条第9项、第49条、第113条。

〔4〕《公司法》第49条;Neiger, Successful Compliance, 3.3。

〔5〕《合规标准》3.3,注1。

〔6〕《合规标准》3.3,注2。

〔7〕《合规标准》5.3.3。

〔8〕See Bühr/Petsche/Tolar, ISO 19600, p. 66.

二、法律中的领导作用[1]

在法律语境下,领导作用体现为公司管理者的合规管理义务。该义务是指企业管理者有采取措施防范、发现和应对企业不合规行为的法律义务。该义务又被称为控制义务或监督义务。[2]

依据我国《公司法》第5条,公司从事经营活动,必须遵守法律、行政法规,遵守社会公德、商业道德,诚实守信,接受政府和社会公众的监督,承担社会责任。该规定是法律对公司从事市场经营活动的基本要求。2022年的《公司法(修订草案)》在此基础之上,新增第18条,规定公司不仅要遵守法律法规,还要充分考虑公司职工、消费者等利益相关者的利益以及生态环境保护等社会公共利益。这与《合规标准》对合规义务的定义,基本相同。

公司董事会应当将外部的各项强制性要求转化为公司内部的制度,并要求公司员工遵守该要求。公司作为法人,是拟制的实体,其行为通过员工的职务行为体现。因此,员工在实施职务行为的过程中产生的权利和义务,由其所在的公司承担。同样,公司员工职务行为中的违法行为,由公司承担相应的违法责任。在该意义上,公司的守法义务就转化为员工的守法义务。公司董事作为公司的管理者甚至是公司的法定代表人,有义务确保公司职工在完成公司工作时从事合法行为。[3]

三、合规规范中的领导作用

如表7-2所示,以合规为主题的规范性文件多数都强调"领导作用"。[4]

---

〔1〕 对于合规标准中的"领导作用"或"管理者职责"的要求,参见周万里:《合规型监管研究》,第七章"公司法中的合规治理"。

〔2〕 参见周万里:《合规型监管研究》,人民出版社2021年版,第129~130页。

〔3〕 参见周万里:《合规型监管研究》,人民出版社2021年版,第130~131页。

〔4〕 参见周万里:《合规型监管研究》,人民出版社2021年版,第127~129页。

表 7-2 合规规范文件中的领导作用

国家、国际组织	颁布机构	文件名称	具体规定
中国	国务院国资委	《中央企业合规管理指引(试行)》,2018年	第4条第2项:"……把加强合规管理作为企业主要负责人履行推进法治建设第一责任人职责的重要内容。……"
中国	国务院国资委	《中央企业合规管理办法》,2022年	第8条:"中央企业董事会发挥定战略、作决策、防风险作用……" 第10条:"中央企业主要负责人作为推进法治建设第一责任人,应当切实履行依法合规经营管理重要组织者、推动者和实践者的职责,积极推进合规管理各项工作。"
中国	国家发展改革委等七部门	《企业境外经营合规管理指引》,2018年	第10条第1项:"企业的决策层应以保证企业合规经营为目的,通过原则性顶层设计,解决合规管理工作中的权力配置问题。" 第29条:"……企业决策层和高级管理层应确立企业合规理念,注重身体力行。……"
中国	银行业监督管理委员会(已撤销)	《商业银行合规风险管理指引》,2006年	第6条第3款:"董事会和高级管理层应确定合规的基调,确立全员主动合规、合规创造价值等合规理念,在全行推行诚信与正直的职业操守和价值观念,提高全体员工的合规意识,促进商业银行自身合规与外部监管的有效互动。"

续表

国家、国际组织	颁布机构	文件名称	具体规定
中国	全国工商联等九部门	《涉案企业合规建设、评估和审查办法(试行)》,2022年	第6条:"涉案企业实际控制人、主要负责人应当在专项合规计划中作出合规承诺并明确宣示,合规是企业的优先价值,对违规违法行为采取零容忍的态度,确保合规融入企业的发展目标、发展战略和管理体系。"
美国	司法部、证券交易委员会	《反海外腐败法信息指引》,2020年	"高级管理人员的反腐败承诺以及明显的反腐败政策":"在一个商业组织内部,合规开始于董事会和高级管理人员如何为公司设定适当的基调。经理和员工会根据公司领导者的提示而采取行动。因此,司法部和证交会会考虑公司领导者对营造'合规文化'的承诺并检验这种高级别的承诺是否在中层经理及公司各层级员工处得以加强和实施。"[1]
美国	司法部	《企业合规计划评估》[2],2020年	在"高级和中层领导的承诺"部分,该文件明确"合规计划的有效性需要公司领导层做出高级别承诺,即从中层和高层落实合规文化。"(II. A.)
美国	量刑委员会	《联邦量刑指引手册》[3],2016年	§ 8 B 2.1,第(b)款第(2)项的(A)和(B),即《量刑指引手册》第534页。

[1] U. S. DoJ, *A Resource Guide to the U. S. Foreign Corrupt Practices Act*, p. 58.

[2] U. S. DoJ, *Evaluation of Corporate Compliance Programs*, 2021年5月26日,见https://www.justice.gov/criminal-fraud/page/file/937501/download。

[3] The U. S. Sentencing Commission, *The 2018 Guidelines Manual*, 2021年5月26日,见https://www.ussc.gov/guidelines/2018-guidelines-manual。

续表

国家、国际组织	颁布机构	文件名称	具体规定
英国	司法部	《反贿赂法指南》,2011 年	该指引第 23 页和第 24 页规定商业组织合规管理的第二个原则:高层承诺。
德国	德国审计师协会	《审查标准 980》[1],2021 年	"合规文化主要是由管理者处理合规风险的态度和行为方式决定('高层基调'),也由监督者的角色、管理者将核心的企业价值及其他的要素确定在组织的方式决定。"[2]
瑞士	瑞士经济协会	《有效合规管理的原则》[3],2014 年	第 6 页的第一个原则"积极声明、董事会及管理层的责任构成有效合规管理的顶层设计"。按照该原则,企业最高层认可诚实信用作为企业文化的核心组成部分。诚实信用的关键是遵守法律和企业内部的规章制度。
经济合作与发展组织	—	《内控、道德与合规最佳实践指南》,2021 年	"董事会或同等治理机构以及高级管理者,承诺对预防、查明外国贿赂的企业的内部控制、道德和合规体系及措施,以落实道德和合规的文化。"[4]

[1] Institut der Wirtschaftsprüfer, *IDW Prüfungsstandard* (*IDW PS* 980).

[2] IDW, Entwurf einer Neufassung des IDW Prüfungsstandards: Grundsätze ordnungsmäßiger Prüfung von Compliance Management Systemen, IDW EPS 980 n. F. (10.2021), Rn. 27.

[3] Economiesuisse, *Grundzüge eines wirksamen Compliance-Managements* (2014).

[4] OECD, Recommendation of the Council for Further Combating Bribery of Foreign Public Officials in International Business Transactions, A. 1.

续表

国家、国际组织	颁布机构	文件名称	具体规定
世界银行	—	《诚信合规指南》	“高级管理者、董事会或类似机构在形式或实质上,给予受制裁方的诚信合规计划及其实施强有力的、明确的、明显的以及积极的支持和承诺。”〔1〕

四、管理者职责

(一)领导作用、合规承诺及模范作用

治理机构、最高管理者在合规管理体系建设中,应当显示其领导作用和合规承诺及模范作用。组织或公司的治理机构、最高管理者在合规管理中起到保障、支持、沟通及推动作用,被称为“高层基调”。〔2〕 高层基调是一种由上而下的管理模式,是发挥合规管理有效性的关键。具体而言,基于《合规标准》,治理机构、最高管理者应该通过以下的“保障、支持、沟通及推动”方式,实现领导作用、合规承诺及模范作用。〔3〕

1.“四个确保”

组织的治理机构、最高管理者通过以下“四个确保”,对合规管理体系的建立、运行提供保障。

(1)确保合规方针、合规目标得以建立,并且与组织的战略方向一致。

〔1〕 World Bank Group, Integrity Compliance Guidelines, 2.1.

〔2〕 See Bühr/Alexander Petsche/Martin Tolar, ISO 19600, p. 48; Buff, Compliance Management, S. 23; Montoya, The role of board of directors, in ICC ethics and compliance training handbook, p. 64.

〔3〕 《合规标准》5.1.1。

(2)确保合规管理体系的要求融入组织的业务流程。

(3)确保提供合规管理体系建设所需资源。

(4)确保合规管理体系实现预期结果。

2.“两个支持”

(1)支持、指导人员实现合规管理体系的有效性。

(2)支持其他的相关岗位在其职责范围内发挥领导作用。

3. 沟通与推动

(1)沟通有效合规管理以及符合合规管理体系要求的重要性。

(2)推动持续改进。

(3)合规承诺实现程度。

治理机构、最高管理者作出上述合规承诺,应当言出必行,言行一致。[1]《合规标准》列举了一些指标,用来测量合规承诺的实现程度。这些指标包括以下几个。

(1)治理机构和所有层面的管理者通过他们的行动和决策,积极证明他们建立、制定、实施、评价和改进有效且及时回应的合规管理体系的承诺;

(2)治理机构正式批准合规方针;

(3)最高管理者对确保充分实现组织合规的承诺承担责任等。[2]

(二)合规管理义务

除上述的实现领导作用、合规承诺及模范作用的方式外,治理机构、最高管理者还应当在合规管理体系建设中开展顶层设计工作。具体而言,治理机构、最高管理者应当履行以下合规管理义务。[3]

---

[1] Buff, Compliance Management, S. 23. 所谓的“walk the talk”(“言行一致”)。

[2] 《合规标准》A. 5. 1. 1。

[3] 《合规标准》5. 1. 1。

(1)确立、支持组织的价值;

(2)确保制定、实施方针、过程和程序,以实现合规目标;

(3)确保能及时获知合规事务,包括不合规的情况,并确保采取适当的措施;

(4)确保合规承诺得到遵守,并且不合规和不合规行为得到妥善处理;

(5)确保合规职责在工作描述中得到适当体现;

(6)任命或提名合规职能部门;

(7)确保提出、解决疑虑的体系得以建立。

此外,治理机构、最高管理者在合规职责、权限的配置中所采取的措施,[1]也属于其履行的合规管理义务。

(三)行为守则

公司董事会、经理层以及高级职员,应当通过一系列的活动,发挥领导作用,履行合规承诺以及合规管理义务。公司除了制定合规方针,国际上的通行做法是制定行为守则。行为守则又被称为"合规守则""商业道德守则""道德守则""商业行为守则""商业原则""企业哲学"等,[2]其内容不仅界定企业应当履行的法律义务,还规定企业经营管理行为应当基于企业价值观做出,满足利益相关者和社会的期望。[3] 行为守则由治理机构或最高管理者签署、发布和沟通,以表明公司最高层对合规管理的基本态度。[4]

行为守则作为一般性规定,主要面向管理者、员工以及第三方(包括客户、

[1] 《合规标准》5.3.1。

[2] Kaptein, Effective Business Code: Inhalt und Bedingungen, S. 515.

[3] See Bühr/Petsche/Tolar, ISO 19600, p. 49; Grützner/Jakob, Compliance von A-Z, S. 59; Neiger, Successful Compliance, 3.5.1.1.2.

[4] See Bühr/Petsche/Tolar, ISO 19600, p. 49.

供应商、分销商以及媒体等)，为他们现在或未来的行为提供指引。[1] 图7－1展示了行为守则的不同层面和特征。[2]

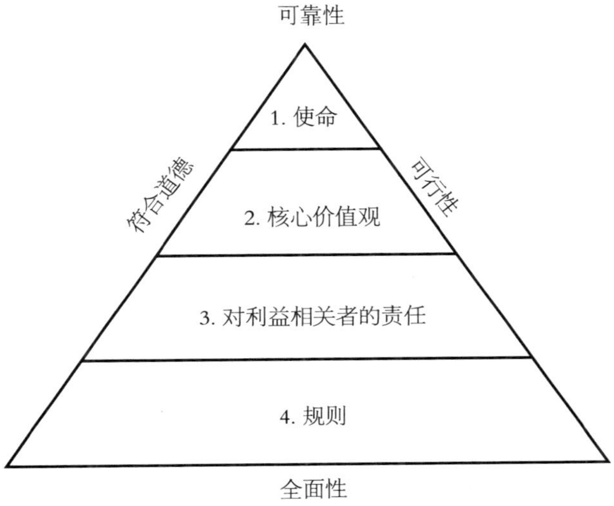

图7－1 行为守则的不同层面

行为守则的第一层面“使命”，阐明合规、道德等对企业经营的意义。第二层面“核心价值观”，表明企业的治理机构、最高管理者对合法合规经营的承诺，以及企业全体员工合法合规从事经营活动。第三层面“对利益相关者的责任”，阐明企业对利益相关者及其利益，包括外部利益相关者和内部利益相关者的利益充分尊重和考虑。为此，合规组织及其任务、职责应得到明确描述。第四层面“规则”，则是明确员工应当遵守的行为规则，包括廉洁(反贿赂、反腐败)、公平竞争、礼品、邀请和赞助、数据保护、数据安全、利益冲突以及与行业相关的规

〔1〕 See Grützner/Jakob, Compliance von A-Z, S. 59; Neiger, Successful Compliance, 3.5.1.1.2; Kaptein, Effective Business Code: Inhalt und Bedingungen, S. 516.

〔2〕 See Neiger, Successful Compliance, 3.5.1.1.2; Kaptein, Effective Business Code: Inhalt und Bedingungen, S. 515 ff.

则。[1] 合规事务联系人的姓名、联系方式等信息,也应当在行为守则中明确。对合规方针、行为守则等的理解、适用以及违规举报,员工和商业伙伴等可以通过该渠道沟通。

除了上述四个层面外,行为守则还应具有全面性、符合道德性、可靠性以及可行性的特征。全面性,是指行为守则的内容涵盖所有重要的合规义务;符合道德性,是指行为守则涉及的要求符合道德的最低要求,经得起道德的检验;可靠性要求行为守则应当与企业及其环境匹配;可行性,则是指行为守则能够落地。[2] 如图7-3所示,有效的行为守则应当具备这些特征及其要求。[3]

表7-3 有效的行为守则

序号	特征	要素
1	全面性	■ 相关的和当前的事务 ■ 有意义(最重要)的事务 ■ 正确的制度层级
2	符合道德性	■ 在法律上无懈可击 ■ 与其他的守则匹配 ■ 对利益相关者是合理的(道德合理性)
3	可靠性	■ 印象深刻、高要求 ■ 适合的、唯一的 ■ 相关性 ■ 语言流利
4	可行性	■ 可理解、可掌握 ■ 结构清楚 ■ 内容明了 ■ 前后一致 ■ 可以实施

[1] See Neiger, Successful Compliance, 3.5.1.1.2.
[2] Kaptein, Effective Business Code: Inhalt und Bedingungen, Rn. 11ff.
[3] Kaptein, Effective Business Code: Inhalt und Bedingungen, Rn. 35.

（四）合规治理

合规治理以合规职能部门为中心，关注其发挥作用的前提条件。合规治理由三项原则构成。基于《合规标准》，治理机构、最高管理者应当确保实现以下三项原则。

1. 合规职能直接接触治理机构

合规职能直接与治理机构、最高管理者沟通，向其汇报。其一，这能够使治理机构、最高管理者及时了解合规事务，及时采取应对措施。其二，这能够显示企业高层对合规重视，表明合规是企业高层的职责之一。其三，这能够避免层层上报导致“过滤”不合规信息。直接接触的方式，包括面向治理机构的直接汇报线、定期提交报告给治理机构、列席治理机构的会议。[1] 另外，基于合规管理融入业务管理的基本思想，合规职能直接向企业高层报告，可以同时以“虚线”的方式抄送合规职能的直接上级管理者，如经理层。这对有些企业在业务部门设立兼职合规专员的情况，更为合适。

2. 合规职能的独立性

独立性是指合规职能的运行不受任何不当干预或压力。[2] 合规职能处理合规事务，应当具有独立性。为了避免利益冲突，行使合规职能的人，不应当同时从事业务工作。[3] 行使合规职能的人或部门不能同时担任“裁判”和“运动员”。[4] 合规职能的独立性主要是指合规管理独立于业务管理（横向关系）。如果合规职能由最高管理者直接行使，由其对合规管理体系的建立和运行负责，负责具体合规事务的合规工作人员相较于最高管理者则没有独立性（纵向关系）。

---

〔1〕《合规标准》5.1.3，注1。

〔2〕《合规标准》5.1.3，注2。

〔3〕 See Neiger, Successful Compliance, 3.5.1.3.2.

〔4〕 See Neiger, Successful Compliance, 3.5.1.3.2.

3. 合规职能拥有适当的权限和能力

合规职能是否明确,影响到合规管理体系的绩效。因此,合规职能的权限(权力)和合规工作人员的能力应当得到保障。要使合规职能部门的权限得到充分发挥,合规管理工作应嵌入业务。最后,合规职能拥有适当的资源以便开展工作,包括配备必要的技术设施,才能全方面、高效地支持组织完成合规目标。[1]

第二节 最佳实践

成立于2012年的德国合规研究院在2019年发布《"作为领导工作的合规"问卷调查》。企业通过该问卷调查,可以了解企业或第三方是否将合规作为领导工作及其原因。企业可以在问卷的基础上,根据具体情况,修改相关的问题。

问卷调查:作为领导工作的合规

第一部分:作为领导角色的合规

1. 我认为,合规在我们的业务中扮演关键的角色

☐ "不认同"

☐ "有时候"

☐ "完全认同"

---

〔1〕《合规标准》A.5.1.3。

2. 在商业决策中,如果企业利益需要,我可以灵活变通适用合规规则

□ “不认同”

□ “有时候”

□ “完全认同”

3. 我的领导任务包括(多项选择)

□ 人事管理

□ 报告(包括不合规报告)

□ 团队管理

□ 发展战略

□ 创造、维护包含合规的企业文化

□ 预算控制

□ 传递一种企业文化,包括明确期待正确的行为,以及正确的行为是我的领导工作的重要组成部分

□ 在不确定的情形下,我们的合规官或(法律实体的)管理者对合规负责

□ 我在我的职责之外也支持合规,原因是该话题对整个企业是重要的

第二部分:合规怎么样、何时以及借助什么作为领导工作

4. 我本人或员工的直接领导,给员工提供合规培训

□ “不认同”

□ “有时候”

□ “完全认同”

5. 我的员工定期接受合规部门或其他部门开展的合规培训

□ “不认同”

□ “有时候”

□ “完全认同”

6. 我看到合规在我们的企业在发挥作用，并且得到高层的推动

□ “不认同”

□ “有时候”

□ “完全认同”

7. 我理解合规文件的内容(包括行为守则、方针等)，并且相信它们对我的工作有事务上的关系

□ “不认同”

□ “有时候”

□ “完全认同”

8. 通过以下哪些方式(多项选择)，合规成为我的领导工作的组成部分

□ 接替我的现职

□ 我的老板的命令

□ 企业方针

□ 任命某人为合规官

□ 毫无疑问地适用

□ 合规在我们的企业是我们的基因的自然组成部分

□ 对于潜在的关键话题，我会完全信任地联系我的上司和合规组织，并且这对我不会产生不利后果，或增加工作负担

第三部分：实现“作为领导任务的合规”的障碍是什么

9. 在我的日常工作中，经常出现的情形是，遵守内部规定或法律规定，而不会妨碍业务

□ “不认同”

□ “有时候”

□ “完全认同”

10. 我认为合规话题已经得到体系化的、连贯性的以及定期的沟通，而我无须沟通

☐“不认同”

☐“有时候”

☐“完全认同”

11. 我能够对我的员工解释我们企业中的合规意味着什么，以及合规对我们的企业意味着什么

☐“不认同”

☐“有时候”

☐“完全认同”

12. 我们的公司鼓励、要求佛系文化

☐“不认同”

☐“有时候”

☐“完全认同”

13. 我曾经并且现在还在面临我的目标与遵守规则的冲突

☐“不认同”

☐“有时候”

☐“完全认同”

14. 合规是我们团队或团队成功的附加值，因此，这对我以及领导也是如此

☐“不认同”

☐“有时候”

☐“完全认同”

15. 在我找相关部门咨询合规问题之前，我尝试自己寻找解决方案（多项选择）

☐ 因为相关部门不会帮助我

☐ 因为我对合规话题有信心

☐ 因为我想知道我做出的决定是否与合规联系人的决定是一样的

☐ 我不能回答该问题

第四部分:文化变革如何在领导者中成功

16. 我感觉,企业的文化变革,朝着员工不断深化对合规话题感知的方向发展

☐ “不认同”

☐ “有时候”

☐ “完全认同”

17. 合规被理解为附加值以及业务赋能者

☐ “不认同”

☐ “有时候”

☐ “完全认同”

18. 我认为合规是领导工作,因为(多项选择)

☐ 管理者或我的老板要求的

☐ 只有这样才会获得奖金

☐ 因为我们在信任文化中工作

☐ 企业中的每个人都有合规职责

☐ 我不想坐牢

☐ 我们的声誉是我们业务的基础

第五部分:领导者感觉得到很好的支持,并且能够履行合规领导工作

19. 合规职能支持作为领导者的我很好地理解我的权力、我的职责以及我的空间

☐ “不认同”

☐ “有时候”

☐ "完全认同"

20. 为了使我负责或改进作为领导任务的合规,还缺少什么(多项选择)

☐ 企业里的文化变革

☐ 合规官的培训

☐ 管理者或老板的支持

☐ 信任文化

☐ 更多时间

☐ 对错误行为的透明度、容忍态度

☐ 对合规有清楚认识的高层基调,明确合规应当是企业基因的理所应当的部分

☐ 无

第六部分:一般问题

21. 你是否能够完全理解,对于礼品和捐赠,你需要得到批准

☐ "不认同"

☐ "有时候"

☐ "完全认同"

22. 指控不合规行为时,你是否知道报告或举报路径

☐ "不认同"

☐ "有时候"

☐ "完全认同"

23. 你是否面临实现个人目标与遵守规则的冲突(在这种情况下,你应当与您的管理者或合规官沟通)

____

____

24. 你参加过以行为守则为主题的在线学习,并且鼓励你的团队也这样做

☐ "不认同"

□ “有时候”

□ “完全认同”

25. 你最后一次与你的团队讨论合规相关情形下的期望的行为,是什么时候

□ 最近的 12 个月

□ 超过 12 个月

□ 我每年两次这样做

□ 还没做

26. 你对合规部门提供的工具和材料满意吗？如果不满意,你的建议是什么？或缺少什么

____

____

第三节 推荐阅读

中国认证认可协会组编:《管理体系认证基础》,高等教育出版社 2019 年版。

周万里:《合规型监管研究》,人民出版社 2021 年版。

Barbara Neiger, Successful Compliance, 2021.

Daniel Lucien Bühr/Alexander Petsche/Martin Tolar, ISO 19600 – Compliance Management Systems, 2016.

Deutsches Institut für Compliance, Compliance as a Leadership Task, 2021.

Deutsches Institut für Compliance, Questionnaire “Compliance as Leadership Role”, 2010.

Herbert G. Buff, Compliance Management, 2015.

ICC, Ethics and Compliance Training Handbook, 2013.

Muel Kaptein, Effective Business Code: Inhalt und Bedingungen, in Josef Wieland/Roland Steinmeyer/Stephan Grüninger, Handbuch Compliance-Management, 2020.

Thomas Grützner/Alexander Jakob, Compliance von A-Z, 2015.

第八章

合规文化

【导读】

合规文化是指贯穿整个组织的价值观、道德规范和信念，并与组织的结构和控制系统相互作用，产生有利于合规成果的行为准则。文化是人类社会相对于经济、政治而言的精神活动及其产物，包括物质文化和非物质文化。按主体的不同，文化又可分为民族文化、企业文化等。企业文化就是企业在日常运行中所表现出的方方面面，它由企业的价值观、信念、仪式、符号、工作方式等组成，并呈现出其特有的文化形象。企业文化包括风险文化、合规文化、安全文化、质量文化、以客户为中心的文化等，不同的企业有不同的企业文化。因此，不要小瞧文化，更不能小瞧合规文化，因为合规是一种底线思维。员工的合规意识来自员工的自身修炼和企业的合规文化，好的合规文化可以培养员工好的合规意识。合规的核心是预防。如果高管层只重视违规事件的处理而轻视合规预防，那么就不能算是好的合规文化。

本章阐述了加强企业合规文化建设的现实意义，并对我国企业合规文化建设的现状进行分析，指出现有企业合规文化建设的误区，提出加强企业合规文化建设的基本设想以及加强企业合规文化建设的主要路径。

【关键词】

合规文化　合规预防　依法治企　风险控制　核心竞争力

【思维导图】

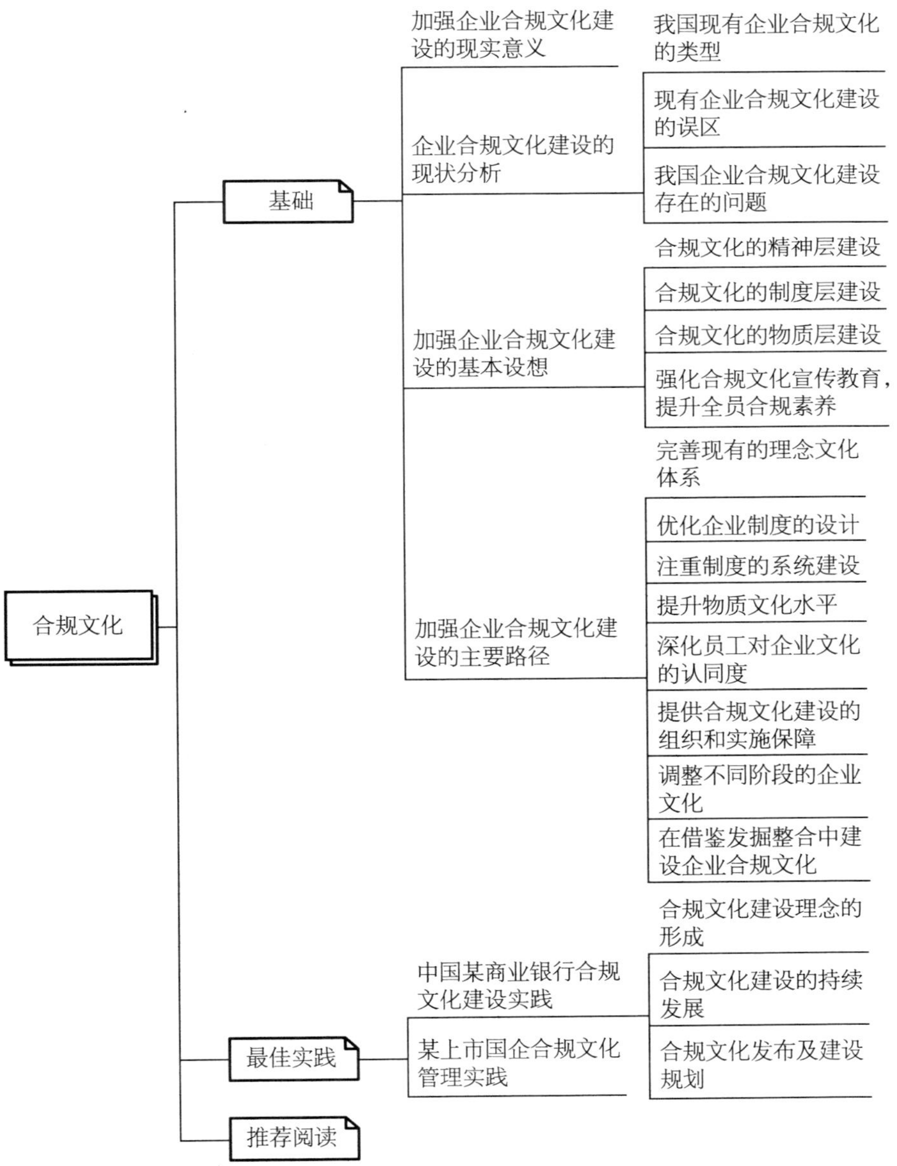

第一节 基础

合规管理是指企业通过制定合规政策,按照外部法规的要求统一制定并持续修改内部规范,监督内部规范的执行,以实现增强内部控制,对违规行为进行持续监测、识别、预警,防范、控制、化解合规风险的一整套管理活动和机制。合规管理就是依法治企,中国企业合规体系建设,将助推企业管理和公司治理上到新台阶,也是中国企业走向国际市场的必由之路。

我国政府对企业合规管理体系建设的重视,始于金融企业,后逐渐被推广到所有中央国有企业、地方企业。2005 年,中国金融监管机构开始在国有金融企业中推行合规机制,2017 年,中国标准化管理委员会发布了中国国家标准 GB/T 35770—2017《合规管理体系　指南》,2018 年,国务院国有资产监督管理委员会发布了《中央企业合规管理指引(试行)》,对中央国有企业强化合规经营、构建合规体系提供了全面的指导意见;同年 12 月,国家发展和改革委员会会同其他六个部门发布了《企业境外经营合规管理指引》,为中国企业在境外经营中的合规管理问题,确立了基本的标准和体系。2021 年,国际标准化组织发布的《合规标准》5.1.2 关于合规文化,指出“应在组织内的所有层面发展、维护和促进合规文化。治理机构、最高管理层和管理层应做出整个组织所需的、关于共同行为标准的积极、明显、一致并持续的承诺。最高管理者应鼓励创造和支持合规的行为。应防止且不容忍损害合规的行为”。一系列文件的先后发布,彰显了中国企业加强合规管理的决心和信心,是中国企业开创合规治理具有里程碑意义的事件,是落实全面依法治国的具体举措,也是加强现代企业管理和公司治理的具体体现。通过两年多的实践,很多央企和地方企业如火如荼地开展了合规管理工作，涌现了各行业代表性的实践，合规逐渐被视为公司治理的重要方式，合规也为企业的健康持续发展提供了坚实的保障。

企业合规管理体系建设，合规文化建设是保持企业竞争优势与可持续发展的关键。《中央企业合规管理指引(试行)》要求，积极培育合规文化，通过制定发放合规手册、签订合规承诺书等方式，强化全员安全、质量、诚信和廉洁等意识，树立依法合规、守法诚信的价值观，筑牢合规经营的思想基础。《企业境外经营合规管理指引》指出，企业应将合规文化作为企业文化建设的重要内容。企业决策层和高级管理层应确立企业合规理念，注重身体力行。企业应践行依法合规、诚信经营的价值观，不断增强员工的合规意识和行为自觉，营造依规办事、按章操作的文化氛围；企业应将合规作为企业经营理念和社会责任的重要内容，并将合规文化传递至利益相关方。企业应树立积极正面的合规形象，促进行业合规文化发展，营造和谐健康的境外经营环境。

一、加强企业合规文化建设的现实意义

1. 合规文化建设是企业文化建设的重要组成部分，是提升企业核心竞争力的基础和保证

企业文化是由企业领导层倡导并为全体员工所认同且遵守的企业的宗旨、精神、价值观和理念，以及这些理念在生产经营实践、管理制度、员工行为方式与企业对外形象的体现的总和。

企业文化是企业改革发展的强大精神推动力，先进的企业文化是企业精神文明建设的重要内容，是促进企业精神文明建设的重要手段，是员工的精神食粮，是凝聚全体员工的重要力量。企业文化是企业改革发展的重要组成部分，是企业自身发展的内在要求，企业的产品要依靠企业文化来宣传，良好的企业声誉要靠企业文化来传播，优秀的企业形象要依靠企业文化来塑造。企业文化是企业未来发展的强大牵动力，建设适应新形势下的优秀的企业文化，塑造良好的企

业精神,进一步增强企业凝聚力、向心力,培养员工的荣誉感、信任感、使命感,对促进企业健康发展极为重要。企业文化同时也是建立现代企业制度的客观需要,建设优秀的具有中国特色的社会主义企业文化,不仅是企业生存发展的必由之路,而且是建立现代企业制度的客观需要。

企业作为市场经济中最重要的经济主体,应牢固树立依法治企理念,用法治思维和合规意识搞好企业经营管理,培育以法治文化、合规文化为基石的企业文化。合规是企业及员工的经营管理行为符合基于法律法规、监管规定、行业准则、企业章程和商业伦理以及国际条约、规则等要求的企业系统规章制度,合规文化是企业文化精神层的核心要求,是指导企业行为和员工行为的哲学,以风险控制为指导思想,依靠先进的管理手段实现有效的组织形式,确保各项活动合乎内外部规定的行为准则,最大限度地防范经营风险,提高综合竞争能力。如果说企业的核心价值观是企业的灵魂,那么良好的合规文化则是合规风险防范的基础和保证。

2. 合规文化建设有利于推动企业依法合规经营,保障企业健康有序实施经营管理

企业的有序发展离不开健全的企业规章制度的约束和保障,企业规章制度的合法性、规范性、健全性也逐步在被企业所关注,随着经济环境的改变,立法也在逐步完善,一些滞后的企业规章制度逐渐不能适应企业发展的新需求。开展企业合规文化建设,设立风险防范操作规范,则可以促进企业快速建立和完善科学、系统的规章制度体系,实现企业的依法合规经营,这是企业合规文化建设在企业健康有序规范合法发展过程中起到的首要指引作用。

合规文化建设有利于推动企业依法合规经营。企业要实现预期的经营目标和持续健康发展,离不开企业合规文化建设的积极参与和指引。开展企业合规文化建设,加强对市场交易、安全环保、产品质量、劳动用工、财务税收、知识产权以及商业伙伴等重点领域的合规管理,依法规范制度制定、经营决策、生产运营

等关键环节的管理，坚持依法规范操作，强化对权力集中、资金密集、资源富集、资产聚集等部门和岗位的监督，确保流程规范、公开透明，杜绝“暗箱操作”，进一步促进企业建立和完善科学、系统的内部控制体系，实现企业的依法合规经营，切实保障企业健康有序地实施经营管理，保障企业的合法权益得到有效维护。

3. 合规文化建设有利于企业更好地履行社会责任，提升企业形象

社会责任是企业通过透明和合乎道德的行为，为其决策和活动对社会和环境的影响而承担的责任。这些行为包括：致力于可持续发展，包括健康和社会福利；考虑利益相关方的期望；遵守使用的法律，并符合国际行为规范；融入整个企业并在其关系中得到践行等。合规文化建设是强化企业社会责任管理体系的主要体现，旨在使企业对决策和活动的社会和环境影响进行全面、系统和有效的管理，最大限度地促进有益影响，防止和尽可能减少不良影响，为管理社会责任风险和机遇提供框架，并持续改进社会责任绩效。

在企业的运转过程中依法合规经营，才能得到社会公众的认可，依法合规经营对企业客户群的稳定是一个重要的因素。通过开展合规文化建设，可以塑造公平公正的市场意识，促使法律公平公正价值的充分发挥，实现企业间的平等有序竞争，促进企业的健康良好稳步发展，为企业的发展创造良好的社会环境。另外，通过合规文化建设，企业可以在内部营造良好的文化氛围，促使企业领导和员工抛弃唯利是图的价值观念，敢于承担起社会责任，向社会传递诚实守信的经营理念，进而提升和巩固企业的社会形象，维护企业声誉。

二、企业合规文化建设的现状分析

（一）我国现有企业合规文化的类型

分析现有企业合规文化的类型有助于我们认识各种企业合规文化的丰富多样性和具体的个性本质，对于制定正确的企业文化，推动企业合规管理体系建设

具有重要的指导意义。以企业合规文化的运行特点及表现形式作为标准,可以把当前的企业合规文化分为以下五种基本类型,见表8-1。

表8-1 企业合规文化类型

类型	内容概括
民主型合规文化	这类合规文化的表现形式是:有共同的价值观念、共同的团体意识、共同的企业风尚、共同的行为准则;员工能够知晓企业的重大事情、参与讨论企业的重大措施、对企业的重大决策了解意愿强烈;员工和企业面对客观环境的复杂多样与各种不确定性,科学地进行合规风险分析、认真地提出合规风险对策、勇敢地接受合规风险考验、积极地承担合规风险后果。这类文化还表现在权力上的共享性,即在重大的权力运用、集体与个人的利益分配上贯彻民主共享的原则,遵守公平、公正、公开的民主程序。这种民主型的企业文化有时可能过于理想化,但在一些现代化的公司中仍不乏存在。
专权型合规文化	这类合规文化的特点是:权力高度集中,个人决策占据主导地位,企业高层管理人员往往实施家长式的指挥和决策。从企业的等级制度上看,结构森严,层级分明,有时是家族式的组织形态。从企业的管理运作上看,企业管理职能绝对集中,控制手段相当严密,赏罚制度极其严厉,有时近乎苛刻。而企业员工的参与意识和参与程度较低,依附性较强,崇拜权力和权威,劳资双方往往缺乏共同理解的基础。这种企业文化大多存在于某些民营或外资参股的股份制企业之中。
伦理型合规文化	这类合规文化的特点是:推崇人与社会、人与企业、人与人之间的相互融洽、相互认同的亲和力、向心力和内聚力,把伦理关系作为维系企业秩序的精神支柱和企业运行的基础。着重培养和强化忠于职守、安于本行、敬业勤业的道德信念。这种带有人治特征的合规文化往往存在于原事业单位改制企业且具有儒家思想传统的企业中。
法理型合规文化	这类企业合规文化的基本特点是:强调企业规章制度的权威性、强制性、稳定性的规范作用,极力以制度的严格约束使企业员工的行为方式趋于秩序化和标准化。企业员工的行为在法纪认可的范围内才得以允许;组织的主导作用和制约作用使个人在企业的结构体系中被定格在特定的地位、担当特定的角色。这种合规文化存在于某些比较规范化的股份制公司尤其是上市公司中。
权变型合规文化	这类合规文化的特点是:没有固定不变的模式,其管理思想和管理方式依据工作性质、工作特点、环境条件、员工素质和领导风格等具体情况确定,往往采取实用主义的态度综采各家特点,所以又被称为混合型合规文化。这种合规文化存在于大多数的国有中小型企业之中。

（二）现有企业合规文化建设的误区

有些企业对企业合规文化在认识上存在一些问题，存在片面、机械、僵化的现象，这些误区总体来说有以下几种情况：其一，合规文化政治化。认为合规文化单纯就是在新时期企业的政治思想工作中，完全以贯彻中央及地方政府监管要求为主。其二，合规文化口号化。在车间、写字楼贴满各种各样时髦的标语、口号，合规文化成了装点门面的装饰，如"我要合规""人人合规""时时合规""事事合规""合规创造价值"等。这本无可厚非，但关键是要把一种精神内化到全体员工的身上，而不能仅仅是空乏的宣传。其三，合规文化的文体化。有的企业把合规文化娱乐化，用文体活动代替作为企业合规文化建设，这是对企业文化的浅化。其四，企业文化的形式化、文本化。有些企业聘请"外脑"，收集各种流行概念拼凑成企业合规文化章程，既不是理论也不像制度，说一套、做一套，"合规文化墙上挂、合规落实地下爬"。

当然，并不是说这些方法在合规文化建设中没有效果，问题在于：第一，企业文化的关键是核心价值观的内化，最终会通过员工的行为与理念表现出来。因此企业文化建设不能本末倒置，不能把这些工具、策略当成企业文化建设的目的。第二，企业文化是战略的一部分，战略决定企业文化，不事先对公司战略进行研究就建设企业文化，结果只能是"南辕北辙"。第三，要改变根植于人们内心深处的观念，需要一个长期、持续的过程，应贯彻企业经营之始终，而绝不是当下"赶时髦"。

（三）我国企业合规文化建设存在的问题

由于企业合规文化建设在我国尚属新生事物，在我国尚存在合规意识欠缺、合规文化建设氛围不足，合规理念的体系还不够全面完整、合规文化得不到足够的重视，企业合规文化影响力不大、尚属于企业边缘工作等问题。

1. 合规文化建设氛围不足,合规文化仍属于“弱”文化

当前,合规建设在金融类企业得到稳步推进,在非金融类企业尚处于起步阶段,合规文化难以有效进入企业管理层的全面战略决策与常规视野,不能很好地融入企业的经营管理活动全过程。在企业文化建设中,合规文化也因全员合规意识不强而沦为“弱势文化”。考量社会大环境,权力制约不到位,管理行为不规范,制度规章不能与时俱进的情况一定范围内还存在,合规文化建设在观念、认识上受到制约;在企业内部,一方面,企业经营管理者对合规管理的底气不足;另一方面,实际经营管理过程中,变相违规的事情经常发生,员工对合规管理认同度不够,合规意识有所欠缺。

2. 合规文化建设未得到足够的重视

当前,企业文化建设得到企业各级人员的重视,但作为企业文化的重要组成部分,合规文化建设的重视程度还远远不够。一般情况下,合规管理由法务部门牵头建设,其他部门虽然有合规建设的要求和任务,但重视程度和积极性都还不够,大多员工没有参与合规文化建设的压力和动力;再者,企业经营管理者对合规管理认识的不平衡,也导致领导层的合规文化建设的动力不足。

企业合规文化建设需要一支强有力的队伍,运用系统化思维,有效帮助企业经营管理者树立“依法合规”理念、促进企业依法合规经营管理、建章立制、维护企业合法权益、进行合规文化教育以及帮助全员提高合规意识。就牵头合规管理的法务人员来说,在合规文化建设上,也有力量不足、不到位的情况。而现实中,与企业经营规模、市场地位、发展需求相匹配的法务机构尚未建立健全,法务人员专业化水平参差不齐,对企业行为商业价值的综合判断能力尚有欠缺,法务人员在企业管理体系中的职责和权限不清晰,运作机制及运作流程仍需规范等,现有的力量还无法很好地牵头完成企业合规文化建设的重任。

3. 合规文化建设未纳入企业硬性考核,属于边缘工作

当前,大多企业的考核指标体系均已建立,且不断完善,KPI 也日臻成熟,但

作为新鲜事物的合规文化建设，虽然说起来很重要，但其实因为没能得到足够的重视，基本没能纳入考核指标，在考核这个“指挥棒”下，被考核者会自行掂量重要工作与非重要工作的权重，进而选择相应的精力去完成相关的工作。

如何充分发挥考核这个“指挥棒”的作用，建立合规绩效考核制度，对合规建设任务完成的好坏加以区别，能否采用业务经营指标与合规管理指标平衡记分的考核办法，加大合规指标考核力度，能否建立和完善有效的问责制度和举报制度，对违规行为严格责任认定和追究，鼓励举报等，变“边缘工作”为主要工作，是企业高层和合规从业者急需考虑和解决的问题。

三、加强企业合规文化建设的基本设想

企业合规文化是企业文化的重要组成部分，也有精神层、制度层和物质层三个层次的要求，以理念文化为代表的精神层是合规文化的核心和主体，是形成制度层和物质层文化的基础与依据，制度层是合规文化的中间层，集中体现在由组织结构所决定的各项制度和约定俗成的风俗习惯上，物质文化是组织价值观的载体，是合规文化的外显层次。企业的经营理念和行为选择离不开法律的指引和规范，企业对经济利益的追求必须建立在合法经营、依法管理的基础上，企业参与市场竞争、建章立制、防范风险等只有严格遵守法律规定才能得到认可，企业自身利益受到侵犯时才能得到法律保护。因此，可以说合规文化是企业文化精神层的基石，通过建章立制在制度层实现，通过物质环境载体外显。

（一）合规文化的精神层建设

合规文化精神层是一种深层次的文化现象，它是合规物质文化的升华，是企业的上层建筑。

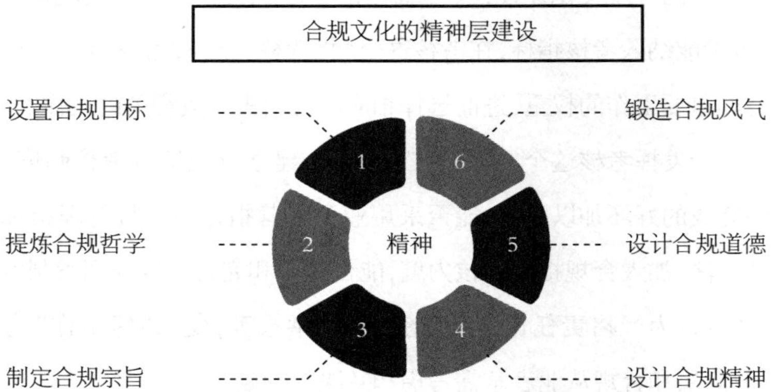

图 8-1　合规文化的精神层建设

设置合规目标。目标是组织或个人在一个时期内通过努力希望获得的成果,合规管理的终极目标是保障企业持续健康发展。合规文化建设首先应确定共同的合规价值观,以倡导合规经营价值观为导向。其次要确立企业多目标体系,即健全合规管理架构,制定合规管理制度,完善合规运行机制,加强合规风险识别、评估与处置,开展合规评审与改进,形成重视合规经营的企业氛围。最后是设定最高合规目标,最高目标是全体员工的共同追求,是全体员工共同价值观的集中体现。

提炼合规哲学。合规哲学是从企业实践中抽象出来的、关于企业合规管理一切活动本质和基本规律的学说,是企业合规管理经验和理论的高度总结和概括,是企业高层对企业合规管理的哲学思考。合规哲学来源于企业高层、企业先进模范人物和优秀群体、多数员工、社会公众的世界观、人生观、价值观等哲学思维,必须要反映出"企业与社会的关系""企业与人(雇员、顾客)的关系",用"哲学味道"或"理论色彩"的精彩语言将其表达出来就是合规哲学。

制定合规宗旨。企业作为社会经济单位,对内、对外都承担着义务,合规宗旨是就这种义务向社会作出的公开承诺,它反映了企业对待社会义务的基本态度,从而反映企业存在的社会价值。合规宗旨是在合规哲学指导下为实现最高目标所制定的企业方针和企业政策,是最高目标和合规哲学在企业社会责任方面的具体反映。

设计合规精神。合规精神是企业为谋求生存和发展,为实现自己的价值体系和社会责任而从事经营管理的过程中,所形成的一种人格化的群体心理状态的外化,是企业合规管理的精神动力和精神支柱。合规精神是企业合规文化发展到一定阶段的产物,是企业合规文化的集中体现。在设计合规精神时要尊重广大员工在实践中迸发出来的积极的精神状态,要恪守企业合规共同价值观和最高目标、不背离合规哲学的主要原则,要体现时代精神、体现现代化大生产对员工精神面貌的总体要求。以此为指导思想设计出来的合规精神,才能"既来源于生活又高于生活",成为鼓舞全体员工为实现企业合规目标而奋斗的强大精神动力。

设计合规道德。合规道德是合规哲学的一种外显反映,它不具有法律和强制性约束力,但它有积极的示范效应和强烈的感染力。合规道德是通过影响员工的思想观念,树立明确的是非观念,从而形成员工的自觉行为。良好的合规道德规范有助于维护企业内部的经济秩序和安定和谐的人际关系,提高员工的劳动积极性和生产率,同时对整个社会的道德规范也有良好的影响。

锻造合规风气。合规风气所形成的文化氛围对一切外来的信息具有筛选作用。合规风气的核心成分是它在企业经营管理工作中的体现,即企业作风。因此,设计良好的企业作风,是形成健康合规风气、塑造良好企业形象的需要。

(二)合规文化的制度层建设

在确定合规文化精神层要素之后,关键是如何将这些合规理念在实践中加以贯彻实施。合规制度文化是合规精神文化的基础和载体,并对合规精神文化起反作用。合规文化总是沿着精神文化—制度文化—新的精神文化的轨迹不断发展、丰富和提高。建立企业制度体系,最根本的目的是要实现管理科学化、提高企业效率和效益,这就要求必须保证科学性,同时充分传达企业理念。

企业的各项规章制度要从企业的根本性需求出发,如事关企业生存的包括安全、服务质量、操作规程等,是必须用制度加以明确规范的。首先,制度必须体现对员工高度的约束和规范,但又充分地信任员工和尊重员工。其次,企业的各项规章制度要体现制度本身的公正性,制度作为公正的体现不但要求其形式是公正的,更要求其内容是公正的,要使制度约束下不同层次员工的利益得到平衡,体现权利与义务的统一。最后,企业各项规章制度的执行要真正体现严格平等。制度执行的最好效果就是在平等原则下产生的普遍的认同心理,这正是制度执行中的难点问题。公正平等的执行制度,这不仅是制度发挥最大功能的需要,更是制度设定目标的需要。因此,公正平等的执行制度是发挥制度最大功能的关键,也是构建合规文化的保障。

企业的规章制度企业合规文化的制度层要求,是法律、法规、商业习惯等在企业内部的延伸和具体化。完善的企业内部规章制度有利于规范企业经营管理,保障企业的运作有序化、规范化;有利于降低企业经营风险和管理成本,增强核心竞争力和软实力;有利于公司的正确决策,从制度上促进和保障企业的改革和发展;有利于保护职工的合法权益,防止管理的任意性。企业应该把国家相关法律法规与企业的规章制度高度统一起来,用规范化的制度对企业的各种经济行为进行有效的约束,建立横向到边、纵向到底的管理标准、工作标准、技术标准体系,实现企业管理的标准化、制度化、规范化、程序化,在企业生产经营管理的实践中培育员工增强合规意识,增强员工对合规文化的认同感,将制度贯穿每个细节,及时堵塞漏洞,防止违规行为的发生。在追求经济效益的过程中,切不可违背制度规定。

（三）合规文化的物质层建设

物质层是指从物质形态中折射出来的合规哲学、合规精神和工作作风等合规理念。企业理念通过物质形态向外折射，就是合规理念的外化过程，而合规理念外化的结果，就构成了合规文化的物质层。

设计合规视觉形象。企业合规文化的宣传名称、标识、标准字、标准色是构成企业合规视觉的基础，被称作VI识别的4个核心要素或基本要素。这些要素应该集中体现企业合规文化精神层的要求，充分传达企业合规理念，包括设计企业文化的宣传名称、合规标识、标准字、标准色等。

合规物质环境设计。企业合规物质环境设计可以从绿化景观、建筑景观等方面着手，建设能充分展现合规理念、体现自身特色的合规物质文化。良好的物质环境，不但能够给置身其中的员工以美的享受，使他们心情舒畅地投入工作，而且能够充分反映企业的品位、情趣和综合实力，有利于塑造良好的合规形象。物质环境的设计和改造是合规视觉形象识别系统设计相当重要的一个方面。企业可以本着安全、经济、美化、生态、文化的原则，通过企业LOGO、绿化景观、建筑景观、室内装饰与布置等，为顾客和员工创造出安全、和谐、舒适的环境。

合规文化传播网络设计。企业不仅要塑造和展示自己的合规形象，还应积极传播自己的合规形象。通过电子显示屏、企业刊物、企业网站等把已塑造、已表达的客观合规形象传送出去，使更多的社会公众了解。合规文化的物质层中，文化传播网络与合规文化的其他载体相比，具有更突出的传播功能。合规哲学、合规宗旨、合规精神、合规道德等精神层要素主要是通过这一渠道传达至企业的全体员工，并辐射到企业范围以外。

（四）强化合规文化宣传教育，提升全员合规素养

合规文化建设是一个系统性工程，必须循序渐进，驰而不息，通过不断强化教

育培训,使广大企业员工成为合规管理的忠实崇尚者、自觉践行者、坚定捍卫者。

合规文化建设的重点则在于人,要通过形式多样的教育培训,在企业内部营造"人人合规"的良好氛围,让合规成为全体员工的自觉行为。要掌握合规宣传教育的重点,要围绕实施的教育培训规划,形成学习热潮,帮助全体员工提高合规意识。同时,也要从员工的根本利益出发,大力宣传与员工生活、工作等方面密切相关的法律法规,提高员工的法治观念;创新宣传教育方式方法,改变传统、单一的宣传形式,积极地创新、改进宣传教育方式,把相关合规要求与员工的实际生活相结合,用身边发生的真实案例宣传引导员工依法合规,善于运用信息化手段,及时发现社会、法律、金融、文化等各领域的热点,提高合规宣传的实效。

四、加强企业合规文化建设的主要路径

企业文化的塑造非一日之功,有其自身的规律性,企业的合规文化建设应该服从这一规律,从理念文化的完善和提炼开始,逐步向制度层和物质层移植,最终确认实施的步骤。合规文化的演变见图 8-2。

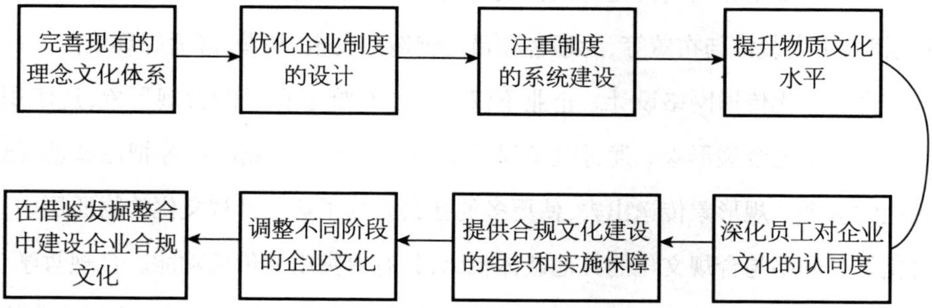

图 8-2　合规文化的演变

(一)完善现有的理念文化体系

理念文化的完善包括体系的健全、个性的提炼,这两个重点环环相扣。体系

的健全就是将尚未明确的内容补充完整，予以肯定。比如，企业的经营哲学、使命、宗旨及详尽的价值观体系等都该一一确认，在企业所涉及的主要业务项目中，如生产经营、市场营销、产品研发、财务管控、风险控制、劳动保护、内部控制等，也应总结和设计出相应的服务理念，从而形成比较完整的合规理念体系。

文化个性的提炼则困难了许多，它不只是讲究文字表达上的创新，更重要的是强调企业的独到之处。它不仅要尊重现实，更要超越现实，把握社会前进的脉搏，预见企业未来的发展趋势。文化个性的提炼可按以下步骤进行：第一，调查搜集需要提炼的理念文化，并进行分类；第二，企业核心管理层共同探讨需要提炼的每一个理念；第三，调查了解员工对这些理念的认识和看法；第四，企业核心层管理者与员工代表集合在一起，讨论提炼出使用率最高的能代表企业特质的词汇，加以润色，就是企业独有的、员工认同程度较高的合规精神了。

（二）优化企业制度的设计

科学合理的制度体系是理念文化提炼后得以落实的保证。企业一般都构建了相应的制度，其中绝大多数制度与公司的理念相吻合，也有个别制度条例的设计有局限性和阶段性，与企业的长期发展目标存在冲突。

要找出问题，可以发放调查问卷，向员工了解公司制度的哪些方面不合理，先抓住主要矛盾的主要方面，再着手梳理其他制度，最后进行制度与理念的契合。在将现有制度与文化理念进行整合时，首先把握现存制度和企业理念的主题思想，然后比照两者是否一致；否则进入制度的修订程序。深入一步找出问题的所在：是表述不准确，还是考虑不周到，抑或根本上就背离了理念文化？针对不同的原因，确定相应的改进措施。接下来将修订过的制度公之于众，调查员工的反映，不断修正，直至员工表示接纳，此制度便正式出台。

（三）注重制度的系统建设

制度不仅仅是几个要求和规定，也不仅仅是一大堆要求和规定的堆砌。制度是要素之间的有机连接。要素之间有机连接形成的网络、系统，才叫制度。没有连接的制度是死的制度，是没有灵魂的制度，是不能运行的制度。目前，很多企业的制度建设依然停留在制度的要素建设上，企业在制度建设中要更加注重制度系统的建设。充分发挥企业的组织职能，切实落实分层管理，使各层次各部门之间关系明确、职责权限分明。每一个管理层次均依据上一层次的指挥和意图，通过组织协调下一层次的人力、物力来完成任务，做到上下管理层次分明、各司其职、各负其责。各平行部门之间要做到关系明确、分工协调，整个公司管理渠道畅通、政令通达。加强考核，激励式管理。规章制度、管理网络必须依靠检查、考核、评估才能得到落实，也只有不断完善考核评估体系，才能保证公司各项工作落到实处。根据发展需要，制定一系列的考核措施，加大对工作质量的考核力度，同时辅以责任制和责任追究制，使考核工作从对量的考核向对质的考核转变。

（四）提升物质文化水平

设计具有企业自身特点的物质环境，必将对提高企业合规文化的知名度产生积极而深远的意义。绿化景观，结合企业所处的地域气候特点和植物资源，用不同的品种及组合，形成地域特色分明的绿化景观。建筑景观，办公楼要能充分反映当地的建筑特色，建筑区的广场雕塑和室内雕塑，应具有企业特质的文化气息。室内装饰与布置，会议室、接待室等室内布置可以考虑以地方文化色彩较浓的人物地名、河流湖泊、风物特产的名字命名，体现地方文化特色。

（五）深化员工对企业文化的认同度

虽然企业合规文化的建设是以企业高层管理者为主导的，但“人人合规”的要求却是全体员工共同的信条,因此员工对合规文化的认同才是塑造合规文化的根本所在。对完善后的合规文化进行广泛宣传,让员工知道企业力推的合规理念的每一项含义。宣传合规文化的一种有效手段是制定员工诚信合规手册。诚信合规手册是企业合规管理制度的重要组成部分,为企业各部门的合规管理以及全体员工的行为规范提供概括性的准则纲要,为员工提供便捷的行为指导。诚信合规手册包括企业的诚信合规理念、合规管理原则、合规管理架构、商业伙伴的合规要求、企业与政府社区的关系、具体的诚信合规行为规范、合规咨询与举报等内容。由于诚信合规手册所载内容秉承了企业的核心理念,因而员工在学习的过程中就受到了企业合规文化潜移默化的熏陶。由于员工诚信合规手册的内容关系到员工的切身利益,员工学习起来会有较高的积极性,且员工学习和讨论的过程也是对合规理念文化的又一次审视。

(六)提供合规文化建设的组织和实施保障

企业的合规文化的管理多散见在人事、宣传、行政等部门中。但是出于企业长远发展的考虑,建立企业合规文化管理的常设组织很有必要。该机构的职能应该包括:编制、实施、检查、完善合规文化发展规划;全面导入形象识别系统,负责 CIS 的宣传贯彻、培训和指导;协助人事部门进行员工行为规范的训练及检查工作;负责员工意见箱的设置并收集、整理和传达意见;组织与外界的合规交流工作;策划、制定、完善企业合规文化活动项目及规范程序等。

(七)调整不同阶段的企业文化

一个企业的成长要经历创立、成长、成熟三个阶段。对不同阶段的企业,其合规文化建设的侧重点有所不同。处在初始期企业,其核心目的是要吸引和留住人才,须建立一个科学完善的激励机制,合规文化应体现对员工的关怀,使员工对企业的发展和壮大充满信心。在企业进入成长阶段后,企业的发展需要一个公平合理的内部环境,企业的组织结构需要合理调整。这时的合规文化建设应在激励机制基础上,建立有效的绩效机制,对员工的奖罚要分明,分工要明确,用有效的管理制度维持企业的良性发展。在企业步入成熟阶段后,企业往往集团化,企业的运行相对平稳。这个时候企业容易出现大企业病,员工的工作效率降低,责任感下降。如何保持企业的活力,激发创新意识,推动企业改革,是企业发展的当务之急。这时的合规文化建设应该在提高员工的创新意识,强调危机意识和培养开发人才上下功夫。

(八)在借鉴发掘整合中建设企业合规文化

合规起源于西方,由于东西方文化的差异,如何创建有中国特色的企业合规文化是摆在我们面前的一个不容回避的难题。企业首先要理智、辩证地对中西方企业合规文化加以分析,发现其中的优劣,从而能够取其精华,去其糟粕,避免不假思索地全盘西化和照搬照套的错误倾向。企业文化是民族文化的具体体现,企业合规文化是企业文化的重要组成部分,通过汲取传统文化之精华而建立的企业合规文化,能帮助企业提高其自身的凝聚力和竞争力,在市场上赢得公众的信赖和赞誉。此外,企业要建立高度整合的现代企业文化,摒弃传统经济中的粗放型文化,结合自身特点,汲取西方企业文化和我国传统文化中的精华,整合出具有自身特色的企业合规文化。

企业合规文化是企业在长期的生存和发展中形成的为组织多数成员共同遵循的基本信念、价值标准和行为规范的综合,是理念形态文化、制度形态文化和物质形态文化的集成。合规文化是一种无形的生产力,一种潜在的生产力,优良的企业合规文化能够增强组织的凝聚力和持久力,能够促进员工的合规意识和行为自觉,营造出依规办事、按章操作的文化氛围,保障企业行为的合理性和规范性,推动企业的健康成长与长足发展。

第二节　最佳实践

一、中国某商业银行合规文化建设实践

NY银行是较早开展合规文化建设的商业银行。自成立以来，NY银行一直把规范管理、稳健经营作为经营发展的首要准则。NY银行40多年的历程，不仅是改革发展不断跨越、综合实力不断增强的历程，也是包括合规文化在内的经营文化、服务文化、风险文化、人才文化等优秀企业文化不断积累和传承的历程。

（一）合规文化建设理念的形成

2010年4月，NY银行正式启动合规文化建设活动，发布实施了《中国NY银行合规政策》《中国NY银行员工行为守则》，确立了合规文化基调，推行合规创造价值、人人合规、主动合规等合规理念。2013年，制定《中国NY银行合规文化建设纲要》，完善了工作内容，指明了执行路径。接下来每三年出台合规文化建设指导纲领，对全行合规文化建设进行整体规划。各级行在三年规划的基础上，每年都做出可操作性比较强的实施方案，提出具体的建设目标和工作措施，并对执行计划的实施效果进行评估，评价合规文化建设各项目标的推进和实现情况，为下一步工作重点提供思路和方向。各级机构每年开展合规文化建设活动，合规文化深入人心，取得了明显成效。

（二）合规文化建设的持续发展

2010年以来，NY银行坚持“抓合规、控风险、强基础、促发展”的主线，按照基础建设、推广根植和巩固提升的总体部署，持续开展合规文化建设活动。2010

年，组织开展了“合规文化基础年”活动，着力推进包括合规理念、制度文化、执行力提升在内的合规文化基础性建设工作。2011 年组织开展了“合规文化推广年”活动，通过深入查找风险隐患，落实整改措施，加大整改力度，推动合规建设向纵深方向发展。全员开展合规文化教育，强化通过合规意识，规范业务办理流程，培养从业者合规习惯，以实际行动促进合规文化与业务实践相结合。2012 年组织开展的“合规文化提升年”活动，全面落实合规文化建设措施，不断巩固提升合规文化建设水平，建立其适合合规文化发展的保障机制，在强化员工合规意识的基础上，进一步完善合规制度影响力，并在各项业务实践中得到充分落实。在全行形成良好的合规文化环境。通过每年组织的合规文化暨案防制度宣讲、合规文化大讨论、案件警示教育等行之有效的宣教形式，从员工工作实际出发，编写具有真实性、典型性的合规案例，以案例学习分享的形式引导员工认识到合规的重要性，强化员工的合规意识，使员工认识到合规制度的重要性，强化合规办事程序，认清合规风险危害，引导员工树立正确的合规价值观，全行对合规文化建设重要性的认识不断提高。

（三）合规文化发布及建设规划

2018 年，围绕“为什么要合规”“合什么规”“怎么合规”等核心问题，NY 银行发布了《关于进一步加强合规文化建设的意见》，规划了 2018～2020 年合规文化建设的蓝图，丰富了合规文化管理的内涵，优化了合规文化建设实施路径，有力推动全行合规文化建设进入新阶段。回顾整个历程，NY 银行的合规文化始终传承延续，在管理中处于基础性地位，成为 NY 银行宝贵的历史财富，并将成为 NY 银行实现战略发展的基本遵循。[1]

---

〔1〕 参见刘极伟：《NY 银行 XA 分行合规文化管理体系优化研究》，西北大学 2021 年硕士学位论文。

二、某上市国企合规文化管理实践

某上市国有企业在2020年年初被某省选为合规建设试点单位。为开展合规动员大会并进行基层走访调研,2020年4月公司召开了合规管理体系建设暨“风险管理年”活动启动会,公司董事长在会上对合规管理体系建设提出了提高“一个意识”、压实“两项责任”、强化“三道防线”、用好“四种工具”、纳入“五项机制”的要求。同时,公司还邀请相关专家对参会人员开展了关于合规管理知识、合规体系建设以及风险管理知识的培训,切实强化各个层级对合规体系的学习和理解。合规工作小组围绕公司“合规管理体系建设”对本部各部门、各基层单位和各子公司开展调研,在合规制度建设、合规文化建设等方面提出了近100条合规建议,形成了80页的详细合规调研报告。

为抓好合规文化建设这个关键领域,公司不断探索合规文化的新思路、分析公司经营特点、丰富新载体、搭建新平台,通过在走廊、宿舍、收费亭、地下通道等公共区域,设置相关普法、合规宣传教育栏和警示案例宣传报,建立微信、钉钉等法制宣传群,及时传递相关法制、合规信息,这些定期和实时的合规“微学习”,不断强化全体员工依法合规的工作思路。

2020年年底,该企业发布了重要合规文化建设成果——《诚信合规手册》。该手册开篇由公司董事长致辞,宣示公司的合规方针与承诺。明确以“诚信做人、合规做事”为合规方针,并从公司与员工、公司与商业伙伴、公司与当地政府、社区等方面着手,明确了近100条的诚信合规行为规范,包含质量、安全、健康和环保、公平竞争与反垄断、境外投资经营、财务税收、商业秘密保护及知识产权保护、数据保护和信息安全等多个方面。《诚信合规手册》中英文双版在某领域企业合规体系中尚属首创。

此外,作为合规文化建设的重要保障手段,合规咨询与举报也被写入《诚信合规手册》,公司鼓励全体员工、客户、商业伙伴以及相关第三方就公司合规规范事宜进行咨询,同时鼓励和保护对违反合规规范或本手册的行为进行举报,调查核实后必要时会采取相应的措施。公司保护举报人及其举报信息,禁止任何针对投诉举报人的打击报复行为。举报方式包括但不限于电话、电子邮件、传真、信函等方式,实名或匿名举报。此外,在公司总部设立了举报热线和公司合规咨询热线。

第三节　推荐阅读

卞传山:《你的企业文化合规吗》,载《法人》2019 年第 5 期。

蔡宁伟:《商业银行合规风险管理内涵解析与改进路径》,载《金融监管研究》2017 年第 12 期。

孙旭:《深度合规管理——体系、审查与实践》,上海人民出版社 2020 年版。

陈瑞华:《企业合规基本理论》(第 2 版),法律出版社 2021 年版。

卞传山:《企业法务与合规管理实务》,上海交通大学出版社 2021 年版。

杨力、卞传山:《商业合规的微观理论研究》,上海交通大学出版社 2022 年版。

第九章

合规方针

【导读】

合规方针是合规管理体系的纲领性文件，用以明确企业合规管理的方向及目标，对企业的内部、外部均发挥着重要的引领价值。一个完整的合规方针应具备宗旨、原则、范围、目标、承诺、支持、后果 7 项内涵要点。企业在制定合规方针时，应结合自身实际，注意结合业务特点与经营的地域灵活定义内涵，以保证内涵符合合规方针的要求，让其真正发挥类似“合规宪法”的作用。

【关键词】

合规方针　合规政策　纲领性文件

【思维导图】

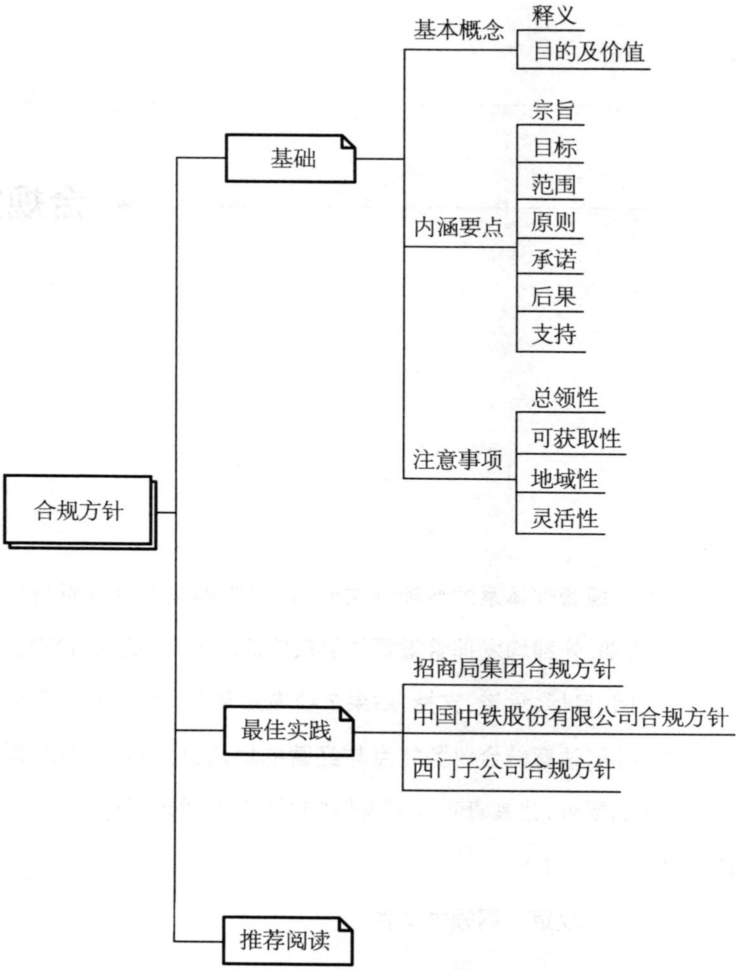
合规方针
基础
基本概念
释义
目的及价值
内涵要点
宗旨
目标
范围
原则
承诺
后果
支持
注意事项
总领性
可获取性
地域性
灵活性
最佳实践
招商局集团合规方针
中国中铁股份有限公司合规方针
西门子公司合规方针
推荐阅读

第一节　基础

一、基本概念

（一）释义

合规方针（compliance policy），又称合规政策，是由企业最高管理层根据业务开展实际及相应的合规义务确立的总体合规目标与方略。合规方针对企业各项活动的总体原则及合规框架给予明确指导，要求企业最高管理层作出承诺并在各项活动中贯彻执行。

相较于企业在业务活动中具体的合规行为要求，合规方针是宣誓性的纲领，为具体行动提供指南或方向指引，其在合规体系中发挥着类似“企业合规宪法”的作用。合规方针高度凝练，需通过行为准则将体系化表述出来，支撑合规方针实现，即其实现需依托企业各领域行为准则的完备及实施。

（二）目的及价值

企业合规建设虽能极大地提升企业的软实力，增强企业自身竞争力，但由于合规建设对企业治理结构及生产经营活动产生较大影响，往往会在企业内部遇到一定阻力，合规方针在明确企业合规目的、架构、范围的基础上，以最高治理层承诺、各层级知悉的形式自上而下地推广企业合规制度，最大限度地推动企业合规制度的落地生根。

合规方针的价值体现在内部及外部两方面。内部价值包括明确价值、激励价值、指引价值、纠正价值、凝聚价值。明确价值，即表明企业积极追求合规经营的态度，作出相应承诺，并明确合规体系的框架、范围、后果等要素；激励价值，即通过最高管理层承诺并签署正式文件的形式使各层级员工意识到合规建设的重要性并激励其采取符合规范要求的行为；指引价值，合规方针通过明确何种行为应符合何种行为准则的形式，为企业及员工的各项行为提供指引；纠正价值，合规方针通过概述不遵守企业的合规义务、方针、过程和程序的后果，为惩戒不合规行为提供依据，并以此震慑并纠正员工的不合规行为；凝聚价值，合规方针通过企业合规宗旨和一致的行为准则，提高员工对企业价值观的认同，增强企业的向心力。

外部价值包括区分价值、誓约价值、风控价值、竞争价值。区分价值，即合规方针与企业的价值观、目标和战略保持一致，在一定程度上凸显了企业的独特文化；誓约价值，即向政府、合作伙伴等其他社会主体表明合规经营的意愿，以获取与其他主体的合作机会；风控价值，通过公开的合规方针探求遵从企业合规理念及行为规范的合作伙伴，并推动其主动采取合规措施，进而减少企业生产经营的外部风险；竞争价值，在日益讲求规范经营、有序竞争的市场经济活动中，成熟明确的合规方针及与之配套的合规制度将极大地提升企业竞争力。

二、内涵要点

（一）宗旨

合规方针应概述企业的合规宗旨（亦称为合规理念），即企业欲以何种姿态打造何种合规体系。合规宗旨应当与企业的价值观、目标和战略保持一致，并服务于企业战略发展全局。此外，企业合规宗旨亦应与企业各项活动产生的合规义务相适应。

（二）目标

合规方针中应体现企业的合规目标，即企业欲通过合规管理获取一定成效的期望，一般合规方针欲达成树立企业良好形象、增强企业文化认同感及凝聚力、规范企业及员工行为、实现企业自身价值等效果的目的。

（三）范围

合规方针作为企业合规管理体系的纲领性文件，应对合规管理体系的适用范围及其与其他企业职能的结合程度予以明确。适用范围即企业合规管理体系应适用于企业何种业务条线、何种层级员工等；其他职能结合程度即合规管理体系是否涉及治理、风险、审计、法务等管理职能并如何与之相结合。

（四）原则

合规方针中的原则应为合规管理体系中各项制度的高度提炼，是合规方针落实乃至企业合规管理运行的底线性要求。合规原则应通俗易懂，易于企业中所有参与合规的人员快速、准确地理解与掌握。需注意，合规方针中应体现对内外部利益相关方的关系进行管理的原则。

（五）承诺

合规方针应包括满足适用需求的承诺及持续改进合规管理体系的承诺。前者指企业对构建与各活动开展及企业合规义务相适应的合规制度并将其付诸实施作出承诺；后者指企业承诺将根据情况变化及时对企业合规管理体系进行更新完善以适应新的需求。承诺宜由企业最高管理层作出，并在合规方针中有所体现。

（六）后果

合规方针中应概述不遵守企业的合规义务、方针、过程和程序的后果。该后果的实现要求企业进一步明确检查整改、监督举报、违规问责等相应机制，并在支持合规方针的其他文件中予以体现。

（七）支持

合规方针不应大而全地对合规管理体系中的各项内容作出规定，而应采取援引或列举的形式将支持合规方针实现的行为准则及相关文件注明，使之形成以合规方针为纲、相关文件予以支撑的合规管理体系。

三、注意事项

（一）总领性

合规方针应简洁明了地阐述各个要点，且着眼于合规体系框架的构建，用以明确企业合规体系所应涉及领域、范围，并通过相关文件予以支持。不宜将全部或大多数文件囊括其中，否则极易造成合规方针指向不明，进而导致企业合规管理体系的混乱。

（二）可获取性

合规方针的实现基于所涉及的企业成员乃至企业外相关方的共同遵照执行，其前提条件在于上述人员能及时知悉并掌握合规方针。故此，企业应提高合规方针的可获取性，便于有关人员查阅对照。如有必要，宜将合规方针翻译成其他语言，以满足特定人群或相关方的需要。

（三）地域性

企业在制定合规方针时，应充分考虑企业各项活动开展所在地域相关要求，积极承担国际、区域或属地的合规义务。注意区分和把握不同地域间义务要求，且应根据其区别在合规方针中予以明确并分别作出规定。如有义务冲突，可结合国际行业标准或相关规范进行相应调整，必要时应对有关地域义务作出取舍，以保证合规方针得以一致的贯彻落实。

（四）灵活性

企业合规方针可结合企业现有制度框架及管理结构，在把握企业合规实质的基础上，采取灵活的方式凸显上述 7 项内涵要点，而非机械地作出规定。换言之，合规方针应满足企业实际需求并符合企业气质。

第二节　最佳实践

一、招商局集团合规方针

招商局集团是中央直接管理的国有重要骨干企业，业务主要集中于综合交通、特色金融、城市与园区综合开发运营三大核心产业和邮轮、大健康、检测等新产业。招商局集团于 2016 年作为国资委首批试点企业开展了合规管理体系建设工作，2020 年，招商局集团合规管理体系建设工作已由前期的试点工作转化为日常经营管理工作。招商局集团合规方针具体主要体现于《招商局集团合规手册》，详解如下。

宗旨→《招商局集团合规手册》第一章第一节

合规从高层做起、全员主动合规、合规创造价值。

目标→《招商局集团合规手册》第一章第二节

1. 防控集团企业和员工的合规风险,促进全面风险管理体系建设;

2. 提升各单位依法治企能力、合规经营水平及规范管理能力;

3. 普及企业合规文化;

4. 确保企业依法合规经营,维护集团的良好声誉。

范围→《招商局集团合规手册》第一章第五节

1. 适用于集团及集团下属全资、控股公司及其受托管理的公司及其他所属单位;

2. 集团所有单位及其员工为本手册项下的合规义务人。

原则→《招商局集团合规手册》第一章第三节

全面覆盖、强化责任、协同联动、客观独立。

承诺→《招商局集团合规手册》董事长致辞及第10条

1. 招商局集团将实现合规管理体系建设全覆盖的目标;

2.《招商局集团合规手册》施行后,有关法律法规、监管规定、行业规范及集团规章制度如有新的规定或不同要求的,应当按照所适用的新规定或要求执行。

支持→《招商局集团合规手册》第一章第7条第2款及第9条

1. 具体合规义务及相应要求见《招商局集团合规手册》第三章和第四章;

2.《招商局集团合规手册》制定依据包括国务院国有资产监督管理委员会《中央企业合规管理指引(试行)》等所适用的境内外相关法律法规及监管规定、集团合规管理制度(见附件)和其他经营管理规章制度,以及行业公认的行为规范和道德准则。

后果→《招商局集团合规手册》第31~33条

对公司合规检查整改机制、合规举报监督机制及违规问责机制进行阐述,明确违反公司合规要求的处理机制及相应后果。

其他

《招商局集团合规手册》第二章概述了公司合规管理体系及相应运行机制，并进一步明确了公司各层级的合规职责。

二、中国中铁股份有限公司合规方针

中国中铁股份有限公司作为全球最大建筑工程承包商之一，2021 年在《财富》世界 500 强企业排名第 35 位，在中国企业 500 强排名第 5 位，其作为国资委于 2016 年确定的首批合规管理体系建设试点企业，较早地开展了合规建设并取得了一定成效，其合规方针由《合规政策》及《管理层承诺》两部分构成，并刊登于公司官网诚信合规栏目，详解如下。

宗旨→《合规政策》

1. 心中有法、行必依法、决策问法、治理靠法；

2. 合规从高层做起；

3. 人人、事事、时时合规；

4. 合规创造价值。

目标→《管理层承诺》

通过合规管理体系建设进一步增强企业竞争力，努力把中国中铁建设成具有全球竞争力的世界一流综合型建筑产业集团。

范围→《合规政策》

1. 明确公司需人人合规；

2. 明确公司的合规重点为公司治理，招标、投标与采购，质量、安全与环境保护，财务管理，劳动用工，知识产权，商业合作伙伴，反腐败与反商业贿赂，业务招待和礼品赠送，社会捐赠与赞助，国际经营，党的工作共 12 个领域。

承诺→《管理层承诺》

坚持合规从高层做起,坚持人人、事事、时时合规,将合规管理就是企业竞争力落到实处。

支持→《合规政策》

1. 由公司经理层及总法律顾问负责组织拟订公司合规管理基本制度和合规手册、合规管理机构设置方案,制定合规管理具体制度;

2. 12个重点领域合规应遵循相应法律法规及公司专项管理规范。

后果→《合规政策》

公司纪检部门为公司违规举报的受理部门。合规管理部门和全体员工发现违规线索均有义务进行举报,公司保护举报人的正当权益。对违规违纪的员工,公司根据相关规定给予处分,直至解除劳动合同;若涉嫌犯罪,将依法移送有关司法机关处理。

其他

1.《合规政策》对公司合规管理机制进行了阐述,具体包括"三位一体"合规部门管理模式、"三防一查"合规风险管理机制、合规联席会议和合规联络员会议,并对合规管理内容进行了详细说明。

2.《合规政策》对公司合规管理框架进行了说明,明确了各领导层级的合规管理职责。

三、西门子公司合规方针

2006年,西门子公司因商业贿赂等行为受到多国调查,并因此遭受巨大损失,为避免损失扩大化,西门子公司建立了较为完备的合规管理体系,并不断更新至今,其合规方针体现于西门子公司《商业行为准则》。

宗旨

西门子致力于合规经营,诚信是西门子"改变每一天"的企业理念的基础。

在西门子，所有人都被要求勇担责任，追求卓越，矢志创新的价值观深刻影响，以诚信负责的态度处理公司事务，而这一切的基础都是合规，即符合对应的法律法规和公司内部规范。因此，每一个西门子的员工都义无反顾地承担着以合法，合商业道德，最诚信的态度进行业务活动的义务。

目标

通过合规提高西门子的竞争力。通过合规，避免职工遭受纪律处分，经济损失，甚至牢狱之灾，也避免公司遭受声誉损失，经济损失，政府制裁。

范围

西门子必须遵守所有相关法律，行业标准和内部规定的要求。本方针适用于西门子的所有领域和所有活动，要求做到诚信经营。与股东和世界各地的组织一同构建反腐败和反不正当竞争联盟。

承诺

西门子以负责任的态度开展各项业务，严格遵守中国的各项法律法规。公司决不姑息任何违法和不道德的行为，以一整套约束性的规章制度，要求所有员工遵纪守法，诚信守德。公司以“防范、监察和应对”的模型推进合规工作的进行，促进西门子合规的发展。

支持

西门子通过系统完善的合规体系保障合规工作的顺利进行，包括但不限于“防范、监察和应对”的合规体系，约束员工行为的《商业行为准则》，建设诚信文化与企业核心价值观，内部调查“Tell Us”举报平台，西门子供应商行为准则，合规联合行动等支持措施。

后果

西门子在监察方面，积极识别和处理不合规行为，以“Tell Us”举报平台，完善全球特派调查官制度，制定公平的内部调查制度，畅通合规沟通渠道，明确地处理不合规行为，消除合规工作的薄弱环节，对不合规行为的职工进行教育，必要时予以惩戒。

第三节　推荐阅读

陈瑞华:《企业合规基本理论》,法律出版社2020年版。

李本灿:《企业视角下的合规计划建构方法》,载《法学杂志》2020年第7期。

朴美善、温利峰、郭靖婷:《ISO 37301与ISO 19600差异分析》,载《质量与认证》2021年第3期。

钱悦:《"全球化合规"时代下的合规管理——基于ISO37301标准的分析和思考》,载《通信管理与技术》2021年第3期。

郭凌晨、丁继华、王志乐主编:《合规:企业合规管理体系有效性评估》,企业管理出版社2021年版。

北京汽车股份有限公司:《诚信合规手册》,载http://www.baicmotor.com/about/xwzz.html,最后访问日期:2022年4月22日。

福田汽车集团:《福田汽车集团合规准则管理办法》,载https://www.foton.com.cn/webback/news/index.html,最后访问日期:2022年4月22日。

西门子公司:《商业行为准则》,载https://new.siemens.com/cn/zh/company/sustainability/compliance.html,最后访问日期:2022年4月22日。

招商局集团:《招商局集团合规手册》,载https://www.cmhk.com/main/hggl/hgsc/,最后访问日期:2022年4月22日。

中国石油天然气集团有限公司:《诚信合规手册》,载http://www.cnpc.com.cn/cnpc/pdf/202108/d091a1f243274a199c071a904e471d6a/files/2c12d2e1dd584776886393a214a1ba59.pdf,最后访问日期:2022年4月22日。

中国铁建股份有限公司:《诚信合规手册》,载 http://www.cr15g1c.com/col/col16043/index.html,最后访问日期:2022 年 4 月 22 日。

中国中铁股份有限公司:《合规政策》《管理层承诺》,载 http://www.crec.cn/web/10089501/10173237/10173240/index.html,最后访问日期:2022 年 4 月 22 日。

第十章

合规组织

【导读】

企业合规体系的实施，离不开各业务及职能部门、合规管理部门和审计监督部门的参与，需要企业的全体员工、合规部、合规委员会、董事会、监事会、高级管理人员均参与实施企业的合规体系，承担各自的合规职责。公司应通过建立行之有效、统筹协调的合规管理组织机构，实现合规管理的高效化、规范化。

【关键词】

合规职能　合规管理　最高管理者　合规监督　问责机制

【思维导图】

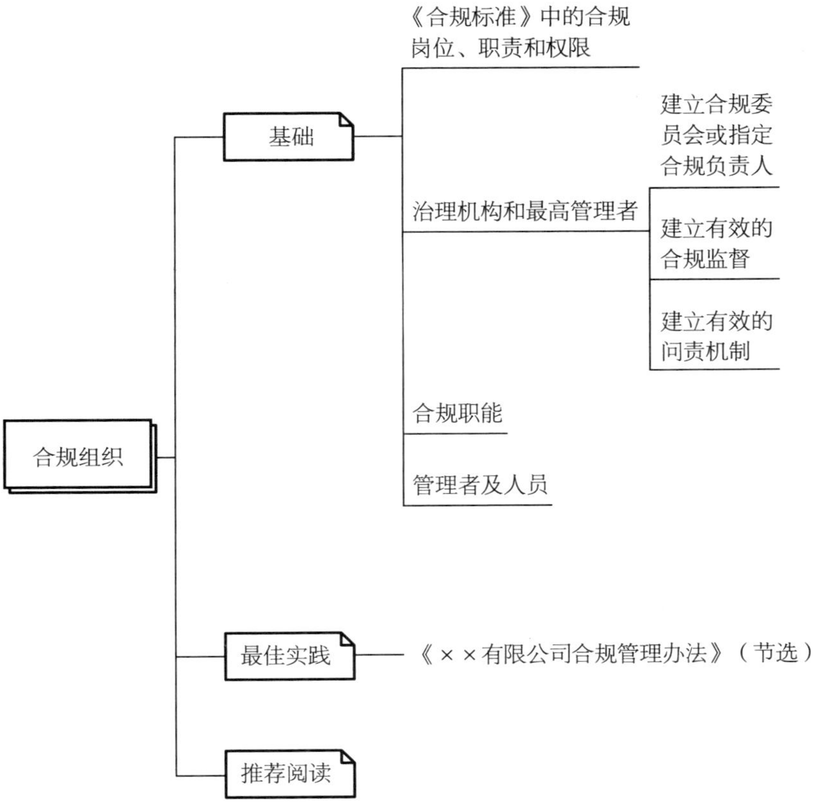
合规组织
基础
《合规标准》中的合规岗位、职责和权限
治理机构和最高管理者
建立合规委员会或指定合规负责人
建立有效的合规监督
建立有效的问责机制
合规职能
管理者及人员
最佳实践
《××有限公司合规管理办法》（节选）
推荐阅读

第一节 基础

一、《合规标准》中的合规岗位、职责和权限

《合规标准》要求组织对合规岗位、职责和权限进行明确的设定。除了对合规职能进行明确要求外，与《合规管理体系 指南》相比，《合规标准》增加了治理机构的责任义务，要求治理机构确保最高管理者可以达到合规目标，以及对最高管理者运行合规管理体系的情况进行监督，同时要求管理者建立和维护问责机制，并确保所有人员遵守合规要求，这对于推动企业从“纸面合规”到“真正合规”起到了积极的作用。

二、治理机构和最高管理者

基于《合规标准》5.3.1，治理机构、最高管理者、管理者承担以下的合规管理义务：

治理机构应：(1)确保最高管理者的管理绩效可以根据合规目标的实现程度进行测量；(2)对最高管理者运行合规管理体系的情况进行监督。

最高管理者应：建立和维护问责机制，包括纪律处分和结果。

基于《合规标准》5.3.3，管理者应通过以下方式对其职责范围内的合规工作负责：

确保其管理范围内的所有人员都遵守组织的合规义务、方针、过程和程序。

企业在进行合规体系建设过程中，往往存在领导层对合规认识不全面，将合规体系建设当作形式任务完成，从而无法真正落实到位的情况，因此，《合规标准》新增治理机构的责任义务以及最高管理者问责机制责任，这将有利于企业

将合规体系切实落到实处，让合规真正为企业创造价值。

具体而言，企业在设定合规体系的过程中，在治理机构和最高管理者的安排方面，应当关注如下内容。

（一）建立合规委员会或指定合规负责人

《合规标准》对治理机构的定义是：对组织的活动、治理、方针负有最终责任和权力的一个人或一组人，最高管理者向其报告并对其负责。

治理机构独立于最高管理者，对企业的合规活动负有最终的责任和权力，可以是董事会、监事会、合规委员会或其他独立的受托人（《合规标准》3.21，注2）。

企业在建立合规体系时，可以建立专门的合规委员会或指定合规负责人，以对企业的合规活动、治理、方针负最终责任，促使企业的合规体系能够从上而下得到最多资源的支持，并通过将合规责任落实到具体的一组人或一个人的方式促使合规体系的贯彻执行。

建议企业合规委员会为必设机构，可以作为企业董事会的派出机构，成员由董事会、监事会以及其他高级管理人员组成；规模较小的企业可以设置合规负责人，就重大合规事项承担直接责任，可以由实际控制人、执行董事或法定代表人担任。

欧盟的《通用数据保护条例》亦规定在特定的情况下，企业需要设立数据保护官（Data Protection Officer），在大部分情况下，建议企业设立数据保护官（Data Protection Officer），独立地履行个人数据保护合规义务。

根据国务院国有资产监督管理委员会2018年11月2日发布的《中央企业合规管理指引（试行）》（国资发法规〔2018〕106号）（以下简称《合规指引》）第8条的规定，中央企业设立合规委员会，承担合规管理的组织领导和统筹协调工作。目前，中央企业已经按照相关要求设立合规委员会，对企业合规体系进行统筹协调监督。

（二）建立有效的合规监督

基于《合规标准》5.3.1，治理机构应：

（1）确保最高管理者的管理绩效可以根据合规目标的实现程度进行测量；

（2）对最高管理者运行合规管理体系的情况进行监督。

在企业建立合规体系的过程中，有效的监督是非常有必要的。企业的治理机构应当建立有效的监督，以确保最高管理者可以达到合规目标。通常来说，可以通过企业内部审计和外部审计的方式进行。

企业可以设立内部审计部门、内部审计委员会，对最高管理者的合规体系进行独立的审计。内部审计部门、内部审计委员会可以由监事会成员或者其他具有独立地位的人员组成，与合规委员会的职责没有交叉，其审计监督职能可以定期进行，以便及时发现企业存在的不合规问题。

企业亦可以通过委托外部独立审计机构的方式对合规委员会的工作进行监督，比如聘请经验丰富的律师事务所、会计师事务所等专业机构进行独立的专项审计。

美国商务部工业和安全局2017年1月发布的《出口合规计划》亦认为，如果资源允许，定期利用外部审计机构是好的商业操作方式。外部审计能对企业的整体出口合规计划以及操作实践提供中立的第三方评估及认证。

（三）建立有效的问责机制

基于《合规标准》5.3.1，最高管理者应建立和维护问责机制，包括纪律处分和结果。

没有问责机制的合规体系，是无法落到实处的。《合规标准》对最高管理者提出责任要求，要求最高管理者建立和维护问责机制，这样的问责机制应当适用于合规委员会、最高管理者、合规部门、业务部门等。

企业应当建立违规问责机制,对违规责任范围进行明确约定,同时细化违规惩处标准,强化责任追究,建议设立举报渠道,针对违规问题,及时开展调查,落实追究责任。

《合规指引》要求建立法治建设第一责任人制度,并将加强合规管理作为企业主要负责人履行第一责任人职责的重要内容,同时规定对引发重大合规风险的高级管理人员可以进行罢免;各地的省属企业合规管理指引均纷纷落实《合规指引》的要求,加强合规问责机制的建立,如江苏省国资委的《江苏省属企业合规管理指引》规定,对于落实合规管理工作不力的要严肃问责并追究相关领导及人员责任。

三、合规职能

《合规标准》3.23 对合规职能的定义为:对合规管理体系运行负有责任、享有权力的一个人或一组人。具体而言,合规职能系指企业内部负责合规体系运行的合规管理部门人员,如合规部、法务部、风险部、内控部等,亦包括各部门负有合规职责的合规联络员。

《合规标准》5.3.2 合规职能中对企业的要求包括四个方面:合规职能应负责合规体系的运行、监督合规体系的落实、提供支持与建议,且企业应确保合规职能上通下达,得到足够的支持,发挥有效的作用。

合规管理部门是企业合规体系有效运行的责任部门,其责任和作用包括但不限于识别风险、监督落实、提供支持、上传下达等。其中,对于合规管理部门来说,最重要的即为合规风险识别。

合规风险识别对于企业来说非常重要,是企业进行合规风险管控的第一步。企业的合规管理部门可以先通过合规义务的识别发现合规风险,进而对合规风险进行评估和分级管控。具体而言,企业的合规管理部门可以根据企业的实际情况，由各业务和职能部门确定部门合规义务，制定部门合规风险清单，再由合规管理部门制定企业整体的合规风险清单。

《中央企业全面风险管理指引》第5条风险管理基本流程以及《中小企业合规管理体系有效性评价》第7条合规风险识别均要求企业对合规义务进行识别，从而识别合规风险。

四、管理者及人员

《合规标准》5.3.3 管理者规定：

管理者应通过以下方式对其职责范围内的合规工作负责：

(1)确保其管理范围内的所有人员都遵守组织的合规义务、方针、过程和程序。

(2)在其职责范围内将合规义务融入现有商业惯例和程序。

(3)参与并协助合规培训活动。

《合规标准》5.3.4 人员规定：

所有人员应：

(1)遵守组织的合规义务、方针、过程和程序。

(2)报告合规疑虑、问题和漏洞。

(3)根据要求参加培训。

合规体系的执行离不开企业全体人员的参与和实施，合规人人有责，已经成为一种普遍共识。

一般来说，企业合规体系的实施，离不开各业务及职能部门、合规管理部门和审计监督部门的参与，这就需要企业的全体员工、合规部、合规委员会、董事会、监事会、高级管理人员均参与实施企业的合规体系，承担各自的合规职责。对于合规组织来说，落实全员合规非常重要，也势在必行。具体而言，合规组织在组建合规体系的过程中，应当做到如下几点。

1. 要求业务部门参与合规

业务部门是企业合规风险的第一道防线，企业合规体系的有效落实，往往取决于业务部门是否将合规义务落实在日常的业务操作中，业务部门的积极有效参与是企业合规管理的核心因素。实践操作中，企业可以考虑由各业务部门委派兼职合规联络人，具体负责日常的合规政策落实、将合规义务融入现有的业务惯例和流程中、并定期自查和披露业务流程中存在的合规问题，促进合规部门及时、有效地解决。

2. 确定合规管理部门的职责范围

合规管理部门是企业合规风险的第二道防线，为企业的业务活动提供各类支持，包括但不限于识别风险、进行沟通、协助并提供培训、沟通协调解决方案等。实践操作中，可以由合规管理部门牵头企业的合规体系建设，沟通协调各部门，落实合规政策，协助解决所出现的合规风险。

3. 落实合规监督

合规政策的有效落实需要一定的监督，以便及时发现合规管理流程及活动中存在的问题。一般而言，可以通过设立内部监督机构如内审部门或者聘请外部专业机构进行定期审计的方式开展工作，监督合规纠正措施的有效落实，以切实发挥企业合规风险管理的第三道防线作用。同时，可以建立有效的举报方式，鼓励全方位合规监督，并设置举报保护机制，确保合规疑虑或建议得到重视并采纳。

4. 重视合规培训

全员合规的达成需要有效的合规培训。企业应当重视合规培训，并且将合规培训落到实处，避免培训流于形式。有效的合规培训应当注重培训主题与企业合规风险的契合性、一定的频次、有效的考核方式等。

《合规指引》确立了全面覆盖原则，坚持将合规要求覆盖各业务领域、各部门、各级子企业和分支机构、全体员工，同时要求建立全员合规责任制，明确管理人员和各岗位员工的合规责任并督促有效落实,[1]这为企业的合规管理确定了明确的基调。

内蒙古自治区人民政府国有资产监督管理委员会在《关于建立企业合规管理体系的指导意见》中规定,企业应健全和落实全员合规责任制,并且明确党委会、董事会、监事会、总经理办公会、合规管理负责人以及合规管理综合部门、专项部门、参与部门均属于全员合规的重点范围,在这些部门和人员的参与下,才能形成各司其职、各负其责、紧密配合、协同联动的工作机制。

第二节　最佳实践

在实践中,企业可以通过制定企业合规管理办法、制定配套规章制度以及流程管控的方式建立合规委员会或指定合规负责人、建立有效的合规监督、问责机制以及落实全员合规。

具体而言,可以参考如下范例。

《××有限公司合规管理办法》(节选)

第二章　合规组织机构

第八条　公司通过建立行之有效、统筹协调的合规管理组织机构,实现合规

[1] 《合规指引》第4条:"中央企业应当按照以下原则加快建立健全合规管理体系:(一)全面覆盖。坚持将合规要求覆盖各业务领域、各部门、各级子企业和分支机构、全体员工,贯穿决策、执行、监督全流程。(二)强化责任。把加强合规管理作为企业主要负责人履行推进法治建设第一责任人职责的重要内容。建立全员合规责任制,明确管理人员和各岗位员工的合规责任并督促有效落实。……"

管理的上传下达,明确合规职责和责任分工。

第九条　各单位主要负责人是本单位合规管理的首要责任人,各单位分管领导对分管领域的合规管理承担管理责任。

第十条　各部门是合规管理主要责任部门;法务部是合规管理的牵头部门,财务部、人力资源部是合规管理专项部门;内审部、纪检部是合规管理监督部门。

牵头、专项和监督管理部门统称为合规管理部门,依各自职责及本办法开展合规管理工作。

第十一条　各部门的主要负责人是本部门合规管理首要责任人,负责本部门的合规管理工作。

第十二条　公司董事会是公司合规管理的最高决策组织,具体履行以下合规职责:

一、决定公司合规管理部门及其职能;

二、审议批准公司的合规管理制度及合规计划;

三、审查评估公司的年度和不定期合规报告;

四、法律法规和公司章程规定的其他合规职责。

第十三条　法务部作为合规管理牵头部门,对公司及员工的经营管理合规性进行审查、监督和检查,履行合规监督检查、审查、咨询、教育培训等合规管控职能。

第十四条　法务部履行以下主要职责:

一、制定公司合规管理制度,制订公司整体合规计划,并确保合规制度得到有效执行;

二、审定合规流程,进行公司合规风险评估和合规检查,并出具合规报告;

三、及时制止并纠正不合规的经营行为,按照权限对违规人员进行责任追究或提出处理建议;

四、协同人力资源部开展合规培训;

五、参与“三重一大”(重大问题决策、重要干部任免、重大项目投资决策、大额资金使用)事项的合规审查;

六、受理违规举报,组织反舞弊、反商业贿赂和反不正当竞争等方面的违规调查等;

七、合规管理体系相关制度文档、合规监督文档、合规检查工作记录、投诉举报记录等履行合规职责有关的文件、资料存档备查。

第十五条　人力资源部负责将合规培训纳入培训计划,将合规评价结果作为人事任免、考核奖惩的依据之一。

财务部门负责落实内部控制制度,协同外部审计公司负责经营管理的合规审计。

纪检监察部门负责落实党内政治制度和纪检监察工作,协助党内合规调查,督促公司党内违规问题的整改。

业务部门落实本业务涉及的合规风险防范措施,协助合规调查,督促本业务部门内违规问题的整改。

第十六条　公司全体员工都应当熟知其职业行为有关的法律、法规、规章制度和公司内部管理制度、道德准则,主动识别、控制其职业行为的合规风险,并对职业行为承担责任。

第十七条　各单位可以根据本单位的实际情况设置相应的合规管理专项部门,同时可以根据实际情况任命与本单位的业务领域或发展情况相适应的合规管理专员。合规管理专员应当具备与履行职责相匹配的资质、经验、专业技能和个人素质。

第十八条　各单位应当就本单位合规管理体系的运行情况向公司进行报告,报告每年至少进行一次,各单位应当对报告的完整性和真实性负责。

第三节 推荐阅读

国务院国有资产监督管理委员会:《中央企业合规管理指引(试行)》,2018年11月2日。

国务院国有资产监督管理委员会:《中央企业合规管理办法》,2022年8月23日。

国务院国有资产监督管理委员会:《中央企业全面风险管理指引》,2006年6月6日。

江苏省国有资产监督管理委员会:《江苏省属企业合规管理指引(试行)》,2019年11月6日。

内蒙古自治区国有资产监督管理委员会:《关于建立企业合规管理体系的指导意见》,2020年1月7日。

中国中小企业协会:《中小企业合规管理体系有效性评价》,2022年5月23日。

欧洲议会及欧盟理事会:《通用数据保护条例》,2018年5月25日。

美国商务部工业和安全局:《出口合规计划》,2017年1月。

第十一章

合规目标

【导读】

合规目标是合规管理体系的要素之一，决定了组织开展合规管理体系建设所要实现的结果。组织应协调合规目标与其他领域设定的目标之间的关系，确保合规目标不向其他目标妥协。合规目标设定，在内容和程序方面，应当遵守关于目标设定的一般性要求。SMART 分析法和改变理论，是设定合规目标的通用方法。

【关键词】

合规目标　目标设定　SMART 分析法　改变理论

【思维导图】

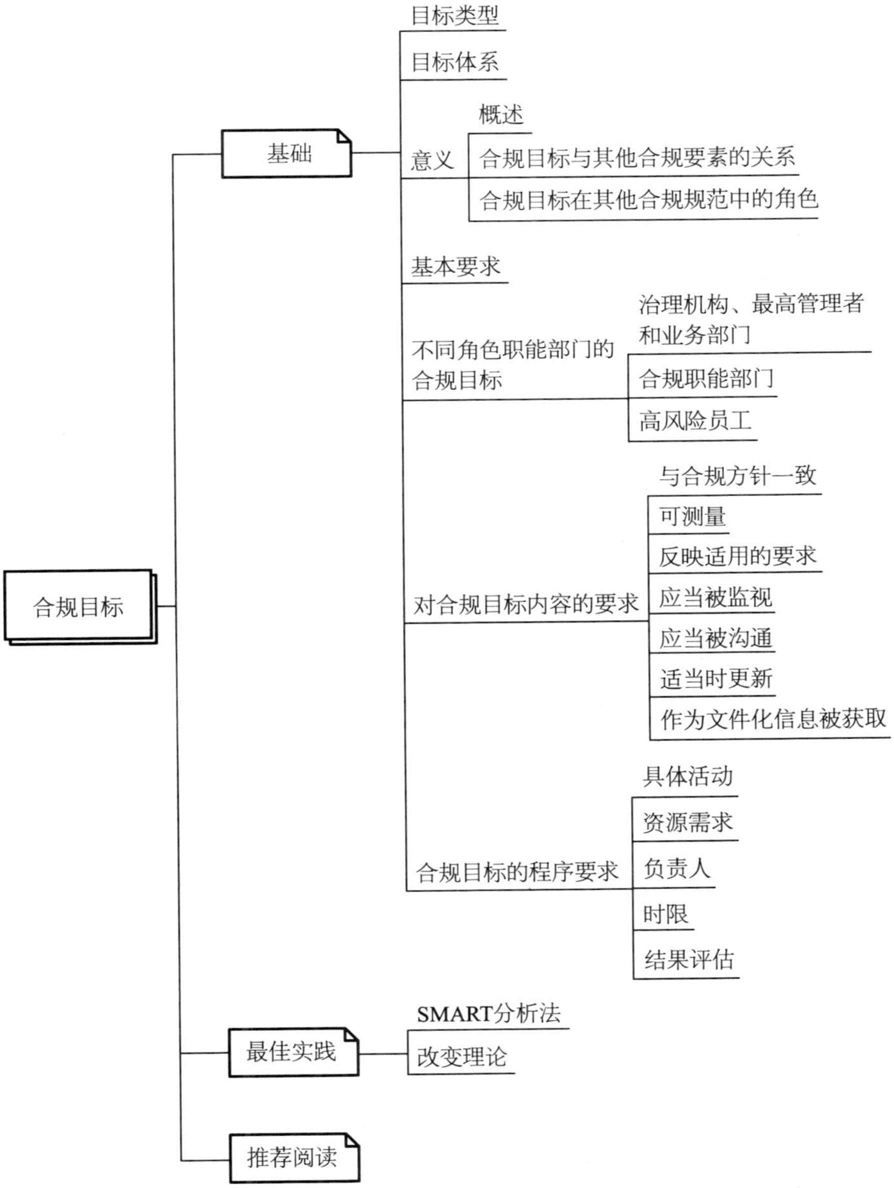
合规目标
基础
目标类型
目标体系
意义
概述
合规目标与其他合规要素的关系
合规目标在其他合规规范中的角色
基本要求
不同角色职能部门的合规目标
治理机构、最高管理者和业务部门
合规职能部门
高风险员工
对合规目标内容的要求
与合规方针一致
可测量
反映适用的要求
应当被监视
应当被沟通
适当时更新
作为文件化信息被获取
合规目标的程序要求
具体活动
资源需求
负责人
时限
结果评估
最佳实践
SMART分析法
改变理论
推荐阅读

确定合规目标以及对实现合规目标的策划，是组织在合规管理体系策划阶段采取的措施之一。[1] 组织基于其所在环境、内部组织情况以及利益相关者的期望和需求，确定合规方针之后，应当明确合规目标。合规目标最基本的要义是满足合规义务。[2]

第一节 基础

策划（亦称计划）是首要的管理职能。[3] 目标则是策划中最根本的要素，成为衡量经营行为的尺度。[4]

“目标是衡量未来行为的尺度。人们需要目标，是为了能够判断某个行为是好还是坏以及行为之间的区别。人们需要目标，是为了能够认识最优化的行为：最优化的决策同时也是符合目标的决策。”[5]

与目标紧密相连的是方案。方案是如何实现目标的文件，包括目标的范围维度、时间维度、具体维度及频率维度等方面的具体内容。

一、目标类型

企业的目标有多个。单个目标会导致不道德的行为。以下是从不同的视

[1] 参见《合规标准》6.2。

[2] Neiger, Erfolgreich mit Compliance, S. 165.

[3] 参见[美]斯蒂芬·P. 罗宾斯、玛丽·库尔特：《管理学》（第11版），李原等译，中国人民大学出版社2012年版，第202页。

[4] 参见[美]斯蒂芬·P. 罗宾斯、玛丽·库尔特：《管理学》（第11版），李原等译，中国人民大学出版社2012年版，第202页；Wöhe/Döring/Brösel，Einführung in die Allgemeine Betriebswirtschaftslehre，63。

[5] Wolfgang Mag，Planung und Kontrolle. 转引自 Wöhe/Döring/Brösel，Einführung in die Allgemeine Betriebswirtschaftslehre，63。

角,对目标所做的区分。

以目标是否以财务绩效为对象,企业的目标分为:[1]

(1)战略目标

(2)财务目标

以目标是否与企业的现实行为一致为标准,企业的目标分为:[2]

(1)陈述目标

(2)真实目标

以目标涉及的利益为标准,企业的目标分为:[3]

(1)经济目标

(2)社会目标

(3)生态目标

以目标涉及的内容为标准,企业的目标分为:

(1)实物目标

实物目标用来表明应当生产什么,涉及产品的类型、数量和质量等。

(2)规则目标

规则目标用来表明以何种规则来组织生产,如确定营业额目标、成本目标和利润目标等。

以目标涉及周期长短为标准,目标可分为:

(1)短期目标(一般是指1年以内的目标)

(2)中期目标

---

〔1〕 参见[美]斯蒂芬·P. 罗宾斯、玛丽·库尔特:《管理学》(第11版),李原等译,中国人民大学出版社2012年版,第202页。

〔2〕 参见[美]斯蒂芬·P. 罗宾斯、玛丽·库尔特:《管理学》(第11版),李原等译,中国人民大学出版社2012年版,第202页。

〔3〕 Vgl. Wöhe/Döring/Brösel, Einführung in die Allgemeine Betriebswirtschaftslehre, 64f.

(3)长期目标

在企业同时设定多个目标的情况下,以目标之间的关系为准,目标可分为:[1]

(1)互补目标

在互补目标的情况下,两个或多个目标之间存在互补关系。

(2)冲突目标

在冲突目标的情况下,两个或多个目标之间存在冲突或竞争关系。

(3)不相关目标

在不相关目标的情况下,某个目标的实现对另外一个目标没有任何影响。

以目标涉及的范围为准,目标分为:

(1)高层目标

高层目标适用于整个组织或企业,是设定的最高目标,它往往通过中层目标来完成。

(2)中层目标

中层目标适用于某个业务板块或职能部门。

(3)基层目标

基层目标适用于所有的基层部门或单元。

二、目标体系

企业在资源稀缺的约束条件下,在同一时间设定不同内容、不同方向且它们之间存在不同联系的多个目标,有必要将这些目标整合成为井然有序的体系,也即目标体系。

一方面,目标体系的任务是有效地处理"目标位阶",也即不同目标的排序。

[1] Vgl. Wöhe/Döring/Brösel, Einführung in die Allgemeine Betriebswirtschaftslehre, 67f.

如上述的高层目标、中层目标和基础目标的各自任务、定位和排序，形成清晰的秩序。

另一方面，目标体系的建立，应遵守一些原则，如激励原则、现实性原则、无冲突原则、可理解原则及可控原则。[1]《合规标准》对设定目标的要求，以及本章"最佳实践"部分的 SMART 分析法是目标设定应遵守的原则。

三、意义

目标是指要实现的结果。[2] 可以是战略目标、战术目标或运行目标，涉及不同的内容（如环境、职业健康安全），存在于不同的层面（如整个企业、特定的项目、产品、服务或过程）。[3]

（一）概述

合规目标是有效合规管理的必备要素，也渗透在其他的要素中。企业只有设定了合规目标，才能测量合规目标是否实现及实现程度。为此，企业应当设定、实施和维护适当的指标，评估合规目标的实现程度。[4]

（二）合规目标与其他合规要素的关系

合规目标与其他的合规要素有紧密联系，如：

(1)合规风险是不确定性对合规目标的影响；[5]

(2)治理机构和最高管理者确保明确合规目标；[6]

---

〔1〕 Vgl. Wöhe/Döring/Brösel, Einführung in die Allgemeine Betriebswirtschaftslehre, 69.

〔2〕 参见《合规标准》3.6。

〔3〕 参见《合规标准》3.6，注1和注2。

〔4〕 参见《合规标准》9.1。

〔5〕 参见《合规标准》3.7。

〔6〕 参见《合规标准》5.1.1。

(3)合规方针为合规目标提供框架;[1]

(4)合规目标实现程度对管理者绩效的影响;[2]

(5)合规职能确保合规管理体系与合规目标保持一致;[3]

(6)合规管理体系策划时需考虑合规目标;[4]

(7)组织应在相关职能和层级设定合规目标;[5]

(8)合规沟通的内容包括合规目标;[6]

(9)企业通过监视合规管理体系,确保实现合规目标;[7]

(10)有评估合规目标实现程度的指标;[8]

(11)管理评审需要评价合规目标达成度。[9]

(三)合规目标在其他合规规范中的角色

由于合规目标设定对合规管理体系的建立有着基础性意义,在一些合规管理规范当中,基于合规有效性的考虑,合规管理应有设定合规目标的环节。

1. 国企合规

在国有企业合规管理体系建设中,合规目标被明确规定为必要的合规要素。如《中央企业合规管理指引(试行)》第26条规定,通过合规培训、法治宣传、制度化和常态化培训机制,“确保员工理解、遵循企业合规目标和要求”。根据《中央企业合规管理办法》第17条之规定,中央企业应在合规管理基本制度中明确

[1] 参见《合规标准》5.2。
[2] 参见《合规标准》5.1.1。
[3] 参见《合规标准》5.3.2。
[4] 参见《合规标准》6.1。
[5] 参见《合规标准》6.2。
[6] 参见《合规标准》7.4。
[7] 参见《合规标准》9.1.1。
[8] 参见《合规标准》9.1.3。
[9] 参见《合规标准》9.3.2。

总体目标,也即合规目标。依据《企业境外经营合规管理指引》,确定合规目标,是合规管理委员会的一项职责。[1] 合规行为守则中应包含对合规目标的描述。[2] 在开展合规管理体系评价时,企业应当按照合规义务的变化情况,调整合规目标。[3]

2. 标准化的管理体系

在国际标准化组织制定的管理体系中,目标是管理体系的必备要素。这体现在诸如《质量管理体系　要求及使用指南》、《环境管理体系　要求及使用指南》和《职业健康安全管理体系　要求及使用指南》等标准中。由于《合规标准》和它们同属于管理体系,因此,在目标的理解、设定和评价方面,可以互相参考运用。

3. 美国 COSO 的《企业风险管理——整合框架》

美国 COSO 在 2004 年发布的《企业风险管理——整合框架》中将合规确定为风险管理的四大目标之一。该框架明确目标设定是事项识别、风险评估和风险应对的前提。[4] 合规目标与符合相关的法律和法规有关。这些规则确定了企业的最低的行为准则,因而必须被纳入合规目标中。[5]

4. 德国审计师协会的合规标准

德国审计师协会在《合规管理体系通用审计标准》中,为审计师开展企业合规管理体系的"适当性评估"和"有效性评估",提供指引。[6] 该标准的亮点是提出七要素的合规评审方法论。[7] 合规目标是其中的一个要素,属于构成性要

〔1〕 国家发改委:《企业境外经营合规管理指引》(发改外资〔2018〕1916 号)第 11 条。

〔2〕 国家发改委:《企业境外经营合规管理指引》(发改外资〔2018〕1916 号)第 13 条。

〔3〕 国家发改委:《企业境外经营合规管理指引》(发改外资〔2018〕1916 号)第 27 条。

〔4〕 美国 COSO:《企业风险管理——整合框架》(2017 年修订版),方红星、王宏译,东北财经大学出版社 2017 年版,第 40 页。

〔5〕 美国 COSO:《企业风险管理——整合框架》(2017 年修订版),方红星、王宏译,东北财经大学出版社 2017 年版,第 44 页。

〔6〕 在 2011 年第一版的《合规管理体系通用审计标准》,此外还包括"概念性评估"。

〔7〕 参见周万里:《合规型监管研究》,人民出版社 2021 年版,第 77 ~ 78 页。

素。针对合规目标,该标准规定:

"基于企业的总体目标及其经营战略以及对企业有重要意义的规则的分析、评价,法定代表人确立合规管理体系应当实现的目标。为此,尤其是要确定合规管理体系涉及的规则领域和个别领域应当遵守的规则。合规目标应当成为合规风险评估的基础。"〔1〕

企业在确定合规目标时,应考虑其具体情况,如以下五个方面:

(1)关于对过去发生的不合规行为(风险史)的认识;

(2)不合规行为可能对经营业务产生的不利影响;

(3)不合规行为可能对员工或第三方的生命健康构成危险;

(4)不合规行为可能导致员工或第三方承担刑事责任;

(5)不合规行为对企业造成明显的声誉受损或经济损失。〔2〕

按照该标准,明确设定合规目标时,应满足以下条件:〔3〕

(1)不同目标的关联性;

(2)目标的可理解性和可行性;

(3)目标达成度的可测量性;

(4)与可支配资源相协调。

四、基本要求

基于《合规标准》6.2"合规目标和达到目标的策划",合规目标的设定和实

〔1〕 IDW Verlautbarungen Werkstand, Entwurf einer Neufassung des IDW Prüfungsstandards: Grundsätze ordnungsmäßiger Prüfung von Compliance Management Systemen (IDW EPS 980 n. F.), 10. 2021, IDW Life 7/2022, Tz. 27.

〔2〕 IDW Verlautbarungen Werkstand, Entwurf einer Neufassung des IDW Prüfungsstandards: Grundsätze ordnungsmäßiger Prüfung von Compliance Management Systemen (IDW EPS 980 n. F.), 10. 2021, IDW Life 7/2022, Tz. A 24.

〔3〕 IDW Verlautbarungen Werkstand, Entwurf einer Neufassung des IDW Prüfungsstandards: Grundsätze ordnungsmäßiger Prüfung von Compliance Management Systemen (IDW EPS 980 n. F.), 10. 2021, IDW Life 7/2022, Tz. A 24.

现,具有核心地位。该条款的基调是“要求”,包括以下内容:

(1)对于组织所有的业务领域和层级,都要有明确的合规目标。

(2)内容方面的要求。

(3)程序方面的要求。

合规目标作为合规管理体系的一个要素或子体系,其有效性取决于《合规标准》对合规目标内容和合规目标程序的实现程度。这些要求并不局限于合规目标,[1]对其他目标的设定,也是如此。

五、不同角色职能部门的合规目标

企业中合规治理部门和业务部门,都需要有明确的合规目标。由于各部门在组织中的工作任务不同以及合规对独立性的天然要求,合规目标对不同的部门应有不同的要求。[2]

(一)治理机构、最高管理者和业务部门

除完成业务工作外,董事会、监事会、业务经理和员工还承担合规管理体系建立和实施的合规职能,应当明确自己的合规目标。

(二)合规职能部门

在建立和运行合规管理体系方面,组织需要明确的目标,往往由集中行使合规职能的部门完成。这些合规职能部门主要来自“三道防线”中的第二道防线和第三道防线,包括法务部、风险管理部门、质量管理部门和内部审计。

---

〔1〕 Makowics, Globale Compliance Management Standards, Rn. 222.

〔2〕 Neiger, Erfolgreich mit Compliance, S. 165ff.

（三）高风险员工

对于面临高合规风险的员工，在合规目标设定方面，应当有更严格的要求。

六、对合规目标内容的要求

按照《合规标准》的要求，企业在建立合规目标时，应当确保合规目标在内容方面达到以下要求。

（一）与合规方针一致

合规方针是表明组织的宗旨确保为合规目标设定框架的书面文件。其作为企业方针的组成部分，目的是确保公司在经营管理活动中合法合规经营，对所有的组织成员都具有约束力。合规方针的内容详细程度处在行为守则和合规手册之间。[1]

由于合规方针是合规目标设定的基本框架，合规目标应当与合规方针保持一致。另外，合规目标作为目标体系的组成部分，应当与公司的其他目标一致，包括盈利目标和增长率目标。[2]

（二）可测量

越是重要的企业目标，越是难以量化。可量化的目标，却有助于评价目标达成度。企业的经营行为和目标应当尽可能地量化，以便于测量。[3] 合规目标也是如此。

判断一个企业的合规做得好还是不好，是一件困难的事情。借助合规目标

〔1〕 Compliance Richtlinien, in Grützner/Jakob, Compliance von A-Z, 2. Auflage 2015.

〔2〕 Fissenewert, Praxishandbuch internationale Compliance-Management-Systeme, S. 110.

〔3〕 Vgl. Malik, Führen, Leisten, Leben, S. 182ff.

和结果测量的指标,评价合规目标的完成情况,是一种流程化的方法,可确保合规有效性评估的合理性。基于指标,合规目标应当以可测量其结果的方式来探究。[1] 对企业不同层级的管理者和员工,合规目标也应该有所区别。如针对以下群体,在合规目标的可测量性上,也应当有所不同。[2]

(1)整个企业

合规目标应当是高层目标,不适合量化。如"我们的企业只做诚信业务"。

(2)合规专职工作人员(企业合规师)

合规目标,可以具体和量化。如每年举办两次围绕"数据合规"的培训。

(3)业务经理

对于业务经理,合规目标可以量化和可测量。如业务部门的合规培训每年至少8次,并且业务经理本人必须亲自参加。

(4)员工

对普通员工的合规目标,在大多数情况下,可以测量。如合规培训的次数和合规考核的结果。但是,员工是否从内心理解和接受合规,很难通过测量来获得。

(5)供应商

对供应商的合规目标,只要是在组织的控制范围之内,也可以测量。如供应商在生产食品过程中,应当符合食品法规和供应商内部制度的要求。企业通过供应商审计或合规审计的途径,监督供应商是否实现了食品安全生产的合规目标。

(三)反映适用的要求

合规目标必须对合规要求做出回应。因此,具体的合规目标应当有明确对

---

〔1〕 参见《合规标准》A.6.2。

〔2〕 参见本章第二节"三、合规职能部门的合规目标"。Vgl. Böckelmann, §2 Compliance-Ziele, in Compliance-Management-Systeme (Hrg. Bay/Hastenrath), 46ff.

应的合规要求。否则,设定合规目标不具有针对性,导致利益相关者的要求不能落地,导致发生不合规行为。

（四）应当被监视

合规目标从确定到相关措施的实施,都应当成为合规工作的参照点,使员工能够明确合规目标完成进度,不断优化和完善措施。在必要情况下,合规目标还应当被修改。该要求与《合规标准》第九章绩效评价部分的要求呼应。

（五）应当被沟通

合规目标是沟通的内容之一。该要求与《合规标准》7.4“沟通”的要求一致。

（六）适当时更新

合规目标不是一劳永逸和一成不变的。随着外部环境发生变化,或利益相关者有新的期望和要求,导致合规方针发生变化,合规计划也需要及时更新。

（七）作为文件化信息被获取

合规目标成为沟通的内容和管理绩效评价的指标之一,需要以文件化信息的方式,在企业内部或外部可被获得。这有助于员工及时知悉合规目标设定和实施的细节。

七、合规目标的程序要求

合规目标的实现,应当满足一些程序性的要求。也即合规目标应当包括由谁、以何种方式、截至何时完成什么事情以及相应的成本是多少等程序方面的安排。[1] 这些问题,一般在合规目标设定方案中就应当明确。

(一)具体活动

合规目标确定后,企业需要明确采取哪些活动或措施,实现特定的结果。

(二)资源需求

企业采取活动或措施,需要相应的资源来支持,相应的成本有多少。

(三)负责人

合规目标的实现,需要明确负责人。明晰负责人及其合规工作职责,能够推动合规工作有序开展。

(四)时限

合规目标的实现,应当有时间安排,包括进度安排和截止时间。

(五)结果评估

基于合规目标,组织实现特定的结果或效果。结果或效果在多大程度上实现了合规目标,需要基于企业制定的指标或外部服务机构制定的指标来衡量。[2]

---

〔1〕 Fissenewert, Praxishandbuch internationale Compliance-Management-Systeme, S. 110.

〔2〕 参见《合规标准》9.1.3。

第二节　最佳实践

一、SMART 分析法

SMART 分析法是常用的目标管理方法。[1] S(specific)是指明确性,M(measurable)是指可衡量,A(attainable)是指可达到,R(relevant)是指相关性,T(time bound)是指时限性。组织、企业或项目的目标设定,满足这五个要素,是实现预期结果的基本保障。SMART 分析中的五要素与《合规标准》对合规目标的要求一致。如就合规沟通和合规培训等目标而言,可基于 SMART 分析五要素评估合规目标的达成度,见表 11 - 1。

表 11 - 1　多个合规目标 SMART 分析

		合规目标 SMART 分析				
		明确性	可衡量	可达到	相关性	时限性
目标	目标 1:合规沟通					
	目标 2:合规培训					
	目标 3:举报					
	目标 4:内部调查					
	目标 5:反腐败合规					

上述例子是 5 个目标,如表 11 - 2 所示,组织也可以集中针对一个合规目标,开展 SMART 分析。

[1] Volkman, Compliance objectives and planning to achieve them, in ISO 19600 - Compliance Management Systems, A Commentary for Practitioners (Editors Bühr, Petscher and Tolar), p. 72.

表 11－2 反腐败合规目标

		合规目标 SMART 分析				
		明确性	可衡量	可达到	相关性	时限性
反腐败合规目标	目标 1:零容忍					
	目标 2:销售人员的反腐败能力					
	目标 3:反腐败举报的有效性					
	目标 4:腐败行为调查周期					

二、改变理论

设定目标,是为了实现特定的结果。为此,决策者需要制定方案。方案不仅要明确目标,还需要详细列举具体活动及其带来的产出、结果和影响。活动、产出、结果、影响和目标之间,按照先后顺序,是否存在内在的联系或因果关系,是改变理论(theory of change)关注的核心问题。

改变理论源自"项目评估"领域(program evaluation),[1]其不仅在项目制定和实施中,也在联合国发展援助框架中得到广泛运用,[2]成为一种普遍运用的方法。改变理论关注的是通过采取干预措施,获得想要的结果。干预措施和结果之间是否有内在逻辑,则是通过指标来说明的。就合规目标而言,其设定和完成可以通过策划的活动和相关指标来说明合规目标实现的可能性。[3] 如表

〔1〕 Wendt, Theory of Change: Defining the Research Agenda, in Theories of Change (Editor Wendt), 2021, p. 4.

〔2〕 United Nations Development Group, Theory of Change, 2017.

〔3〕 Johnson/Soreide, Methods for learning what works and why in anti-corruption: An introduction to evaluation methods for practitioners, p. 6; Neiger, Erfolgreich mit Compliance, S. 168f.

11－3所示，基于改变理论，企业设定合规目标，并策划相应的活动，得到期望的产出、结果及影响。

表11－3 改变理论

改变理论					
问题	活动（input）	产出（output）	结果（outcome）	影响（impact）	目标
虚开发票	○ 制定发票制度 ○ 宣传和讲解发票制度	○ ××公司发票制度 ○ 宣传手册	○ 对发票法律法规和制度有了解 ○ 开发票行为规范	○ 对发票的开具和使用有充分认识，并付诸行动	○ 合法合规的发票开具、使用行为
指标					
虚开发票罪（《刑法》第205条之一）；《发票管理办法》第22条和第37条	○ 发票制度的针对性 ○ 宣传和讲解对象和场所	○ 发票制度汇编数量 ○ 培训次数	○ 监察结果 ○ 不合规情况	○ 发票管理评估 ○ 客户反馈	○ 问卷调查 ○ 客户反馈

第三节 推荐阅读

美国COSO：《企业风险管理——整合框架》（2017年修订版），方红星、王宏译，东北财经大学出版社2017年版。

［美］斯蒂芬·P. 罗宾斯、玛丽·库尔特：《管理学》（第11版），李原等译，中国人民大学出版社2012年版。

周万里:《合规型监管研究》,人民出版社 2021 年版。

Babara Neiger, Erfolgreich mit Compliance, 2021.

Bartosz Makowics, Globale Compliance Management Standards, 2018.

Daniel Lucien Bühr/Alexander Petscher/Martin Tolar (Editors), ISO 19600 – Compliance Management Systems, A Commentary for Practitioners, 2016.

Frank Böckelmann, § 2 Compliance-Ziele, in Compliance-Management-Systeme (Hrg. Bay/Hastenrath), 2022.

Günter Wöhe/Ulrich Döring/Gerrit Brösel, Einführung in die Allgemeine Betriebswirtschaftslehre, 2020.

IDW Verlautbarungen Werkstand, Entwurf einer Neufassung des IDW Prüfungsstandards: Grundsätze ordnungsmäßiger Prüfung von Compliance Management Systemen (IDW EPS 980 n. F.), 10.2021, IDW Life 7/2022.

Jesper Johnson/Tina Soreide, Methods for learning what works and why in anti-corruption: An introduction to evaluation methods for practitioners, 2013.

Peter Fissenewert, Praxishandbuch internationale Compliance-Management-Systeme, 2015.

第三篇

执　行

第十二章

雇佣与合规的融合

【导读】

合规管理运行需要“人”来实现。尤其是,为了确保合规政策在实际落地过程中不走样,企业需要将合规义务等要求与人力资源管理紧密结合起来,在包括录用、调动和晋升等的雇佣流程中嵌入相应的合规管控措施。

【关键词】

人力资源管理　雇佣

【思维导图】

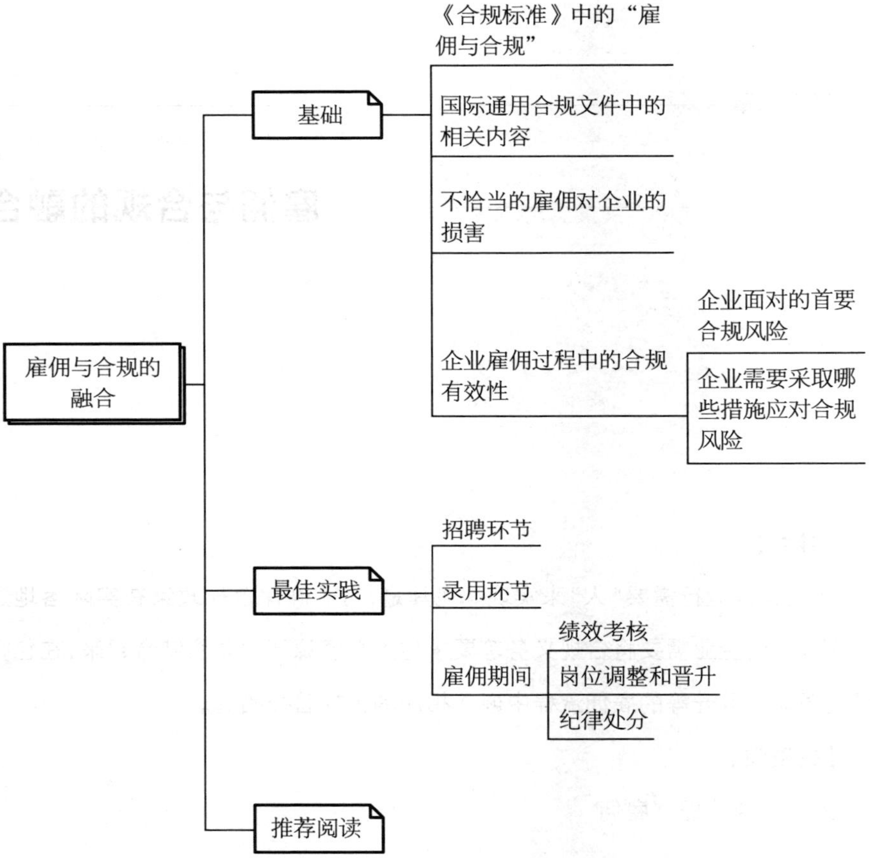
雇佣与合规的融合
基础
《合规标准》中的“雇佣与合规”
国际通用合规文件中的相关内容
不恰当的雇佣对企业的损害
企业雇佣过程中的合规有效性
企业面对的首要合规风险
企业需要采取哪些措施应对合规风险
最佳实践
招聘环节
录用环节
雇佣期间
绩效考核
岗位调整和晋升
纪律处分
推荐阅读

第一节 基础

一、《合规标准》中的“雇佣与合规”

合规管理体系的有效落地运行与“人”的因素密切相关，如果不能与人力资源管理结合起来，在合规管理运行过程中将缺少重要的一环。因此，与ISO 19600相比ISO 37301增加了7.2.2“雇佣程序”(employment process)的内容，对企业的人力资源招聘、培训、绩效管理等提出了明确管理要求，ISO 37301 7.2.2规定：

“组织应针对其所有人员制定、建立、实施和保持以下流程：

A)加入雇佣条件，要求人员遵守组织的合规义务、方针、流程和程序；

B)确保人员在其开始受雇的合理期间内获得合规方针的副本或可以接触该合规方针的渠道和该方针相关的合规政策及培训；

C)对于违反组织合规义务、方针、流程和程序的人员，应采取适当的纪律处分。

作为雇佣过程的一部分，组织应考虑职务角色和人员带来的合规风险，并在任何雇佣、调动和晋升之前按照要求进行尽职调查。

组织应对绩效目标、绩效奖金和其他激励措施进行定期评审，以验证是否有适当的措施来防止激励不合规的行为。”

从整体上看，7.2.2是在ISO 37301相关内容上的延伸和充实。例如，ISO 37301 7.2.1要求，在建立运行合规管理体系过程中，企业应确保其人员具备必要的专业能力、接受适当的教育培训等。相应地，7.2.2要求企业将对人员的合规管理要求嵌入招聘计划、雇佣条件、入职培训等环节中。因此，针对

ISO 37301 的更新，企业需要重新审视原有的人力资源规划或计划方案是否符合新的标准，并确保在人力资源的获取、配置、使用、保护等各个环节上嵌入相应的合规管理要求。具体而言，包括以下几个方面。

首先，企业在招聘环节中应向应聘者传达企业合规文化，明确应聘者在入职后有义务遵守企业合规义务、方针、流程和程序，同时，企业有必要事前对拟录用人员开展背景调查，评估其合规风险；

其次，在录用环节中，企业应确保新入职人员签署其同意遵守企业合规义务、方针或政策的法律文件，同时确保新入职人员能及时获取合规方针政策资料或知悉能获取相关信息的渠道，并及时参加有关企业合规方针政策的入职培训；

再次，在雇佣期间，在人员的岗位调整、晋升等过程中，企业也应按照要求对拟调整或升职的人员进行合规方面的尽职调查；

复次，在激励措施方面，人员的合规方面表现应纳入企业绩效评分、发放奖金等激励措施的考量因素，甚至可能成为决定性因素；

最后，对发现违反企业合规方针政策的人员，企业应给予适当的纪律处分。

需要注意的是，ISO 37301 在很多方面虽然与 ISO 19600 的差别不大，但有些用语的改变对其适用范围影响较大。其中，7.2.2 的“人员”（personnel）对应的是 ISO 19600 中的“员工”（employee），相比之下，“人员”的概念要比“员工”的范围更大，如图 12－1 所示。除了与用人单位签署劳动合同的正式员工外，人员还包括劳务人员、外包人员、实习人员等。因此，企业也应将这部分人员纳入合规管理的对象范围，按 7.2.2 的要求进行管理。

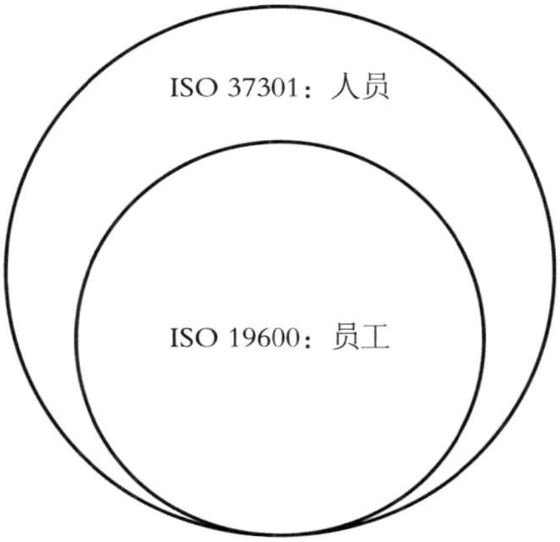

图 12－1 人员与员工的关系

二、国际通用合规文件中的相关内容

同样地，美国司法部的《企业合规体系有效性评价》、世界银行的《诚信合规指南》、我国的《企业境外经营合规管理指引》等文件也规定了企业要对雇员展开尽职调查、采取适当的激励机制、问责机制或惩戒措施、考核机制，以及确保雇员知悉合规政策或接受培训等类似合规管理措施。以世界银行的《诚信合规指南》为例，该指南作为国际公认的企业道德和合规标准的直接反映，世界银行不断地更新指南的准则，在一定程度上反映了这一领域不断发展的最佳实践准则。因此，在国际通用的合规指引规范中，该指南具有一定的代表性，并对企业实践有参考作用。比如，该指南的相关规定包括：

4.1 对雇员的尽职调查

在雇员被雇佣前，必须对所有未来的雇员，包括管理层和董事会成员，进行尽职调查，以确定他们被雇佣之后是否会产生不当行为或其他不符合有效的诚信合规计划的行为。

8. 激励

人力资源方面的做法,包括招聘、晋升、培训、绩效考核、薪酬和表彰,应反映出诚信合规的承诺。

8.1　奖励措施

对于公司各级遵守合规计划的行为,应通过适当的激励机制以鼓励和积极扶持,使合规计划在公司得以全面推广。公司各级应明确表示,任何员工都不会因拒绝支付贿赂而受到降职、处罚或其他不利后果,即使可能导致失去业务。

8.2　惩戒措施

对于未能采取有效措施阻止、发现和应对违反合规计划行为的人员,包括高管和董事,应当采取适当的惩戒措施,包括终止劳务合同。

与 ISO 37301 相比,《诚信合规指南》的合规管理目标更为详细、具体,即"其目标是预防、发现和纠正组织内部的腐败、串通、胁迫和欺诈(不当行为)"。因此,在合规管理的具体操作上,该指南为企业提供了清晰的方向性指引,比如,对雇佣的尽职调查方面,企业可参考该指南的"4.2 对前政府公务人员的禁止性安排"的规定进行细化,在雇佣未来雇员时重点考察该雇员是否属于"前政府公务人员,或者与其有直接或间接关联的机构或个人"等情形,并同时参考该指南的其他规定,如该雇员是否曾经从事过腐败、串通、胁迫和欺诈等不当行为。

三、不恰当的雇佣对企业的损害

为了适应外部环境的变化,在一定时期内,企业通常需要建立或调整其战略目标方向,而且企业的管理目标也需同步进行调整。在此过程中,人力资源管理起到了承上启下的重要作用,是企业管理目标实现的重要抓手,企业的战略目标导向最终都是通过人力资源管理落实到员工的具体行动中的。然而,在企业管理目标往下分解的过程中,不同指标之间可能会发生冲突。最典型的情况是,企业的业绩指标和合规风险指标之间就时常发生冲突。假设企业今年的业务量目标要比上年高20%，在内外部资源、环境或条件等未发生变化的情况下，当业务人员发现有捷径可以达成业绩目标时，即使这样的捷径不合规，在业绩压力的驱使下，业务人员仍会有动力利用各种手段绕过合规管理的门槛。这样一来，企业貌似在短期内取得了业绩增长，从长远来看，却为企业发展埋下了合规风险隐患，使得增长的利润最终被违规的损失所抵销。

不恰当的雇佣管理对企业在合规方面的损害常常是隐性的，不易被觉察到，负面影响却是长期的，具体分析如下。

(1)如果企业中的部分员工因不正当、不合规地获取业绩的行为得到职位晋升或金钱奖励的话，对那些通过合规方式开展业务的员工来说，无疑是不公平的。长期下去，如同“破窗效应”一样，越来越多的员工将不合规的业务模式视为一种“正常的”，甚至是“被鼓励的”业务方式，最终导致企业的合规管理体系沦为形式。因此，除业绩考核指标外，人力资源管理的考核指标需同时反映出合规管理目标，这样才能保证在同一个组织内的业务人员在考核标准上保持实质上的一致。

(2)如果合规不能与企业的人力资源管理有效结合起来，将使人力资源管理与企业管理目标发生脱节或偏离，导致可能发生如下情形：

——因未开展对新员工的背景调查，有的企业招聘了有违规劣迹的员工，该员工的不当行为又污染了企业整体的合规生态，比如，有劣迹行为的新员工向同事传授或鼓动同事实施不合规的操作方式；或者，因疏于对雇员的背景调查而使企业的合规管理流于形式，举例而言：一名员工因违规行为被某集团下属的A公司开除，离职后他又去集团外企业工作过一段时间后，因该集团企业没有开展对该员工的背景调查，于是，此人后经朋友推荐又成功入职了该集团下属的另外一家公司B公司，如图12-2所示。

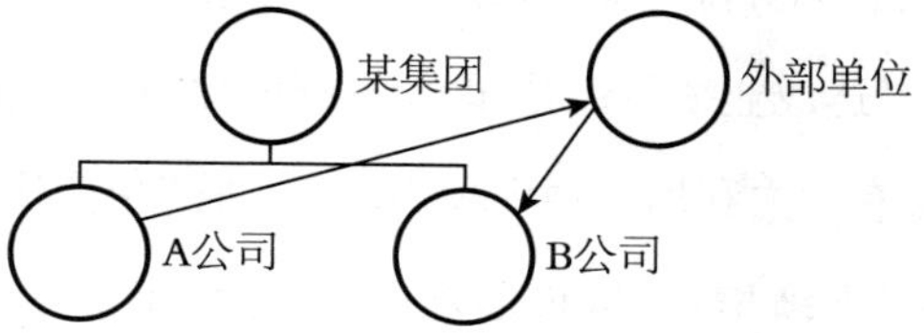

图 12－2　员工背景调查

——因未能有效地向新员工传达企业的合规政策,新员工可能因为不知情而发生不合规行为,而导致企业无法避免合规风险,或者不能减轻或免除单位责任等;

——如果企业对员工的职位调整或晋升流程与合规考核环节脱节,企业发现员工存在不合规行为却对该员工进行提拔,这无疑就是在向其他员工传达一个信号:“这家企业的合规方针就是一句口号,不用当真!”;

——由于企业未能及时评估和发现其绩效目标、绩效奖金等激励措施变化对合规管理目标产生的不利影响,可能使原本设计良好的合规计划在效果上大打折扣,甚至无法实现;等等。

(3)企业在激励或奖惩措施设计上的不合理可能导致利润与损失之间发生错配。举例而言,为了使产品快速地通过上市许可的审查流程,员工经常对产品的测试数据造假。企业发现后却对此“睁只眼闭只眼”,不对违规员工进行任何处分,无疑会助长这种造假舞弊的风气,当产品发生严重质量问题时,企业前期因销售该产品获得的利润最终不得不变成损失或费用,更使企业的战略目标或发展愿景成为泡影。

不止于此,企业疏于人力资源方面的合规管理,甚至可能招致监管方面的严厉处罚,其典型案例之一便是中兴通讯案。2017 年 3 月,中兴通讯承认违反美国的出口管制法规而与美国政府部门达成协议,包括同意向美国政府部门支付 8.92 亿美元的罚款,并配合审计和合规要求等内容,随后美国解除了对中兴通讯的制裁措施。但是,2018 年 4 月 15 日,美国方面又宣布立即重启对中兴通讯的制裁禁令,原因是中兴通讯未能有效执行当时报告中的方案,其中就包括中兴通讯未执行对涉案责任人员的纪律处分[1]。

四、企业雇佣过程中的合规有效性

不同企业的经营地点、行业领域、市场竞争力、业务规模、监管环境等因素决定了一家企业所面临的合规风险是不尽相同的。ISO 37301 中"4.6　合规风险评估(Compliance risk assessment)"为企业识别并评价自身的合规风险提供了大致的框架和思路,企业可基于合规风险评估结果按风险等级进行重要性排序,通过设定优先级以判断和确定企业迫切需要解决的合规风险,并策划应对该合规风险所需采取的控制措施。

如 ISO 37301 中"6.1　合规风险的应对措施(Actions to address riskes and opportunities)"所述:"组织应策划:应对合规风险的措施;如何将应对措施纳入合规管理体系并实施;评价这些措施的有效性。组织应保留与合规风险和应对合规风险所策划的措施相关的文件化信息。"因此,在企业对其雇佣流程进行合规管理规划或策划时,可考虑以下问题。

(一)企业面对的首要合规风险

企业的合规管理资源是有限的,只有将有限的资源投入到最为紧迫的事项上,合规管理的效果才会最好。假设企业目前面临的主要合规风险是商业贿赂,尤其是当企业在海外腐败风险较高的地区开展业务时,企业在雇佣新员工时需要核实该员工的背景情况,以及是否会因雇佣行为导致不当利益输送或腐败的问题。

[1] 参见《给中兴招来致命制裁,涉 35 人文件到底写了啥?》,载凤凰网,https://news.ifeng.com/a/20180421/57764953_0.shtml,最后访问日期:2022 年 3 月 25 日。

（二）企业需要采取哪些措施应对合规风险

如前文所述，企业可按 ISO 37301 的指引展开雇佣过程中的合规管理。此外，美国司法部的《企业合规体系有效性评价》（又称 FCPA 指南）也可作为企业开展雇佣合规管理的重要参考依据。

相比之下，ISO 37301 7.2.2 对企业所有人员均适用，而 FCPA 指南更侧重在风险评估结果的基础上对“重点人员”的合规管控。与 ISO 37301 全方位的管理指引不同，FCPA 指南没有为企业该如何设计合规管理制度提供官方标准模板，而是通过各种问题帮助检察官核实企业的合规体系是否“真正有效”。企业也可同时借助 ISO 37301 和 FCPA 指南的相关内容规划适合本企业的合规管理方式。

具体而言，企业可以参考 FCPA 指南中的以下相关内容。

1. 培训方面

FCPA 指南强调，企业在合规政策和程序方面的培训和沟通不仅要向员工进行广泛传播，而且要能为员工所理解。同时，意味着企业不能只是把培训资料下发员工就完事了，企业还需考虑按“受众规模、复杂程度和主题专业知识”为员工量身定制相关培训内容，以确保培训的效果。因而，对新员工的入职培训而言，企业也可参考上述内容对不同岗位的新员工设计培训材料，充分考虑培训开展形式是否能让新员工容易理解和接受，如与课堂讲授方式相比，采取游戏互动方式传达合规理念就更有效果。

同时，为了培训效果，企业还需要考虑新员工未能通过合规培训考试该如何处理的问题，如是否需要新员工进行重新学习或重新考试？甚至可以考虑是否有必要推迟新员工的上岗时间，直到最后通过合规培训考试。

2. 激励和惩罚

FCPA 指南同样认为，合规方案能否有效执行取决于对合规的激励措施和不合规的惩罚措施。此外,FCPA 指南强调,企业还需要做到以下几点。

(1)向员工传达了企业对不合规行为零容忍的立场或态度,并将从事不当行为必然受到处罚的共识传递给员工;

(2)制定了明确的纪律处分机制,在对员工进行纪律处分时充分告知处分的理由;而且在整个组织内公平公正地执行这些纪律程序,无论从事不当行为的员工的职位高低;

(3)对员工的任何纪律处分或激励措施应在企业中公平、一致地实施,并受到合规管理部门的监督;

(4)将合规因素作为考虑是否对员工进行晋升或奖励的依据;

(5)对发生了不当行为的员工采取纪律处分措施,包括减少或取消该员工的奖金,对该员工下发警告信等,且相应的管理人员也应被问责;等等。

3. 持续改进、定期测试和审查

上述措施是否有效还需要企业持续性的努力,包括定期测试、审查或审计等。

第二节　最佳实践

就法律角度而言,企业组织只是拟制的"人",企业的意志和行为是通过一个个高管、员工等自然人实现的。因此,法律在某些情况下也会关注企业中"人"的因素,并明确要求企业采取相应措施以确保企业的人力资源管理符合法律相关规定。具体而言,在中国法律下,有些法律法规就明确规定了企业须对员工开展背景调查,例如,《网络安全法》规定,关键信息基础设施运营者必须对安全管理负责人和关键岗位人员进行安全背景审查。在部分强监管领域,则对员工行为管理提出更为明确严格的管理要求，如《中国银监会办公厅关于进一步加强银行业务和员工行为管理的通知》。[1]

在实践中，企业可针对人力资源管理流程的各个环节，逐一进行拆解后，按照重要性、紧迫性等因素进行分类和排序，再将合规管理措施逐项嵌入人力资源管理的生命周期中。具体而言，在中国法的环境下，以下环节的经验可供企业在实践中借鉴。

一、招聘环节

通常在企业招聘流程中，业务部门和人力资源管理部门是主要的参与部门，业务部门提出招聘人员的需求，人力资源管理部门按照其需要发布招聘广告、筛选简历、组织面试等。在某些情况下，如果该岗位涉及重大合规风险，合规管理部门也应当参与到招聘流程中，确保对拟聘用人员开展背景调查，评估其合规风险。

实践中合规背景调查一般关注以下几个方面：

(1)拟聘用人员的学历、工作经历是否真实；

(2)拟聘用人员是否因犯罪行为而受到过刑事处罚；

(3)拟聘用人员是否因违规行为而受到原单位的纪律处分；

(4)如聘用该人员是否会造成与企业发生利益冲突的情形；

(5)如聘用该人员是否会造成合规风险，比如侵害其他企业的商业秘密。

前述背景调查中关注的要点也同时适用于对在职人员的岗位调整、晋升等过程的合规背景调查。

在某些情况下，对上述问题的考察不应当是机械或片面的。假设某企业拟

[1] 《中国银监会办公厅关于进一步加强银行业务和员工行为管理的通知》中规定，各银监局要督促辖内机构认真贯彻银行业金融机构从业人员处罚信息登记制度，积极探索加强辖区银行员工流动管理，建立流动信息共享体系，防止银行员工“带病”流动。

聘用一位营销领域的专才,经过背景调查后发现,此人年轻时因打架斗殴受过刑事处罚,企业是否就因其受过刑事处罚而拒绝聘用该人员呢?可能不应一概而论。企业可从合规风险角度考虑该情况会给企业带来的影响,如果经评估后确认该刑事处罚所涉行为对其岗位的合规风险影响较低,则可考虑聘用。因此,实践中,企业合规管理部门可从岗位工作性质等角度对背景调查报告进行综合分析,在对合规风险评估后再作出是否聘用的建议及应对措施意见。

相关案例:

在进出口贸易中,海外买家通常会在货物装船前委托从事验货业务的第三方机构派出验货人员去工厂进行实地验货。在验货通过后,海外买家才会同意付款给中国工厂。为了快速拿到验货通过的证明,有些国内工厂会主动向第三方机构派出的验货员进行行贿。一旦受贿行为被第三方机构发现,则违规的验货员将受到纪律处分,严重者会被开除。不过,让许多第三方机构头痛的问题是,验货行业内的人员流动性很大,常常是今天被这家开除的验货员,明天就去另外一家上班了,尤其是赶上业务旺季,甚至是有的验货员在被开除后,经人介绍又去了同一家单位的外地子公司。

为确保招到行为端正的验货员,某家企业的合规管理部门主动参与到人力资源部门的招聘活动中,通过行业协会的力量,积极与其他企业的合规管理部门进行联系和互动,在第三方机构之间形成行业内人员信息共享机制,如果一家企业发现劣迹验货员,也会将处理情况同步告知其他企业。之后,企业将合规背景调查程序嵌入招聘流程中,如表 12 - 1 所示,只有该新员工通过了合规管理部门的背景调查,人力资源部门才会发出聘用通知。同时,为了确保背景调查范围的完整性,合规管理部门在背景调查过程中,除了会查询其他同行提供的信息外,还会核查本企业(包括各地子公司)过往的人员纪律处分历史记录等信息。

表 12－1　企业新员工入职合规背景调查核查

新员工基本信息(略)	
该员工所属部门/岗位是否属于应开展合规背景调查的人员范围?(如是,请将新员工资料提交合规管理部进一步审核)	
合规背景调查审核情况 备注:在发出录用通知前,请确认是否完成以下事项:	
1. 合规管理部是否已出具该员工合规背景调查报告?	
2. 合规管理部是否同意录用该员工?	
3. ……	
核查结论: 经办人员: 日期:	

二、录用环节

在企业决定聘用新员工后,为确保新员工遵守企业的合规义务、方针或政策,在新员工办理入职手续时,企业在操作过程中需注意以下要点:

(1)除劳动合同外,新员工还应签署其同意遵守企业的合规义务、方针或政策的法律文件,如签署《员工合规承诺书》。

(2)在办理入职手续时,应向新员工提供企业的合规义务、方针或政策手册或文件的复印件,并要求新员工签收确认。

(3)为确保新员工及时参加有关企业合规方针政策的入职培训,人力资源管理部门应确保在试用期内为新员工安排相应的合规培训。如有必要,在劳动合同中可规定,如新员工在试用期内未能参加合规培训或未能通过培训考试,则企业有权解除劳动合同。

(4)人力资源管理部门需重视新员工所签署的相关文件原件的保存和记录,如果出现缺漏或遗失,则合规管理将无法开展相关合规调查、纪律处分等,甚至在发生劳动纠纷时,将对企业产生举证不利的后果。

此外,对于那些无法在新员工背景调查时完全了解到的情况,企业可要求新员工在签署《员工合规承诺书》等文件时,同时对所陈述的重要事实进行披露或保证。从目前的司法案例来看,在日后与员工发生劳动纠纷时,该员工作出的书面承诺将成为对企业极为有利的证据。

相关案例:

李某诉赛多利斯(上海)贸易有限公司劳动合同纠纷案[(2018)沪01民终13603号][1]

一审法院认为,赛多利斯公司已提供劳动合同及附件、员工手册证明公司规定员工存在未披露潜在利益冲突的行为,包括但不限于未经披露并获得批准,有近亲受雇于相关客户、供应商、承包商、厂商或顾问公司,而做出合作之商业决定的行为,视为严重违反公司规章制度,公司有权与其解除劳动合同。李某在与公司经营业务存在重合的A公司先后担任法定代表人、执行董事、监事,李某配偶在该公司先后担任执行董事、监事。该公司与赛多利斯公司存在商务往来,李某明显具有利益冲突。李某虽主张注册成立A公司及其与配偶的情况已向公司口头披露,但未能提供充分证据,且公司否认,一审法院难以采纳。李某的行为确有违反赛多利斯公司规章制度的相关规定,公司解除李某行为并无不当。

二审法院认为,根据该员工手册的规定,员工存在未披露潜在利益冲突的行为,视为严重违反公司规章制度,公司有权与其解除劳动合同。

---

[1] 程阳、左山山:《从用工合规角度审视企业利益冲突管理》,载 http://www.lantai.cn/news_view.aspx? nid=2&typeid=5&id=647,最后访问日期:2022年11月3日。

《员工合规承诺书》(样本):

员工合规承诺书

本人【　】在加入公司之前已同意在入职后遵守公司的合规义务,在入职后本人参加了公司为新员工提供的入职合规培训,现已完全知悉公司的《商业行为守则》等合规政策文件的内容。为确保遵守公司合规政策,本人特作出以下承诺:

一、严格遵守国家法律法规有关禁止商业贿赂行为的规定,严格遵守公司《商业行为守则》等合规政策文件,坚决抵制商业行为中的商业贿赂、行贿等行为,且承诺不得以各种合法方式逃避或规避本人应遵守公司的合规义务。

二、本人声明并确认,除已向公司所披露的情形外,本人不存在公司《商业行为守则》等合规政策文件规定的任何已发生或潜在发生的利益冲突行为或事实。

三、本人承诺遵守现在及将来可能修订的公司《商业行为守则》等公司规章制度性文件。

四、本人承诺如发现任何不符合公司《商业行为守则》的行为或线索时应立即向公司合规管理部门进行报告。

五、本人将恪守以上承诺,如有违反,本人愿意接受公司对本人作出的纪律处分结果。

承诺人(签字):

日期:　　年　月　日

三、雇佣期间

（一）绩效考核

一般而言，企业战略或业绩目标的实现需要通过层层分解，并将目标或指标下放到每个人，先落地到团队，然后才是团队负责人和团队成员，企业对员工的绩效考核也必须在团队业绩评价体系形成之后。因此，企业在做合规风险评估时，也应遵循同样的逻辑，可先从团队的组织业绩评价体系开始进行评估，然后再看员工绩效考核的设置情况。

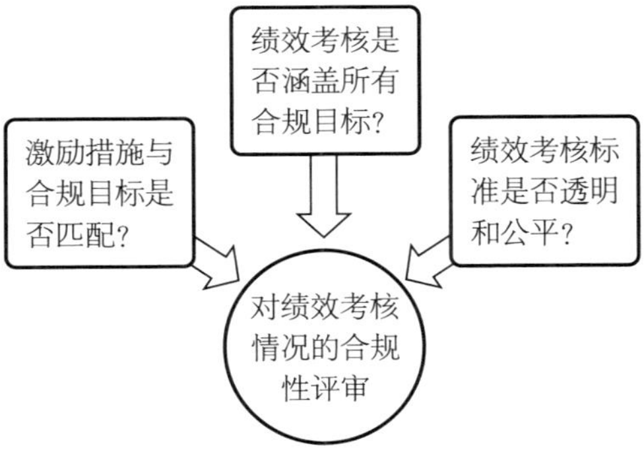

图 12－3　绩效考核

具体而言，企业在对绩效考核情况进行合规有效性评审时，可从以下几个维度进行测试。

1. 激励措施与合规目标是否匹配

在某些贿赂风险较高的行业，如果奖金发放与业绩挂钩的幅度较大，则企业需要考虑的问题是，设定过高的奖金发放计划是否会刺激销售人员铤而走险，并通过不正当的方式获取业务。在这种情况下，企业可考虑在奖金发放时保留一部分作为"合规保证金"，尤其是涉及重大奖金的发放，如果将来出现违规事件，企业可因此追究相关责任人的责任，国内证券行业已有类似的做法。必要时，企业在发放大额奖金前可对业绩的合规性开展审核。

2. 绩效考核是否涵盖所有的合规目标

对于新增合规目标，如数据安全合规，有些企业未能及时将合规目标及落实责任分解到相关团队中，比如未能将信息安全保障的考评标准纳入信息技术部门的考评体系中，更谈不上有任何一位员工承担相应的考核任务了。那么，一旦发生违规事件，企业将无法找到可以追责的对象。

3. 绩效考核标准是否透明和公平

有些企业在绩效考核的设计标准或考核过程中不能做到公开和透明，让员工无法知悉原因，员工可能会对绩效考核结果产生疑问，并质疑其该结果的公平性。这样一来，一方面容易引发员工的负面情绪，另一方面也无法对员工行为给予正向或负向反馈。

（二）岗位调整和晋升

相对于招聘环节，对于在职员工的岗位或职位调整方面的合规风险评估，企业往往不太重视，如企业在业务规模收缩过程中不得不将某些人员进行转岗，如果被调整到合规风险较高的岗位，企业仍需要将这类人员视同为新员工，开展合规背景调查或合规考评。同样地，企业在对业绩较好的员工作出职位晋升决定前，也需要将合规考评结果纳入考虑因素之一，在必要时对拟提拔员工开展合规审计。

（三）纪律处分

对违反企业合规政策的人员，企业应采取适当的纪律处分措施，而纪律处分可以适当考察是否存在以下几个问题，见表12－2。

表 12-2 企业采取纪律处分措施应考虑的问题清单及说明

问题	说明
1. 纪律处分与违规后果是否匹配?	如果处分过重可能导致矫枉过正,而如果处分过轻则可能起不到合规管理的效果
2. 纪律处分是否与员工个人利益直接相关或挂钩?	有的企业所作出的纪律处分结论只针对团队,在处理决定中使用含糊或不具体的负面评价,比如“团队整体的合规意识不足”的表述,且不针对任何具体的人,那么,这样的纪律处分是不会产生实质效果的。因为如果纪律处分不对员工(尤其是团队负责人)个人利益有任何影响的话,包括其薪酬调整、奖金发放、晋升等,员工便不会真正地重视起来
3. 纪律处分的制度是否公开透明,并让员工充分知晓?	只有员工清楚地知道企业对不合规行为的立场,员工才能知道该如何行事,才能更有效地避免违规问题的发生,而不是等到问题出现后才进行挽救。因此,仅仅入职培训是不够的,为了表明企业的态度,定期开展各种形式的培训、宣贯活动有利于加深员工的印象,同时,企业还可提供相应的咨询渠道,鼓励员工在遇到疑难问题时寻求合规管理部门的解答
4. 纪律处分是否有明确的、合理的程序?	具体而言,企业需要在制度或规章中予以明确的问题包括:作出纪律处分的决定应当经过怎样的流程?比如,企业内谁有权调查?调查结论是否需要复核流程?企业内谁有权提出纪律处分建议?谁有权批准纪律处分的决定?负责调查或作出纪律处分决定的人是否应当回避?违规的员工是否可以对处分结果进行申辩?等等
5. 如何确保纪律处分结果的公正性和一致性?	有些企业在对待不同职位的员工纪律处分上采取差别待遇,因同样的违规问题,如果员工的职位高低不同,其纪律处分结果可能大相径庭。这样的企业文化无法让员工从内心认同企业的合规政策,更谈不上真正落实企业的合规责任或义务了。因此,在纪律处分决定作出前,企业可充分参考过去曾发生过的类似案例,如果没有过去案例可参考,对新案例,则更应慎重考虑如何处理,因为其处理结果会对企业的合规生态产生重要影响

续表

问题	说明
6. 纪律处分的规章制度是否合法?	需要注意的是,企业在制定纪律处分的规章制度时,也要考虑其内容是否符合中国劳动法的规定。实践中,在企业解除违纪员工劳动关系的过程中,曾出现过由于企业制度不健全或处理不当等原因导致企业败诉的案例发生。[1] 为了保证对违纪员工的纪律处分得到有效执行,企业在制定制度过程中,须依照《劳动合同法》的相关规定履行民主程序并经公示,并向员工明示等手续[2]

相关案例:

为了防范证券公司投资银行类业务的违规风险,2018 年中国证监会颁布了《证券公司投资银行类业务内部控制指引》,其中,对证券公司的薪酬考核系统进行了规范,尤其是针对券商行业内投行业务人员收入与项目收入挂钩而产生激励过度的现象,该指引对其进行了限制。以往,一单 IPO 项目的券商收费通常在千万元以上,而项目组成员每个人的奖金或可达到百万元,巨额奖金让投行业务人员不惜铤而走险,违规出具保荐意见,拿到奖金后便可"拍屁股走人"了,而如果事后项目出现财务造假问题,券商却找不到项目组成员承担责任。[3] 为此,该指引在薪酬、绩效考核方面对券商提出明确要求和限制,其要点如下。

(1)证券公司应当根据投资银行类业务特点制定科学、合理的薪酬考核体

[1] 例如"钟某与中进京奥康复器材(北京)有限公司劳动合同纠纷案":钟某作为公司经理,招录其妻子田某"吃空饷",该公司依据《劳动合同》第 10.2.3 条约定及钟某在《员工信息登记表》中的承诺而主张解除劳动合同。法院经审理认为,鉴于该公司的规章制度并未禁止招录亲属,或者亲属之间需回避录用,兼之田某入职之际钟某尚负责管理人事之职,招用员工亦系其本职工作,故该公司仅凭现有证据无法支持己方的主张,本院不予支持。

[2] 根据《劳动合同法》第 4 条的规定,涉及员工切身利益的规章制度应经过民主程序和公示告知程序。

[3] 参见《证监会就〈证券公司投资银行类业务内部控制指引〉公开征求意见》,载 http //www.gov.cn/xinwen/2017 -09/08/content_5223754.htm,最后访问日期:2022 年 11 月 3 日。

系，合理设定考核指标、权重及方式，与不同岗位的职责要求相适应。证券公司不得以业务包干等承包方式开展投资银行类业务，或者以其他形式实施过度激励。

(2)证券公司不得将投资银行类业务人员的薪酬收入与其承做的项目收入直接挂钩，应当综合考虑其专业胜任能力、执业质量、合规情况、业务收入等各项因素。

(3)证券公司应当针对管理和执行投资银行类项目的主要人员建立收入递延支付机制，合理确定收入递延支付标准，明确递延支付人员范围、递延支付年限和比例等内容。对投资银行类项目负有主要管理或执行责任人员的收入递延支付年限原则上不得少于3年。

(4)证券公司应当建立科学、合理的投资银行类业务内部控制人员薪酬考核体系，保证内部控制人员独立、有效地履行内部控制职责。内部控制人员的薪酬收入不得与单个投资银行类项目收入挂钩。内部控制人员工作称职的，其薪酬收入总额应当不低于公司同级别人员的平均水平。

第三节　推荐阅读

程阳、左山山：《从用工合规角度审视企业利益冲突管理》，载 http://www.lantai.cn/news_view.aspx? nid=2&typeid=5&id=647，最后访问日期：2022年11月3日。

郭凌晨、丁继华、王志乐主编：《企业合规管理体系有效性评估》，企业管理出版社2021年版。

胡国辉：《企业合规概论》，电子工业出版社2017年版。

李丽霞:《劳动人事管理与企业合规》,载 http://www. east-concord. com/zygd/Article/20215/ArticleContent_2291. html,最后访问日期:2022 年 11 月 3 日。

李素鹏、叶一珺、李昕原编著:《合规管理体系标准解读及建设指南》,人民邮电出版社 2021 年版。

叶海波主编:《反海外腐败合规实践指引》,法律出版社 2021 年版。

第十三章

合规沟通

【导读】

合规沟通连接着合规管理体系的各个部分，是合规管理体系的重要内容。企业应当针对不同的沟通场景调整合规沟通的内容与方式以提高有效性。通过梳理国内外合规沟通的相关规定与实践，本章对合规沟通的内容、时间、对象与方式进行总结，供企业参考以提升合规沟通的效益并避免常见误区。

【关键词】

合规沟通　沟通场景　沟通对象　合规承诺

【思维导图】

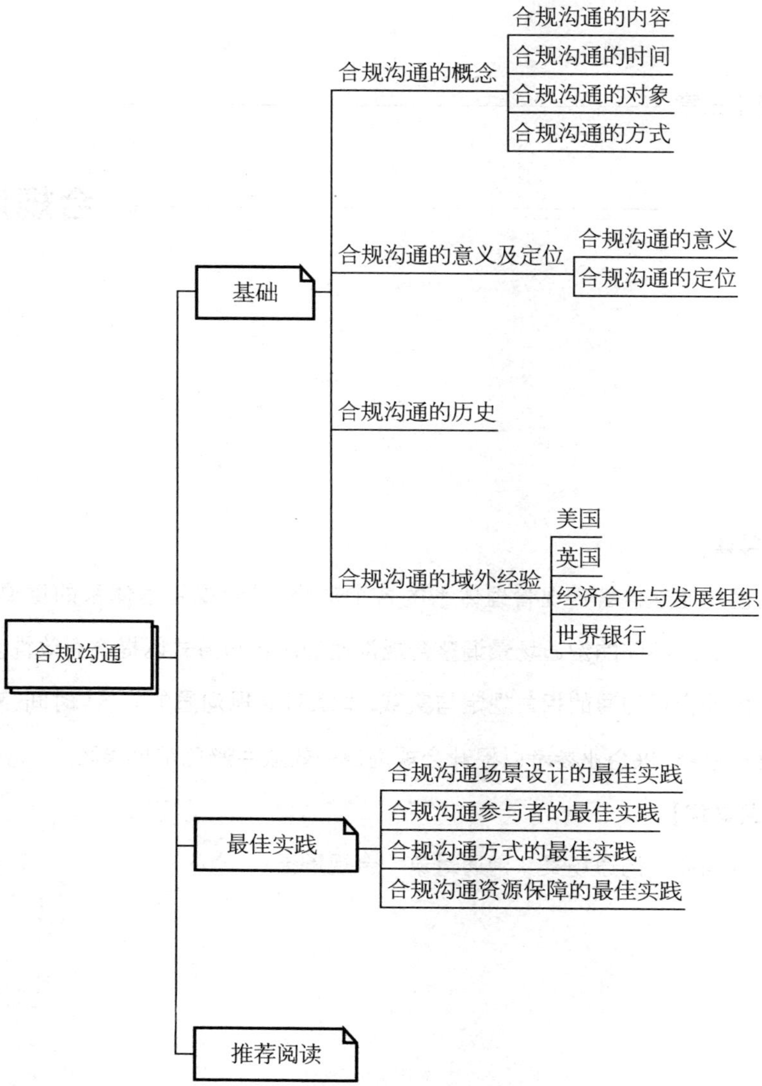
合规沟通
基础
合规沟通的概念
合规沟通的内容
合规沟通的时间
合规沟通的对象
合规沟通的方式
合规沟通的意义及定位
合规沟通的意义
合规沟通的定位
合规沟通的历史
合规沟通的域外经验
美国
英国
经济合作与发展组织
世界银行
最佳实践
合规沟通场景设计的最佳实践
合规沟通参与者的最佳实践
合规沟通方式的最佳实践
合规沟通资源保障的最佳实践
推荐阅读

第一节 基础

一、合规沟通的概念

合规沟通是合规管理体系中的重要要素，也是评价一个企业合规管理体系有效性的重要指标。合规管理体系既具有培养员工合规意识、培育企业合规文化、维系合规管理体系有效运行等内部作用，也具有协助推动企业合作方合规运营等外部作用。此外，有效的合规沟通有助于企业建立良好的合规形象，这对于建立企业的品牌形象和声誉也有重要作用。

美国司法部在其合规指南中虽然提及了合规沟通，但其所指的合规沟通主要涉及公司合规计划的设计。在合规指南中，适当的沟通被视为设计良好的合规方案的一个标志。与美国司法部的定义和使用语境不同，国际标准化组织制定的《合规标准》中提及的合规沟通被视为对合规管理体系的支持之一，是合规管理的重要保障，对于合规管理体系在各个层面得到认可并保障合规实施具有重要作用，《合规标准》侧重于合规管理体系的执行层面，关注合规沟通的内容、时间、对象及方式。

在现有的学术著作中，较少有学者或机构明确定义合规沟通的概念。根据《新华字典》，沟通是指往来交接，使两方能通连。借鉴前述沟通的定义，可将《合规标准》中的合规沟通定义概括表述为企业内部及企业与利益相关方之间，就与合规管理体系相关的合规信息的传递和反馈的过程。前述过程的目的在于确保企业内部及利益相关方持续收到和理解合规信息，并确保合规管理体系的设计完善、实施有效以及效果良好。[1] 对合规沟通的概念,需要重点关注以下内容。

(一)合规沟通的内容

考虑到合规沟通是企业合规文化、合规目标及义务宣贯及实现的重要方式,因此《合规标准》要求,企业应将其合规文化、合规目标和义务纳入沟通内容。具体而言,合规沟通的内容相当广泛,需要覆盖合规相关的法律法规,公司内部政策,亦须关注相关行业性规定。应纳入沟通范畴的法律法规内容,不仅包括中国的法律规定,还需要关注具有域外管辖权的外国法规,例如,美国的《反海外腐败法》即具有广泛的域外适用效力。对于前述内容的沟通亦需全面和详尽,需要覆盖相关规定的具体义务条款及违规后果等详细信息。

此外,不同利益相关方的合规风险不尽相同。因此,企业在确定合规沟通的内容时,应当充分考虑不同沟通对象的特点与合规痛点,有针对性地确定合规沟通的内容以确保合规沟通的有效性。例如,对于公司内部员工,合规沟通的主要内容应当侧重为传达与解释公司的合规方针与政策并及时获取反馈。对于公司外部利益相关方,如供应商,则应侧重传递商业合作时供应商所必须遵守的合规义务。

需要注意的是,企业应妥善保存适当的文件作为合规沟通的证据。

(二)合规沟通的时间

企业应根据沟通内容及沟通场景等实际情况,确定应当与各利益相关方进行合规沟通的时间。

在就合规文化、合规目标及义务宣贯等通常会定期更新的内容进行合规沟

---

〔1〕 参见《合规标准》7.4。

通时,应当注意确保相应的合规沟通在前述内容更新后及时开展。在特定的合规沟通场景下,企业应当格外注意合规沟通的时间要求。例如,企业发现内部员工实施了不当行为后,应当在较短的时间内进行合规沟通;并应当考虑在与该违规员工沟通后,是否以及何时与有潜在相同或类似不当行为的其他主体就相关的合规风险进行沟通。此外,对于员工自下而上发起的合规沟通,如对不当行为的举报以及对合规政策的疑虑等尤其需要注意及时响应。

(三)合规沟通的对象

合规沟通的对象原则上应当为企业利益相关方,涵盖企业内部的利益相关主体,包括企业内部的不同部门、高层主体如高级管理人员等,以及基层主体如普通员工等,同时还应包括企业外部的利益相关主体,如供应商、经销商等。在实践中,企业往往聚焦于与企业员工开展交流,较易忽略其他的利益相关主体。此外,在企业合规的中国实践,如"合规不起诉"的程序中,外部监管机构及执法机关也应当被视为一类重要的沟通对象。

《合规标准》列举了部分利益相关方,包括监管机构、顾客、承包商、供应商、投资者、应急服务机构、非政府组织和周遭人士,同时企业还应当分配适当的资源和专门人员以协调和促进与监管机构的互动。[1] 企业在制定合规管理体系和确立沟通对象时,应对前述主体给予重点关注。

(四)合规沟通的方式

从合规沟通的具体情形来看,内部合规沟通可能自下而上或自上而下开展,外部合规沟通则可能自内而外或由外向内开展以确保合规沟通能够考虑第三方意见,合规沟通的具体方式基于不同的发起方向而有所不同。同时,在采取具体

[1] 参见《合规标准》附录7.4。

的合规沟通方式时，需综合考虑沟通的多样性和潜在障碍，并应确保该方式能使信息在沟通中保持原意，不发生变形。

内部自上而下的合规沟通指由企业董事会、高级管理人员发起的合规沟通，包括企业董事明确作出合规承诺。该类合规沟通侧重于传递企业对合规运营的承诺，推动形成企业合规文化，应当采用易于沟通对象理解与接受组织合规政策及流程的方式，如发放员工手册，在官网等公开易得的渠道公布合规政策，举办讲座、小组讨论等。在因员工不当行为而进行的合规沟通中，还包括面谈、书面报告等方式。

内部自下而上的合规沟通主要指由企业员工发起的合规沟通，包括员工识别企业合规风险后向合规部门及时进行反馈，提出改进建议等。该类合规沟通能加强内部自上而下的合规沟通效果，形成合规沟通的路径闭环。企业应当建立畅通的电话、电子邮件或面谈等具体沟通渠道，保证在下级发起沟通需求时能对接到明确的沟通负责人，并根据需要对沟通对象及内容予以保密，及时对沟通进展或结果予以反馈。

外部的双向合规沟通可根据具体场景，灵活运用与内部合规沟通相似的方式。在开展沟通时，需要持续关注沟通信息是否完整易得，确保沟通渠道畅通且受到保护，有明确且统一的沟通负责人，保证沟通及时并有反馈。

二、合规沟通的意义及定位

（一）合规沟通的意义

合规沟通是有效避免纸面合规的途径之一。在合规管理体系设计阶段适用合规沟通，有助于体系设计的完善和易于执行；在合规管理体系执行阶段适用合规沟通，有助于体系执行顺畅，避免偏差；在检验合规管理体系效果阶段适用合规沟通，有助于高效检验，查漏补缺。

首先，合规沟通能够提高企业员工对企业合规程序的了解，避免员工因为没有及时识别合规风险而作出违规行为。[1] 通过不同的沟通策略与方式，企业得以实现合规知识与技能的推广。其次，合规沟通能够强化员工对于合规行为的承诺，减少员工在明知合规政策的前提下因为对合规的轻视而作出违规行为。此外，合规沟通对企业形象亦有重要作用。企业员工对外交流时具备良好的合规意识，以有效的沟通方式向外部合作方传递能得到认可的企业合规价值等，均会提升企业的品牌形象与声誉，对企业的日常运营产生积极影响。

（二）合规沟通的定位

合规沟通是合规管理体系中的重要纽带，连接着各个合规部门与合规职能，推动合规管理体系发挥其作用。合规政策制定后，需要以易于理解的方式向员工进行传达；员工在实践中发现合规风险，需要向合规部门进行反馈；在与第三方合作时，企业需要将合规要求明确传递至第三方。合规沟通把企业相关利益方与企业的合规管理体系相联结，推动企业的合规运作。合规沟通是完整的合规管理体系保持灵活、富有生机、持续有效的关键环节。

正因如此，《合规标准》列出了一些具体且指向清晰的场景及要求，对于企业应当关注并落实的与合规沟通相关的要点给予了充分提示。

三、合规沟通的历史

有观点认为："企业合规首先发端于美国，目前已成为全世界企业的治理方式。"[2]"在二十世纪五十年代，美国反垄断合规监管严格，政府对涉及反垄断的企业提出建设并执行有效合规管理体系以纠正违规行为的要求。""在二十世

[1] Guidance about procedures which relevant commercial organizations can put into place to prevent persons associated with them from bribing, p. 29.

[2] 陈瑞华：《论企业合规的性质》，载《浙江工商大学学报》2021 年第 1 期。

纪七十年代，水门事件引发大众对于行贿问题的关注，反腐败合规受到执法机关和企业重视。”在这一阶段，合规沟通主要为企业的对外沟通，即向执法机关自愿披露企业的垄断或行贿行为。此外，美国《反海外腐败法》的颁布也让企业在内控中加大了对贿赂和财务记录的关注，针对企业合规经营的合规沟通亦因此逐步展开。

“1991 年，美国联邦量刑委员会发布了《组织量刑指南》，并将其编入《联邦量刑指南》的第八章，以此作为法院对公司犯罪加以量刑的依据。”[1] 美国量刑委员会在衡量是否减轻处罚时，明确将合规沟通作为考察的七大指标之一。根据《组织量刑指南》的规定，企业应当根据受众的岗位和职责，采取步骤，有效地将其合规管理体系的标准、程序和其他信息传达至受众。

2018 年 12 月，中国国家发展改革委、外交部、商务部、人民银行、国资委、外汇局和全国工商联联合印发《企业境外经营合规管理指引》，在合规管理架构章节的合规管理协调条款中，明确规定了合规沟通涉及外部监管机构及第三方这两类对象，以及针对不同类型沟通对象的具体沟通渠道、沟通内容、沟通目标及沟通方式。[2] 这是我国制度层面对合规沟通较早的明确规定。

四、合规沟通的域外经验

鉴于美国、英国等国家较早关注合规建设，形成了较为成熟的合规管理体系与实践，本部分将介绍域外国家与国际组织关于合规沟通的相关规定与指引以

---

〔1〕 陈瑞华：《企业合规制度的三个维度——比较法视野下的分析》，载《比较法研究》2019 年第 3 期。

〔2〕 《企业境外经营合规管理指引》第 12 条规定：“……（三）企业与外部监管机构沟通协调　企业应积极与境内外监管机构建立沟通渠道，了解监管机构期望的合规流程，制定符合监管机构要求的合规制度，降低在报告义务和行政处罚等方面的风险。（四）企业与第三方沟通协调　企业与第三方合作时，应做好相关的国别风险研究和项目尽职调查，深入了解第三方合规管理情况。企业应当向重要的第三方传达自身的合规要求和对对方的合规要求，并在商务合同中明确约定。”

供企业参考。概括来看,域外经验较多强调了企业高层在合规沟通中的作用,要求企业高层传递企业必须合规运营的原则并发挥模范作用;此外,应当建立便于员工或利益相关方与企业进行沟通或举报的合规沟通渠道;同时,应当针对不同沟通对象的特点,制定最有效的沟通策略;最基本的沟通要求是将企业的合规政策清晰地传递至员工及相关方。

各国与各国际组织的相关规定具体如下。

(一)美国

美国的《企业合规计划评估》与《反海外腐败法信息指引》对合规沟通的内容与形式提出了指引。值得注意的是,美国的《企业合规计划评估》主要以提问的方式引导检察官关注合规沟通的内容,并非以列明标准答案的方式描述企业必须遵守的合规沟通准则。但从其提问的关注方向中仍可以窥探美国执法机构对于合规沟通的关注重点。

总体来看,美国的各项指引与指南除关注合规沟通的方式是否易于理解之外,还重点关注企业高级管理人员在合规沟通中的作用,并创新性地强调企业对员工不当行为所进行的沟通。

1. 合规沟通方式易于员工理解

美国《反海外腐败法信息指引》指出,合规的要求应当以便于相应员工理解的方式传递。[1] 该指南中并没有列举进一步衡量合规沟通方式是否便于员工理解的具体裁量指标。因此,企业应根据行业的商业实践与组织特点,确定有效的合规沟通方式。

〔1〕 The United States Department of Justice, *A Resource Guide to the U. S. Foreign Corrupt Practices Act*, *Second Edition*, p. 57.

2. 对员工不当行为展开沟通

《企业合规计划评估》在考察企业合规管理体系的设计是否完善时，明确要求执法机构考察企业对于不当行为的沟通安排，当员工因未能遵守企业政策、程序和控制措施而被解雇或受到纪律惩罚时，组织通常会如何进行沟通，如匿名描述导致员工受到纪律处分的不当行为。[1]

《企业合规计划评估》在其评估问题中，还加入了对高级管理人员对员工不当行为的态度评估："高级管理人员如何让员工知晓企业对不当行为所持有的立场？"[2]

由此可见，美国的合规指引对合规沟通的理解包括企业对员工不当行为沟通的内容。在员工实施了违规行为后，企业作为主体应当对此违规行为作出表态，同时企业的高级管理人员亦当明确自身对于违规行为的立场，从而传递企业对于坚持合规运营原则的坚守。

3. 高级管理人员传递并遵守合规要求

美国《反海外腐败法信息指引》关注高级管理人员是否清晰地传递了公司合规的标准与要求，并严格遵守这些要求。[3] 该条特别强调高级管理人员的模范作用，在常规情形下公司宣传合规政策之外，还额外关注了高级管理人员对于合规政策的宣传与遵守。

（二）英国

《2010年英国反贿赂法》没有对合规沟通作出具体规定。但该法中第7

---

〔1〕 The United States Department of Justice, *Evaluation of Corporate Compliance Programs*, No. 32.

〔2〕 The United States Department of Justice, *Evaluation of Corporate Compliance Programs*, No. 31.

〔3〕 The United States Department of Justice, *A Resource Guide to the U. S. Foreign Corrupt Practices Act*, *Second Edition*, p. 57.

条——商业组织预防贿赂失职罪,与合规沟通相关,其中第2款规定:"可以通过证明自己建立了以防止与任何商业组织相关的人实施贿赂行为的适当程序,作为抗辩理由。"[1]虽然没有进一步阐述包含哪些适当程序,但应当可以理解为良好的合规沟通作为适当程序的一种,可能作为企业贿赂的抗辩。没有进一步阐述包含哪些适当程序。

《对〈2010年英国反贿赂法〉中相关商业组织可采用程序的指引》(以下简称《程序指引》)中则对企业合规内控体系建设提出了更为具体的指引。[2] 其中,与合规沟通相关的原则为程序应与风险相匹配、高层对反腐作出承诺、进行沟通和培训。[3] 围绕该合规原则,《程序指引》提出了以下关于合规沟通建设的建议。

1. 与合规风险相匹配的沟通形式与频率

《程序指引》的第一个原则,即程序应与风险相匹配的原则,要求合规沟通的方式与频率应与组织的合规风险相匹配。[4] 如果企业规模较小,则即使通过口头沟通合规政策的形式也可能足以使员工了解公司的合规政策。[5] 对于大型企业,人员众多且分布区域广泛,口头传递合规政策显然并不是一个合适的沟通方式,此时书面或电子邮件传达合规政策才是与大型企业适配的沟通方式。[6]

---

〔1〕 *The United Kingdom Bribery Act* 2010, Article 7.

〔2〕 *Guidance about procedures which relevant commercial organizations can put into place to prevent persons associated with them from bribing.*

〔3〕 *Guidance about procedures which relevant commercial organizations can put into place to prevent persons associated with them from bribing.*

〔4〕 *Guidance about procedures which relevant commercial organizations can put into place to prevent persons associated with them from bribing*, p. 21.

〔5〕 *Guidance about procedures which relevant commercial organizations can put into place to prevent persons associated with them from bribing*, p. 21.

〔6〕 *Guidance about procedures which relevant commercial organizations can put into place to prevent persons associated with them from bribing*, p. 21.

2. 组织高层明确表示对贿赂行为零容忍

《程序指引》的第二个原则为高层对反腐败作出承诺。具体来说，组织高层应当明确表明其将按照公平公开的方式运营公司，不会容忍任何腐败行为并将严格按照公司政策依法惩处违规行为；组织高层同时应该表示，不会与不承诺遵守企业合规政策的任何第三方进行商业合作。[1]

3. 沟通表述易于理解

对于跨国企业，企业内部的合规政策的措辞和语言都应该根据每个地区的习惯进行调整，以达到最佳的沟通效果。[2] 对于企业外部的供应商等，企业应当以制定行为准则等方式明文撰写第三方必须遵守的合规准则，包括对于违规行为的惩处措施。[3]

4. 建立匿名合规交流机制

《程序指引》强调了需建立匿名合规沟通机制。[4] 该匿名沟通渠道应当同时向企业内部员工和企业外部利益相关方开放，允许各方提出对于企业合规建设的建议，如企业合规流程设计是否合理等。同时，各方亦可对企业可能的不合规行为进行举报，建议企业作出相应整改。

（三）经济合作与发展组织

经济合作与发展组织于 2013 年出版了《商业机构反腐败道德及合规手

〔1〕 *Guidance about procedures which relevant commercial organizations can put into place to prevent persons associated with them from bribing*, p. 23.

〔2〕 *Guidance about procedures which relevant commercial organizations can put into place to prevent persons associated with them from bribing*, p. 29.

〔3〕 *Guidance about procedures which relevant commercial organizations can put into place to prevent persons associated with them from bribing*, p. 29 – 30.

〔4〕 *Guidance about procedures which relevant commercial organizations can put into place to prevent persons associated with them from bribing*, p. 29.

册》,为寻求合规建议的企业提供实务指南。[1] 该合规手册将主要的国际商业机构合规指引进行了整合。此外,经济合作与发展组织于1997年制定了《关于打击国际商业交易中行贿外国公职人员行为的公约》(以下简称《公约》),目前已有超过40个国家签署了该公约。[2] 其中与合规沟通相关的规定如下。

1. 建立多种合规沟通渠道

《公约》指出,组织中往往存在不愿意直接向合规部门披露违规行为的个人,因此企业应当提供多种沟通渠道,以鼓励和保护员工的合规沟通。[3]

2. 定期开展合规沟通

《公约》强调,组织应当定期与员工展开合规沟通,强调公司的合规政策。[4]

(四)世界银行

世界银行于2010年发布了《诚信合规指南》。该指南参考并吸收了许多组织认为是良好实践的标准、原则和内容,对于企业合规建设具有重要的参考意义。[5] 其中,与合规沟通相关的内容如下。

1. 定期开展合规沟通

《诚信合规指南》指出,组织应当定期与员工和利益相关方展开合规沟通,重申合规政策的内容并强调对合规政策的遵守。[6]

---

〔1〕 Anti-Corruption Ethics and Compliance Handbook.

〔2〕 OECD Convention on Combating Bribery of Foreign Public Officials in International Business Transactions.

〔3〕 OECD Convention on Combating Bribery of Foreign Public Officials in International Business Transactions, p. 21.

〔4〕 OECD Convention on Combating Bribery of Foreign Public Officials in International Business Transactions, p. 28.

〔5〕 World Bank Group, *Integrity Compliance Guidelines*.

〔6〕 World Bank Group, *Integrity Compliance Guidelines*, p. 12.

2. 根据沟通对象的特点调整沟通方式与内容

对于合规政策的沟通交流方式，组织应当根据沟通对象的不同，针对各个对象的合规需求与风险、职级等，选择实际有效的沟通方式。[1]

3. 告知各员工有责任报告合规相关的风险与不当行为

在合规沟通的内容上，世界银行强调组织应当明确告知员工具有报告企业不合规行为的责任。[2] 如果员工发现企业存在合规程序的漏洞，也应当及时告知企业。

4. 建立多种合规沟通渠道

组织应当建立不同的沟通渠道，以保证部分不愿意直接与公司合规人员沟通的员工亦可以充分地利用其他渠道展开合规沟通。[3]

第二节　最佳实践

一、合规沟通场景设计的最佳实践

合规沟通是确保合规管理体系有效的必备要素。正如美国司法部相关文件所述："检察官在评价每个具体的合规管理体系是否有效时，应当关注如下三个基本问题：'企业的合规计划设计得好不好？企业的合规计划是否得到了有效实施？以及公司的合规计划实施效果如何？'"[4] 因此，在设计合规沟通制度时，也应当一以贯之地关注同样的三个基本问题：在设计层面，合规沟通如何促

〔1〕 World Bank Group, *Integrity Compliance Guidelines*, p. 12.

〔2〕 World Bank Group, *Integrity Compliance Guidelines*, p. 12.

〔3〕 World Bank Group, *Integrity Compliance Guidelines*, p. 12.

〔4〕 The United States Department of Justice, *Evaluation of Corporate Compliance Programs*, Introduction.

成合规管理体系的设计完善？在执行层面，合规沟通如何促成合规管理体系的实施有效？以及在评估层面，合规沟通如何促成合规管理体系的良好效果？

企业若能围绕上述三个基本问题并着眼于确保合规体系有效性的最终目的，并重点关注在合规风险识别及评估、企业合规政策和程序的制定、对合规培训的效果强化与补充、举报机制和调查流程、第三方管理、中高级管理层的合规意识及承诺、合规资源保障等合规管理体系的重要场景中的合规沟通，那么建设有效合规管理体系的概率会更大，是值得尝试的实践方向。

以某建筑施工企业在刑事合规不起诉阶段开展的合规管理体系建设为例。该企业在合规风险识别环节通过对内部相关人员的访谈、多次与第三方监管组织及检察机关座谈、向检察机关提交书面报告等方式进行了充分的合规沟通，高效准确识别出相应出合规风险，并有针对性地完善了原有的合规体系；在合规建设与整改过程中，其重点关注员工自下而上的沟通需求，设置了专门的不当行为举报电话，并在不被视频监控覆盖区域设置了不当行为举报箱，由企业的法务部门专门负责处理违规举报事件，组织或参与违规事件调查并提出处理意见；由企业主要负责人担任合规领导机构负责人并带头作出合规承诺，从而由点及面带动了企业合规体系的全面建设及优化。这也正是在合规管理体系的重要场景中嵌入有效合规沟通的良好实践范例。

二、合规沟通参与者的最佳实践

如前文所述，合规沟通的目的在于确保企业内部及利益相关方持续收到和理解合规信息，并确保合规管理体系的设计完善、实施有效以及效果良好。确定适当的合规沟通参与者对于实现沟通目的具有重要意义。

值得推荐的实践方式是在合规政策制定环节邀请负责与外部及内部进行合规沟通的个人或部门深度参与，既使得相关规则在制定时就充分考虑了易于沟通的因素，也便于该个人或部门深刻理解合规政策，确保相关政策在沟通及反馈过程中的准确性。

在James Weber与David M. Wasieleski撰写的“Corporate Ethics and Compliance Programs：A Report，Analysis and Critique”一文中提到，“一个组织的沟通部门参与了将近83%的合规制度和流程等守则的起草或重新起草，这是可以理解的，因为守则可能会被传播给外部利益相关者，或者在公司的网站上供公众查看。因此，沟通部门的专业知识在制定守则时可能是至关重要的”。[1]

在一宗刑事合规不起诉案件中，某第三方监管人能准确意识到自己也是应当参与合规沟通的主体，在合规风险排查、合规承诺及整改落实等环节持续与涉案企业充分沟通，运用其丰富的合规经验协助涉案企业建设及完善合规体系并有效运行。尤其是在合规整改阶段，第三方监管人与涉案企业保持了高频率的沟通，随时帮助企业应对落实中的难点，确保了整改进度和质量，其整改结果最终被检察机关认可。

三、合规沟通方式的最佳实践

虽然在不同的合规沟通场景中，应当灵活准确运用不同的沟通方式，从而最大限度地实现该特定场景下合规沟通的目标。但无论何种情形下的沟通，都需要考虑该方式的经济性与易得性。公开的网络渠道无疑满足了以上要求，因此成为一种较为通用的沟通方式。

同样是在James Weber与David M. Wasieleski撰写的“Corporate Ethics and Compliance Programs：A Report，Analysis and Critique”一文中提到，“我们关于道

〔1〕 Corporate Ethics and Compliance Programs：A Report，Analysis and Critique Author(s)：James Weber and David M. Wasieleski Source：Journal of Business Ethics，February 2013，Vol. 112，No. 4，Special Issue：The 17th Annual International Vincentian Business Ethics Conference（2010）（February 2013），p. 609 – 626. Published by：Springer Stable URL：https://www.jstor.org/stable/23433671.

德准则的沟通结果是令人鼓舞的,因为似乎所有的员工在入职时都会收到道德准则,然后于他们在公司的任期内定期地收到。从我们的数据来看,员工可以在公司的网站上全天候地获得该守则,并通过电子邮件或海报在整个工作场所定期提醒。这显然是一个比每年重新印刷文件来提供守则更有成本效益的方法”。[1]

此外,为确保合规沟通中传递的与合规相关信息的准确性,有的企业也会有意识地加强对负责沟通人员的专门培训,为其沟通准备全面且及时更新的合规信息手册,确保通过其沟通传递的合规信息不失真。

四、合规沟通资源保障的最佳实践

有效的合规沟通离不开资源保障。实践中,我们往往根据负责合规沟通的人员配备、在企业中的薪资水平、级别/职位、汇报条线、资源等状况,去衡量企业的合规沟通是否得到了足够的重视并得到充足的资源保障。具体而言,企业应当配备具有相应资质且与业务规模相当的合规沟通人员,对其有明确的绩效考核,保障其履职时利用和获取数据资源的便利性,并对其履职可能的障碍预先予以考量,为合规沟通投入适量预算等。

以一家跨国电子公司为合规沟通进行的资源保障为例。该公司是世界领先的电子制造服务供应商之一,为航空航天、汽车、计算机、消费数码、工业、基础设施、医疗和移动 OEM 客户提供完整的设计、工程和制造服务,在 30 个国家拥有设施网络。该公司拥有 20 多万名员工,其中 60% 以上居住在公司总部所在的国家之外(许多是在中国)。为有效实现与体量庞大且分散的员工的沟通,该公

---

〔1〕 Corporate Ethics and Compliance Programs: A Report, Analysis and Critique Author(s): James Weber and David M. Wasieleski Source: Journal of Business Ethics, February 2013, Vol. 112, No. 4, Special Issue: The 17th Annual International Vincentian Business Ethics Conference (2010) (February 2013), p. 609 - 626. Published by: Springer Stable URL: https://www.jstor.org/stable/23433671.

司拨付预算，在亚洲进行了几次深入的当面培训课程，并将激发与不同受众就培训内容的互动对话、充分沟通作为重要的沟通目标。

第三节 推荐阅读

陈瑞华、李玉华主编：《企业合规与社会治理》，法律出版社 2021 年版。

陈瑞华：《企业合规基本理论》（第 3 版），法律出版社 2022 年版。

李剑鹏：《合规执行四要点》，载 http://www.cacs.mofcom.gov.cn/article/flfwpt/jyjdy/cgal/202009/166146.html，最后访问日期：2022 年 11 月 3 日。

李明燕、洪麒：《企业大合规》，中国经济出版社 2021 年版。

李素鹏、叶一珺、李昕原编著：《合规管理体系标准解读及建设指南》，人民邮电出版社 2021 年版。

王志乐主编：《企业合规管理操作指南》，中国法制出版社 2017 年版。

第十四章

合规培训

【导读】

企业,尤其是跨国公司会要求全体员工参加年度合规培训,并予以书面记录。合规培训能使员工了解合规义务,提高合规意识,预防合规风险的发生。高质量的合规培训应是规则和原则精神的统一。合规培训的内容包括但不限于国家的法律法规、国际规则、行业准则,以及公司的规章制度。合规培训需要为员工提供与其岗位职责相适应的培训内容;从而倡导合规、人人有责;助力企业构建全面合规文化。合规培训的形式可以多种多样,不拘泥于传统的课堂式培训方式。企业合规负责人理应成为合规培训的总设计师。

【关键词】

跨国企业　合规培训　国际规则　行业行为准则　公司的政策和流程

【思维导图】

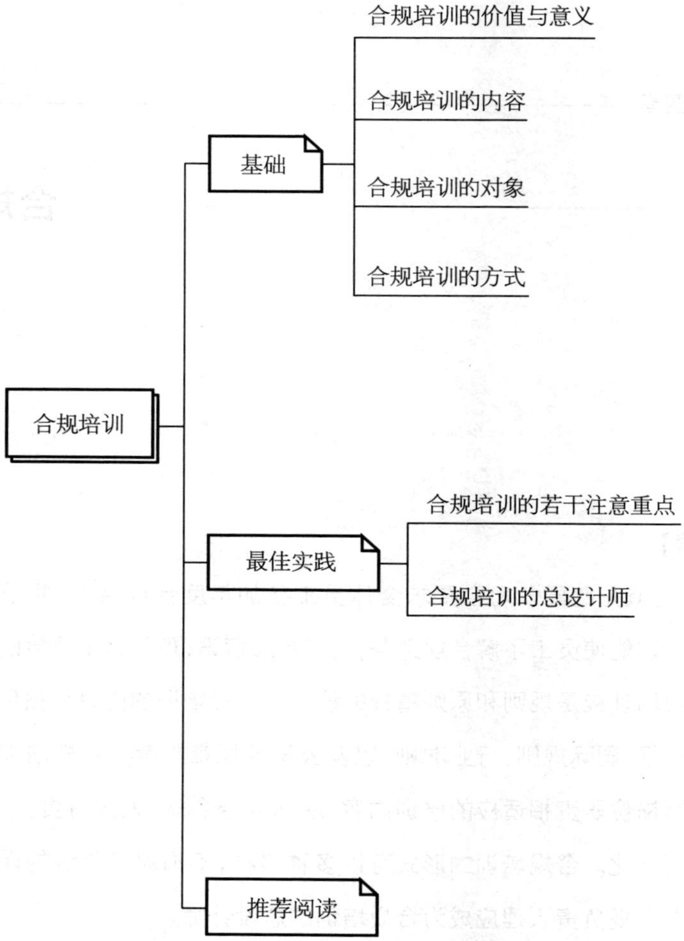
合规培训
基础
合规培训的价值与意义
合规培训的内容
合规培训的对象
合规培训的方式
最佳实践
合规培训的若干注意重点
合规培训的总设计师
推荐阅读

第一节 基础

一、合规培训的价值与意义

国际标准化组织的《合规管理体系 指南》和我国的《合规管理体系 指南》都涉及了合规培训的目标,即确保所有员工有能力以与组织合规文化和对合规的承诺一致的方式,履行角色职责。这就要求企业在组织员工合规培训的阶段,有责任、有义务帮助员工清晰理解并准确掌握自己的合规义务,提高员工的合规意识,知道哪些商业行为可做,哪些行为是红线,无论该行为是否会为企业和/或员工个人带来实际利益,企业管理层和员工个人都不应该触碰红线。企业应当在每一财政年度中,保持一定的频率,以合规培训为重要的方式之一,反复宣讲、强调、要求全体员工遵循合规的原则精神;严格遵守国家法律法规,政府监管规定,相关国际组织的约定和行业准则,以及按照公司内部章程、政策和流程,开展日常工作。对任何违反行为,企业需要坚守"零容忍"的纪律规范和措施。

合规培训在组织中的重要性显而易见。

首先,合规培训使员工了解了合规义务,提高了合规意识,可以预防合规风险的发生。企业合规培训的纲领越系统全面,来自企业不同维度的合规运营风险也可以相应地、系统性地被规避。合规培训能使员工,特别是新加入公司的员工,更加感性地认识公司的内部章程、政策和流程对其日常工作的要求。这可以使员工对于公司内部合规义务的认识不仅仅停留于纸面,而是渗透到日常的行为操守中。不会使员工不知道具体规章,而不带有任何恶意地违反一些禁止性事项,避免"无知者无畏"的违规后果。

其次,高质量的企业合规培训应是规则和原则精神的统一。通常,基于规则的合规培训,可以在第一时间,让员工知道(Do’s and Dont’s),即哪些商业行为可以做,哪些商业行为不可以做。举一个最简单明了的商业例子:某公司在内部财务政策中规定,员工与外部客户进行商业用餐,需要按照行业行为准则,每人每餐消费不超过人民币300元。因此,在新员工入职时,此类的公司财务政策、行业行为准则,以量化的形式规定了全体员工必须遵守的标准,就是一种基于规则的合规培训。它的好处是直接明了。员工很容易理解、记忆并在日常工作中遵守。

与此同时,我们不得不意识到,商业世界不是非白即黑的。当合规官们在给员工进行规则的合规培训时,经常会被问到一些广泛存在于真实世界的业务场景。比如,就公司规定的餐标而言,有时员工会提问,如果因为种种事先不能预测的因素,如餐厅的菜单过时(最新单价商家还没有来得及更新,结账时被要求以高于原价5%的单价埋单等),原先被邀请的一位客户因临时有事不能赴约,使得原预定的餐标按人头计算超过了公司财务报销政策和行业行为准则等。在诸如此类的情况下,员工应该如何应对?此时此刻,基于原则的合规培训就彰显了其魅力。合规官们可以就员工的提问,帮助员工理解。

(1)公司财务政策和行业行为准则设立餐标的原理所在,如树立行业良好形象,与外部客户商业用餐时,中等合理适度的餐标,可以避免奢侈浪费等不良现象。

(2)考虑到员工提及的真实世界可能发生的种种意外现象,建议员工今后订餐时,事先以一个更低的标准做计划,如每人每餐200元左右,这样在出现一位或几位客户临时不能参加商业会议的情况时,我们的员工也更有主动权,按实际情况调整,从而使公司的财务标准和行业的行为标准不会因为某些潜在的可能性和变数,而无法贯彻执行。这种基于合规原则精神的合规培训,相比基于规则的合规培训,更能启发员工思考合规的精髓所在。帮助员工了解每一条合规内容背后的原理和精神,更有利于企业中长期合规文化的培育;有助于员工面临商业困境时，选择做正确的事。所以，只有规则和原则精神统一的合规培训，才能更好地把公司的价值观贯穿并落实于员工的日常商业行为，这样的培训才能成为真正的高质量、高层次的培训。

最后，最基本的员工合规培训必须强制进行，全员参与，不应当具有选择性。只有某些专项合规培训，如生产质量合规，才需针对与员工的工作性质和内容有联系的员工进行。在早些时期，许多企业提供最基本的合规培训，如反商业贿赂等，并没有强制所有员工必须在某个时间段内参与相应的合规培训。随着国家、政府、企业对合规重视度的不断提高，越来越多的企业，尤其是那些在全球100多个国家和地区都有业务的跨国企业，基于监管的日趋严厉性，无论是外部压力还是内部需求，要求所有员工必须在规定的时间点内完成年度培训，并予以书面记录。这样的要求就意味着及时参与公司的合规培训是一项必选题，而非选择题。我们可以从诸多国际合规指南中，找到关于合规培训的要求。西门子集团和世界银行第三期“诚信计划”资助的大夏合规项目负责人周万里博士，就在他2021年出版的《合规型监管研究》一书中提到：(1)2010年《英国反贿赂法指南》明确，商业组织采取培训等方式进行内部和外部的沟通，确保反腐败政策和程序融入组织内部，并且能够被相关人员理解；(2)《经合组织内控、道德与合规最佳行为指南》也有类似的合规培训条款，培训的对象是公司所有的员工；(3)瑞士《有效合规管理的原则》在第三个有效合规管理要素“合规过程”中提到了合规培训与教育的重要性；(4)《合规管理体系　指南》明确有合规义务的人应当有效地处理这些义务。[1]

另外，我们从以往的经典案例，可以认识到合规培训在特定情形下，还能给企业带来“刑事抗辩”的好处。2016年10月31日，兰州市城关区人民法院一审宣判的“雀巢公司员工侵犯公民个人信息案”就被视作中国企业刑事合规第一

[1] 参见周万里：《合规型监管研究》，人民出版社2021年版，第71页。

案例，即企业较完善的合规制度，包括公司定期开展的员工沟通和培训等，可以规避企业的法律责任。在法庭判案时，有形有效的合规培训与制度可以被认定为分割公司与员工违法行为的法律证据。基于此，2017 年 5 月 31 日，兰州市中级人民法院的二审终审判决维持了一审判决，驳回了雀巢个别员工企图将自己的违法责任强加于雀巢公司并指控单位犯罪的上诉。[1]

二、合规培训的内容

合规培训，顾名思义，就是企业培训员工在其岗位职责上必须遵守的一系列法律规范、监管规定、行业行为准则，以及公司内部章程、政策流程等合规义务。鉴于企业所在国和其上市所在地要求遵循的法律法规不尽相同，我们以一家总部位于法国（公司在法国的员工规模超过 500 人），在美国证券交易所上市，并且在英国也有分支机构的全球制药公司为例。我们了解一下，对于这样一家在中国运营的全球医药公司，其中国分支机构的员工至少要参与哪些重要内容的合规培训。我们以此为例，旨在让读者们对照自己公司所在的行业，运营业务所在国家，以及是否在不同国家的证券交易所上市，来辨析本公司全体员工和部分特定员工必须参加的合规培训。

按照上述举例，该企业全体和部分特定员工应当至少参加下列合规培训。

1. 中国的法律法规和相关的监管规定

（1）在中国，反腐败、反贿赂的条款，主要来自 1997 年《刑法》和 1993 年《反不正当竞争法》。公司在组织内部对特定员工，如政府事务部、注册事务部等经常与国家工作人员有业务往来的员工合规培训时，就可以着重培训《刑法》第 389 条第 2 款的规定，即在经济往来中，违反国家规定，给予国家工作人员以财物，数额较大的，或者违反国家规定，给予国家工作人员以各种名义的回扣、手续

[1] 参见华师大企业合规研究中心：《企业合规讲义》，中国法制出版社 2018 年版，第 51 页。

费的,以行贿罪论。此外,2021 年 3 月 1 日,《刑法》修改补充的部分内容与医药大健康行业息息相关。第 334 条之一将“非法采集我国人类遗传资源或者非法运送、邮寄、携带我国人类遗传资源材料出境”入刑,规定可处最高 7 年有期徒刑,强调了公共卫生刑事法治保障。

(2)2008 年 8 月 1 日生效的《反垄断法》,是我国第一部专门规制垄断行为的法律。《反垄断法》第 14 条明确禁止固定转售价格和限定转售最低价这两种纵向协议。作为预防措施,合规部应当不定期地组织特定员工,如企业的经销商管理团队,销售市场团队,采购团队等,参加《反垄断法》中纵向垄断协议的培训。《反垄断法》第四章是关于经营者集中控制的法规。企业内部负责收购与兼并业务的员工,就应当及时参加合规部组织的关于经营者集中制度方面的专项培训。此外,企业员工,因工作职责,有经常与竞争者联系与交流,或经常参与行业协会活动的,其在会议中或会议外与同行交流的内容有可能涉及反垄断法禁止的行为;甚至是员工单方面的行为,可能被反垄断执法机构认为构成“协同行为”的,专项《反垄断法》的培训都应当覆盖这些员工。

(3)2020 年《药品管理法》

正如《药品管理法》在总则的第 2 条所述,“在中华人民共和国境内从事药品研制、生产、经营、使用和监督管理活动,适用本法”,企业员工在药品研发部门、生产部门、销售市场等部门工作的,都应该通过合规培训,熟悉并掌握该管理法中自己必须履行的职务合规义务。举例说明,《药品管理法》在第二章“药品研制和注册”第 19 条规定,“开展药物临床试验,应当按照国务院药品监督管理部门的规定如实报送研制方法、质量指标、药理及毒理试验结果等有关数据、资料和样品,经国务院药品监督管理部门批准”和“开展药物临床试验,应当在具备相应条件的临床试验机构进行”等。那么,本章举例的该医药企业的研发和注册部门的员工就有义务严格遵循《药品管理法》第二章中的所有合规义务,确保自己日常的工作行为完全符合国家法律法规的要求,以确保《药品管理法》的总则精神，即“为了加强药品管理，保证药品质量，保障公众用药安全和合法权益，保护和促进公众健康”能在企业中贯彻落实。在医药企业的合规培训中，特别要强调《药品管理法》的第十一章“法律责任”，让从业人员清晰地知道违反该法规的后果，如第141条第2款规定，“药品上市许可持有人，药品生产企业，药品经营企业在药品研制、生产、经营中向国家工作人员行贿的，对法定代表人、主要负责人、直接负责的主管人员和其他责任人员终身禁止从事药品生产经营活动”。

（4）2020年《生物安全法》

自2021年4月15日起施行的《生物安全法》的主要宗旨是维护国家安全，防范和应对生物安全风险，保障人民生命健康，保护生物资源和生态环境，促进生物技术健康发展，推动构建人类命运共同体，实现人与自然和谐共生。[1] 总则中的第7条第2款特别指出，“相关科研院校、医疗机构以及其他企业事业单位应当将生物安全法律法规和生物安全知识纳入教育培训内容，加强学生、从业人员生物安全意识和伦理意识的培养”。因此，本章所举例的医药企业，如果其业务涉及《生物安全法》所适用的范围，如“病原微生物实验室生物安全管理”和“人类遗传资源与生物资源安全管理”等范畴，从事相关工作的企业员工就应该接受相应的合规培训，明确知悉违反该法律应当承担的法律责任。

（5）中国的《数据安全法》《个人信息保护法》《网络安全审查办法》和欧盟的《通用数据保护条例》（GDPR）

2021年9月1日正式施行的《数据安全法》和2021年11月1日实施的《个人信息保护法》，以及2022年2月修订的《网络安全审查办法》，这“三驾马车”并驾齐驱，构造了数据和个人信息保护体系。当下，各行各业许多企业都在推进其数字化进程。大数据、互联网时代下，企业及时推动这三部法规在其相对应的受众中的合规培训，就显得尤为重要。此外，如果企业的数据服务涉及欧盟公民

〔1〕《生物安全法》第一章，总则第1条。

的个人信息的收集或处理，2018 年 5 月 25 日正式生效的《通用数据保护条例》就需要高度重视。众所周知，违反 GDPR 的后果严重，可导致 2000 万美元或母公司总营业额 4% 的罚金，且二者取金额大的作为法律惩罚金。因此，依旧以本章举例的医药企业来说，培训员工，特别是其市场、销售和商务部门的员工，如何在收集、存储、使用、加工、传输、提供和公开等方面，严格按照业务运营所在国家的法律法规要求，维护数据安全，尽好合规义务，做好合规培训，是第一要务。

（6）2021 年 7 月 1 日实施的《信息安全技术——健康医疗数据安全指南》

国家标准《信息安全技术——健康医疗数据安全指南》（GB/T 39725—2020）给出了健康医疗数据控制者在保护健康医疗数据时可采取的安全措施。对标本章举例的医药企业，公司的医学部和市场部等部门，在设计病患教育的医学教育项目时，任何时候都应该牢记病患隐私和患者医疗安全等重要问题。及时进行此安全指南的合规培训，可以为健康医疗信息安全保驾护航，预防和杜绝数据合规事件的发生。

（7）国家其他监管规定/最新的实际案例（有惩罚后果性的）

国家医疗保障局自设立以来，有关医疗健康的政策法规纷至沓来。如 2022 年 1 月 29 日，由胡静林局长签发的国家医疗保障局第五号令，通过了《医疗保障基金使用监督管理举报处理暂行办法》，并于 2022 年 3 月 1 日起施行。该暂行办法主要依据的是《社会保险法》和《医疗保障基金使用监督管理条例》。2022 年 1 月 30 日，《新闻晨报》发布了某制药公司在华机构的工作人员涉嫌篡改肿瘤患者基因检测结果骗取医保基金的新闻。“国家医保局基金监管司负责人表示，前期根据群众举报线索，国家医保局督促深圳市成立了医保、公安、卫生健康、市场监管等部门组成的联合专案组，对案件情况进行深入调查，犯罪嫌疑人已全部被批捕。”此类违反国家监管规定的实时行业内案件，可以作为合规动态培训内容，给予本企业员工及时培训，以预防类似案件可能在本企业发生。

2. 海外的反商业贿赂法律法规

(1)美国的《反海外腐败法》

《反海外腐败法》也叫《反海外贿赂法》(Foreign Corrupt Practices Act, FCPA),该法于1977年制定,其间经过1988年、1994年、1998年三次修改。该法旨在限制美国公司利用个人贿赂国外政府官员的行为,并对在美国上市公司的财会制度作出了相关规定。该法规定,向外国政府官员行贿以取得或者保留某种业务的行为属违法。要构成这一违法行为必须满足犯罪主体、行贿意图、行贿方式、行贿对象,以及商业目的5个方面。《反海外腐败法》可能适用于任何个人、公司、官员、董事、雇员、企业代理人或者任何代表公司行事的股东。如果个人或公司命令、授权或协助他人违反反贿赂条款,该个人或公司将受到惩罚。美国在界定向外国官员行贿行为的司法管辖权时,取决于该违法者是发行人(是一个在美国注册或者需定期向SEC提交报告的法人)、国内利益相关者、外国自然人还是外国公司。其中,国内利益相关者,是指美国公民、美国国民或者定居在美国的自然人,或者任何依美国法律成立,主营地设在美国的总公司、合伙制公司、协会、联合股份公司、信托、未合并组织或独资企业。发行人和国内利益相关者依照属地管辖或者属人管辖原则,可由《反海外腐败法》追究责任。对于发生在美国境内的行为,如果发行人和国内利益相关者以美国邮件或者其他方式邮寄、转移向外国官员支付的贿赂,该发行人或国内利益相关者要对此行为负责。转移手段或方式包括电话、传真、有线支付或者洲际、国际间旅行支付。此外,发行人和国内利益相关者也可能对在美国境外发生的行贿受贿行为负责。因此,美国公司或自然人可能对经授权在海外的员工或代理人用国外银行账户进行的行贿受贿行为负责,哪怕并没有设在美国境内的人员参与该行为。以本章举例的医药企业为例,由于它是在美国证券交易所上市,按"发行人"满足FCPA的主体条件。因此,该企业的全体员工,特别是那些日常与国际组织、国有企业,以及代表官方身份的任何部门或机构的雇员官员,公立医院的医疗卫生专业人士打交道的企业员工，都必须接受美国《反海外腐败法》的合规培训。

(2)英国的《反贿赂法》

事实上，除了美国以外，西方主要大国都有类似的反腐败法律，英国的《反贿赂法》被称为"世界上最严厉的反腐败法"。从实施之日起，《反贿赂法》不仅适用于同公务员相关的贿赂行为，也适用于私人或者私营部门间的贿赂行为，管辖范围较为广泛。此外，该法还将行贿与受贿置于相同地位加以规制，行贿者和受贿者都要受到严厉惩罚，对行贿罪的惩罚并不比受贿罪轻。鉴于本章举例的医药企业的母公司，在英国也有分支机构，因此有必要使其全球包括中国地区的企业员工接受此法案的合规培训。

(3)法国的《萨宾第二法案》

2016 年 12 月 8 日法国国会通过的《萨宾第二法案》(Sapin Ⅱ)，基本可与美、英两国的反海外腐败法内容相媲美。《萨宾第二法案》建立了强制合规制度，要求那些符合法定条件的企业履行建立合规制度的义务，并将此作为预防腐败行为的重要举措。按照该项法案，同时符合以下两项条件的企业应建立合规制度：一是用工人数达到 500 人以上，或者隶属于总部设在法国且用工人数达到 500 人的公司集团；二是有关营业收入超过 1 亿欧元。建立合规制度，是上述公司及其高级管理人员的法定义务。假如不建立合规制度，那么即便没有发生贿赂行为，公司及其高级管理人员也可能受到行政处罚。具体而言，对于那些符合法定条件，但没有按照规定建立合规制度的公司，法国反腐败局(AFA)下设的处罚委员会有权对企业处以不超过 100 万欧元的罚款，并对高级管理人员处以不超过 20 万欧元的罚款。本章举例的法国医药企业，在法国用工人数超过 500 人，营业收入也远超 1 亿欧元，适用于《萨宾第二法案》。在企业内部做合规培训时，连同美国的《反海外腐败法》和英国的《反贿赂法》，一并向企业员工宣讲该法案的主要精神，及企业内部制定的包括行为准则和内部风险评估在内的有效合规体系。

3. 国际规则和行业准则

国际上,企业合规建设的内容大多是与反腐败和反垄断相联系。联合国、世界银行、经济合作与发展组织和国际标准化组织,都相继制定了一系列用以预防、发现、监督与改善全球范围内的交易腐败行为的规则。其中,2005 年 12 月 14 日正式生效的《联合国反腐败公约》自 2006 年 2 月 12 日起对我国生效。对于企业,该公约要求缔约国“确保私营企业根据其结构和规模实行有助于预防和发现腐败的充分内部审计控制”制度,这中间就包含了企业合规制度。[1] 国际标准化组织是标准化领域中的一个国际性非政府组织。它在合规领域颁布了《合规管理体系　指南》。由我国标准化研究院制定的,2018 年 8 月 1 日实施的《合规管理体系　指南》就是以国际标准化组织的《合规管理体系　指南》为基础的。此外,它还颁布了《反贿赂管理体系　要求和使用指南》,涵盖了反贿赂、反腐败等内容,是一部建立在《美国联邦量刑指南》和英国量刑适用程序上的全球化标准。由于该标准在国内的普及度还不是很高,可以考虑先在企业合规职能内部进行培训熟悉。

继续以本章的法国医药企业合规培训为例,培训内容应当包括《国际制药企业协会联盟的行为准则》(IFPMA Code)。这是国际上医药行业首个行为准则,指导着成员公司与医疗行业各利益相关方,以合乎道德的方式开发、推广、销售和分销药品。在我国,中国外商投资企业协会药品研制和开发行业委员会(R&D-Based Pharmarceutical Association Committee, RDPAC),自 1999 年起,经过 20 年的更新和修订,制定了与 IFPMA Code 的核心理念高度一致的 RDPAC 行业行为准则(2019 年修订版),并由其 40 多家成员公司签署认可和承诺执行。鉴于 RDPAC Code 对所有成员具有约束力,本章举例的法国药企(作为 RDPAC 成员之一)在华机构的企业员工,特别是与医疗卫生专业人士有互动职务要求

[1] 《联合国反腐败公约》第 12 条第 2 款和第 6 款。

的员工，应当定期接受 Code 的合规培训。一线的医药代表更是应当在正式上岗前，主动参与合规培训和相应的 RDPAC 医药代表知识考试。

同理，如果某企业是药品上市许可持有人或医疗器械注册人（Market Authorization Holder，MAH）和/或医药产品生产经营企业，药品或医疗器械合同销售组织、医药产品商业流通企业等属于 2021 年 3 月 25 日，中国化学制药工业协会发布的《医药行业合规管理规范》的团体之一，那么该企业员工就需要接受《医药行业合规管理规范》的培训。正如此规范在其引言中所述，“本规范帮助医药企业发现行业及法律监管方面的漏洞，理顺监管和报告体系，制定并落实有效的预防措施。能够通过对风险的预判、分析、处置，为企业建立有效的合规管理风险控制体系，控制或降低企业运营，流程操作中存在的潜在风险，帮助医药企业提高防范和化解合规管理风险的能力，保障医药企业高效稳健安全运营，提高经营管理水平，增强市场竞争力”。[1] 企业员工特别是职务范畴在该规范的附录 A ~ H 中的，都应及时得到在职培训。

此外，本章提及的医药企业，还需要培训公司的医药代表对 2020 年 9 月 30 日国家药监局颁布的《医药代表备案管理办法（试行）》的严格执行。明确企业的医药代表不得有诸如此类的行为：未经备案开展学术推广等活动；未经医疗机构同意开展学术推广等活动；承担药品销售任务，实施收款和处理购销票据等销售行为；参与统计医生个人开具的药品处方数量；对医疗机构内设部门和个人直接提供捐赠、资助、赞助；误导医生使用药品，夸大或者误导疗效，隐匿药品已知的不良反应信息或者隐瞒医生反馈的不良反应信息；其他干预或者影响临床合理用药的行为。[2]

---

〔1〕 中国化学制药工业协会，2020 年 12 月 31 日发布《医药行业合规管理规范》。
〔2〕 国家药监局，2020 年 9 月 30 日《医药代表备案管理办法（试行）》。

4. 公司的规章制度

(1)公司内部制定的商业道德准则

众多企业,尤其是那些上市公司,都会在公司的官网上公布本企业的最高道德标准,用来帮助员工做正确的决定,维护企业的声誉。尽管每家企业公布的商业道德标准各成一体,公司的商业道德行为准则也无法穷尽员工在工作中可能遇到的实际情况,要求员工恪守公司的道德准则,大概率可以预防企业在反腐败、反垄断、反洗钱、贸易管制、利益冲突、礼品与招待、网络安全、个人隐私和信息保护、数据安全、内幕交易、人权和劳工标准、环境保护、健康与安全、知识产权与商业秘密等诸多专项领域的合规挑战。定期在企业内部做好公司的商业道德准则培训有助于企业内部合规文化的建设,构建起整个公司共同的价值观和树立积极上进的企业文化,保护所有利益相关方的根本权利。

(2)公司的政策和流程

公司设定的合规政策和各类程序流程,可以从结构上,防范企业员工由于主观原因或客观原因违反公司的内部规章制度和行为准则。考虑到不同企业因规模和架构的复杂性,其政策和流程最多可能涉及百条,面对面地组织每一项政策和流程的培训不太现实,此类的合规培训可以考虑以电子/网上自学为主。比如,公司可以通过电子学习的简短视频培训并测试员工是否知道举报热线且能自在地使用;考量员工,特别是采购部、业务部的员工,在与外部业务伙伴合作时,学会填写并上交公司版本的尽职调查流程表;合规部门负责人,在尽职调查不能符合公司的合规要求时,如何否决与相关第三方合作的决定等。

(3)公司的员工行为手册

公司的员工行为手册通常覆盖了每一位员工,自入职第一天起,必须遵循的国家法律法规政策、公司内部的政策和流程、道德行为准则,以及公司所在行业的某些特定的行业行为准则。员工行为手册在列举出员工违反企业规定的行为准则时,需要承担的内部纪律处罚和外部法律后果。该手册的主要内容,可以通过员工自学，并在员工入职培训阶段，以问答的形式，给予高质量的培训。培训方通常以企业人事职能部门为宜。

三、合规培训的对象

从上述合规培训内容中，我们以一家在美国上市，其全球业务涉及英国，且公司总部在法国的在华医药企业为例，阐述企业对员工至少安排的合规培训范围。这些培训内容的安排，能促进员工在其岗位职责上遵守一系列合规义务。与此同时，我们必须意识到企业因受制于有限的人力、物力和时间，不可能也做不到让全体员工对所有的法律法规、监管规定、行业准则和公司内部的每一项政策和流程，面面俱到地学习并了如指掌。在现实世界里，合规培训的对象要有针对性和选择性。

1. 全体员工：倡导合规，人人有责

在全体员工层面，企业可以安排年度的常规合规培训，把“倡导合规，人人有责”的合规文化和理念，在员工的各个层级进行深度渗透。常规合规培训包括但不限于反腐败、礼品与招待、利益冲突、个人隐私和数据保护等具有通用需求的内容。此外，入职公司的每一位新员工也应当在入职后的最多一周内，学习并接受公司的员工行为手册，并签署遵循手册的承诺。

2. 重点员工

企业员工由于其所从事工作内容和性质的不同，其本人暴露于商业环境的合规风险也因此而不同。公司有必要“定制”与该员工工作内容相关的合规培训，使培训能以“风险为导向”。我们可以视此类的合规培训为专项的合规培训。例如，以上合规培训内容章节中，第1部分(1)~(6)中列举的各项国家法律法规项下，都有提及合规培训需要涉及的企业内部某些重点员工。在章节第2部分(1)~(3)中提到的海外的反商业贿赂法律法规项下，特别提及了那些日常与国际组织、国有企业，以及代表官方身份的任何部门或机构的雇员官员、公立医院的医疗卫生专业人士打交道的企业员工，必须接受相对应国家的反商业贿赂法的合规培训。同样，在合规培训内容中有关国家药监局颁布的《医药代表备案管理办法（试行）》，就适用于工作性质为医药代表的企业员工。该办法中列举的不可为行为，员工必须严格遵守。

3. 企业的董事、监事、高级管理人员

2021 年 11 月 17 日，广东省佛山市中级人民法院对康美药业原董事长、总经理等 12 人操纵证券市场罪、违规披露和不披露重要信息罪，以及单位行贿罪进行数罪并罚。康美药业有 5 位独立董事被判承担民事赔偿连带责任。这则新闻在社会上引发了激烈的讨论，如有关独董的应尽义务和法律责任。从公司合规管理的角度出发，自然引出了一个问题，与 2019 年 4 月美国司法部刑事处发布的 Evaluation of Corporate Compliance Programs（《企业合规计划评价》）和 2020 年 6 月的修订版如出一辙，即董事会成员中是否具有相应的合规知识（What compliance expertise has been available on the board of directors）？康美药业的案件再次提醒众多企业的董（事）监（事）高（管），具备相应的合规知识不仅是自身职务的要求，更是能保障自己高管职业风险的一道安全屏障。

4. 企业合规官——美国司法部刑事处发布的《公司合规计划评价》在关于合规官的“Experience and Qualification”（经历和资历）中有涉及“How does the company invest in further training and development of the compliance and other control personnel?”的发问。翻译成中文的大概意思是：“公司是如何继续培训和发展企业合规专业人士的？”笔者曾服务过的三家药企无一例外地践行着《公司合规计划评价》的要求，高度重视合规官特别是合规部门负责人的在职培训。在专业培训方面，可谓是不惜重金。合规官会被安排至海外总部，或者海外商学院，接受专门性的合规培训。此外，在跨国公司内部，公司总部往往会邀请世界领先的律师事务所，为各国的法务合规官进行年度在职培训，培训内容通常是具有泛全球意义的法律法规更新等。

5. 第三方的共性问题:礼物、利益冲突

企业为了自身的生存与发展,通常需要与第三方商业伙伴搭建起长期的、相互信赖的高层次的合作关系,以便实现共同的目标。这种你中有我,我中有你的相互依赖的商业合作关系,使得双方在共享利益的同时,也必将承担共同的风险。由此可见,本企业的合规风险,与第三方商业伙伴的合规风险,在许多商业场景中,是水乳交融的。因此,以下列举的各种第三方服务供应商,也需要定期地接受相关的合规培训。

(1)经销商、代理商

经销商和代理商,在经销和代理本企业的产品和/或服务时,从本质上说,也是本企业合规价值与理念的呈现与反映。因而,反海外腐败法和反垄断法的合规培训内容对经销商和代理商是必要的。

(2)供应商:利益冲突

企业在选择并接受第三方供应商产品和/或服务时,需要公平公正,以企业整体利益为考量,而不能是基于某家供应商是否与本企业和/或企业内部有商业决定权的员工有利益输送等不正当关系。企业应当给予潜在/现在的供应商提供本企业关于利益冲突的合规政策宣讲或合规培训。这样可以让潜在的/已存在的商业利益冲突,在第一时间得到解决。与医药企业有着广泛业务联系的供应商,包括但不限于旅行社和会务组等,其员工,特别是代表本企业与医疗专业人士、政府官员、有来往的一线员工,必须在合同履行/工作开展时,接受必要的反商业贿赂法、医药行业的行为准则等合规培训。

四、合规培训的方式

合规培训的方式,可以是灵活多样的,既可以是线上借助于网络的方式,也可以是线下面对面的方式。自新冠疫情肆虐全球时起,越来越多的企业更多地使用 e-Learning 的方式,远程培训其员工,接受常规的和非常规的合规培训。

1. 线上 e-Learning

早在新冠疫情肆虐全球之前,许多企业,特别是跨国大公司为了确保其在全球众多国家的员工都能在一定的时间表内,接受标准统一的合规培训,e-Learning 成为一种合规学习的主要模式和趋势。

2. 线下面对面(Face to Face)培训

诚然,线上培训有许多优点,有条件的话,开展面对面的培训,也是很重要的。毕竟,线下面对面的合规培训,能让受培训对象在第一时间内,将其对培训内容的疑问,从合规培训师那里获得一手的"答疑解惑"效果,也可以就共性的问题现场展开讨论,让参加培训的员工对培训内容的印象更加深刻,有助于员工将类似的商业场景,在今后的工作中举一反三。同时,还可以让合规培训师知道目前企业在某专项合规内容上的差距所在,有助于合规职能部门相应地调整其年度培训计划。某些员工的现场提问,如果培训师不能现场给予回复,可以由合规培训师事后及时跟进。我们必须承认这种培训效果,也意味着企业需要花费巨大的人力成本等。综合考量,面对面的合规培训更适合董监高、重要第三方合作伙伴、销售市场/采购/政府事务部乃至有审批权的领导层。毕竟,相较于企业因不合规事件导致的巨额罚金,合规培训的成本几乎可以忽略。

3. 外包的合规培训

随着企业合规的范畴在逐步延展中,如近几年数据合规越来越受到企业的重视,国家新出台的《数据安全法》、《个人信息保护法》和《网络安全法》也是新事物。企业内部法务和合规工作人员对这些新的法律法规,也有一个认识、学习和消化的自然过程。适时邀请律师事务所的专项合规律师,及时安排企业的重要受众接受有关内容的外包合规培训,成为当务之急。

4. 公司的年会、半年度会议

很多企业通常举办年度会议、半年度会议。这是一个公司管理层与全体员工回顾、思考、展望、规划来年企业目标的大好时刻。建议合规职能部门，能利用全体员工会聚一堂的大好机会，充分准备好适宜的合规培训内容，如近期业内的合规案例等，由公司高级管理人员做培训，合规专业人士，可以参与现场“问与答”环节。

5. 创新的合规培训

合规培训的形式，如果能有创新，会吸引更多的员工更主动地学习相应的合规义务。笔者曾服务过的企业，就有采用法国式的幽默，把培训内容，以动画的形式，在全世界各个业务运营所在国，通过网络的形式，循环播放，取得了很好的效果与员工的好评。

某些基于合规规则的显而易见的合规培训，也可以由企业合规职能部门的员工通过“培训培训师”（Train the Trainer，TTT）的方式，由公司各事业部门在其内部会议上，经常性地进行反复培训。

角色扮演（role play）也是一种推动合规培训创新性的有趣方式。角色扮演者，可以模拟现实商业环境中的合规困境，把相关的合规内容通过表演，诠释给接受培训的员工。这种寓教于乐的培训方式，通常可以在受训员工中产生共鸣，让员工更深刻地理解培训的内容和其现实意义。

第二节 最佳实践

一、合规培训的若干注意重点

高质量的合规培训是与合规培训的过程和结果紧密联系的。合规职能部门的负责人可以关注以下几个方面。

1. 注意内容与培训对象的匹配度

本书在上述的各章中,已经阐述了合规内容与合规培训对象。一场优质的合规培训课,无论是线上还是线下,一定是具有高匹配度的。只有把合规内容与合适的培训对象匹配起来,才能确保合规课程的吸引力、参与度,并使培训最终达到期待的效果。

2. 深度培训:事先调研和事后评估与反馈

基于商业环境的趋势变化,某些专项合规培训会挖掘更深度的内容。诸如此类,合规职能部门应当做好事先调研,深入了解从业者的痛点和培训需求。此外,培训完成后,可以通过采访或者问卷调研的方式,获取合规培训的反馈,评估本次培训内容的有效性等,便于日后改善和提高培训质量。

3. 有高层领导者的开场白致辞

无论是线上还是线下的合规培训,如果时间允许,可以安排一个 3～5 分钟的高层领导开场致辞,清晰地向参与培训的员工传递"来自高层的声音"(tone from the top),凸显此项合规培训内容的重要性。

4. 现场录像

在以上合规培训的形式中,提到过年度会议和半年度会议的培训方式,如条件允许,建议现场录像相关培训内容和过程。今后,如果在实践中遇到个别员工触犯国家法律、法规,违反公司要求员工应尽的合规义务时,合规培训录像可以用来抗辩公司责任和员工个人违法的法律责任。

5. 名单记录归档:培训名单的准确性与全面性

培训名单及时记录归档是一项重要的管理任务。线上的培训,通常有电子记录,记载了合规培训的课程内容,员工的姓名与工号,以及参与培训的日期,甚至是通过线上合规考试的具体成绩和员工承诺履行该项培训涉及的合规义务。线下的培训,做好手动的合规记录,确保培训名单的准确性和全面性,保管好员工亲笔签名的纸质记录,也是同等的重要。这些后勤工作,一方面可以应对公司内部的年度合规审计，另一方面可以应对今后可能需要的公司合规抗辩。

二、合规培训的总设计师

企业的合规职能部门负责合规培训任务。因此，合规部门的负责人就承担起了合规培训总设计师这样一项光荣而又艰巨的职责。在当代商业环境下，企业的合规风险会随着国际形势、法律法规乃至政策要求的变化而不断变化，因此，合规培训的内容需要进行动态调整，使得企业可以从容应对新的合规风险。许多情境下，具体的培训活动需要包括企业法务部、人事部、财务部，乃至业务部在内的多个部门跨部门合作。

基于企业合规培训本质上是一项企业生产经营全方位参与的系统化管理要求，作为总设计师的企业合规负责人应当在每个公司财政年度起始的月份，提早与最高管理层设定好符合企业本财政年度经营目标的合规目标，确定合规培训的重要领域、重点人员、重点环节和年度培训时间表。甘特图（gantt chart）是个很好的工具，可以及时跟进和落实当年年度的合规培训。此外，合规部门负责人，需要向公司最高管理层汇报年度合规培训计划，并获得最高管理层的支持，将其纳入企业合规管理体系评价中。同时，在管理层面，与人事部门和业务职能的负责人一起推动合规培训，作为关键要素之一，纳入部门和个人的绩效考核中，与员工的职务晋升、薪酬奖金、职务任免等具体业绩指标挂钩，真正做到“企业合规，人人有责”。

第三节　推荐阅读

郭青红：《企业合规管理体系实务指南》（第2版），人民法院出版社 2020

年版。

胡国辉:《企业合规概论》,电子工业出版社 2018 年版。

[美]布兰登·L. 加勒特:《美国检察官办理涉企案件的启示》,刘俊杰、王亦泽等译,法律出版社 2021 年版。

周万里:《合规型监督研究》,人民出版社 2021 年版。

第十五章

文件化信息

【导读】

本章介绍了“文件化信息”的定义、形式和意义，解读了《合规标准》对文件化信息全生命周期管控的要求；同时，全面梳理了《合规标准》中明示的17项文件化信息，最后通过实例展示了不同类型的文件化信息。

【关键词】

文件化信息　要求　全生命周期

【思维导图】

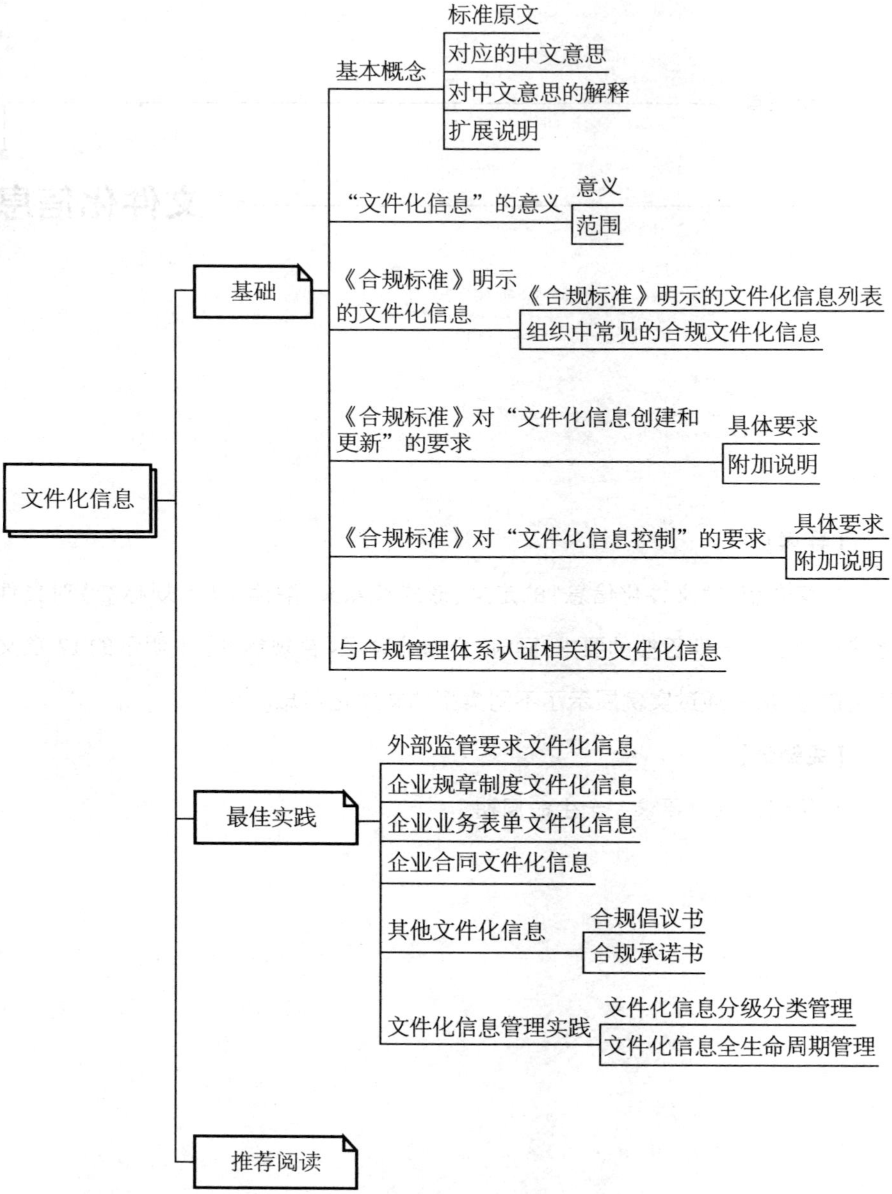
文件化信息
基础
基本概念
标准原文
对应的中文意思
对中文意思的解释
扩展说明
"文件化信息"的意义
意义
范围
《合规标准》明示的文件化信息
《合规标准》明示的文件化信息列表
组织中常见的合规文件化信息
《合规标准》对"文件化信息创建和更新"的要求
具体要求
附加说明
《合规标准》对"文件化信息控制"的要求
具体要求
附加说明
与合规管理体系认证相关的文件化信息
最佳实践
外部监管要求文件化信息
企业规章制度文件化信息
企业业务表单文件化信息
企业合同文件化信息
其他文件化信息
合规倡议书
合规承诺书
文件化信息管理实践
文件化信息分级分类管理
文件化信息全生命周期管理
推荐阅读

第一节 基础

一、基本概念

在《合规标准》中,“文件化信息”是个专业术语,详见《合规标准》3.10。

(一)标准原文

3.10 documented information

information required to be controlled and maintained by an organization (3.1) and the medium on which it is contained.

Note 1 to entry: Documented information can be in any format and media, and from any source.

Note 2 to entry: Documented information can refer to:

—the management system (3.4), including related processes (3.8);

—information created in order for the organization to operate (documentation);

—evidence of results achieved (records).

(二)对应的中文意思

3.10 文件化信息

组织(3.1)需要控制和保持的信息及其载体。

注1:文件化信息能以任何格式和载体存在,且来源不限。

注2:文件化信息可能涉及:

——管理体系(3.4),包括相关过程(3.8);

——组织运行产生的信息(文件);

——结果实现的证据(记录)。

(三)对中文意思的解释

所谓的“文件化信息”,是指组织需要控制和保持的信息及其载体。其中,“信息”包括规章制度、合同、协议书、业务表单、客户信息、产品信息等,“载体”是指承载上述信息的介质,具体包括纸张、硬盘、U盘、光盘、磁带等。文件化信息能以任何格式和载体存在,且来源不限,可能来自监管机构,也可能来自客户和合作伙伴,还可能来自企业自身及其员工等。

一般来讲,文件化信息可能涉及三类信息:一是管理体系及其相关过程,比如合规管理体系及其相关的举报过程、合规调查过程、合规管理评审过程等;二是组织运行产生的信息,比如业务管理制度、业务流程描述等;三是组织业务运行产生的记录,比如合同章用印台账、验收单、报销凭证、合规管理信息系统登录日志等。

(四)扩展说明

1. 文件化信息的载体

文件化信息包括各类媒介,数字的和非数字的。在实践中,需要做好相关信息的存档工作,包括承载这些信息的载体,如U盘、磁带、光盘、硬盘、照片、标准样品等。有时,这些文件化信息会被用于合规证据或违规证据。

2. “要求”不一定是文件化信息

《合规标准》的英文标题是“Compliance management systems—Requirements with guidance for use”,其中的requirement是指“要求”。在合规管理实践中,该“要求”包括规定的、不言而喻的或有义务履行的需要或期望。其中,“规定的”

需要或期望是指明示的需要或期望，通常以文件化信息来体现，比如企业的规章制度、与客户签订的销售合同、与合作伙伴签订的合作协议等；“不言而喻的”需要或期望是指对组织和利益相关方不言自明的惯例或一般做法，比如道德规范、宗教习俗等。从广义来讲，这些都属于组织合规义务的范畴。

3. “信息”与“文件”的关系

“信息”是“文件”的内容，所以“文件化信息”的核心词是“信息”而不是“文件”。

“文件”与“文件化”是有区别的。前者是名词，后者是动词或动名词。在日常生活和工作中，“文件”通常是指文书，包括公文、书信，以及与政策、理论、规章制度等有关文章。随着信息技术的发展，在电脑上编制或存放的办公文档(如 office、excel、ppt 文档)、图片、视频、音频等内容也都被称为“文件”。若干个文件放在一起，可以形成一个“文件夹”。而“信息”的范围很广，包括一个单词、一个符号、一句话、一个观点、一张照片或图片、一个事件等。文件化信息往往是若干信息的集合。

概括起来讲，文件是人们在各种社会活动中产生的一种正式的记录，包括纸质的和电子的，其内容包含若干信息。

4. “文件化信息”与“信息文件化”的关系

文件化信息是把相关信息文件化，是信息文件化的结果。传统的纸质文件是把信息写在纸上；当下的很多文件都是电子的，它们被放在硬盘、U 盘、光盘里，其共同点是都需要载体(或介质)。所以，文件化信息不仅包括信息本身，还包括其存在的载体。我们聊天，说一句话，没有记录下来，那它就不是文件化信息。

再如，某员工合规培训得了 85 分，这是一条信息，但不是文件化信息。如果我们把相关信息文件化，把它们写在纸上，或在电脑里建立一个文件，内容包括员工姓名、部门、岗位、工龄、参加合规培训的日期、参加合规培训的地点、参加合规培训的时长、培训考试成绩等，那就变成了“文件化信息”。如果我们进一步把不同人员的培训结果汇总成一张统计表，那该表不仅是文件化信息，而且是结构化的文件化信息。

5.“文件”与“档案”的关系

“文件”与“档案”有比较密切的关系。简单地说，可以把文件看成档案的前身，把档案看成文件的归宿。档案是由文件有条件地转化而来的，具有历史的查考作用和凭证作用。二者的主要区别在于是否具有保存价值，以及是否具备原始记录的性质。如果一份文件既具备原始记录的性质，又具有保存价值，那么该文件就可以成为“档案”，否则只能算作一份“文件”或者一份“资料”。

组织的合规文件或合规文件化信息一般需要存档，可以把它们视为组织的合规档案。

二、“文件化信息”的意义

（一）意义

把信息文件化是组织保护相关信息的一种正式的、主动的活动。组织建立文件化的管理体系，然后通过文件来管理企业，是组织治理和管理“制度化和规范化”的表现。

文件化信息可以用来传递信息、知识共享，或提供证据。无论文件化信息在合规管理体系中是否已经得到实施，它都具有重要意义。具体表现在以下四个方面。

1.帮助组织实现信息沟通

文件化信息可以方便信息的传递和沟通。典型的例子是企业形成的《合规手册》。一份表述清晰的文件化信息将有利于组织统一认识，尤其是在组织的合规制度制定中，以及合规宣讲、合规培训中。组织文件化信息的类型和成熟度取决于组织的业务、产品(或服务)和过程的性质、沟通机制的正式程度,以及组织内的沟通技能和组织文化。

2. 帮助组织提供合规证据

文件化信息可以提供证据证明计划的事情的完成情况,比如合规培训考试成绩单、合规承诺书等。

3. 帮助组织实现知识共享

典型的例子是企业形成的《安全生产风险防控手册》,它可以指导相关人员正确操作、安全生产;在研发方面,企业根据过往经验,编制《研发技术规范》,员工依据该规范就可以对新产品或新服务进行设计和开发。

4. 传播和保护组织的合规经验

例如,通过对违规事件的分析,形成《合规案例分析报告》或《合规案例汇编》,然后在不同岗位进行传阅,帮助员工分享合规经验,吸取违规教训。

无论是《合规标准》,还是质量管理体系标准 ISO 9001、环境管理体系标准 ISO 14001,它们都要求组织保持文件化的信息以支持其各个过程的运行,同时还要保留按这些过程运行的文件化信息(如记录等)。需要注意的是,虽然我们强调文件化信息的重要性,但这并不是说合规管理体系就是一个文件体系;我们只是用文件化的信息来展示合规管理体系而已。

(二)范围

1. 组织的合规管理体系应包含的文件化信息

组织的合规管理体系一般应包括以下文件化信息。

(1)《合规标准》要求的文件化信息;

(2)由组织自己制定的,对组织合规管理体系有效性来说有必要的文件化信息。

2. 不同组织的合规管理体系文件化信息的范围可能不同

组织的合规管理体系文件化信息的范围可能因企而异，主要取决于以下因素。

(1)组织的规模及其活动、过程、产品和服务的类型；

(2)相关过程的复杂程度及其相互作用；

(3)人员的能力。

但是，不管怎么样，如果企业拟申请《合规标准》认证，那么就至少要满足《合规标准》中对特定文件化信息的要求，比如描述合规方针和合规目标的文件化信息。具体可参考表15-1。

三、《合规标准》明示的文件化信息

建立文件化的管理体系，是所有ISO管理体系的要求。早在ISO 9001质量管理体系被推出时，ISO就开始重视对各种文件化信息的管理，尤其是对各种管理体系信息、制度和流程信息、记录信息(包括订单、入库单、发票、车间温度、信息系统的登录日志等)的管理。

(一)《合规标准》明示的文件化信息列表

《合规标准》对文件化信息也非常重视，专设一节(本标准7.5)对文件化信息的创建、更新和管控等工作进行了比较详细的要求说明。

《合规标准》7.5包括三个小节7.5.1、7.5.2、7.5.3，其内容如下。

7.5 Documented information(文件化信息)

7.5.1 General(概述)

7.5.2 Creating and updating documented information(创建和更新文件化信息)

7.5.3 Control of documented information(文件化信息的控制)

除了专门用一节描述文件化信息外,《合规标准》还特别明确了 17 种文件化信息,要求组织予以建立和维护。

它们分别是:

1. 合规管理体系的范围应作为文件化信息可获取。

2. 合规管理体系应作为文件化信息可获取。

3. 合规方针应作为文件化信息可获取。

4. 合规目标应作为文件化信息可获取。

5. 组织应保持其合规义务的文件化信息。

6. 组织应保持有关合规风险评估和应对合规风险措施的文件化信息。

7. 组织应确保合规职能(一般指合规管理牵头部门)能够接触所有需要的人员、文件化信息和数据。

8. 适当的文件化信息应作为能力证据可获取。

9. 培训记录应作为文件化信息予以保留。

10. 组织应保留适宜的文件化信息作为其沟通的证据。

11. 必要的文件化信息应可获取,以便确认相关过程已按照策划实施。

12. 组织应保留有关调查的文件化信息。

13. 文件化信息应作为结果证据可获取。

14. 组织应保留合规活动准确且实时的记录,以监视和评审合规过程,并表明其符合合规管理体系要求。

15. 文件化信息应作为实施审核方案和审核结果的证据可获取。

16. 文件化信息应作为管理评审结果证据可获取。

17. 文件化信息应作为以下事项的证据可获取:不符合和/或不合规的性质及所采取的后续措施;以及任何纠正措施的结果。

我们根据《合规标准》的原文将上述要求整理成表,以方便大家在实践中快速对标,详见表 15 - 1。

表 15－1 《合规标准》明示的文件化信息列表

章节号	章节名称	标准原文	中文含义
4.3	确定合规管理体系的范围	The scope shall be available as documented information	范围应作为文件化信息可获取
4.4	合规管理体系	The compliance management system should be available as documented information	合规管理体系应作为文件化信息可获取
4.5	合规义务	The organization shall maintain documented information of its compliance obligations	组织应保持其合规义务的文件化信息
4.6	合规风险评估	The organization shall retain documented information on the compliance risk assessment and on the actions to address its compliance risks	组织应保持有关合规风险评估和应对合规风险措施的文件化信息
5.2	合规方针	The compliance policy shall: —be available as documented information	合规方针应： ——作为文件化信息可获取
5.3.2	合规职能	The organization shall ensure that the compliance function is given access to: —all personnel, documented information and data needed	组织应确保合规职能能够接触： ——所有需要的人员、文件化信息和数据
6.2	合规目标及其实现的策划	The organization shall establish compliance objectives at relevant functions and levels. The compliance objectives shall: g) be available as documented information	组织应在相关职能和层级上建立合规目标。合规目标应： g)作为文件化信息可获取

续表

章节号	章节名称	标准原文	中文含义
7.2.1	通则	Appropriate documented information shall be available as evidence of competence	适当的文件化信息应作为能力证据可获取
7.2.3	培训	Training records shall be retained as documented information	培训记录应作为文件化信息予以保留
7.4	文件化信息	The organization shall: —retain documented information as evidence of its communications, as appropriate	组织应: ——保留适宜的文件化信息作为其沟通的证据
7.5	文件化信息	略	—
7.5.1	通则	略	—
7.5.2	文件化信息的创建和更新	略	—
7.5.3	文件化信息的控制	略	—
8.1	运行的策划和控制	Documented information shall be available to the extent necessary to have confidence that the processes have been carried out as planned	必要的文件化信息应可获取,以便确认相关过程已按照策划实施
8.4	调查过程	The organization shall retain documented information on the investigation	组织应保留有关调查的文件化信息
9.1.1	通则	Documented information shall be available as evidence of the results	文件化信息应作为结果证据可获取

续表

章节号	章节名称	标准原文	中文含义
9.1.5	记录保存	Accurate, up-to-date records of the organization's compliance activities shall be retained to assist in the monitoring and review process and demonstrate conformity with the compliance management system	组织应保留合规活动准确且实时的记录,以监视和评审合规过程,并表明其符合合规管理体系要求
9.2.2	内部审核方案	Documented information shall be available as evidence of the implementation of the audit programme (s) and the audit results	文件化信息应作为实施审核方案和审核结果的证据可获取
9.3.3	管理评审结果	Documented information shall be available as evidence of the results of management reviews	文件化信息应作为管理评审结果的证据可获取
10.2	不符合与纠正措施	Documented information shall be available as evidence of: —the nature of the nonconformities or noncompliances, or both, and any subsequent actions taken; —the results of any corrective action	文件化信息应作为以下事项的证据可获取: ——不符合和/或不合规的性质及所采取的后续措施; ——任何纠正措施的结果

表15－1中的要求是基本要求,企业在依据《合规标准》建立合规管理体系时,应该满足表15－1中的所有要求,逐一创建和维护这些文件化信息;在申请合规管理体系认证时,这些文件化信息缺一不可。

企业在建立合规管理体系时所需的文件化信息的数量因企业的业务类型和规模等因素而定,一般会多于表15－1中的内容。

(二)组织中常见的合规文件化信息

在组织内部,合规文件化信息至少应包括以下内容。

1. 合规方针和程序；

2. 合规管理体系的目标、指标、结构和内容；

3. 合规管理手册；

4. 合规管理工作三年规划；

5. 年度合规工作计划；

6. 年度合规管理报告；

7. 合规准则；

8. 员工合规手册；

9. 合作伙伴合规管理手册；

10. 合规管理体系建设方案；

11. 合规岗位及职责的分配；

12. 专项合规管理操作指引（采购合规管理指引、销售合规管理指引、安全生产合规管理指引、知识产权合规管理指引、反贿赂合规管理指引、反不正当竞争合规管理指引等）；

13. 合规培训计划；

14. 合规培训方案；

15. 合规义务清单（或合规义务登记册、合规义务库）；

16. 合规风险清单（或合规风险登记册、合规风险库）；

17. 合规风险评估过程及记录；

18. 合规风险评估报告；

19. 合规风险预警指标体系；

20. 合规风险应对计划及防控措施，以及相关措施的优先级；

21. 合规体系运行过程中的相关记录；

22. 不合规、近乎失误的记录；

23. 对不合规或近乎失误的调查记录；

24. 合规举报记录；

25. 人员合规记录，包括但不限于培训记录；

26. 合规审核过程、审核时间表及相关审核记录；

27. 合规管理体系内部审核报告；

28. 合规管理评审过程及评审记录；

29. 合规管理体系管理评审报告；

30. 合规管理体系认证工作计划；

31. 合规管理体系认证服务合同；

32. 合规管理体系认证证书等。

当然，合规文件化信息还应包括与监管机构要求有关的事项以及其他文件化信息，比如：

1.《中央企业合规管理指引（试行）》（国资发法规〔2018〕106 号）；

2.《关于进一步深化法治央企建设的意见》（国资发法规〔2021〕80 号）；

3.《中央企业合规管理办法》（国资委令第 42 号）。

四、《合规标准》对“文件化信息创建和更新”的要求

（一）具体要求

组织创建和更新文件化信息时，应确保：

1. 予以适当标示和说明（例如，标题、日期、作者或参考编号）；

2. 使用适当的形式（例如，语言、软件版本、图形）和载体（如纸质的、电子的）；

3. 对适用性和充分性进行适当的评审和审批。

基于这些要求，我们可以用国务院国资委的相关文件进行示例说明，如图 15－1、图 15－2 所示。

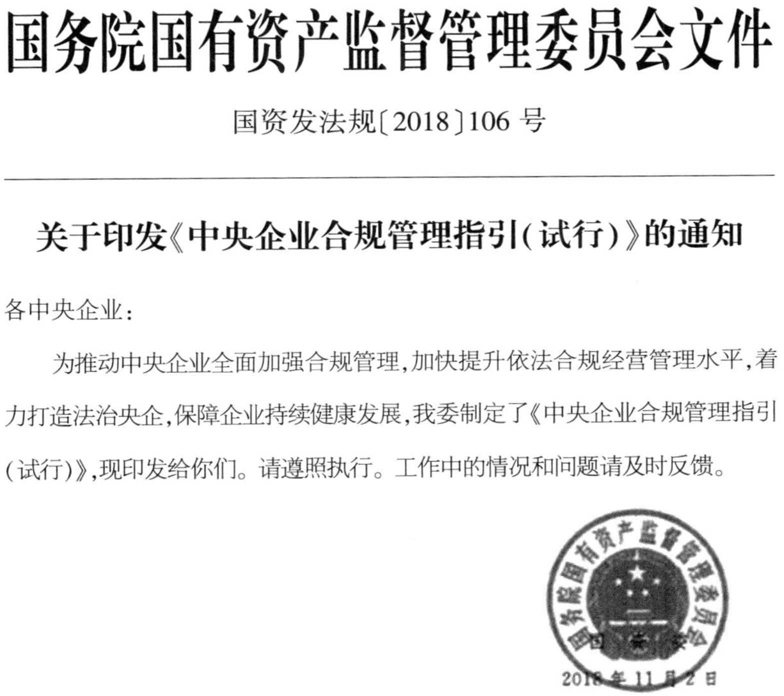

国务院国有资产监督管理委员会文件

国资发法规〔2018〕106 号

关于印发《中央企业合规管理指引(试行)》的通知

各中央企业:

为推动中央企业全面加强合规管理,加快提升依法合规经营管理水平,着力打造法治央企,保障企业持续健康发展,我委制定了《中央企业合规管理指引(试行)》,现印发给你们。请遵照执行。工作中的情况和问题请及时反馈。

2018 年 11 月 2 日

图 15-1　国务院国资委发布的《中央企业合规管理指引(试行)》文件

图 15-1 是国务院国资委于 2018 年 11 月发布的《中央企业合规管理指引(试行)》文件,该文件属于文件化信息,相关标示和说明如下。

标题:关于印发《中央企业合规管理指引(试行)》的通知

日期:2018 年 11 月 2 日

发文单位:国务院国资委

文件编号:国资发法规〔2018〕106 号

国务院国资委发布文件时,一般会采用两种方式:一是下发纸质文件,二是发布电子文件。电子文件可以通过电子邮件或国务院国资委官网发布。

《中央企业合规管理指引(试行)》经过三年多的试点推行,国务院国资委经过对该指引的适用性和充分性进行评审，认为有必要对该指引进行修订或发布正式的管理办法。在总结之前合规管理工作经验的基础上，国务院国资委对该指引的部分要求进一步细化，并提出了一些新的要求，最终形成《中央企业合规管理办法》征求意见稿，向社会各界征求意见。详见图15－2。

国务院国资委关于《中央企业合规管理办法》公开征求意见的通知

文章来源：法规局　　发布时间：2022－04－01

为深入贯彻习近平法治思想，落实全面依法治国战略部署，进一步推动中央企业切实加强合规管理，不断提升依法合规经营管理水平，国务院国资委研究起草了《中央企业合规管理办法（公开征求意见稿）》，现向社会公开征求意见。欢迎有关单位和个人提出意见建议，并于2022年4月30日前反馈国务院国资委。公众可通过以下途径和方式提出意见建议：

1. 通过电子邮件将有关意见建议发送至：zcfg3@sasac.gov.cn，邮件主题请注明"合规管理办法公开征求意见"。

2. 通过信函方式将意见建议邮寄至：北京市西城区宣武门西大街26号政策法规局，邮编100053，信封请注明"合规管理办法公开征求意见"。

附件：1. 中央企业合规管理办法（公开征求意见稿）. doc

2. 关于《中央企业合规管理办法（公开征求意见稿）》的起草说明. doc

国务院国资委

2022年4月1日

图15－2　国务院国资委发布的《中央企业合规管理办法》征求意见稿

经过对征求意见的评审，国务院国资委于2022年8月正式发布了《中央企业合规管理办法》，并于2022年10月1日起正式实施。

（二）附加说明

前文列举了《合规标准》对文件化信息创建和修改的相关要求，也列举了国务院国资委对文件化信息的创建和更新案例，对于企业而言，也应遵循上述规定的要求。实践中，企业应根据内外部环境的变化，及时更新企业的文件化信息以反映内部和外部的变化，进而确保它们是现行最新的，确保它们能够对业务和决策起到保驾护航的作用。

五、《合规标准》对“文件化信息控制”的要求

（一）具体要求

《合规标准》要求组织应当控制合规管理体系及本标准所要求的文件化信息，以确保组织的文件化信息：

1. 无论在何时何处被需要时，都易于和适于取用；

2. 无论何时，都能得到充分的保护（例如，避免泄露机密、不当使用或失去完整性）。

为了达到上述要求，《合规标准》建议组织应当对以下活动进行管控：

1. 对文件化信息的分发、访问、检索和使用；

2. 对文件化信息的存储和保存，包括保持其易读性；

3. 对文件化信息的变更（例如，内容修改、版本控制等）；

4. 对文件化信息的保留和处置。

另外，对合规管理体系的策划和运行来说，来自外部的必要的文件化信息（如法律法规的变更、新的监管要求等）也应得到及时识别和控制。

（二）附加说明

上文是《合规标准》对文件化信息的创建、分发、访问、检索、存储、保存、传递、变更、处置等提出的要求，拟参照《合规标准》建立合规管理体系的组织，应该对文件化信息建立全生命周期的管控。

在信息系统中，对文件化信息的访问和使用，一般包括增、删、改、查。不同岗位的人员应该有不同的访问权限。比如，有的岗位人员只被允许查看某类文件化信息而不能修改，有的岗位人员则被允许查看和更改该类文件化信息。

合规文件化信息可用于指导员工的行为规范、指导企业业务的合规运行，也可用于签订合同、处罚违规行为、起诉违法行为等。所以，在实践中，企业应高度关注文件化信息的真实性、完整性和安全性。很多企业为此都制定了《文件管理制度》或《文件管理办法》。

六、与合规管理体系认证相关的文件化信息

企业依据《合规标准》建立并运行合规管理体系后，如果希望获得认证，那就必须先准备好完整的认证资料。这些认证资料一般都是文件化信息，包括合规管理手册、合规程序文件、合规作业文件、合规记录文件等，这些文件化信息是企业申请《合规标准》认证的基础和前提。

此外，企业与认证机构签订的认证服务合同，以及企业完成《合规标准》认证后所获得的证书和证书的扫描件等也是文件化信息，需要企业妥善保管和使用。

第二节　最佳实践

文件化信息在企业中被广泛应用，比如企业的规章制度、各种业务表单、各种合同协议等。本节将从外部监管和内部规章制度、表单、合同这几个方面进行示例，来说明文件化信息在企业中的应用。其实，这些应用也是企业落实合规义务的一种体现。

一、外部监管要求文件化信息

1. 监管机构内部的文件

监管机构除了对外发布监管要求外，在其内部也有很多文件化信息需要管理，为此，国务院国资委在其内部发布了规范性文件制定的管理办法，如图 15－3 所示。这些文件也有标题、有日期、有文号等基本信息，既方便使用者检索查询，也方便分类归档。

国务院国有资产监督管理委员会文件

国资发法规〔2020〕7 号

关于印发《国资委规范性文件制定管理办法》的通知

驻委纪检监察组，委内各厅局、直属单位：

现将《国资委规范性文件制定管理办法》印发给你们，请遵照执行。《关于印发〈国务院国有资产监督管理委员会规划性文件制定暂行办法〉的通知》（国资发法规〔2008〕137 号）同时废止。

国资委

2020 年 1 月 10 日

图 15－3　国资发法规〔2020〕7 号文件

2. 监管机构发给企业的文件

监管机构对企业的要求通常以文件的形式进行告知，比如，国务院国资委法规局于 2021 年 10 月 17 日发布的《关于印发〈关于进一步深化法治央企建设的意见〉的通知》，该文件的文号是国资发法规〔2021〕80 号，发布日期是 2021 年

10 月 17 日,如图 15 - 4 所示。

国务院国有资产监督管理委员会文件

国资发法规〔2021〕80 号

关于印发《关于进一步深化法治央企建设的意见》的通知

各中央企业:

为深入学习贯彻习近平法治思想,落实中央全面依法治国工作会议部署,进一步推进中央企业法治建设,提升依法治企能力水平,助力“十四五”时期深化改革、高质量发展,我们制定了《关于进一步深化法治央企建设的意见》,现印发给你们,请认真贯彻落实。

国资委

2021 年 10 月 17 日

图 15 - 4　国资发法规〔2021〕80 号文件

二、企业规章制度文件化信息

1. 制度类文件化信息

制度类文件化信息一般是指一个独立的规章制度或者一组规章制度,它们既是企业合规管理的基础,也是企业履行合规义务的指南。图 15 - 5 是 SPRING 集团公司的《合规管理办法》的封面,其内容从略。

SPRING 集团公司

合规管理办法

(2022 年 1 月)

编制单位:集团法律合规部

发布单位:集团办公室

图 15-5 SPRING 集团公司的《合规管理办法》

大中型企业现在一般都建立了比较完备的制度体系,其体现形式可以是一本《××公司制度手册》,也可以是一个或一组电子版文件。在发放形式上,有的企业是人手一册,有的则是把相关制度文件放在公司内网上,员工在需要的时候自行访问查阅。

一份完整的企业规章制度文件一般包含文件名、适用范围、定义、具体内容、附则、生效时间等内容，有的还配有附件，如表 15－2 所示。

表 15－2　规章制度类文件化信息示例

编号	内容	页次
	文件目录	
	文件修订记录	
1.	目的	
2.	适用范围	
3.	职责	
4.	定义	
5.	内容	
6.	记录控制	
7.	相关表单	
8.	……	

为了方便检索和归类，有时还要在文件目录页之前加上文件编号、文件版本号等信息，如表 15－3 所示。

表 15－3　文件的基本信息

文件名称		文件编号	
密级		版本号	
编制部门		页数	

为了了解或追溯相关文件的变更情况，有时还要增加变更记录表，如表 15－4 所示。

表 15 – 4　文件的变更（或修订）记录

文件修订记录（示例）

版次	日期	变更内容	撰写/修改者

<table>
<tr><td rowspan="2">核准人</td><td colspan="2"></td><td rowspan="2">审核人</td><td colspan="2"></td><td rowspan="2">发布</td><td colspan="2"></td></tr>
<tr><td>日期</td><td></td><td>日期</td><td></td><td>日期</td><td></td></tr>
</table>

2. 通知类文件化信息

企业除了规章制度外，还有像通知、表扬信、处分通告等这样的文件，图 15 – 6 是 SPRING 集团公司的通知文件示例。

SPRING集团有限公司文件

SPRING集团　2021　27号

关于2021年合规工作会议的通知

各分子公司：

为做好2021年合规工作，集团公司将于……

SPRING集团有限公司

2021年2月28日

抄送：集团公司领导。

SPRING集团有限公司综合部　　2021年2月28日印发

图15－6　SPRING集团公司合规管理工作会议通知文件

三、企业业务表单文件化信息

业务表单类文件化信息在企业中广泛存在，比如费用报销凭证、合同用章记录台账、销售订单、物料验收单等。这里以“借款单”为例展示表单类文件化信息，如表15－5所示。

表 15－5　业务表单文件化信息示例

借　款　单

单位：			日期：　年　月　日		
部门		借款人		职务	
借款事由					
借款金额	拾　万　仟　佰　拾　元　角　分　¥＿＿＿＿＿				
还款方式					
部门审批		领导审批		借款人签字	

四、企业合同文件化信息

合同(或协议)是企业文件化信息中很重要的一类信息,它不仅包括企业与客户的合同,还包括企业与供应商的合同,与投资方的合同,以及与员工签订的《劳动合同》等。这里以合规管理体系建设咨询项目的合同为例展示合同类文件化信息,如图 15－7 所示。合同内容从略。

合同编号：

合规管理体系建设服务项目

委托合同书

委托方(甲方)：______________________________

受托方(乙方)：______________________________

签订地点：北京市

图 15-7　合同类文件化信息示例(封面)

五、其他文件化信息

除上述文件化信息外，企业还有很多其他文件化信息，比如在合规管理领域常见的合规倡议书、合规承诺书等。下面分别予以示例。

（一）合规倡议书

SPRING 公司《合规倡议书》

为坚决贯彻落实“依法治国”新理念新思想新战略，全面推进企业法治建设和合规管理，着力提升企业依法合规经营管理水平，弘扬“合规守护价值、创造价值”的企业文化，培育“合规从我做起、合规人人有责”的合规文化，加快实现公司治理体系和治理能力现代化，保障公司高质量快速发展，在此，公司管理层向广大员工发出以下倡议：

一、爱岗敬业。热爱本职工作，树立企业“主人翁”意识，严格履行自身岗位职责，认真对待自己的工作，兢兢业业，真抓实干，做有担当的企业员工。

二、遵规守纪。牢固树立“遵规守纪、担当作为”的合规理念，秉持“规则在先，有章必依”的文化理念，内化于心、外化于行，自觉遵守法律法规和公司的各项规章制度，严于律己、远离诱惑。

三、诚实守信。合规守信，从我做起。坚守行为高压线、恪守基本行为准则，不欺瞒、不越权、不误导，尊重客户、友爱同事，争做依法合规的积极践行者、模范引领者和坚定捍卫者。

推进法治建设和合规管理使命光荣、任重道远。全体员工要充分发挥法治合规“固根本、稳预期、利长远”的护航作用，凝心聚力、担当有为，筑牢依法合规底线，尊规、学规、守规、执规，不断推动企业合规工作取得新突破、再上新台阶，为促进公司高质量快发展作出新的更大贡献。

SPRING 风控管理咨询有限公司
2022 年 3 月 15 日

（二）合规承诺书

合规承诺书多种多样，有公司统一制式的，也有不同岗位单独编制的。这里仅以 SPRING 建筑工程有限公司采购经理岗位的反腐倡廉承诺书为例进行说明。

岗位反腐倡廉承诺书

公司名称:SPRING 建筑工程有限公司

部门:采购部

岗位:采购经理

本人姓名:

身份证号码:

为增强本人的廉洁自律意识,培养良好的职业道德,在工作中时刻保持清醒的头脑,规范自己的行为,本人特做出如下承诺:

一、严格遵守国家法律法规,严格遵守公司各项管理规章制度及操作规程。

二、不以公司名义对新闻媒介发表意见、消息;不以公司名义对分包商做出书面或口头承诺。

三、与分包商或对外交往时,始终将公司利益放在首位,不做损害公司利益和形象的事情。

四、做到时刻保守公司业务机密,不以任何形式泄露公司一切未公开披露的业务信息、财务资料、人事信息、招投标资料、合同文件、分包商资料、调研和统计信息、技术文件(含设计方案等)、企划营销方案、管理文件、会议内容等。凡与个人职责无关内容,不得介入。

五、在材料采购中,严格按照公司有关规定程序办理,本着"货比三家"原则,在达到设计要求的前提下,做到质优价廉、比价采购,不以任何形式从中谋取个人利益。

六、在选择施工分包商时,按照公司既定的供应商选择管理办法,严格进行筛选;经考察摸底,并通过招标程序取得合格资质后,择优选用。一经发现资质偏差大、队伍整体素质差、无力完成工程项目、工期贻误、质量达不到标准的,及时报告上级对其进行清退。不以权谋私,不以任何方式刁难、设置障碍或巧立名目攫取私利。

七、严格执行合同文本,如经济业务超越原合同条款规定,必须续签补充合同。不搞任何形式的口头协议和私下交易。不以增加成本等方式,套取现金或索要各种名目的回扣等。

八、坚决维护公司利益和信誉,不就工程承包、工程费用、材料设备供应、工程量变动、工程验收、工程质量问题处理等与相关单位进行私下商谈或者达成默契,以谋取任何个人的经济利益。

九、不接受分包商单位或个人支付任何形式的回扣、酬金以及馈赠,包括但不限于现金、有价证券、贵重礼品等。在确实无法推脱的情况下,事后要及时登记上报。

十、在工作过程中想方设法为分包商提供满意服务,凡做出的承诺就要兑现,一时无法兑现的要向分包商诚恳说明缘由,但拒绝以任何形式向分包商索取利益。

十一、不利用岗位便利为自己和亲朋好友谋取利益,自己及亲朋好友不与分包商发生任何经济上的往来。

十二、未经批准,不将公司资产赠与、转让、出租、出借、抵押给其他单位或者个人。对办公设备、交通工具、通信及网络系统或其他资产,不违反使用规定,不做任何不适当的用途。

续表

十三、不影响本部门业务开展、不扰乱部门及公司正常业务秩序，尊重领导和上级单位的调查、询问和工作指导，并积极配合提供有关业务数据，不以任何理由设置障碍回避检查和监督。 若违反本承诺书上述任一条款，本人愿意接受公司处罚，如批评教育、警告、解除劳动合同等。给公司造成经济损失的，将依法进行经济赔偿；涉嫌触犯法律的，愿意承担相关法律责任。 承诺人：××× ××××年××月××日

六、文件化信息管理实践

（一）文件化信息分级分类管理

1. 对文件化信息进行分级管理

在国有企业里，一般把规章制度分成三级进行管理，从上至下分别是：

一级制度：基本制度（如，××公司合规管理基本制度）

二级制度：管理办法（如，××公司举报管理办法、××公司反贿赂管理办法）

三级制度：操作规范（如，××公司采购合规管理指引、××公司合规管理体系管理评审操作指引）

在 ISO 管理体系里，通常把文件化信息也分成三级，分别是：

一级文件化信息：管理手册

二级文件化信息：程序文件

三级文件化信息：作业规范

有时还会增加一级，把表单和记录作为第四级文件化信息。

实践中，我们可以把 ISO 文件化信息的分级应用于合规管理领域，如表 15－6 所示。

表 15 -6 文件化信息在合规管理体系中的应用示例

级别	文件化信息名称	合规管理文件化信息示例
一级	管理手册	××公司合规管理手册
二级	程序文件	××公司举报管理办法、××公司反贿赂管理办法
三级	作业规范	或者称为:作业准则、作业指导书、操作规范等
四级	表单和记录	

2. 对文件化信息进行分类管理

文件化信息的分类一般是指把同一层级的文件化信息按照不同维度分成不同的类别。比如我们可以把专项合规管理指引分成:

(1)知识产权合规管理指引

(2)环境保护合规管理指引

(3)劳动用工合规管理指引

(4)反不正当竞争合规管理指引

也可以分成:

(1)采购合规管理指引

(2)销售合规管理指引

(3)财务合规管理指引

(4)税务合规管理指引

为了提高各类合规管理指引的实用性,我们还可以根据采购对象把采购合规管理指引细分为:

(1)办公用品采购合规管理指引

(2)固定资产采购合规管理指引

(3)原材料采购合规管理指引

(4)服务采购合规管理指引

（二）文件化信息全生命周期管理

《合规标准》对文件化信息的创建、分发、访问、检索、使用、保存、变更、保留及处置等活动都做了基本要求，实践中，企业需要制定更明确的制度来管理这些活动，以实现文件化信息的规范性、适用性、安全性等目的。图 15 – 8 展示了文件化信息从创建到销毁的基本程序。

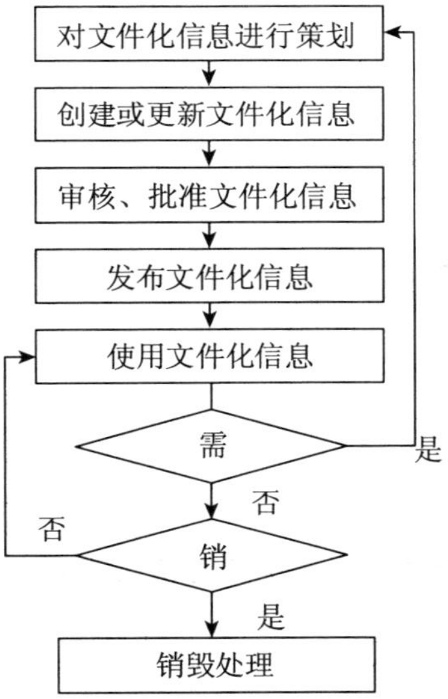

图 15 – 8　文件化信息全生命周期的管理流程

图 15 – 8 的流程一共包括 8 个步骤，它们分别是：

第一步是对文件化信息进行策划；

第二步是创建或更新文件化信息；

第三步是审核、批准文件化信息；

第四步是发布文件化信息；

第五步是使用文件化信息；

第六步是对文件化信息的使用评价,看看是否需要更新?如果需要,则转回第一步;如果不需要,则进入第七步;

第七步是判断是否需要销毁?如果不需要,则继续正常使用;如果销毁,则进入第八步;

第八步是销毁处理。

图 15-8 只是一个基本程序,有的文件化信息可能需要更复杂的管理环节,有的可能会简化其中的环节。如记录,正常情况下,这种文件化信息是不能被修改的。

第三节　推荐阅读

李素鹏、叶一珺、李昕原:《合规管理体系标准解读及建设指南》,人民邮电出版社 2021 年版。

李素鹏、叶一珺、李昕原:《企业合规管理实务手册》,人民邮电出版社 2022 年版。

李素鹏:《企业风控体系建设全流程操作指南》,人民邮电出版社 2020 年版。

李素鹏:《ISO 风险管理标准全解》,人民邮电出版社 2012 年版。

李素鹏:《风险矩阵在企业风险管理中的应用——详解风险矩阵评估方法》,人民邮电出版社 2013 年版。

第十六章

运行控制

【导读】

运行是合规管理措施的落地阶段。运行需要策划、实施、评价和控制。行为守则是最基本的控制措施。此外,合规管理应当与内部控制进行融合。这要求合规内部控制与业务流程相融合。合规管理实践中,合规过程管理是运行阶段的关键,组织可借助 RACI、BPMN 2.0 和 ERP 等信息化工具,实现合规管理与过程管理的融合,提升合规管理的效果和效率。

【关键词】

运行　过程　控制　合规内部控制

【思维导图】

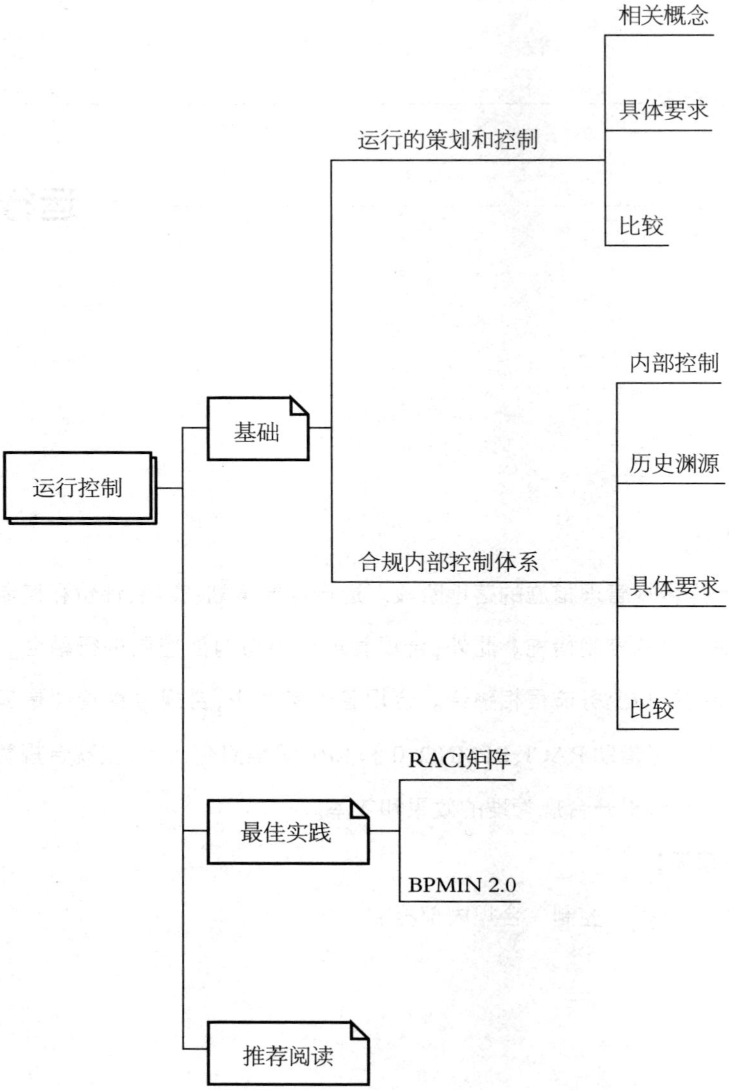
相关概念
具体要求
运行的策划和控制
比较
内部控制
基础
运行控制
历史渊源
合规内部控制体系
具体要求
比较
RACI矩阵
最佳实践
BPMIN 2.0
推荐阅读

第一节 基础

按照《合规标准》,在 PDCA 循环的执行阶段,组织不仅要提供合规支持,包括资源、能力、意识和沟通方面的支持,也需要组织落实策划阶段制定的合规风险应对措施。一方面,运行阶段的本质是合规落地,通过过程管理(流程管理),使合规管理发挥作用;另一方面,运行阶段的重点是控制,包括过程控制[1]和体系控制。[2] 除了合规支持、过程控制、体系控制外,第三方合规管理(包括外包)、举报和内部调查也是合规管理体系执行阶段的关键要素,相关专题参见本书其他章节。[3]

一、运行的策划和控制

相较于《合规标准》的其他章节,运行阶段的"运行的策划和控制"[4]和"确立控制和程序"[5]的语言更为晦涩。主要原因是这两节的表述采用过于技术化的术语,并大量使用"内部控制体系"的话语体系。

(一)相关概念

1. 过程

过程是标准化文件的一个专业术语,是指使用或转化输入以实现结果的一

[1] 《合规标准》8.1。
[2] 《合规标准》8.2。
[3] 参见本书相关章节《商业伙伴合规》、《举报》和《内部调查》。
[4] 《合规标准》8.1。
[5] 《合规标准》8.2。

组相互关联或相互作用的活动。[1] 过程描述输入转化输出的诸多活动，涉及目标、活动、结果等要素。代替“过程”的通俗易懂的表述是“流程”。另外，容易和“过程”混淆的是“程序”，它是指为进行某项活动或过程所规定的途径，[2]即做事方式。

在合规管理体系的语境下，组织应当策划、实施和控制所需的过程，以应对或减少特定的合规风险。[3] 合规管理的运行阶段，主要是围绕过程管理展开。因此，所谓的“运行的策划和控制”，实质上是“过程的策划和控制”。

2. 控制

“控制”在“运行的策划和控制”和“建立控制和程序”中的含义不同。前者的“控制”是狭义上的控制(control)，准确地说，是内部控制体系的要素之一“控制”活动；后者的“控制”是指内部控制体系(internal control system)，包括但不限于前者的“控制”。依据《企业内部控制基本规范》，内部控制是指由企业董事会、监事会、经理层和全体员工实施的、旨在实现控制目标的过程。合法合规经营是内部控制目标之一。内部控制的五要素包括内部环境、风险评估、控制活动、信息与沟通和内部监督。[4] 其中，控制活动的两大要素是：制定准则及实施准则的程序。基于《合规标准》8.1 对过程控制的描述，尤其是对过程确定准则开展控制，运行控制仅体现了内部控制体系要素之一，即控制活动。另外，适用于全体员工的《行为守则》是运行控制的基本要素。[5] 《行为守则》是合规管理工作的核心文件，为企业及其员工的行为确立了应然标准及其实现的程序。这也表明运行控制实质上是运行或过程的控制活动，而非内部控制体系。

---

[1] 参见《合规标准》3.8。
[2] 参见《合规标准》3.31。
[3] 参见《合规标准》A.8.1。
[4] 《企业内部控制基本规范》第5条。
[5] 《合规标准》A.8.1。

《合规标准》8.2 的控制是指内部控制体系，是因为该控制的目的是确保组织的合规义务得以履行，即内部控制体系的目标之一是合规。

（二）具体要求

1. 协同结构

运行的策划和控制是国际标准化组织在 2021 年确立的“协同结构”的固定组成部分，要求组织充分利用基于协同结构第六章的策划活动，在运行层面策划、实施和控制所需过程，包括外部提供的过程。另外，按照协同结构的安排，组织在确立过程控制程度时，应当考虑风险与机会、合规目标以及关于变更的策划，也即考虑《合规标准》第六章的合规管理工作。决定过程控制程度的因素，还包括所履行职能的重要性或复杂性、不合规的潜在后果以及相关的或可用的技术支持。[1]

不同类型的管理体系在运行阶段的差别最大。[2] 如表 16－1 所示，从不同管理体系运行阶段的比较，可以看出《合规标准》8.2、8.3 和 8.4 反映了合规管理体系运行阶段的特别之处，因而均不是协同结构的固定组成部分。

表 16－1 管理体系在运行环节的区别

序号	合规管理体系（ISO 37301）	反贿赂管理体系（ISO 37001）	举报管理体系（ISO 37002）	质量管理体系（ISO 9001）
1	8.1 运行的策划和控制	8.1 运行的策划和控制	8.1 运行的策划和控制	8.1 运行的策划和控制

〔1〕《合规标准》A.8.1。

〔2〕参见中国认证认可协会组编：《管理体系认证基础》，高等教育出版社 2019 年版，第 82～83 页。

续表

序号	合规管理体系（ISO 37301）	反贿赂管理体系（ISO 37001）	举报管理体系（ISO 37002）	质量管理体系（ISO 9001）
2	8.2　确立控制和程序	8.2　尽职调查	8.2　不法行为报告的接收	8.2　产品和服务的要求
3	8.3　提出疑虑	8.3　财务控制	8.3　不法行为报告评估	8.3　产品和服务的设计和开发
4	8.4　调查过程	8.4　非财务控制	8.4　不法行为的处理	8.4　外部提供的过程、产品和服务的控制
5	—	8.5　受控制组织和商业伙伴实施的反贿赂控制	8.5　结束举报案件	8.5　生产和服务的提供
6	—	8.6　反贿赂承诺	—	8.6　产品和服务的放行
7	—	8.7　礼品、招待、捐赠和类似的利益	—	8.7　不合格输出的控制
8	—	8.8　对反贿赂控制不足的管理	—	—
9	—	8.9　提出疑虑	—	—
10	—	8.10　对贿赂的调查和处理	—	—

2. 合规运行

如图 16－1 所示，运行的策划和控制是对合规风险处置措施的落实。需要注意的是，这里的“运行的策划”和《合规标准》第六章的策划在环节、内容和重点等方面的区别。

图 16－1　合规运行

另外，在该阶段涉及的是过程的策划、实施和控制。关于过程的评价，由《合规标准》的第九章“绩效评价”来完成。这体现了《合规标准》在合规管理分工上前后逻辑的一致性。

最后，值得重视的是行为守则[1]在运行控制以及整个合规管理过程中起到的基础性作用。行为守则亦称道德守则，是组织制定的关于组织履行主要义务和价值观的文件。[2] 行为守则适用于组织的全体成员和第三方，[3]规定的内容一般比较抽象，具有广泛的适用性。在合规制度体系中，行为守则和合规方针一样，属于合规基本制度，其具体的实施和运用，还需要更具体和详细的合规制度。[4]

（三）比较

1. 国有企业合规管理体系

《中央企业合规管理办法》在多处规定了中央企业合规管理体系的运行措施。首先，《中央企业合规管理办法》第四章的标题虽然是“运行机制”，但并不是《合规标准》第八章意义上的运行。第四章的规定横跨合规风险评估（第 20 条）、运行机制（第 21 条、第 22 条和第 24 条）、合规绩效评价（第 27 条）以及改进（第 23 条）等 PDCA 循环不同阶段的措施。其次，《中央企业合规管理办法》

〔1〕 通称的“行为守则”在国家标准《合规标准》中被译为“行为准则”。对此，参见《合规标准》A. 8. 1 第 2 段。

〔2〕 Grützner/Jakob, Code of Couduct, in Compliance von A-Z, 2015.

〔3〕 参见《合规标准》A. 8. 1 第 2 段。

〔4〕 参见《合规标准》A. 8. 1 第 2 段。

第21条规定的合规审查，是最典型的运行控制措施，与《合规标准》8.1的理念完全吻合。合规审查是一种事前措施，目的是预防不合规行为发生。另外，合规审查是强制性环节，必须嵌入进经营管理流程。业务及职能部门或合规管理牵头部门应当制定完善的审查标准、流程和重点等，并基于此开展合规审查和后评估工作。为此，中央企业应制定"关键流程管控清单"。

《中央企业合规管理办法》第22条规定的不合规行为应对措施，与《合规标准》8.1的规定呼应。第22条规定，在发生严重程度不同的不合规行为事件后，中央企业应采取不同的组织措施和报告路径，《合规标准》8.1也规定组织在变更的情况或控制失效时，采取必要的措施应对一切不期望的结果或影响。[1]

2. 涉案企业合规

与《合规标准》8.1相比，涉案企业合规并未明确运行及其控制的措施。依据全国工商联等九部门2022年4月19日发布并生效的《涉案企业合规建设、评估和审查办法（试行）》第10条规定，涉案企业应当建立监测、举报、调查、处理机制，保证及时发现和监控合规风险，纠正和处理违法行为。这里并没有提到运行控制。在第三方组织开展的有效性评估阶段，重点关注的也是监测、举报、调查、处理机制以及合规绩效评价机制，并没有关注控制措施。

依据《关于建立涉案企业合规第三方监督评估机制的指导意见（试行）》第11条和《〈关于建立涉案企业合规第三方监督评估机制的指导意见（试行）〉实施细则》第28条，涉案企业制定合规计划时，也没有规定应当围绕运行控制展开。不过，第28条规定，涉案企业合规的专项合规计划应该包括对业务流程的完善，这给控制措施嵌入业务流程提供了依据。

[1] 参见《合规标准》8.1第3段和A.8.1第5段。

3. 美国司法部《企业合规计划评估》

美国司法部在2020年发布更新版的《企业合规计划评估》中，明确企业精心设计的方针和程序，是检察官评估涉案企业合规计划有效性，做出何种决定的考虑因素之一。这与《合规标准》8.1的理念完全一致。相较于《合规标准》，《企业合规计划评估》在流程控制方面的论述更为详细和系统。

美国司法部的检察官主要围绕三个问题，评估涉案企业合规计划的有效性。在第一个问题“企业合规计划是否设计得很好”中，包含对涉案企业的方针和程序的评估。首先，美国司法部指出，任何精心设计的合规计划都应包含方针和程序。这里的方针即合规制度，包含行为守则，表明涉案企业做出明确的合规承诺。这与《合规标准》A.8.1明确行为守则的意义完全一致。

其次，美国司法部考察涉案企业是否通过方针和程序，将合规文化嵌入涉案企业的日常运行过程中，并借助企业的内部控制体系，强化合规政策和程序的落实。这也与《合规标准》关于合规文化与过程的关系以及控制与日常业务过程融合的思想一致。[1] 嵌入业务流程的合规审查，也是美国司法部审查合规计划的要点之一。[2]

再次，美国司法部明确了风险和外部环境变化对政策和程序的影响。这在《合规标准》中的表述是关于变更策划。

最后，文件化信息的可获得性及其具体的要求，也是评估要点之一。在这一点上，《企业合规计划评估》的阐述更为详细。

二、合规内部控制体系

《合规标准》8.2的标题是“确立控制和程序”，并未表明内部控制体系。但是，基于8.2的文义、体系和目的，其规定的是内部控制体系。

---

〔1〕 参见《合规标准》A.8.1。

〔2〕 即《企业合规计划评估》I.B.：“在推出业务之前，业务单位是否被咨询过意见？”

（一）内部控制

上文依据《企业内部控制基本规范》，对内部控制做了界定，并区分控制和内部控制。《企业内部控制基本规范》发布于2008年，以COSO在1992年发布的《内部控制——整合框架》为“模板”，一直以来并未基于COSO的2013年版《内部控制——整合框架》[1]更新《企业内部控制基本规范》。由于内部控制的目标之一是合规，为内部控制体系与合规管理体系的整合创造先决条件，因此有“合规内部控制体系”的说法。[2] 见图16－2。

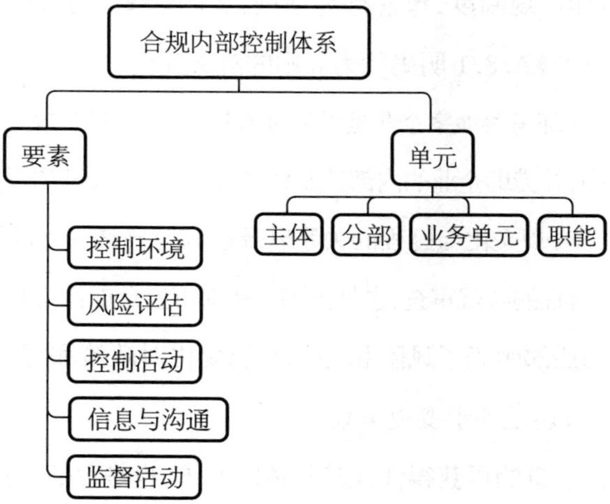

图16－2　合规内部控制体系

〔1〕 2013年版《内部控制——整合框架》针对控制环境、风险评估、控制活动、信息与沟通以及监督规定了17项原则和83个关注点，用以详细评价内部控制体系的有效性。另外，将内部控制体系的目标之一财务报告的真实可靠性，修改为报告的真实可靠性，将内部控制的目标对象延伸到非财务报告。

〔2〕 Vgl. Genädiger, Risikomanagementsystem, Internes Kontrollsystem & Compliance-Management-System, StuB 5/2013, S. 186; Melot de Beauregard/Lieder/Liersch, § 13. Anforderungen an ein Compliance Management System in der Unternehmenspraxis, in Managerhaftung, 2022, Rn. 350ff.

不过，在国际标准化组织制定的管理体系中，目前还没有内部控制管理体系标准。在《合规标准》中，也仅有一处提及“内部控制”，即作为相关方的内部控制职能。[1]

内部控制体系包含所有确保组织及其内部流程有序运行的规则和措施，属于三道防线中的“第一道防线”。合规属于“第二道防线”，对“第一道防线”起到支持和监督的作用。为此，需要将合规嵌入内部控制体系中，主要是过程控制。内部审核（审计）属于“第三道防线”，独立于流程，负责审核内部控制体系的有效性。

如图 16－3 所示，[2]内部控制体系由内部控制和内部监督组成。内部控制是对组织内部经营活动开展控制的规则。内部监督则是对这些规则的监督，核心板块是“融入过程的监督措施”，合规可作为监督措施融入过程。其中的组织措施为防范不合规行为确定特定的框架，如网络使用权限或规章制度。[3] 控制则是融入业务流程的措施，用来防范和发现不合规行为。

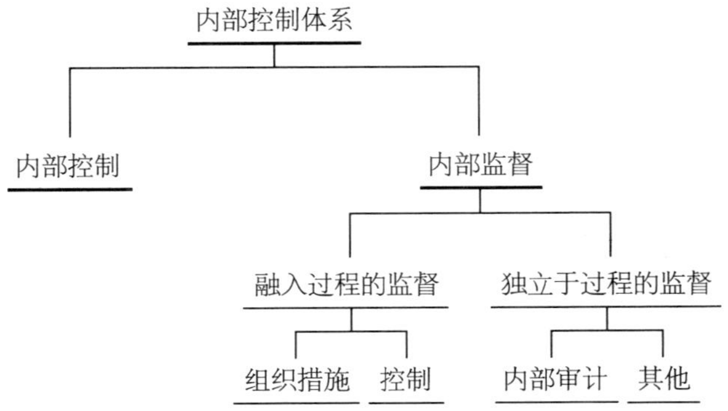

图 16－3　内部控制体系

〔1〕 参见《合规标准》A.4.2。

〔2〕 Vgl. Melot de Beauregard/Lieder/Liersch, Managerhaftung, 2022, Rn. 351.

〔3〕 Vgl. Genädiger, Risikomanagementsystem, Internes Kontrollsystem & Compliance-Management-System, StuB 5/2013, S. 186.

（二）历史渊源

《合规标准》8.2 关于合规内部控制体系的规定，可追溯到澳大利亚的《合规方案》。《合规方案》采用原则导向的方式，构建合规管理体系。在 12 项原则中，第九项原则是控制，即组织应采取控制措施，管理合规义务，实现期望的行为。第九项原则中的阐述，几乎原封不动地纳入国际标准化组织的《合规管理体系　指南》，具体内容包括：(1) 有效控制的必要性；(2) 控制的类型和程度；(3) 控制嵌入正常的业务过程；(4) 控制措施清单；(5) 维护、定期评估控制；(6) 关于合规程序的要求。

《合规标准》中的“要求”部分，包括上述的实施控制的义务及维护、定期评审和测试控制。其他的内容，则是移到附录 A“使用指南”的部分。

（三）具体要求

按照《合规标准》8.2 的要求，组织首先应：

1. 建立合规内部控制体系，管理组织的合规义务和相关的合规风险；

2. 维护、定期评审和测试合规内部控制体系，以确保其持续的有效性。

合规内部控制是一种流程、结构性或系统性的措施，其目的不是处理已经发生的不合规行为，而是形成对不合规行为的障碍，防范不合规行为或至少让不合规行为发生的可能性变小。[1] 从《合规标准》A.8.2 列举的措施清单，可以明显看出，这些措施反映了内部控制体系五要素。

〔1〕 See William M. Hannay, Compliance Programs and the Corporate Sentencing Guidelines, 2021 Edition, § 13:58.

表 16－2　控制活动

序号	控制	内部控制体系
1	文件化运行方针、过程、程序和工作指引	控制活动
2	系统报告和例外报告	信息与沟通
3	批准	控制活动
4	分离不相容的岗位和职责	控制活动
5	自动化过程	控制活动
6	年度合规计划	内部环境
7	人员绩效计划	内部环境
8	合规评估和审核	内部监督
9	表达的管理层承诺、模范行为及其他的促进合规的措施	内部环境
10	就员工的预期行为开展积极、公开和定期的沟通	信息与沟通

为了使合规内部控制有效发挥作用，合规程序应嵌入运行。《合规标准》针对组织开发的合规程序，也提出了一些建议。[1] 如将合规义务纳入程序，包括计算机系统、表格、报告系统、合同和其他法律文件等。

（四）比较

在美国的司法实践中，检察机关和法院重视合规控制在合规计划有效性评估中的重要角色。这体现在美国联邦量刑委员会在《联邦量刑指南》中规定的有效合规计划七要素中。其中，第一个要素“标准和程序”就突出了内部控制的意义，明确组织应当建立标准和程序，以防范和发现犯罪行为。“标准和程序”是指“能够合理地降低犯罪行为发生可能性的行为标准和内部控制。”[2]

在《企业合规计划评估》中，美国司法部强调合规方针和程序融入业务流程

〔1〕 参见《合规标准》A. 8. 2。

〔2〕 United States Sentencing Commission, Guidelines Manual 2021, § 8B2. 1, Commentary.

的重要性,把运行整合作为涉案企业的责任。对此,具体问题包括:

1. 由谁负责整合方针和程序?

2. 方针和程序的推出,是否确保员工理解方针?

3. 通过企业的内部控制体系,合规方针和程序的作用以何种具体方式得到加强?

为此,美国司法部在评估合规方针和程序时,会考虑方针和程序与企业业务流程的整合程度、员工关于合规方针和程序的认识以及合规内部控制体系的强化作用。

第二节 最佳实践

业务流程管理是管理学的一个研究领域。在业务流程管理中,业务流程的步骤以格式化、标准化的方式被描述、记录、监督和优化。借助建模,组织明确符号对应的流程步骤及关联关系。定义流程的步骤,也有助于实现合规管理。[1]常用的业务流程管理工具有 ERP、[2]EPC[3]以及 BPMN 2.0 等。

一、RACI 矩阵

流程管理和项目管理中,为了明确每位参与人的角色和任务,RACI[4]矩阵

〔1〕 Lippold, Die 75 wichtigsten Management-und Beratungstools, S. 160.

〔2〕 即企业资源计划(Enterprise Resource Planning,ERP)。

〔3〕 即事件驱动流程链(Event-Driven Process Chain,EPC)。

〔4〕 RACI 的 4 个字母分别代表流程中不同人员的角色及其对应的任务。执行人(R,Responsible)具体负责执行任务的角色。在复杂工作的情况下,可能有多个执行人。负责人(A,Accountable)对任务有决策权并负责的角色。一般而言,负责人有权决定配置资源。负责人可以同时是执行人。咨询人(C,Consulted)在任务执行中提供咨询意见的角色。其参与流程中,可能因为专业知识或其他的原因。知情人(I,Informed)得知决策或结果的角色。该角色并不积极参与到流程中,仅获得最新的信息。

得到广泛的运用。如图 16－4 所示,RACI 的 4 个字母分别代表流程中不同人员的角色及对应的任务。根据工作需要或具体情况,组织还可以增加角色。[1]

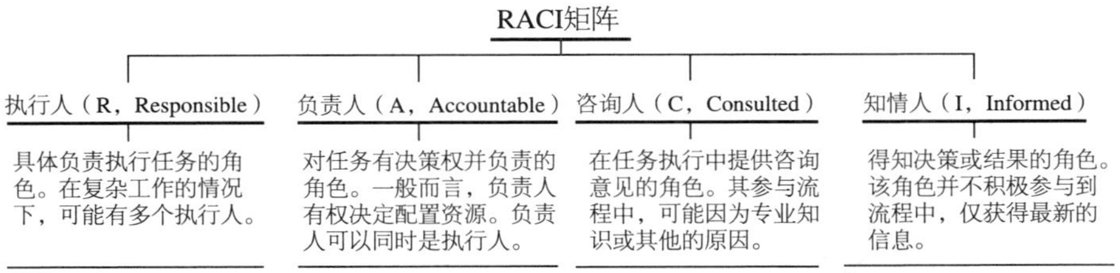

图 16－4 RACI 矩阵

如果将 RACI 举证运用于合规管理,应当考虑以下几点:

1. 选择组织、过程或项目;
2. 确定过程或项目的步骤;
3. 确定组织、过程或项目中的角色;
4. 确定任务;
5. 告知角色的任务。

二、BPMN 2.0

BPMN(Business Process Model and Notation,业务流程模型和符号)是对象管理组织(Object Management Group)在 2011 年发布的 2.0 版本的业务流程可视化图形。2.0 版本的 BPMN 被简称为 BPMN 2.0。BPMN 2.0 预设了"规范"(specification)。通过规范,规则和图形得以明确定义和结合。规范由"句法"和"语义"组成。句法是图形结合的规则体系,而语义则是确定图形的含义及关系。[2]

---

〔1〕 See Kohl, Standards for Management Systems, p. 56.

〔2〕 Lippold, Die 75 wichtigsten Management-und Beratungstools, S. 162.

BPMN 2.0 由 4 个要素构成，分别是流对象、连接对象、泳道和附加工件。流对象是业务流程中的节点，包括事件、活动和网关；连接对象是将业务流程中的对象连接起来，包括顺序流、消息流和关联；泳道则是对不同参与者的角色的分工，包括池和道；附加工件则是其他的要素，包括数据对象、组以及注释。

第三节　推荐阅读

中国认证认可协会组编：《管理体系认证基础》，高等教育出版社 2019 年版。

[德]Thomas Allweyer：《BPMN 2.0——业务流程建模标准导论》（第 2 版），中国航空工业集团公司第六一三研究所译，电子工业出版社 2020 年版。

Barbara Neiger, Erfolgreich mit Compliance, 2021.

Bartosz Makowicz, Globale Compliance Management Standards, 2018.

Dirk Lippold, Die 75 wichtigsten Management-und Beratungstools, 2020.

Herfried Kohl, Standards for Management Systems, 2020.

Josef Scherer, Compliance-Managementsystem nach DIN ISO 37301, 2022.

第十七章

商业伙伴合规

【导读】

商业伙伴实施不合规行为，会对组织造成不利后果。组织在采购、合作、外包、投资和销售等过程中，有必要开展商业伙伴合规风险管理，尤其是采取商业伙伴合规尽职调查、合规条款、合规承诺、合规培训、“飞行检查”及商业伙伴审计等措施。商业伙伴合规管理应以流程为基础，并以风险为导向。

【关键词】

商业伙伴合规　供应商合规　第三方合规　风险导向

【思维导图】

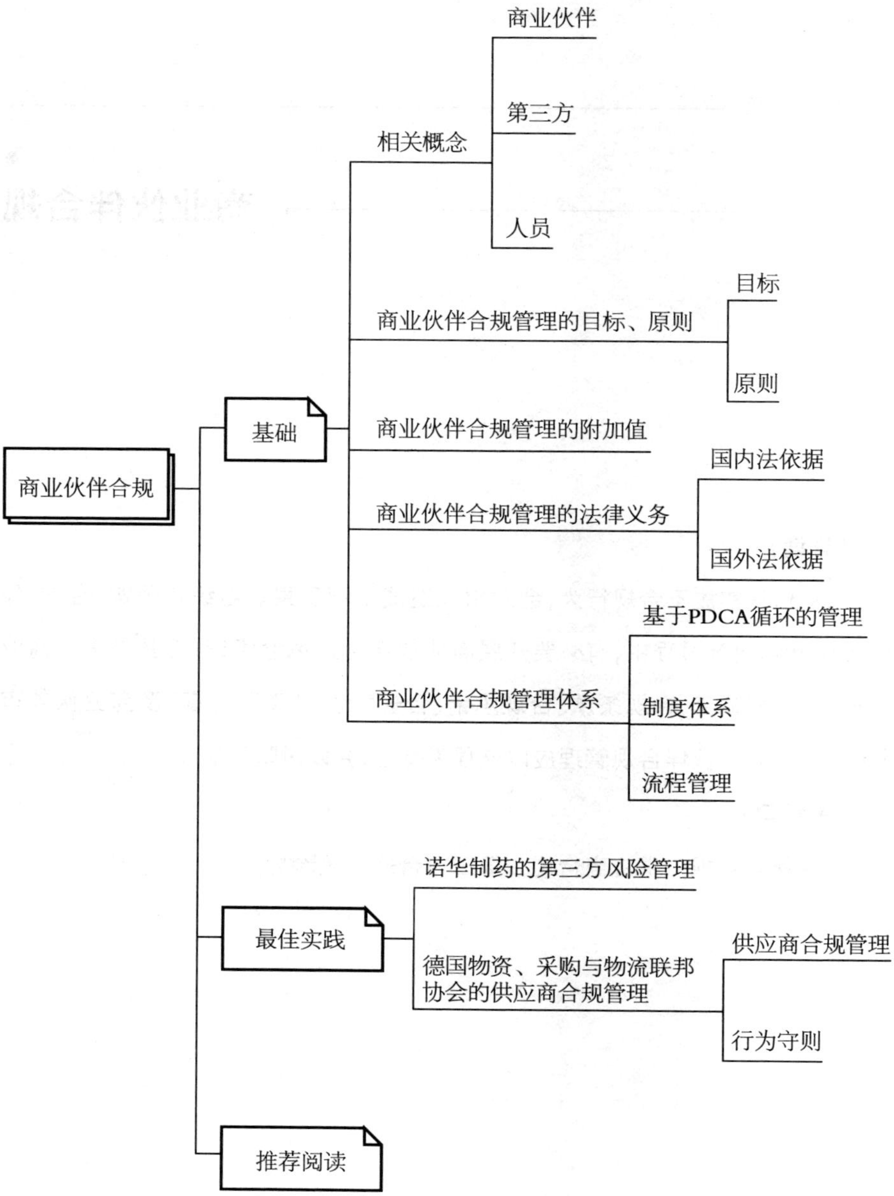
商业伙伴合规
基础
相关概念
商业伙伴
第三方
人员
商业伙伴合规管理的目标、原则
目标
原则
商业伙伴合规管理的附加值
商业伙伴合规管理的法律义务
国内法依据
国外法依据
商业伙伴合规管理体系
基于PDCA循环的管理
制度体系
流程管理
最佳实践
诺华制药的第三方风险管理
德国物资、采购与物流联邦协会的供应商合规管理
供应商合规管理
行为守则
推荐阅读

商业伙伴提供产品和服务，给企业带来商业机会，也自然与合规风险联系在一起。除了供货、断货、主管人员调动、供应商破产等市场风险外，商业伙伴不合规，尤其是商业伙伴实施腐败行为和垄断行为，[1]也会对企业在法律、经济和声誉方面，造成严重的不利影响。[2] 即使企业自身没有主动开展商业伙伴合规管理体系建设，也可能会基于其商业伙伴的要求，被动进行合规管理或商业伙伴合规管理，以满足商业伙伴的要求。尤其是在国际贸易中，关注环境保护、社会责任和人权的商业伙伴合规管理，成为全球供应链管理的必要组成部分。因此，企业在国内外采购或分销，实施商业伙伴管理，成为常态。

商业伙伴合规管理是有效合规管理的必要组成部分。在众多国内外合规规范文件中，一般都会对商业伙伴合规管理提出要求，《合规标准》也是如此。

第一节 基础

一、相关概念

《合规标准》中并没有商业伙伴的表述，而是采用外延比商业伙伴更广的表述——外包和第三方。[3] 按照《合规标准》，企业应当评估外包和第三方过

---

〔1〕 例如，在“王某某、林某某、刘某乙对非国家工作人员行贿案”中，Y 公司借助与 A 公司的采购合同，将名义上的货款用来贿赂 H 公司的技术总监陈某。A 公司作为 Y 公司的商业伙伴，成为贿赂的渠道。对此，参见最高人民检察院：《最高检发布企业合规改革试点典型案例》，载 https://www.spp.gov.cn/spp/xwfbh/wsfbh/202106/t20210603_520232.shtml，最后访问日期：2022 年 5 月 18 日。

〔2〕 Vgl. Busekist/Uhlig, §35. Third Party Compliance, in Hauschka/Moosmayer/Lösler, Corporate Compliance, Rn. 6.

〔3〕 参见《合规标准》3.30、4.6 及 8.1。

程中的相关合规风险,[1]确保第三方过程得到控制和监督。[2] 控制和监督第三方过程,被称为第三方管理。为方便理解,下文首先区别商业伙伴及其相关的概念。

(一)商业伙伴

商业伙伴是指受企业委托,提供产品或者服务的个人或机构。[3] 企业对其在与供应商的业务关系中产生的合规风险的管理,被称为供应商合规管理。这包括产生合同关系之前、之中以及之后,企业采取的确保商业伙伴遵守法律法规、企业内部规章制度的管理措施。[4]

商业伙伴合规管理有两个视角:一是企业确保其商业伙伴合规;二是企业自身作为商业伙伴,满足其他企业的合规管理要求。

典型的商业伙伴,主要包括以下5类群体:[5]

1. 供应商;

2. 分销商;

3. 并购项目伙伴;

4. 财务交易伙伴;

5. 顾问,包括管理咨询顾问、律师、税务师等。

以上5类商业伙伴,出现在不同的业务情景下,重点风险也有所不同。不属

---

〔1〕 参见《合规标准》4.6。

〔2〕 参见《合规标准》8.1。对于第三方管理在该标准中的两个意义,同样参见 Neiger, Erfolgreich mit Compliance, 3.30。

〔3〕 Vgl. Zagrosek, Business-Partner-Compfümce aus rechtlicher, ökonomischer und IT-technischer Sicht, in Handbuch Compliance-Management (Hrsg. Wieland/Steinmeyer/Grüninger), Rn. 6.

〔4〕 Vgl. Deutsches Institut für Compliance, S01 – Geschäftspartner-Compliance, S. 32.

〔5〕 Vgl. Zagrosek, Business-Partner-Compfümce aus rechtlicher, ökonomischer und IT-technischer Sicht, in Handbuch Compliance-Management (Hrsg. Wieland/Steinmeyer/Grüninger), Rn. 7; Moosmayer, Compliance, Rn. 247.

于商业伙伴的，包括员工、消费者和集团公司，也包括集团的子公司、分公司和姐妹公司。[1]

针对分销商的合规管理，一般被称为分销商合规管理，相应地，分销商合规尽职调查是合规管理的常见措施。分销商合规管理涉及的合规风险包括反垄断和反腐败等。基于企业和分销商之间的不同安排，尤其是基于合同约定的激励机制，当分销商成为企业代理人时，其行为的法律后果由企业承担，反腐败和反垄断合规风险也相应地增加。[2]

在并购项目中，基于企业所处的地位，需要对交易方做合规尽职调查。尤其是当企业是收购方时，除了法律尽职调查外，合规尽职调查也是收购的必要环节。财务交易相对方合规管理，主要涉及费用支付、交易真实性、税务安排等方面的合规风险。为企业提供商务、管理、法律、税务、海关等服务的顾问，往往是腐败的“温床”。对此，商业伙伴合规管理重点关注反腐败合规风险。

（二）第三方

第三方是独立于组织的个人或机构。第三方包括商业伙伴，但并不是所有的第三方都是商业伙伴。[3] 另外，利益相关者包含第三方，但并不是所有的利益相关者都是第三方。[4] 商业伙伴、第三方以及利益相关者的包含关系，可用图 17 - 1 展示。

---

〔1〕 Vgl. Zagrosek, Business-Partner-Compfümce aus rechtlicher, ökonomischer und IT-technischer Sicht, in Handbuch Compliance-Management (Hrsg. Wieland/Steinmeyer/Grüninger), Rn. 8.

〔2〕 Vgl. Busekist/Uhlig, § 35. Third Party Compliance, in Hauschka/Moosmayer/Lösler, Corporate Compliance, Rn. 8.

〔3〕 《合规标准》3.30。

〔4〕 参见《合规标准》3.2。

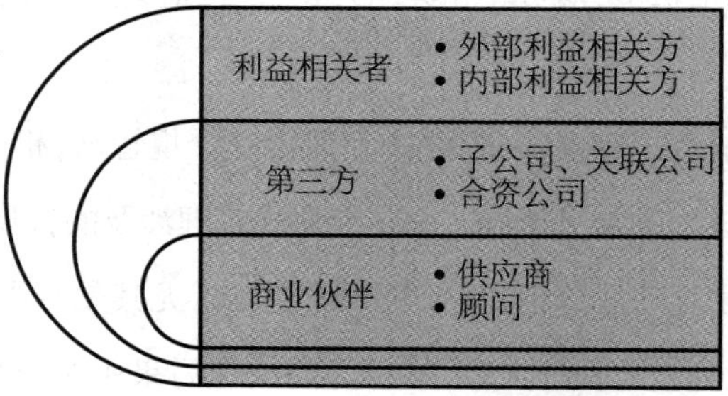

图 17－1　商业伙伴、第三方以及利益相关者

在《合规标准》中，第三方的外延要比商业伙伴的宽泛，包括以下主体：[1]

1. 子公司、关联公司；[2]

2. 合资企业；

3. 代理商、分销商、中间商；

4. 承包商、供应商；

5. 顾问。

《合规标准》明确规定在多个场景下，企业应开展第三方合规管理，具体要求包括：

1. 组织应开展针对外包和第三方过程相关的合规风险评估；

2. 组织应确保第三方过程被控制和监视。

（三）人员

对《合规标准》中"第三方"的理解，需要结合"人员"的定义，并需要理解区

〔1〕 参见《企业境外经营合规管理指引》第 11 条（三）5；Neiger, Erfolgreich mit Compliance, 3.30, 3.8.1.1。

〔2〕 有作者认为企业有控制权的子公司、关联公司或合资公司，不视为企业的第三方。对此，参见 Busekist/Uhlig, § 35. Third Party Compliance, in Hauschka/Moosmayer/Lösler, Corporate Compliance, Rn. 6。

分“第三方”和“人员”的意义。

人员之外的个人或机构，都属于第三方。在国际标准化组织的《合规管理体系 指南》和等同采用的国家标准中，均采用“员工”(employee)的表述，仅指劳动法意义上的员工。[1] 2021 年的合规标准将其替换为“人员”(personnel)，定义为基于法律或实践被认为与组织存在劳动关系的个人，或依赖组织的活动产生任何合同关系的个人。[2] 前者是指劳动法意义上的正式员工，后者包括劳务派遣人员、劳务人员、实习生和试用工等群体。

区分“第三方”和“人员”的意义在于，企业对这两类人员的影响力不同。为实现有效合规管理，企业针对不同群体采用不同的合规措施。人员属于企业内部的工作人员，在合规管理方面，企业能够实现全面、深入的管理，做到“全员合规”。第三方则是不属于企业的外部人员或机构，在法律上或事实上拥有一定的自主性、独立性，企业对其产生的影响力远不如其对员工的影响力。

人员不属于第三方，对人员的合规管理，与商业伙伴合规管理相似。如果企业的某个岗位和人员在合规管理中具有重要意义，在该岗位员工的雇佣、晋升或调动之前，企业应当做合规尽职调查。[3] 这在商业伙伴合规管理中成为范式。

二、商业伙伴合规管理的目标、原则

（一）目标

商业伙伴合规作为合规管理体系的组成部分，除实现合规管理体系的总目

〔1〕 ISO 19600:2014，3.5；标准化管理委员会《合规管理体系 指南》2.5。

〔2〕《合规标准》3.22。

〔3〕 参见《合规标准》7.2.2；Busekist/Uhlig，§35. Third Party Compliance，in Hauschka/Moosmayer/Lösler，Corporate Compliance，Rn. 6；Zagrosek，Business-Partner-Compfümce aus rechtlicher，ökonomischer und IT-technischer Sicht，in Handbuch Compliance-Management（Hrsg. Wieland/Steinmeyer/Grüninger），Rn. 8。

标外，也有自己的特殊目标。企业开展商业伙伴合规，一方面是为了履行法律义务，另一方面是为了履行企业或商业伙伴自设的合规义务。[1] 总体来说，以下几点是企业开展商业伙伴合规的目标。

1. 企业开展商业伙伴合规管理，是为了履行法律义务。在我国法律和境外一些国家的法律中，企业承担商业伙伴合规管理的义务。企业需要通过合规尽职调查，防范腐败、洗钱、出口管制等合规风险。

2. 企业通过商业伙伴管理，确保商业伙伴也能履行企业的合规义务。有些合规义务源自企业自身的要求。原则上，这些要求并不构成商业伙伴的合规义务，但是，对于企业而言，却构成合规风险。企业通过商业伙伴合规管理，目标之一是保障这些合规义务能够被商业伙伴履行，避免不合规行为的发生，对企业造成不利的影响。

3. 企业开展商业伙伴合规管理，能及时、有效地履行商业伙伴给企业施加的合规义务，进而完成业务目标。除企业对商业伙伴提出的超出法律的合规义务外，商业伙伴或客户也可能相应地提出合规方面的要求。

4. 企业开展商业伙伴管理，能够提高企业的声誉，展现企业承担社会责任的积极态度。当企业对商业伙伴提出环境保护、劳工保护及人权等方面的合规要求时，往往能够展现良好的企业形象，增强利益相关者对企业的信任，为企业赢得更多的商业机会。

（二）原则

和目标一样，商业伙伴合规管理不仅要遵守合规管理体系的一般性原则，还

---

[1] Vgl. Deutsches Institut für Compliance, Geschäftspartner-Compliance, S. 7; Vgl. Zagrosek, Business-Partner-Compfümce aus rechtlicher, ökonomischer und IT-technischer Sicht, in Handbuch Compliance-Management (Hrsg. Wieland/Steinmeyer/Grüninger), Rn. 2.

应当基于其特点，重点关注匹配原则、有效性原则以及整合原则。[1]

商业伙伴合规管理的匹配原则，是指基于商业伙伴合规采取的措施和流程，应当与商业伙伴涉及的合规风险相匹配。基于有效性原则，与商业伙伴业务往来中的合规风险，事实上能够得到控制，实现合规目标。整合原则，是指商业伙伴合规管理应当嵌入业务流程，并成为合规管理体系甚至是全面风险管理体系、公司治理体系的组成部分。整合原则的要求，能确保商业伙伴合规管理不脱离企业的业务，与企业的整体目标和流程形成协同运作或一体化。

三、商业伙伴合规管理的附加值

企业开展商业伙伴合规管理，需要投入企业的资源。投入作为成本是否能够覆盖商业伙伴管理带来的收益，往往是企业管理者关注的重要问题。成本方面的考虑，可能会阻碍企业在商业伙伴合规方面的投入。需要明确的是，商业伙伴合规管理，能够带来的收益，并不局限于反腐败合规和反垄断合规。与商业伙伴合规管理密切相关的出口管制合规、制裁合规、人权合规、安全生产合规、环境保护合规等，逐渐成为现代企业开展商业伙伴合规的重点领域。[2]

另外，商业伙伴合规对企业的声誉、信用等，也会产生积极影响。2021 年 9 月，德国合规研究院发布的《商业伙伴合规附加值》，如图 17 – 2 所示，详细列举了商业伙伴合规给企业带来的附加值（机会）。

〔1〕 Vgl. Deutsches Institut für Compliance, Geschäftspartner-Compliance, S. 8.

〔2〕 参见周万里、孙培岳编：《企业合规师执业必备规范汇编》，法律出版社 2022 年版，第 881 页、第 919 页、第 1024 页。

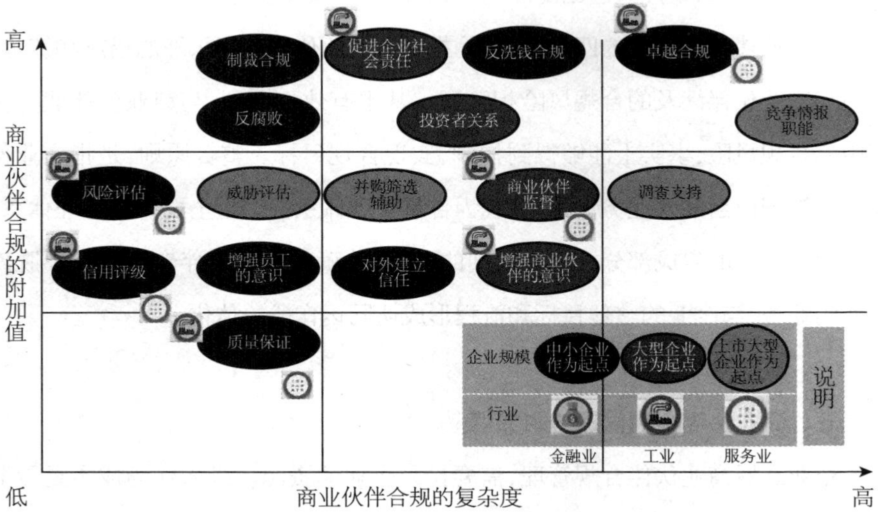

图 17－2　商业伙伴合规管理的附加值

四、商业伙伴合规管理的法律义务

一般而言，如果法律规定企业在业务往来中承担“了解你的客户”（know your customer）的义务时，企业有采取商业伙伴合规管理的法律义务。商业伙伴合规的法律要求，发生在企业的市场行为中，尤其是在反腐败和反垄断领域。不过，我国反腐败法〔1〕和反垄断法〔2〕目前并没有规定企业的商业伙伴合规管理义务。而在反洗钱、出口管制、安全生产和国有企业合规等的法律中，商业伙伴合规管理是企业的法定义务。

〔1〕我国《刑法》第163条规定的“非国家工作人员受贿罪”、第164条规定的“对非国家工作人员行贿罪”以及《反不正当竞争法》第7条等，构成我国的商业贿赂的核心规定。企业与商业伙伴的合作，是腐败的高发领域。在多数案件中，商业伙伴成为贿赂的“中间人”，为企业实施腐败提供便利。如在2013年的葛兰素史克腐败案中，旅行社、会务公司等第三方为葛兰素史克实施贿赂行为，发挥了重要作用。

〔2〕反垄断委员会于2020年发布的《经营者反垄断合规指南》中并没有涉及“第三方合规管理”或“商业伙伴合规管理”。

（一）国内法依据

1. 反洗钱法

我国《反洗钱法》规定金融机构有客户身份识别义务。[1] 金融机构可委托第三方识别客户的身份，并确保第三方已采取《反洗钱法》规定的客户身份识别措施。如果第三方没有履行该义务的，由金融机构承担相应的法律责任。[2] 也即金融机构对作为第三方的商业伙伴的违法行为承担法律责任。新修订的《反洗钱法》，强化了金融机构对第三方的筛选和监督的法律义务。如第三方具有高风险情形或不具有反洗钱义务能力的，金融机构不得使用该第三方识别客户的身份。[3]

2. 出口管制法

我国《出口管制法》禁止出口经营者违反规定与列入管控名单的进口商、最终用户进行交易。[4] 为此，出口经营者应建立出口管制合规体系，包括审查第三方合作伙伴的情况。[5] 在全面风险评估环节，客户情况和第三方伙伴情况是重要的审查内容。如针对客户，出口经营者应当了解客户的主要业务范围，是否涉及军事等敏感业务；客户类型，是生产商、经销商还是最终用户；客户是否被列入我国管控名单等禁止或限制交易名单，或被列入联合国的制裁清单；客户所在国家或地区的风险等级。[6]

3. 国有企业合规

国务院国资委于2018年发布的《中央企业合规管理指引（试行）》明确规定

[1] 《反洗钱法》第16条。
[2] 《反洗钱法》第17条。
[3] 《反洗钱法》（2021年征求意见稿）第29条。
[4] 《出口管制法》第18条第3款。
[5] 商务部《关于两用物项出口经营者建立出口管制内部合规机制的指导意见》，三（三）。
[6] 商务部《两用物项出口管制内部合规指南》，三（一）2。

商业伙伴合规是中央企业合规管理工作的重点领域,规定中央企业应当"对重要商业伙伴开展合规调查,通过签订合规协议、要求作出合规承诺等方式促进商业伙伴行为合规",[1] 由业务部门负责本领域的商业伙伴调查。[2]

4. 境外经营合规管理

在国家发改委等七部门2018年发布的《企业境外经营合规管理指引》中,有很多关于企业开展商业伙伴合规的规定。首先,我国企业从事境外经营活动,应当积极主动识别、评估与境外经营相关的合规风险,管控与供应商、代理商、分销商、咨询顾问和承包商等第三方相关的合规风险。[3] 将商业伙伴合规管理作为合规管理制度建设的重要内容。[4] 其次,企业在与第三方合作前,有尽职调查的义务。相关工作包括深入了解第三方的合规管理情况,向第三方传达企业的合规要求以及对第三方的合规要求,并将其纳入商务合同。[5] 再次,合规行为守则是最重要、最基本的合规制度,同样适用于代表企业从事境外经营活动的第三方。[6] 最后,第三方可通过企业的举报体系举报和投诉。企业应当保护作为举报人的第三方免受报复。[7]

(二)国外法依据

1. 美国

(1)《反海外腐败法》

在触犯美国《反海外腐败法》的案例中,使用第三方是实施腐败的最常见的手段。[8] 如欧洲空客公司在2020年因违反美国的《反海外腐败法》和《国际武

---

〔1〕 国务院国资委:《中央企业合规管理指引(试行)》,第13条第7项。
〔2〕 参见国务院国资委:《中央企业合规管理指引(试行)》,第11条。
〔3〕 参见国家发改委等七部门:《企业境外经营合规管理指引》(2018年),第11条(三)5。
〔4〕 参见国家发改委等七部门:《企业境外经营合规管理指引》(2018年),第14条。
〔5〕 参见国家发改委等七部门:《企业境外经营合规管理指引》(2018年),第12条(四)。
〔6〕 参见国家发改委等七部门:《企业境外经营合规管理指引》(2018年),第13条。
〔7〕 参见国家发改委等七部门:《企业境外经营合规管理指引》(2018年),第20条。
〔8〕 See Fox, Best Practices under the FCPA and Bribery Act (2013), p.133.

器贸易条例》,支付了39亿美元的罚款。空客公司的主要手段是在我国通过第三方贿赂公职人员。[1] 对此,美国司法部和证监会在《反海外腐败法信息指引》中规定,第三方尽职调查是有效合规计划的要素之一,并明确第三方尽职调查的基本原则,包括风险导向原则、评估原则[2]和持续监督原则。[3]

(2)《企业合规计划评估》

美国司法部在2020年发布第三版《企业合规计划评估》,协助检察官评价涉案企业合规计划的有效性。[4] 检察机关主要是从合规计划的设计、实施和效果三个方面,对合规计划的有效性做评估。其中,在合规计划的设计阶段,第三方管理和并购是重要的环节,并且第三方尽职调查是第三方管理和并购的必要组成部分。

基本要求如下:

其一,第三方合规管理应当基于合规风险评估展开。

其二,企业应该清楚其引入第三方的商业理性或考量。

其三,企业因第三方提供产品或服务,支付的费用是否与该行业和地区当时提供工作的费用相称。

其四,企业还应当持续对第三方进行合规管理。

其五,企业通过合规条款,实现对第三方的合规管理,是最常见和最重要的措施。

---

[1] See DoJ, Airbus Agrees to Pay over $3.9 Billion in Global Penalties to Resolve Foreign Bribery and ITAR Case, 2020, available under https://www.justice.gov/opa/pr/airbus-agrees-pay-over-39-billion-global-penalties-resolve-foreign-bribery-and-itar-case, 最后访问日期:2022年12月3日。

[2] 即企业应该清楚其引入第三方的商业理性或考量,确保合同义务得到履行,并且记录合同履行的情况。

[3] See the Criminal Division of the U.S. Department of Justice and the Enforcement Division of the U.S. Securities and Exchange Commission, A Resource Guide to the U.S. Foreign Corrupt Practices Act (2020), p. 62.

[4] U.S. Department of Justice Criminal Division, Evaluation of Corporate Compliance Programs (Updated June 2020).

2. 英国

英国2010年的《反贿赂法》第7条规定了“商业组织预防贿赂失职罪”，使企业对员工的贿赂行为承担严格责任。不过，企业可通过证明自己建立了适当程序预防员工的贿赂行为，进行合规抗辩。对此，英国司法部在《反商业贿赂法指南》中规定了适当程序应当符合6项原则。第四项原则是“尽职调查”，规定：“为了减少经识别的贿赂风险，商业组织应当采用适当且以风险为基础的方法，对于那些为了或者代表机构履职或者将要履职的人员，适用尽职调查程序。”[1]

3. 经济合作与发展组织

经济合作与发展组织在2010年发布《内控、道德与合规最佳实践指南》，协助企业建立和实施有效的内部控制、道德和合规体系或措施。该指南成为经济合作与发展组织理事会2009年11月26日《关于进一步打击在国际商业交易中贿赂外国公职人员的建议》附件二。2021年11月26日，经济合作与发展组织通过了《关于进一步打击在国际商业交易中贿赂外国公职人员的建议》修正案，同时更新《内控、道德与合规最佳实践指南》。

就商业伙伴合规管理而言，2010年的《内控、道德与合规最佳实践指南》包含了关于商业伙伴管理的推荐措施。在2021年的版本中，商业伙伴合规管理的内容更为丰富，体现在《内控、道德与合规最佳实践指南》第一部分“公司的良好实践指南”的第6点：[2]

“在适当时，且基于合同约定，旨在预防和发现外国贿赂的道德与合规体系或措施，适用于第三方，诸如代理人和其他的中间商、顾问、代表、分销商、承包商和供应商、财团和合资伙伴（以下简称‘商业伙伴’），采取包括以下的措施：

---

〔1〕 Ministry of Justice, The Bribery Act 2010, p. 27.

〔2〕 OECD, Recommendation of the Council for Further Combating Bribery of Foreign Public Officials in International Business Transactions, available under https://legalinstruments.oecd.org/en/instruments/OECD-LEGAL-0378#mainText，最后访问日期：2022年12月3日。

(1)适合于招聘的,基于风险开展的适当的文件化的尽职调查,并且贯穿商业关系,对商业伙伴进行适当和定期的监督;

(2)告知商业伙伴关于企业遵守有关禁止外国贿赂的法律的承诺,以及企业为防范和发现此类贿赂而实施的道德与合规体系或措施;

(3)寻求商业伙伴的对应承诺;

(4)建立机制,以确保合同条款在适当时,具体描述需要履行的服务,付款条件是适当的,描述的合同工作履行完毕,费用与提供的服务相称;

(5)在适当的情形下,确保企业有审计权,分析商业伙伴的会计账簿和记录,并且适当行使该项权利;

(6)提供充分的机制,处理商业伙伴的外国贿赂事件,包括合同解除权。"

4. 世界银行

世界银行的《诚信合规指南》第五节明确企业针对商业伙伴,应当进行合规管理,采取的措施,包括以下6项:

(1)开展针对商业伙伴的尽职调查;

(2)告知商业伙伴了解诚信合规体系;

(3)对应承诺;

(4)适当的文件化;

(5)合适的报酬;

(6)监视、监督。

五、商业伙伴合规管理体系

如果法律对商业伙伴合规管理有明确规定,企业则应当开展商业伙伴合规管理。如果没有这样的法律义务,企业可自主确定商业伙伴合规管理的范围和方式。一般而言,商业伙伴合规管理,应基于合规风险评估展开。风险思维贯穿商业关系的全过程,企业尤其要通过合同取得商业伙伴合规管理的主动权。

（一）基于 PDCA 循环的管理

商业伙伴合规管理，可基于 PDCA 循环的方式开展。如图 17－3 所示，在策划阶段，企业应明确自身的风险方针、风险战略及风险情况。这决定了企业能够承担商业伙伴带来的风险容量。另外，企业还需要初步评估商业伙伴的合规风险，以及确定关注的重点风险领域，为实施阶段工作做好准备。

在实施阶段，企业基于策划阶段的结果，开展简式的或深度的合规审查，做好供应商合规管理尽职调查，拟定适当的合规条款，与商务部分、法律部分的条款，整合为商业伙伴合同。在评价阶段，企业对商业伙伴在合规方面的绩效开展定期或不定期评估，持续监督商业伙伴的市场行为、声誉变化。基于评价的结果，企业采取相应的管理措施，并基于合规条款，对不合规的商业伙伴采取纠正措施。针对企业本身、商业伙伴的业务、需求等的变化，或针对供应商合规管理的持续改进等，企业可以继续基于 PDCA 循环，开展新一轮的商业伙伴合规管理。

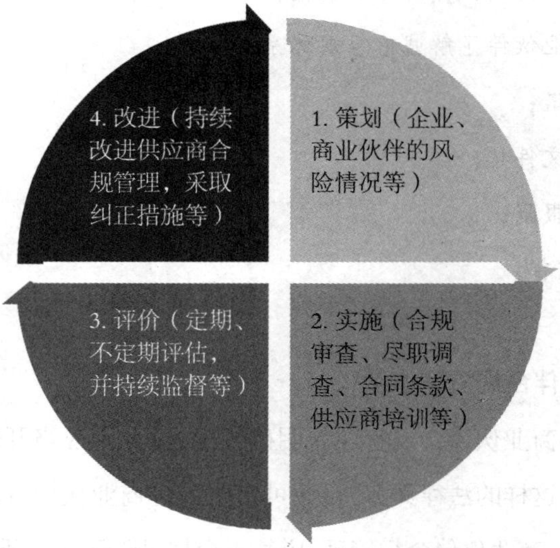

图 17－3　商业伙伴合规管理 PDCA 循环

（二）制度体系

企业开展商业伙伴合规管理，需要制定正式的制度。首先，商业伙伴合规管理战略、目标以及与业务流程的深度融合，是对制度体系的基本要求。其次，企业还需要制定商业伙伴管理的基本制度。基于商业伙伴的类型，企业可以有针对性地作出相关规定。如针对供应商合规管理，企业应当制定以下管理文件：

1. 针对企业内部的供应商合规管理办法；

2. 针对供应商的合规管理制度或行为守则；

3. 纳入供应商合同的合规条款，包括廉洁条款、培训条款、举报条款、调查和审计调查等条款；

4. 供应商合规培训方案；

5. 供应商合规义务清单；

6. 违规案例库。

上述文件，可以整合到企业整体的合规管理体系中，也可以单独组成独立的制度。

（三）流程管理

商业伙伴合规管理，按照业务流程的发展，大致分为三个阶段，即入库阶段、在库阶段和出库阶段，进而形成商业伙伴的全过程合规管理。入库是商业伙伴的最重要的阶段，也是合规工作量最大的环节。基于上述以 PDCA 循环为基础的商业伙伴管理，入库阶段对应的是策划和实施环节的部分工作，在库阶段对应的是部分实施环节及评价阶段的工作，出库阶段对应的主要是改进环节的工作。

以供应商合规管理为例，表 17－1 展示了合规管理的三个阶段。企业通常采用尽职调查的方式，基于合规方面的要求，筛选适合的供应商。尽职调查实践，源自英美法律，首先被运用在企业收购过程中。尽职调查的内容，包括对目标公司在法律、财务、税务、安全、技术以及环境等方面做全面调查。尽职调查在合规领域的运用，一般被称为合规尽职调查。它是商业伙伴合规管理的不可或缺的部分。

表 17-1 商业伙伴合规流程

阶段	事项	内容
入库	供应商筛选	■ 初步审查 ■ 企业的风险偏好 ■ 合规审查 ■ 合规风险评估 ■ 尽职调查 ■ 合规条款 ■ 供应商合规行为守则
在库	供应商持续监督、评价	■ 供应商合规培训[1] ■ 合规沟通 ■ 举报、调查 ■ 激励 ■ 透明 ■ 文件化 ■ 持续监督 ■ 合规审计 ■ 定期、不定期评估
出库	改进	■ 持续改进 ■ 惩罚 ■ 纠正措施 ■ 出库

〔1〕 参见《合规标准》7.2.3。

第二节 最佳实践

一、诺华制药的第三方风险管理

诺华制药是一家总部位于瑞士巴塞尔的医药和生物技术的跨国公司，销售额位于行业前茅。诺华制药在全球超过 150 个国家有 10.8 万名员工，有效防范和制止不合规行为，对公司是很大的挑战。如诺华制药及其子公司因在希腊通过资助学术会议等手段，贿赂公立医院的医务人员，以增加眼科药物雷珠单抗的处方量，在 2020 年 6 月与美国司法部、证监会达成暂缓起诉协议，分别缴纳 2.339 亿美元和 1.128 亿美元的罚金。[1]

自 2018 年起，诺华制药采取一体化的方法，将道德、风险和合规整合为一个管理体系（Ethics，Risk and Compliance，ERC），以回应社会对制药企业的期望。[2] ERC 体系的组成包括道德与人权、风险与危机管理、企业制度和内部控制体系、第三方风险管理、合规管理体系、举报体系及内部调查协调。[3]

第三方风险管理（Third Party Risk Management，TPRM）重点关注供应链和商业伙伴给诺华制药带来的风险。在该框架下，涉及的合规风险包括反腐败、劳动法、质量、健康、安全、环境、财务、研发环节动物保护、数据保护、贸易制裁、反假药以及信息安全等。[4] 供应商管理遵循的一般原则是“无风险审查，则

〔1〕 See Novartis AG and Subsidiaries to Pay $345 Million to Resolve Foreign Corrupt Practices Act Cases, available under https://www.justice.gov/usao-nj/pr/novartis-ag-and-subsidiaries-pay-345-million-resolve-foreign-corrupt-practices-act-cases，最后访问日期：2022 年 12 月 3 日。

〔2〕 See Novartis, Ethics, Risk and Compliance, available under https://www.novartis.com/esg/ethics-risk-and-compliance，最后访问日期：2022 年 12 月 3 日。

〔3〕 Vgl. Moosmayer, Compliance, Rn. 367.

〔4〕 Vgl. Moosmayer, Compliance, Rn. 376.

无合同”。

第三方风险管理的流程共有 5 步,依次是第三方风险管理、第三方制度管理、培训和发展、第三方监督以及组织与治理。该流程包含了 4 个阶段。其中第一步和第二步的部分环节,是评估阶段。第二步的另一部分环节与第三步的部分环节,组成补救阶段。第四步大致与监督阶段对应。第五步大致与识别阶段一致。如同风险管理中“风险所有人”的概念,流程的核心是“业务所有人”,要求开展业务的人,应当承担业务风险管理的首要职责。

此外,诺华制药在 2020 年启用 2.0 版本的《第三方守则》,[1]其主要内容包括:

(1)人权;

(2)劳工权利;

(3)健康与安全;

(4)环境可持续;

(5)动物福利;

(6)反腐败与公平竞争;

(7)数据隐私与信息保护;

(8)负责任矿产[2];

(9)质量(良好操作规范);

(10)贸易制裁与出口管制;

(11)关切识别;

(12)管理体系。

---

[1] See Novartis, Third Party Code, available under https://www. novartis. com/sites/www. novartis. com/files/novartis-in-society-report – 2020. pdf.

[2] 负责任矿产(Responsible Minerals)是指企业承诺不使用刚果武装团体开采的“冲突矿产”(3TG)。

二、德国物资、采购与物流联邦协会的供应商合规管理

成立于 1954 年的德国物资、采购与物流联邦协会（Bundesverband für Materialwirtschaft, Einkauf und Logistik，以下简称德国物资协会），是一家以德国和欧洲的采购、供应链以及物流企业为主要会员的协会。截至 2022 年 5 月，该协会总共有 9750 家规模大小不同的企业会员。[1] 由于会员企业在供应链关系中，面临越来越多的法律风险和合规风险，德国物资协会于 2012 年 11 月发布《关于供应商管理中合规流程和企业社会责任流程的要求》（Anforderungen an einen Compliance/CSR-Prozess im Lieferantenmanagement，以下简称《要求》），对协会成员企业的供应商合规管理明确提出一些核心要素。[2]

（一）供应商合规管理

1. 基本要素

《要求》首先对合规、企业社会责任、企业、供应商以及供应商管理做了定义，并明确供应商合规管理的六大要素，即：

（1）高层基调（最高管理者的行为）、最高管理者和管理层的榜样作用；

（2）行为守则；

（3）针对不合规行为有举报渠道；

（4）适当处理嫌疑行为；

（5）定期开展目标群导向和风险导向的培训；

（6）定期向最高管理者汇报合规风险及不合规事件。

---

〔1〕 Vgl. BME, Eine starke Gemeinschaft für Einkauf, Supply Chain und Logistik, https://www.bme.de/verband，最后访问日期：2022 年 12 月 3 日。

〔2〕 Schröder, Anforderungen an einen Compliance-/CSR-Prozess im Lieferantenmanagement (Compliance-Risiko: Korruption), CCZ 2013, 74.

2. 供应商管理流程

供应商合规管理应当与供应商管理整合,成为后者的必要组成部分。如图17－4所示,供应商管理主要分为三个步骤,即供应商资格审查、供应商评估以及供应商发展。[1]

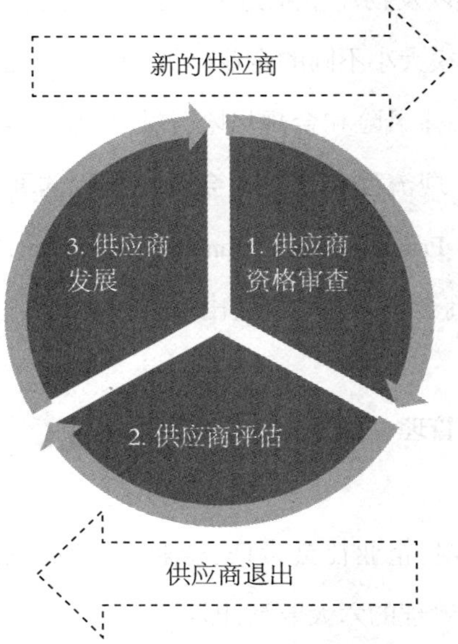

图17－4　德国物资、采购与物流联邦协会的供应商合规管理

在供应商资格审查阶段,企业主要是从可信性、诚信、专业以及绩效能力等方面,审查某个供应商是否具备企业期望的条件。供应商填写基本信息,反馈给企业。必要时,企业可以对供应商进行现场考察。供应商评估是企业对供应商的整个或单个绩效开展的评估,包括合规风险评估。没有通过考核的供应商,应当退出企业的供应商名录库。供应商发展是基于上一个阶段——供应商评估的结果,由企业采取不同措施。如企业对供应商管理流程做优化,避免产生管理

〔1〕 Vgl. BME, Anforderungen an einen Compliance/CSR-Prozess im Lieferantenmanagement, S. 4.

漏洞。

（二）行为守则

供应商行为守则是供应商合规管理的基本要素之一。德国物资协会的《行为守则》主要是供其会员使用，是跨行业的最低要求的供应商行为守则。《行为守则》的基础，是《联合国全球契约》、《国际劳工组织公约》、《联合国人权宣言》、《联合国儿童权利公约》、《消除对妇女一切形式歧视公约》以及经合组织的《跨国公司行为准则》。签署或加入《行为守则》的企业，承担以下义务：

1. 遵守法律法规；

2. 反腐败、反垄断、禁止强迫劳动以及禁止使用童工；

3. 承担社会责任，包括人权、反歧视、健康保护、公平劳动条件、环境保护、商业秘密保护；

4. 签署或加入《行为守则》的企业，确保其直接供应商遵守上述第 3 项中关于人权、反歧视的要求，建议直接供应商遵守《行为守则》；

5. 签署或加入《行为守则》的企业，可以制定更高要求的行为守则，并有义务使其员工了解行为守则的内容，在制定和调整制度、流程时，确保企业遵守行为守则的基本原则。

第三节　推荐阅读

周万里、孙培岳编：《企业合规师执业必备规范汇编》，法律出版社 2022 年版。

Barbara Neiger, Successful Compliance, 2021.

Deutsches Institut für Compliance, Geschäftspartner-Compliance, 2019.

Josef Wieland/Roland Steinmeyer/Stephan Grüninger, Handbuch Compliance-Management, 2020.

Klaus Moosmayer, Compliance, 2021.

Konstantin von Busekist/Thomas Uhlig, § 35. Third Party Compliance, in Christoph E. Hauschka/Klaus Moosmayer/Thomas Lösler, Corporate Compliance, 2016.

第十八章

举　报

【导读】

举报制度建设是企业合规管理体系建设的重要内容。举报在不同的制度体系中虽然名称不同，但其实质内涵却基本一致，都是通过企业内部治理手段达到企业自我管理，管控各种显性或隐性风险，特别是法律风险的目的。举报制度在企业合规体系中相较于其他制度来说具有内部性、激励性和秘密性的特点，对企业可能发生的风险有提前预警、约束警示和导向作用。在举报制度建设过程中应当遵循举报设置独立、举报信息及时反馈以及举报者善意的原则。企业管理者也要树立正确的举报理念，举报信息不得成为打击别人的工具。此外，应完善举报信息传递的设备途径，规范举报信息的形式格式，在举报信息的处理上要遵循回避原则、保守举报信息工作秘密、及时跟进反馈信息处理进展，还应当从岗位编制设置、举报人的人身安全以及奖励经费等方面对举报人予以保障。

【关键词】

举报　举报信息处理　保密与奖励

【思维导图】

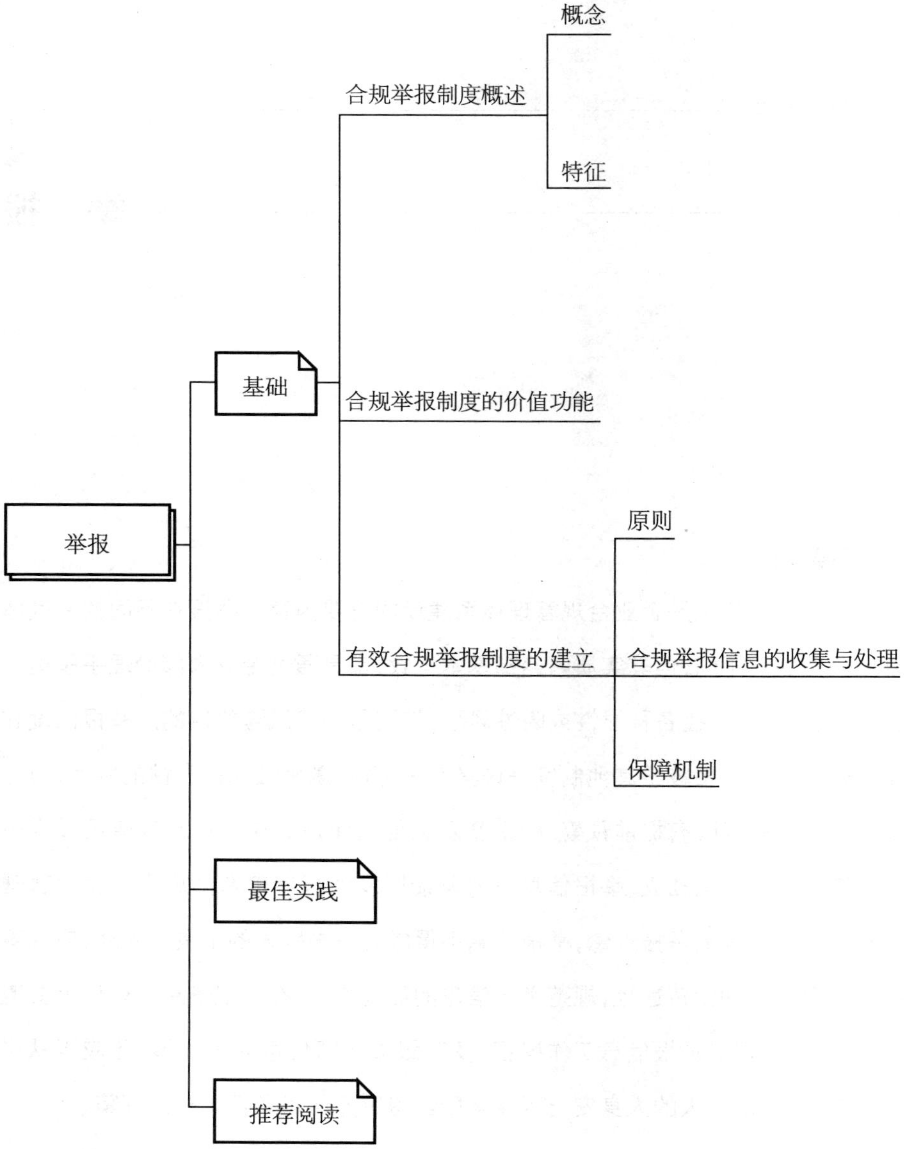
举报
基础
合规举报制度概述
概念
特征
合规举报制度的价值功能
有效合规举报制度的建立
原则
合规举报信息的收集与处理
保障机制
最佳实践
推荐阅读

第一节　基础

一、合规举报制度概述

（一）概念

举报，是法律规范语境下的检举报告制度在企业内部管理和规范建设中的应用，我们这里说的“举报”是指“合规举报”。有学者认为，合规举报是指受理举报的部门对员工举报的线索，依照企业合规管理制度进行调查处理，保障员工行使民主权利的一种制度。[1] 合规举报制度在《合规标准》ISO 37301 版本中又称“报告疑虑”，其指组织应建立、实施并保持一个鼓励并有助于对试图、涉嫌或实际存在的，违反合规方针或合规义务的行为（基于合理理由相信信息真实性的情况下）进行举报的过程。该过程包括：(1)在整个组织内可知、可用；(2)对举报保密；(3)接受匿名举报；(4)保护举报者免于遭受打击报复；(5)便于人员获得建议。该组织应确保所有人员了解举报程序、了解其自身的权利和保障机制，并能够运用相关程序。合规举报的过程也是企业人员行使正当权利的过程，就合规举报制度而言，其包括制度公示、权利主体、行权路径、权利保护以及公平善意等方面内容。

合规意为企业在运营过程中遵守法律法规、商业准则和自身规章制度，举报人制度作为合规计划中审查和监控违规行为的一环，在许多国家和地区的企业合规中扮演了非常重要的角色，能否依据企业的实际情况制定并执行一套行之

[1] 参见卞传山：《企业建立有效合规举报机制方法探究》，载《江苏经济报》2021 年 6 月 16 日。

有效的举报人制度是衡量企业合规计划是否有效的重要标准。[1] 建立举报程序,鼓励员工善意报告疑似和已发生的不合规行为,是企业合规建设体系的重要组成部分。

合规举报制度肇始于21世纪初的美国,其间也经历了曲折的发展过程,至2010年生效的《华尔街改革和消费者保护法》中修订增加了"举报者激励和保护"条款,举报奖励制度得以在法律层面确立,至此举报制度成为美国打击涉财务舞弊违法犯罪的一条重要途径。

举报机制作为企业发现内部问题的重要途径,对于企业合规建设是必不可少的环节。通常情况下,企业通过收集到的举报线索发现内部员工或者第三方合作单位的违法违规行为,随后通过内部调查查清被举报的事实,进而做出应对和处理。我国并不缺乏举报制度的设计,如内部控制的核心手段之一"不相容职务相分离"在一定程度上强调员工的受托责任,要求员工在履行自身责任的同时,对任何非法、不当的行为予以关注和报告。[2] 如《企业内部控制基本规范》就有相关规定,"企业应当建立举报投诉制度和举报人保护制度,设置举报专线,明确举报投诉处理程序,办理时限和办结要求,确保举报、投诉成为企业有效掌握信息的重要途径。举报投诉制度和举报人保护制度应当及时传达至全体员工"。可见举报机制在我国企业发展中的重大现实意义和需求,为将合规举报制度纳入企业合规建设系统考虑提供了重要支撑和依据。

(二)特征

合规举报制度在合规体系建设中是内部违规违法问题投诉处理的一种出口机制,也是保障企业合规制度在企业内部有效运行的重要环节。其特征主要体

〔1〕 参见刘恒瑞:《企业合规中的举报人保护制度》,载《经济师》2020年第10期。

〔2〕 袁敏:《关于举报制度的反思》,载《财务与会计》2015年第22期。

现在以下三个方面。

一是合规举报制度具有内部性。从设置的目的来看,合规举报的本质是企业内部的主动纠错机制。企业内部员工最了解企业合规制度的运行状况,也最知道企业内部存在的合规隐患、管理漏洞。企业在其合规建设体系中为发现违规情况而设置举报程序。根据这一程序,任何内部员工均可向其主管、人事经理或者公司指定的专门人员或部门提交投诉,或提出违规违法线索;接到举报线索后,企业内部合规部门组织专人进行专项调查,并将调查结果提交企业内部监事或纪检监察部门处理。通过这种企业内部人员主动发现问题、查找问题、披露问题、解决问题的方式,帮助企业合规制度运行更加有效、规范,以避免出现更大的法律风险和损失。

二是合规举报制度具有激励性。考量企业合规是否存在一个高效和可信的运作机制,其中激励性是必不可少的有效标准要素。企业员工可以通过该机制匿名或实名举报关于违反公司行为准则、公司政策或涉嫌或实际不当的危害公司利益或触犯法律从而给公司带来不利后果的行为。若企业根据举报信息使企业避免、减少或者追回了经济损失,或者避免、挽回了企业的信誉损失,或者增加了企业的交易机会等,企业应根据具体情况给予举报人员奖励,如发奖金、职务升迁等。根据实际情况决定公开或不公开表彰及奖励。对于重大或是特殊案件甚至可以采取比例奖励,即将追回的经济损失或对违法者处以罚款中一定比例的金额奖给举报人。

三是合规举报制度具有秘密性。举报制度的秘密性是保护举报人不被打击报复的重要因素。举报人又称“吹哨人”,除了需要给予一定的经济激励外,还需要对“吹哨人”的人身安全给予特殊保护,如提供便捷操作的举报途径,可以采取匿名举报措施等,加强对举报制度设置的正面舆论引导,强化对“吹哨人”典型案例宣传。在企业中设置受理员工举报控诉的专门部门,对受理处理举报信息的专门员工应当进行专业的培训;企业应对举报者的信息履行保密义务,

"吹哨人"可以根据自己的意愿选择是否显露真实姓名信息,但对于受理举报的专门部门和接触举报信息的专业员工来说,无论"吹哨人"是匿名还是实名,均不能透露举报人的任何信息或者透露出可以推断出是举报人真实身份的信息。严禁任何人对举报人进行任何形式的打击报复,无论是明显或隐性的、公开或秘密的、减薪或降职、转岗或辞退以及其他任何经济方面或声誉方面的报复行为,一经发现,应对实施打击报复者予以最严厉的处罚。

二、合规举报制度的价值功能

合规举报制度是企业合规运行的一个十分重要的渠道,可以有效协助企业合规部门及企业专门合规人员的工作,正所谓众人拾柴火焰高,当每个人都成为监督者时,企业不合规行为以及监管漏洞被发现的概率自然会增加。合规举报制度的价值功能在企业合规体系建设中的地位不可或缺。其重要性具体来说有以下几个方面。

一是合规举报制度具有重要的风险预警作用。预警功能在企业合规举报制度中居于首位,其内涵是指一项有效的合规举报制度的建立和施行,可以及时发现企业合规风险或者违规行为或现象,从而触发线索调查机制,在企业内部有关部门调查核实后,引起企业高层或有关监管机关的重视,继而达到弥补管理漏洞,防微杜渐、堵漏建制的效果。合规举报者是法律风险预警的"吹哨人",合规举报机制为企业内部及时制止企业中存在的不合规现象或违法违规行为提供了有效的信息反馈渠道和途径,有助于及时帮助、挽救有违规倾向的员工或管理者,提高企业内部防控风险的能力。合规举报制度的预警功能犹如企业合规发展过程中的"红绿灯",站在了风险预警的前线。

二是合规举报制度具有明显的导向作用。合规举报机制作为企业内部合规体系建设中的一项制度安排,向企业内部全体员工和管理者传导了人人需合规、违规即受惩的企业合规经营发展理念,对违规行为和不合规现象的有力查处,可以大大强化企业合规理念的说服力。美国《反海外腐败法》的执法导向作用就十分明显,企业员工的违规违法行为不仅会辐射到母公司的全球子公司、合资公司等下属企业,还会对独立第三方、企业投资对象和合作伙伴产生正面导向作用。从这个角度来说,合规举报制度的导向功能具有内外双重作用力,且不仅在企业经营活动中起到规范作用,还会对企业经营发展理念产生重要影响。

三是合规举报制度具有约束警示作用。约束警示功能是企业合规举报制度的执行对企业及其员工产生的警戒和告知功能。合规举报机制的存在对那些企图违规的员工产生一种外在压力,促使他们在思想上牢记、行为上体现诚实信用、守法经营的行业准则和规范约束。通过合规举报制度收集相关线索对违规行为处以重罚,企业内部的其他员工也会因处罚行为或违规后果而自我反省,审视自己的行为和日常工作规范,避免经历相同遭遇。合规举报工作的有效开展可以促使企业全体员工从思想深处清醒地认识和理解企业合规的重要意义与违规行为的严重危害,从而有助于在企业内部全体员工中形成"不敢违规""不能违规""不想违规"的企业合规的良好文化氛围。

三、有效合规举报制度的建立

(一)原则

一是举报独立原则。合规举报系统独立于公司的日常业务部门,由独立的部门和人员受理,且需要赋予他们独立的处理权限,不受其他部门或人员的牵制干扰,保证处理举报事项的独立与公正。在法律法规或企业内部规章制度的授权下,对举报事项进行独立查证、处置或者决定移交有权处理的机关,不受企业内部沟通协调机制的限制,不受其他部门甚至企业高层的干扰。举报人举报到合规管理牵头部门的,合规管理牵头部门应将收到的违规举报及线索录入举报台账,通过联席会议对其类别作出初步判断。合规管理部门独立开展违规调查的,可以联合人力资源部门或外部专业审计机构对所举报的事项进行专项合规审计。对于负责企业举报信息收集及调查处理工作的部门或岗位人员,应确保其工作的保密性和独立性,对上级主管部门或领导垂直负责,业绩考核、职级升迁和工资待遇等由上级部门决定,尽量脱离本级企业的权力制约。[1]

二是信息反馈原则。有举报必反馈是鼓励、支持举报人检举揭发违法违规行为的重要手段。合规管理部门在收到举报线索后,应立即组织专门人员对举报问题进行调查核实。对于受理的实名举报,属于合规管理体系建设业务范围内的事项,合规部门的专门调查人员在遵守保密工作的前提下,应当及时告知举报问题是否受理、启动调查和调查进展情况,并在有处理结果后及时向举报人进行反馈。对受理的匿名举报,属于非针对个人的,属于一类现象违规问题的,在调查核实后,将处理问题进展、处理结果在公开栏目中进行公示,公开向举报人反馈。对不属于本部门办理的举报事项,要及时向有管辖权的部门进行移送;涉嫌违法犯罪的,应当将线索移送司法机关处理,并将上述线索移送情况向举报人反馈。

三是举报善意原则。举报人的举报行为应当是善意的,可以是出于举报激励机制触发举报行为,其本心应当是为公司利益,根据公司相关规定实施的举报行为。在现实中,一些企业中存在举报权利滥用的情形,个别员工和营销员不是基于个人良知、伦理与道德判断或公共利益的考量,而是出于个人目的、打击竞争对手等原因,作出了有违事实和公允的举报。实践中,恶意举报、虚假举报时有发生,严重干扰了合规举报机制的顺畅运行。对出于个人恩怨或别有用心,造谣中伤、诬告陷害他人,特别是恶意阻挠发展、蓄意干扰工作的,要认真甄别,严格约束。这些问题在建立合规举报机制的过程中均应加以重点考虑,建立一套

〔1〕 参见卞传山:《企业建立有效合规举报机制方法探究》,载《江苏经济报》2021 年 6 月 16 日。

集奖励、保护、约束于一体的合规举报制度，消除举报人的心理障碍和社会对举报人的偏见就显得尤为重要。

（二）合规举报信息的收集与处理

1. 合规举报信息的收集

一是树立正确的举报信息收集理念。在举报信息收集过程中，只关注举报信息本身的真实性、客观性和与公司合规规定的相关性，不考虑举报人的动机，坚持举报信息收集的独立性原则，排除相关人和事对举报信息的干扰和阻碍，只对信息涉及的举报事项进行调查核实。

二是完善收集举报信息的设备条件。提供必要的举报设施和手段、采取技术措施，建立安全和让员工放心、安心的举报环境是保证举报信息收集渠道畅通的必要条件。如在企业办公场所设立举报箱，应充分考虑和理解举报人员的安全防范心理，举报箱设立的地点，在保证相关区域符合安全规定的前提下，应避免电子探头监控；或可以考虑分别设立实名举报箱和匿名举报箱；设立举报电话或者录音电话、传真、电子邮箱等。[1] 对于电话和传真，应当与相关运营商协商，通过技术手段对来电显示等可能暴露来电者身份信息事项尽量予以屏蔽，以减少匿名举报人的担心，解除举报人的顾虑。

三是规范举报信息的形式。举报信息资料在形式上应当尽量规范化，统一举报信息书写的规范格式，以提高信息收集整理和展开调查的效率，企业可以根据自身情况拟定举报信息的规范格式和体例。内容应当客观翔实，包括但不限于以下内容，如被举报人基本信息、涉及项目信息、客户情况、违规情况及分析、涉及金额以及可能造成的经济损失、证据资料收集线索、其他相关知情人等。但

〔1〕 参见王志乐：《如何建立有效的合规举报机制》，载《新产经》2019 年第 1 期。

也不应当禁止举报人根据自己掌握的情况自行编写举报信息内容。[1]

2. 合规举报信息的处理

一是要遵循举报信息处理回避原则。利益回避是处理举报信息的基本要求,回避原则要求处理举报信息的人与被举报的当事人和被举报的相关事项没有利害关系,其中包括但不限于亲属关系或经济利益关系等。举报回避原则是保证举报信息得到公正处理的制度设计,客观上也能对举报者起到激励的作用,鼓励举报者客观公正地陈述举报事项,排除干扰举报信息处理的不利因素。此外,回避制度也要求严格限定或监督企业领导单独调取举报信息的权力,以免出现泄密和打击报复的情况。

二是要遵循举报信息处理保密原则。保护实名举报人是合规举报制度的充分条件,对举报人及其举报信息保密是举报制度得以开展的前提。在举报信息处理过程中应当限定实名举报信息受理人,如指定1～2名人员,并将其相关信息进行公示并接受监督。举报信息受理人作为知晓举报人信息的第一道防火墙,如果发生泄密问题也可以从源头进行追责。对于负责企业举报信息收集及调查处理工作的部门或岗位人员,应确保其工作的保密性和独立性,对上级主管部门或领导垂直负责,尽量脱离本级企业的权力制约。

三是要及时跟进和反馈举报信息处理情况。对于举报信息要全部登记在册,以备随时溯源核查。收到举报信息后,企业应有专人对举报信息予以评估分类,并确定后续程序分流,如是否进行调查,是否移交给其他相关部门处理。如果决定调查,必须按规定的流程启动和进行内部调查。企业应告知举报人已收到相关投诉并在积极跟进。对举报信息要按风险类别整理编辑,并按照企业制定的分享渠道和范围,按职责工作需要分送给"需要知道的人",任何接触到举报信息的人都应承担保密义务。企业可以根据实际工作需要和企业自身情况,

〔1〕 参见王志乐:《如何建立有效的合规举报机制》,载《新产经》2019年第1期。

设置专职或兼职岗位专门从事举报信息的跟进和反馈工作。

（三）保障机制

1. 岗位编制保障。企业在开展自身合规体系建设过程中，应当将合规举报机制定为其中的关键一环，设置专门的对外接收举报信息的岗位，设置 1 ~ 2 名专职或兼职人员专门负责举报信息的登记，并在收集和登记举报信息过程中全程录音录像。在后续举报信息的分流上，对举报信息的分流处理应当确定一定层级的领导岗位。此外，对于涉及纪检监察部门相关事项的，由纪检监察室决定是否受理，可以会同合规举报部门进行调查。对涉及党员、管理干部的违规举报，移交纪检监察室进行调查，合规举报部门在合规要求等方面提供方案支持。

2. 人身安全保障。安全可靠的举报环境是合规举报制度有效运行的前提和基础。在实践中许多企业也设置了客户投诉和员工违规内部举报的渠道，然而这种内部举报因害怕被打击报复、影响同事关系等心理障碍而受到质疑，企业提供的一些措施也不足以使举报人放下戒备。企业应当严格保护举报人的人身安全和生活安宁，禁止被举报事项的利益相关人员以任何理由和借口对举报人实施打击报复，对于针对举报人实施的不利于其经济利益和工作环境的举措，企业应当高度警惕，一经发现打击报复举报人的，应当严厉惩处，涉嫌违法犯罪的，应当及时移送司法机关处理。

3. 奖励经费保障。物质奖励是合规举报制度得以顺利推行的催化剂。企业可以设立举报基金，对有效举报信息的提供者从举报基金中提取一定比例予以奖励。因为举报人的举报行为使企业避免了不必要的经济损失，或者帮助企业避免了商誉受损，维护了企业的品牌形象和市场竞争力，保障了企业相关业务的顺利开展，或者增加了企业市场交易机会等。只有给予内部举报人充分的激励，抵销举报行为可能带来的重大损失和预期收入影响，才能推动举报意识转化为举报行为。多角度的激励不仅是对举报行为的鼓励，弥补举报人的潜在利益损失,更明确表达了高度认可举报行为的态度,彰显了鲜明的支持、保护举报人的立场。[1]

第二节　最佳实践

【合规举报典型案例:SLD 公司举报制度】2021 年 10 月,公司设立了 SLD 合规邮箱,通过邮件方式告知公司全员,并率先针对礼品收受事宜建立了明确规则,鼓励员工对于发现的任何不合规事项勇于通过邮件或面对面实名进行举报。

2022 年 1 月,公司制定了《合规管理办法》,作为公司合规管理的指导性制度,其对举报制度作了框架性的规定:“公司建立举报制度和投诉处理制度,保障公司内外部利益相关方(包括但不限于客户、投资人、全体员工)都能正常行使举报违法违规行为的权利。法务合规部接到举报后如认为属一般合规风险事项的,则按举报内容联合有关业务部门进行调查和处理;如法务合规部认为属于重大合规风险事项的,法务合规部应上报公司合规管理领导小组,经小组审议批准后,联合有关业务部门对合规事项进行调查和处理。”

依据《合规管理办法》,公司于 2022 年 1 月制定了《反舞弊管理制度》,其设立专章(第五章　舞弊事件的举报和处理程序)对举报制度进行细化性的约定,具体内容见表 18－1。

---

〔1〕 参见卞传山:《企业建立有效合规举报机制方法探究》,载《江苏经济报》2021 年 6 月 16 日。

表 18－1 《反舞弊管理制度》的相关规定

第 11 条	公司设立举报电子邮箱并对外公布，作为各级员工及与公司有直接或间接经济关系的社会各方反映、举报公司及其人员违反职业道德问题的情况，或检举、揭发实际或疑似舞弊案件的渠道
第 12 条	员工可以通过电子邮件、面谈等方式向公司进行实名或者匿名举报。举报时应当说明事情的基本经过，明确被举报人的姓名、所在部门等基本信息
第 13 条	公司在接到举报后，由法务合规部联合有关其他部门组成调查小组对举报事项进行调查。调查小组应及时将负责处理该举报的调查小组名单反馈给举报人。举报人认为处理举报的调查小组成员与被举报人存在利害关系，可能影响客观、公正处理的，有权向调查小组提出回避要求。情况属实的，有关人员必须回避
第 14 条	调查小组应在收到举报信息之日起 10 个工作日内完成对举报事项的初步调查判断： (一)经过初步调查，举报事实基本属实的，应及时开展进一步调查。在进行有关调查时，视需要可聘请外部其他机构协助调查，如法务合规部认为属于重大合规风险事项的，法务合规部应上报公司合规管理领导小组，经小组审议批准后，联合其他有关部门对合规事项进行调查和处理； (二)经过初步调查，没有证据证明该举报属实的，应在完成初步调查当日将具体调查结果告知举报人并请举报人进一步提供线索以供进一步调查。如告知后 5 个工作日内未收到举报人进一步的线索，调查小组书面记录初步调查结果并存档
第 15 条	根据调查需要，调查小组可要求被举报部门和人员提供与举报事件有关的资料，并就被举报事项做出解释和说明。相关部门应当如实、全面地提供资料并作出解释。对作伪证、妨碍调查、检查、隐匿、销毁证据、拒不提供相关资料或不配合调查者，公司将视情形予以相应的处分
第 16 条	进一步调查结束后，调查小组根据调查结果出具书面调查报告，并协调人力资源部门的负责人确定对相关人员的处罚决定
第 17 条	对于实名举报的事项，调查小组应该在处罚决定确定之日起 5 个工作日内告知举报人，并根据最终的调查结果及公司的相关规定给予实名举报人表彰或奖励
第 18 条	经调查属实的举报事项，由人力资源部门向全公司公示，对舞弊事件、相关人员、处罚决定进行简要描述

续表

第19条	调查小组完成舞弊事件的举报及处理程序后,相关材料应予以归档备查
第20条	公司鼓励员工实名举报,并严格推行举报人保护机制。 (一)公司应对举报人的信息进行严格的保密,严禁将举报人的姓名、部门等有关情况和举报内容透露给被举报人、被举报部门以及其他任何无关人员。对违规泄露举报人员信息的,将依据相关规定予以相应的纪律处分(包括但不限于警告、解除劳动合同等); (二)举报人因举报遭遇不公正待遇的,有权向法务合规部申诉,法务合规部应及时予以纠正; (三)举报人在协助调查工作中受到保护。公司禁止任何歧视或报复行为,对举报人采取打击报复的人员,公司将依据相关规定予以相应的纪律处分(包括但不限于警告、解除劳动合同等)

2021年10月14日,公司工程项目负责人向公司高层反映其收到工程供应商的礼品以及现金1万元,具体情况如下:供应商微信告知在其办公桌上放了东西,该负责人回到办公室以后发现里面有现金1万元,当即电话对供应商进行了批评并将现金和礼品退给了供应商。

公司高层得知该情况后,10月14日当天立即组织法务合规部、内审部等部门召开了会议,讨论具体的应对措施。会后,形成决议如下。

(1)由法务合规部和内审对该供应商进行约谈,核对清楚事实。

(2)如果该供应商确实存在贿赂行为,对供应商进行批评教育,6个月内不再与其进行合作,并要求其签署供应商廉洁承诺函。

(3)法务合规部起草供应商合规承诺函和员工合规承诺函,要求所有的供应商和员工进行签署。

(4)内审出台礼品政策(包括员工收到礼品申报途径以及相关奖励条款)并向全员公告。

2021年10月20日,法务合规部和内审对供应商进行了面谈,供应商承认不合规事项的存在并表示后续会加强合规意识;法务合规部和内审对公司的廉洁文化和政策进行了宣导,告知公司对本次不合规事项的态度和处理决定(6个月内停止合作)，并要求其签订供应商合规承诺函；供应管理部牵头要求现有供应商签署合规承诺函(2021 年 12 月 8 日已经签署完成)，人力资源部牵头要求员工在入职和续签合同时签署合规承诺函；内审出台了礼品政策，要求员工通过合规邮箱进行礼品申报并通报了全员。

合规邮箱公布以后很快进入使用，各部门主动就供应商、合作伙伴寄送的礼品、礼券情况通过合规邮箱向公司报备，并根据合规部门的反馈意见及时进行了处理。对于部分不合规的礼券、礼金等及时予以退还，并对供应商和合作伙伴进行了合规理念和制度的宣导。

表 18－2　报备情况

时间	报备部门	报备事项	合规建议	处理结果
2021 年 11 月 5 日	人力资源部	供应商送来 3 箱苹果	适度礼品，自行处理	自行处理
2021 年 11 月 11 日	供应管理部	抱枕等宣传性礼品	适度礼品，自行处理	自行处理
2021 年 11 月 26 日	法务合规部	供应商台历	适度礼品，自行处理	自行处理
2021 年 11 月 26 日	总裁办	书籍两本，以及带 logo 的礼品三份	适度礼品，自行处理	自行处理
2022 年 1 月 13 日	供应管理部	保温杯等带 logo 的礼品	适度礼品，自行处理	自行处理
2022 年 1 月 21 日	供应管理部	200 元礼品卡	金额较小，自行处理	自行处理
2022 年 1 月 21 日	供应管理部	草莓 1 箱	适度礼品，自行处理	自行处理
2022 年 1 月 21 日	供应管理部	腊味年货一份，卡券 200 元	金额较小，自行处理	自行处理

第三节 推荐阅读

卞传山:《企业建立有效合规举报机制方法探究》,载《江苏经济报》2021年6月16日。

陈瑞华、李玉华主编:《企业合规与社会治理》,法律出版社2021年版。

陈瑞华:《企业合规基本理论》(第2版),法律出版社2021年版。

郭凌晨、丁继华、王志乐主编:《企业合规管理体系有效性评估》,企业管理出版社2021年版。

阚宇、周叶君:《刑事合规与企业反腐败、反舞弊实务指南》,人民法院出版社2021年版。

李本灿等编译:《合规与刑法全球视野的考察》,中国政法大学出版社2018年版。

刘恒瑞:《企业合规中的举报人保护制度》,载《经济师》2020年第10期。

王志乐:《如何建立有效的合规举报机制》,载《新产经》2019年第1期。

谢鹏程主编:《合规不起诉研究》,中国检察出版社2021年版。

袁敏:《关于举报制度的反思》,载《财务与会计》2015年第22期。

周万里:《合规型监管研究》,人民出版社2021年版。

第十九章

内部调查

【导读】

内部调查包括一般内部调查和反舞弊调查，主要是针对企业内部员工涉及违法违规行为所开展的有针对性的调查与处理工作，由企业部门积极配合，查清企业的项目或员工存在的违法违规相关事实，找出违规责任人，发现企业存在的刑事合规漏洞，并采用针对性整改方案，提出补救措施，实现企业经营模式去违规、去犯罪化处理，从而实现企业商业模式的改造，逐步消灭企业当前可能存在的刑事风险隐患。

【关键词】

内部调查　反舞弊调查　调查计划　面谈调查

【思维导图】

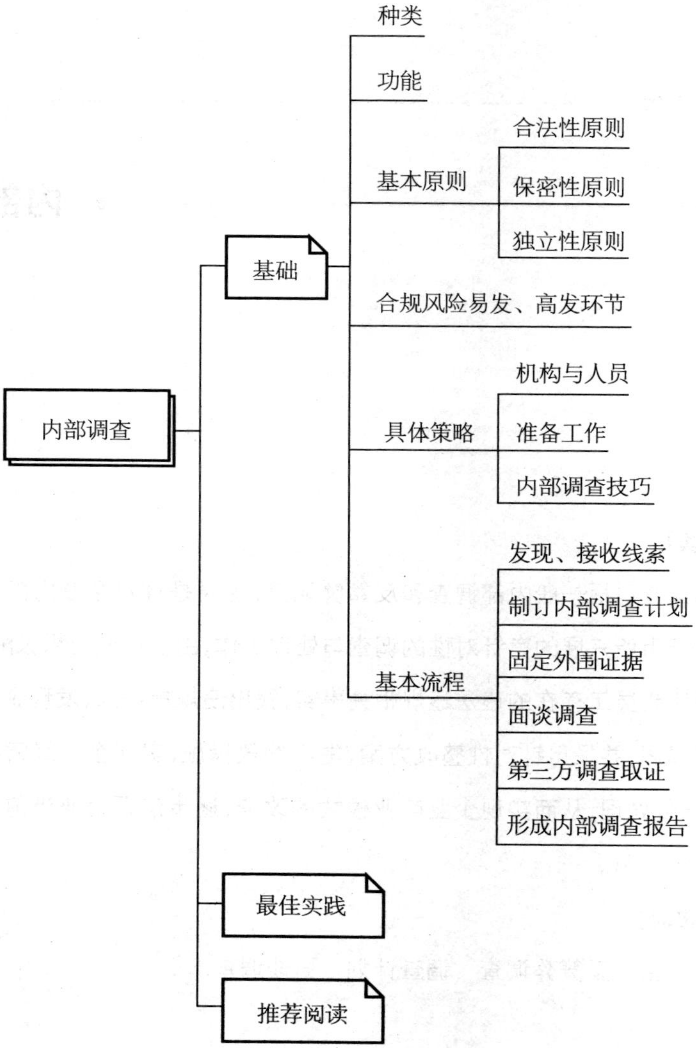
内部调查
基础
种类
功能
基本原则
合法性原则
保密性原则
独立性原则
合规风险易发、高发环节
具体策略
机构与人员
准备工作
内部调查技巧
基本流程
发现、接收线索
制订内部调查计划
固定外围证据
面谈调查
第三方调查取证
形成内部调查报告
最佳实践
推荐阅读

第一节　基础

一、种类

内部调查包括两种，一是企业在发现内部员工存在违法违规行为后，及时展开独立内部调查进行涉法危机处理，积极配合相关部门，进行有效的法益补救。

二是反舞弊调查，旨在针对企业内部的舞弊现象开展有针对性的调查及处理工作，主要作用是帮助企业及时发现企业及员工的违规违法甚至是刑事犯罪行为。

二、功能

第一，结合企业性质、经营状况、企业及高级管理人员的涉诉情况、行政追责与处罚情况等，系统性查清企业内部的违法违规行为、制度漏洞与隐患，探究发生违法违规行为的原因。

第二，全面调查企业内部违规事实，找出违规责任人并对其予以惩戒。

第三，制定整改方案，完善合规计划。通过内部调查发现违规行为、找出违规责任人之后，针对企业存在的隐患、漏洞制定相应的整改方案，并完善企业合规计划，对企业业务流程、财税状况、市场销售等环节进行去违法化、去犯罪化处理，以预防违法违规、犯罪行为的发生。

三、基本原则

（一）合法性原则

内部调查应在法律框架下展开，应注意避免调查工作本身再次涉及其他的法律风险。

（二）保密性原则

在开展企业内部调查的过程中，难免会接触到国家秘密、企业商事秘密、个人隐私、技术秘密等，因此无论是企业内部相关部门人员还是接受企业委托的律师团队，均应注意避免在内部调查过程中因未经许可披露、外泄相关前述秘密可能造成的新的法律风险。

（三）独立性原则

由于内部调查是针对企业内部舞弊等违规行为开展的调查工作，所涉事件多同企业员工甚至是高级管理人员具有关联性，因此在开展内部调查期间，应保持整体调查团队的独立性，具体体现为调查人员身份的独立性和调查权力的独立性。

四、合规风险易发、高发环节

在企业中，财务、出纳、部门负责人、风控、采购、仓储等具有业务推荐权、审批权、决定权或方便接触公司财物的部门岗位，是合规风险的易发、高发环节，见图 19－1。

图 19－1 合规风险易发、高发环节

五、具体策略

（一）机构与人员

1. 内部调查委员会的组成人员。国企中内部调查委员会的领导人员可由纪委/监察委员会人员担任，民营企业中则可由一定级别以上的管理人员担任，避免因级别不够而限制内部调查权的行使。同时，在人员选择上应慎重，坚持回避原则，保障内部调查机构的专职性、独立性。

2. 内部调查委员会的工作职能。内部调查委员会的职能必须满足企业内部自我监督的需求，至少应包含人事调查、工作调查两方面职权，及时将核查结果告知相关人员。此外，加强与外部人员的交流，积极接受来自企业其他部门的检举、报告。

3. 关于内部调查委员会的工作程序。发现或获得企业内部人员违法违规乃至犯罪线索后，内部调查委员会应及时进行全面调查，调查完毕后，认为行为构成犯罪的，应及时移送司法机关处理，不构成犯罪，亦应将调查结果在企业内部予以公示。见图 19－2。

图 19－2　内部调查委员会的工作程序

（二）准备工作

在内部调查时，应迅速熟悉调查对象的业务场景，适当布置正规的内部调查场所，开展业务走访，详细了解被调查人/涉案人员的基本情况，充分掌握被调查人侥幸、消极对抗等常见心理，全面了解案件细节，掌握翔实、充分的案件材料，通过全面研究线索内容，确定调查的切入点和突破口，对案件诸多事宜进行预测，进而预先制订切实可行的调查计划。

（三）内部调查技巧

1. 营造审讯氛围

在掌握被调查人心理活动的基础上，从内部调查室的布置、器材的使用、内部调查人员的选择、面谈问题的顺序等多角度合理营造审讯氛围。

2. 善用语言技巧

确保内部调查人员面谈时语言的准确性、严密性和逻辑性，多使用书面语言和专业术语，保证内部调查工作的严肃性和对抗性，最忌语言软弱无力，必要时要对被调查人予以训诫，责令其端正态度。

3. 采用开放式提问法

所谓开放式提问法，是指提出比较概括、广泛、范围较大的问题，对回答的内容限制不严格，给对方以充分自由发挥的余地，从中捕捉与案件有关的直接或间接信息，进而为内部调查人员在多次调查后利用矛盾创造条件。

4. 合法、有效引导

调查人员应当正确引导被调查人尽可能客观、全面、有序地陈述涉嫌违法违纪违规的事实，结合客观证据材料，形成高质量的内部调查档案。

六、基本流程

内部调查的基本流程见图 19－3。

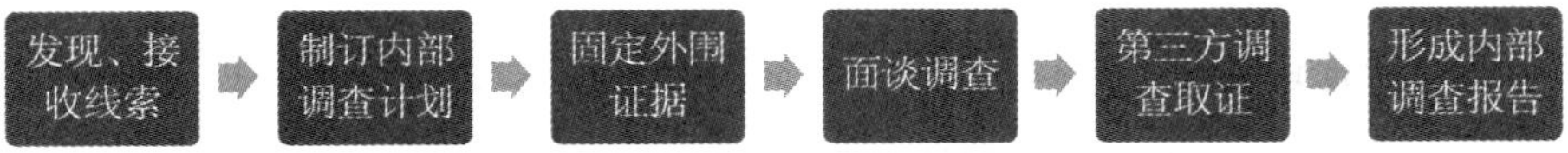

图 19－3　内部调查的基本流程

（一）发现、接收线索

企业通过委托外部律师调查或审计机构审查，或者企业内部“吹哨人”制度、举报人制度等，及时发现/接收违规违法线索，从而及时应对内部违规问题、控制法律风险、维护自身利益。

（二）制订内部调查计划

企业内部结构庞杂，经营过程牵涉较多利益。如何开展调查、调查结果处理、内部分工、应对紧急事件（调查对象不配合调查、调查对象意外无法参与调查）预案等均需要结合企业的具体情况决定，因此在初步了解违规情况下，需制订一份针对对应事件的内部调查计划。调查计划通常包括调查事由及依据，即线索来源及内容，表明是否可能有涉嫌的违法犯罪事实，相关法律依据以及具体调查方向、范围、内容、方法、步骤等，以明确参与调查的人员、内部调查的方式方法、调查方向的人员配备等，以提高内部调查工作的效率和质量。

（三）固定外围证据

从重点业务、人员外围搜集并固定证据，是确定被调查人行为性质的重要基础，也是被调查人逃避调查时谈判以及之后进行内部处分的关键筹码。在该流程中，通过对涉案书证、资料、电子数据等证据材料进行收集、整理并审阅，发现可疑文件，并及时与企业沟通更新、补充与案件有关材料，以保证最终对员工个人行为的准确定性，进而推进解决案件的进程。

（四）面谈调查

相较于其他证据，言词证据具有直接性、全面性的特点，也是和涉事人员关联度最高的一类证据，因此在开展内部调查的过程中，调取、搜集关联人员的言词证据是取证的重中之重。当面听取关联人员申辩意见，如果其陈述同调查所获知的相关信息均吻合，则能够极大地推进内部调查工作，同时也可以侧面或正面推测被调查人的心理态度，从而及时调整调查方法和线索搜集、固定的方式，以确定或者调整之后的调查策略。

另外，在对被调查人进行面谈调查时，应注意以下几点。

(1)注意对调查对象的权利保护。内部调查不具有强制力，但往往可能是下一步处理工作的基石，因此应注重调查本身的程序合法。面谈调查是为了能够让被调查人员配合，同时要确保调查的公正性、权威性，因此在面谈调查过程中要注重对被调查人员的休息权、身体健康权、人身自由权、沉默权等的保护，切勿因调查人员的消极态度而使用侵犯其权利的方式方法。

(2)注意对面谈调查内容的记录和保护，确保全面留痕。面谈调查也是取证的一种方式，而对调查内容的记录则是该证据的表现方式。面谈调查过程中，我们可以采取录音录像的方式，同时要作文字记录并要求参与人员在文字记录中签字，以保证调查内容的效力。

（五）第三方调查取证

公司运营必然涉及第三方的问题。通过对公司外部供应商、经销商、分销商、客户等第三方发生的舞弊、贪腐等不合规行为展开调查，以电话回访等方式了解具体交易情况，从而为企业内部调查提供重要信息，有助于厘清调查方向，也能够为内部调查提供突破口和证据。

（六）形成内部调查报告

基于调取、搜集的证据材料所形成的内部调查报告，其体现的是对事件本身及相关联人员行为等的定性反馈，同时也内附了专业机构（律师事务所、会计师事务所）或专业人员（律师、审计人员）对该事件、该人员的处理意见与建议。

内部调查报告的内容包括：内部调查阶段性工作成果；调取、搜集的证据目录；事件所涉及的利益关联方清单；依据证据确定的事件原貌；根据事件原貌、行为性质等给出的法律判断以及关于相关责任人员的处理意见等。

第二节　最佳实践

案情简介

2021年国内某国企委托某会计师事务所开展针对自己下属一宾馆（全资子公司）内部的应收账款专项审计活动，在审计报告中该会计师事务所指出，该宾馆内部存在：(1)员工利用低价渠道业务代码权限将正常收费业务在系统中做低，将其中的差额形成红字住客账单，并把账单挂在随机选择的应收账款特定账户，截留宾馆业务收入。(2)通过代收代付的结算，虚构大额消费套取现金。审计数据显示,该员工2016~2020年,共计截留300余万元。随后,该宾馆立即委托律师团队开展内部调查。

内部调查过程

首先,了解委托方的诉求,内部调查的目标设置应与企业自身发展程度、企业合规机制建构程度相吻合,并随着内部调查的深入而不断调整。实践中企业开展内部调查有各种各样的出发点和侧重点,针对企业所需,考虑使用不同的方式方法,通过调查发现违法违规链条中的异常情况,推动调查工作开展,并充分考虑哪种结果能够使企业内部调查效果最大化。

本案中,通过交谈初步了解到,国企方面的诉求是:(1)作为国企领导,有保护国有资产不流失的职责,因此发现问题后应该履行保护国有资产的职责;(2)由于历史遗留原因,国企领导要求必须确保所有调查工作的合法性;(3)在已经受到疫情影响的情况下,宾馆营业情况刚刚有所恢复,保证宾馆营业及秩序的稳定,不能出现过激行为。

对此,制定如下内部调查方案。

1.确定本次内部调查可能涉及的各个利益方,包括本次事件的知情人员、实际参与人以及潜在的受害方(宾馆本身及宾馆的合作单位)。

2.同各利益方取得联系,获悉各利益方对舞弊员工行为的看法、客观陈述以及处理意见,同各方代表人员不定期召开讨论会议,制定阶段性的调查方案。

3.彼时该宾馆员工已经拉拢了包括宾馆前厅、餐厅以及客房部的多位人员,形成较具规模的犯罪团体,且宾馆方所提供的材料显示,该员工明确知道自己的行为性质,并在宾馆之前的内部调查中表现出较为抗拒、不予配合的态度,有较多的反侦查经验,甚至气焰嚣张。因此,结合委托方关于合法性和稳妥性的需求,此次调查应从固定外围证据入手,以板上钉钉的证据作为突破口,不能寄希望于对涉案人员的调查访谈。必须考虑到该员工负隅顽抗和不配合的一切可能并据此开展调取、搜集证据工作。

4. 让宾馆方提供审计材料以及宾馆的相关内控制度。

5. 通过搜集和固定的证据佐证该员工的确存在未经宾馆许可和授权截留收入的行为且违反了宾馆的相关制度，甚至涉嫌违法犯罪。

6. 制作详细的调查访谈流程、提纲及预案。

其中，在筛查宾馆方提供的客户宴请账单时，发现一笔账款的客人系通过支付宝预缴定金，以该笔可疑账款为突破口，通过支付宝绑定的手机号联系到预定该笔婚宴的客人并找到该笔问题账款的相关证据。为使客户配合调查，应设计完备的回访流程，采用促销回访的方式将核心问题隐藏在常规问题中，通过回访从客户处获悉此次婚宴的实际金额与支付方式，确定客户已按照宾馆提供的金额及付款方式足额支付全部款项，而涉事员工却将该笔款项挂至宾馆合作单位的结算账户上，结合书面凭证，足以证明该笔款项确被该员工以挂账方式截留的情况，由此便掌握了涉嫌违规的相关证据，接下来便可以此为突破口进行深入的内部调查。

最后围绕本案所搜集、调取的证据形成关于如何处理该员工的法律意见书，报告给宾馆及企业领导，并最终将该案移送具有管辖权的纪检监察部门。

第三节 推荐阅读

陈瑞华：《企业合规基本理论》，法律出版社 2020 年版。

陈瑞华：《律师如何开展合规业务（三）——合规内部调查》，载《中国律师》2020 年第 11 期。

陈瑞华：《企业合规制度的三个维度——比较法视野下的分析》，载《比较法研究》2019 年第 3 期。

李本灿：《企业视角下的合规计划建构方法》，载《法学杂志》2020 年第 7 期。

第四篇

检　查

第二十章

合规监视和测量

【导读】

本章将跟随《合规标准》第九章"绩效评价"9.1(监视、测量、分析和评价)的脉络及以下思维导图展开,重点围绕9.1.1和9.1.2的内容。需思考并着手解决的问题包括:(1)监视和测量的目标对象及范围;(2)怎样进行监视和测量;(3)监视测量的原则和要求有哪些;(4)如何对监视和测量结果进行分析;(5)分析和评价的方法及结果应用等。概括而言,离不开"5W+1H"模式。[1] 希望有助于读者学习和理解。

【关键词】

ISO 37301　绩效评价　合规监视　测量　反馈

---

〔1〕 5W法是1932年美国政治学家拉斯维尔提出的"5W分析法",后经过人们的不断运用和总结,逐步形成了一套成熟的"5W+1H"模式。5W+1H的内容是:对选定的项目、工序或操作,都要从原因(何因Why)、对象(何事What)、地点(何地Where)、时间(何时When)、人员(何人Who)、方法(何法How)6个方面提出问题进行思考。

【思维导图】

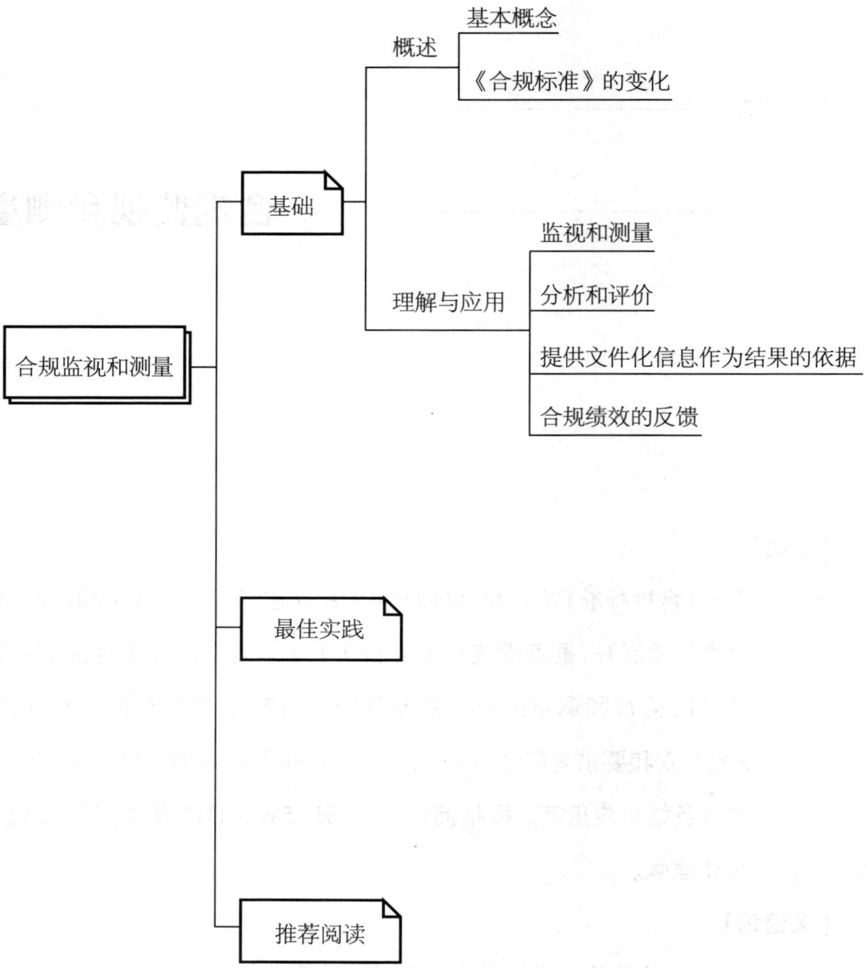
合规监视和测量
基础
概述
基本概念
《合规标准》的变化
理解与应用
监视和测量
分析和评价
提供文件化信息作为结果的依据
合规绩效的反馈
最佳实践
推荐阅读

第一节 基础

一、概述

与《合规管理体系 指南》相比较,《合规标准》更强调了目标、原则和组织及环境,目标和原则构成顶层元素,组织及其环境构成底层元素。其核心元素部分,仍然由计划、执行、检查、改进几部分构成。从等同《合规标准》的我国的国家标准 GB/T 35770—2022《合规标准》的合规管理体系要件(要素)图(见图 20-1)可以看出。

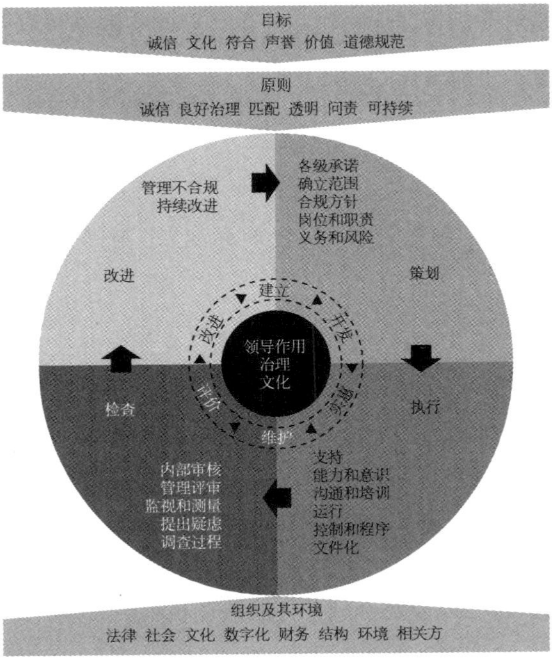

图 20-1 合规管理体系要件

图 20 - 1 核心元素部分，继续遵循美国质量管理专家戴明（W. E. Deming）提出的计划（plan）—执行（do）—检查（check）—处理（act）循环理论。合规监视和测量即处于 PDCA 循环的检查环节，其中包括：（1）内部审核；（2）管理评审；（3）监视和测量；（4）提出疑虑；（5）调查过程等步骤。

检查是合规管理体系中必不可少的重要环节之一，主要是在合规计划执行过程之中或执行之后，通过一定的方式和工具，从各个维度衡量评估执行情况，将执行结果与预定目标/计划进行比对，对合规管理体系的有效性和合规业绩进行分析，以检查执行效果是否符合预期，是否与目标一致，是否需要及如何改进。这种与管理、过程、产品、服务、体系或组织相关，通过定量和定性且可量化结果的过程，也是绩效评价流程。

《合规标准》文件提出建立、开发、实施、评估、维护和改进有效的合规管理体系，绩效评价是对合规管理体系建立并运行后的实践结果以及体系有效性的检查评判，对于查找可能存在的问题和原因，后续合规管理体系改进等具有重要意义。文件对如何开展绩效评价提出了要求，一是监视、测量、分析和评价合规绩效和合规管理体系的有效性；二是有计划地开展内部审核；三是定期开展管理评审。图 20 - 2 列示了绩效评价在《合规标准》下与其他各部分所处的大致位置。

围绕“5W + 1H”模式，可以回到《合规标准》文件中寻找方向和提示。例如，为进行合规监视、测量、分析和评价，我们需将目标设定在好几个维度，包括就已策划的满足合规义务和应对合规风险的措施必需的过程和实施情况（8.1）进行检讨；需对建立的满足合规义务和应对合规风险的措施必需的控制和程序以及实施情况（8.2）进行检查；对建立、实施、保持和持续改进合规管理体系所需要的资源（7.1）进行检讨；以及对合规义务的治理机构、管理层和所有员工都具备有效履行合规义务的能力和意识（7.2、7.3）的检讨；对组织内外部的沟通情况及文件化信息管理情况（7.4、7.5）的检讨。采取针对这些目标的方法和措施

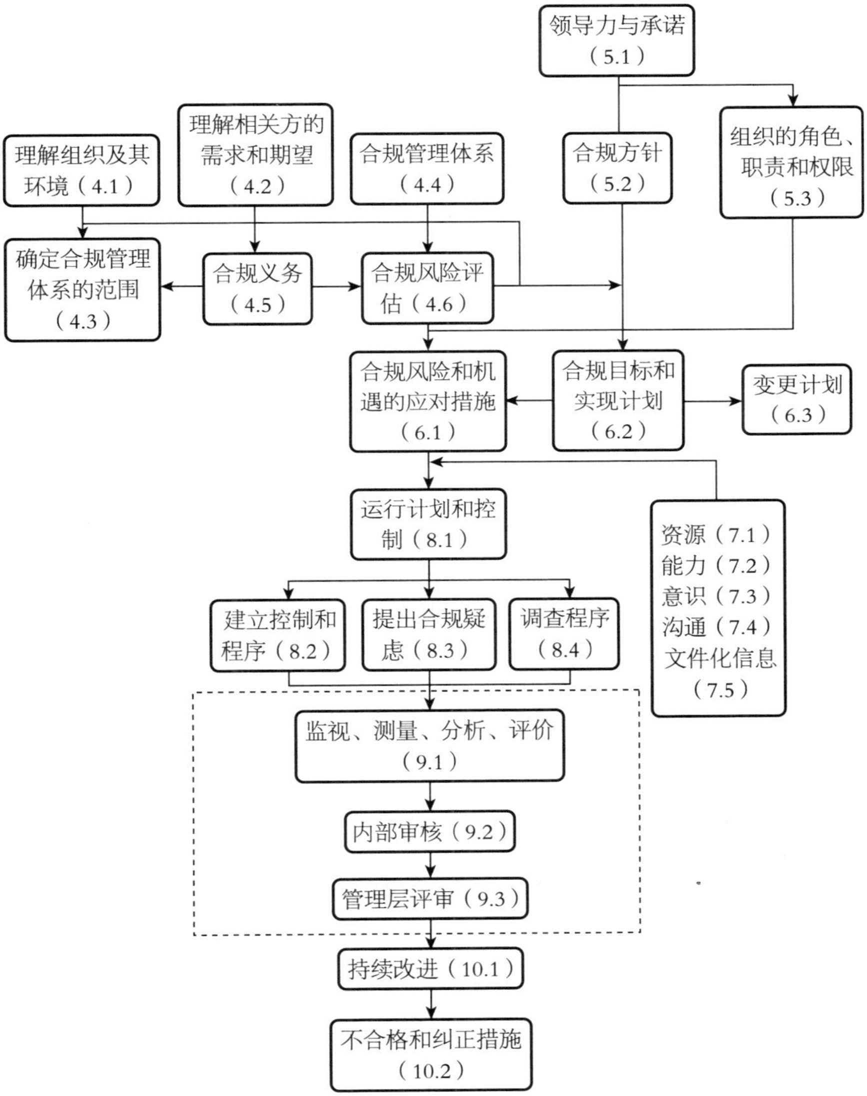

图 20－2 合规管理体系各元素关系位置图

后，包括对所得信息、数据和结果进行分析，我们便有了基础和依据，基于评价指标，即合规监视、测量、分析和评价的策划的合理性、实施的符合性、效果的一致性等角度,对合规管理体系的绩效和合规管理体系的有效性进行评价,包括设计层面的、实施层面的,以及效果层面的评价,并形成合规报告。这一闭环的过程,也会因一些因素而影响准确性。这些因素包括:重要的合规义务或者重大的合规风险未能得到准确识别,或是虽经识别但控制措施的履行情况未能得到有效监控;又或者因为工具、方法等的偏差,使得分析评价结果未能很好地反映真实情况,或者工具方法结果结论都正确,只是这些未及时形成报告,或是虽有报告,但没有被重视和使用;或是因为缺乏动态管理,而使得监视测量分析评价活动没有匹配当下真正的合规义务和合规风险。

此外,除作为一般要求概括的监视、测量、分析、评价外,绩效评价还注重合规绩效反馈来源,以及对于合规绩效反馈的指南。就内容而言,9.1.1 可以算是微观层面的展开,其内容的丰富使得目标对象颗粒度更清晰,而 9.1.2 可以理解为宏观层面的搭建,其内容的具体和全面使得目标对象的整体画像更为精准。就体例而言,9.1.1 在基础层面由点切入深入探究,9.1.2 在此基础上在更高层级以面铺开综合归纳。这部分主要提出了合规绩效反馈来源相关问题,如主要包括哪些反馈来源,有人员、客户、第三方、供应商、承包商、监管机构(Who),活动记录和控制记录(What);合规绩效反馈的内容,包括合规问题、不合规及合规关注事项、新发现的合规问题、持续的监管和组织变化情况、合规有效性和绩效评论(What);以及信息收集、信息分类的主要内容和方法(What & How)。

(一)基本概念

《合规标准》文件术语和定义部分,对绩效、测量和监视等,进行了阐释及注解(如有):

绩效

【原文】

3.11 Performance: measurable result.

Note 1 to entry: Performance can relate either to quantitative or qualitative findings.

Note 2 to entry: Performance can relate to managing activities, process, products, service, systems or organizations.

3.11 绩效:可衡量的结果。

注1:绩效可与定量或定性的结果相关。

注2:绩效可与活动的管理、过程、产品、服务、体系或组织有关。

【注解/指南/补充解读】绩效,是衡量工作效果或达成目标程度的重要判断依据,是管理的落脚点。文件定义直观清晰地突出了可衡量的特点,注解则进一步阐明衡量可分为定量和定性,并可因产品或服务、组织特性、管理模式等元素的不同而具自身特色和差异,这个针对各元素特点、通过具体方法并借助工具、进行了解掌握并分析评估判断、实际效果水平是否与目标要求相符、是否达到目标和要求的过程,就是绩效考核。文件的使用指南(A.9)具体、翔实地就绩效评价的操作提供了实务指引。

监视

【原文】

3.20 Monitoring: determining the status of a system, a process or an activity.

Note 1 to entry: To determine the status, there can be a need to check, supervise or critically observe.

3.20 监视:确定某一系统、过程或活动的状态。

注1:为确定状态,可能需要进行检查、监督或密切观察。

【注解/指南/补充解读】与绩效评价的范围相呼应,有关监视的使用指南(A.

9.1.1)提出,监视包括了合规管理体系有效性监视和合规绩效监视两部分内容:

合规管理体系有效性的监视通常包括:

—培训的有效性;

—控制的有效性(如通过抽样测试输出[1]);

—有效分配履行合规义务的责任;

—合规义务的时效性;

—解决先前发现的合规缺陷的有效性;

—未按计划进行内部合规检查的情况;

—针对合规风险对经营策略进行审查,以便适当更新。

合规绩效监视通常包括:

—不合规和"近乎不合规"(未造成负面影响的事件);

—未履行合规义务的情况;

—未实现目标的情况;

—合规文化现状;

确立的领先和滞后指标。[2]

此外,所谓过程(3.8),就是为取得某一结果而采取或变换投入的相互关联或相互作用活动的集合。其产生的结果,被称为输出、产品或是服务,取决于引用的上下文。我们理解合规管理的特点之一是其不仅注重输出结果,同样注重形成结果的过程及其中的风险及控制。因此,也就能明白绩效考核及为实现绩

〔1〕 输入和输出度量是经济学和系统设计中使用的术语,并且在绩效管理领域越来越流行。简单来说,输入管理系统的内容可能是时间,金钱或精力。输入通常是在个人、团队或组织的直接控制下的东西。输出是可以测量的东西,是过程的结果,几乎只能在生产后才能测量。管理系统的输出可以是产品、收入等。主要措施是:指标、对系统输入的度量、可以直接控制的东西、可以执行和更改的内容,如操作或任务。

〔2〕 领先指标和滞后措施是:宏观经济波动的敏感性指标类别。领先指标:是在变化时间上早于预测对象,即波峰或波谷的出现时间均早于预测对象。滞后指标:指标、系统输出的度量、没有直接控制权的东西、由于某种原因,已经发生了某些事情,在变化时间上迟于预测对象。

效考核的监视也重视过程。

测量

【原文】

3.19　Measurement: process to determine a value.

3.19　测量:确定某一价值的过程。

【注解/指南/补充解读】测量是固定某一事实或状态的常用方法之一,常与监视共同进行,也习惯上被称为监测。监视测量应结合具体目标和对象,涵盖政策、制度、流程、执行等多个维度,借助问卷、图表、数据、系统、模型、程序等方法或工具,并根据识别出的相关风险的分类分级,以适当频次进行。

测量可分为主动测量和被动测量。主动测量,也称积极性检测,是在各类风险事件和管理失效发生前所进行的一系列的测量,旨在监测合规管理体系中措施和结果的符合性。被动测量则是出现了对合规风险预防与控制措施、合规管理体系不足的风险和事件,如因合规缺陷被处罚或受到客户投诉举报等,而进行检查和识别的过程,是在相关事件发生或体系失效后进行的一系列反应性的、必需的测量,是风险或事件发生后的手段和方式。

《合规标准》文件没有对分析、评价等在定义术语中加以展开。实践中,有不少关于常用的分析方法特点的总结,可以借鉴。

分析

文件9.1.1中提及的分析,指对企业合规监视测量所得的结果进行分析。对于人们为各种原因及目的进行的分析活动中,较常用的分析方法包括层次分析法(Analytic Hierarchy Process, AHP)[1]、多维度分析法(Multi-

[1]　层次分析法:是将决策相关的元素分解成目标、准则、方案等层次,在此基础之上进行定性和定量分析的决策方法。层次分析法的特点是在对复杂的决策问题的本质、影响因素及其内在关系等进行深入分析的基础上,利用较少的定量信息使决策的思维过程数学化,从而为多目标、多准则或无结构特性的复杂决策问题提供简便的决策方法。其尤其适合于对决策结果难于直接准确计量的场合。

dimension Analysis)、[1]外部环境因素分析法(PESTLE Analysis)[2]等,同样也可在合规管理体系中视具体情况借鉴使用。

在国家标准化管理委员会同等转换的国标 GB/T 35770—2017/ISO 19600:2014《合规管理体系　指南》版本中,“合规风险的识别、分析和评价[3]”中提及分析和评价:“组织宜通过考虑不合规的原因、来源、后果的严重程度、不合规的可能性及其可能产生的后果进行合规风险分析。后果能包括,例如:个人和环境伤害、经济损失、声誉损失和行政责任。”

评价

通过参阅标准化系列文件中的术语,尝试推导出合规管理体系绩效评价中评价的内涵。

《风险管理　原则与实施指南》(GB/T 24353—2009)提供了风险评估的详细指导,对于评价或与之近义的评估、评定等词也都适用。“风险评价涉及组织合规风险分析过程中发现的合规风险等级与组织能够并愿意接受的合规风险水平的比较。基于这个比较,能设定优先级、作为确定需要实施的控制及其程度的基础。发生以下情形,宜对合规风险进行周期性再评估:新的或改变的活动、产品或服务;组织结构或战略改变;重大的外部变化,例如金融经济环境、市场条件、债务和客户关系、合规义务改变。”(注:合规风险评估细节的程度和水平取决于组织的风险情况、环境、规模和目标,并能随着具体细分领域变化)

---

〔1〕 多维度分析(Multi-dimension Analysis):是市场研究的一种有力手段,它可以通过低维空间(通常是二维空间)展示多个研究对象(如品牌)之间的联系,利用平面距离反映研究对象之间的相似程度。由于多维尺度分析法通常是基于研究对象之间的相似性(距离)的,只要获得了两个研究对象之间的距离矩阵,我们就可以通过相应统计软件做出他们的相似性知觉图。

〔2〕 外部环境因素分析(PESTLE Analysis),是指宏观环境的分析,又称一般环境,是指影响一切行业和企业的各种宏观力量。对宏观环境因素作分析,不同行业和企业根据自身特点和经营需要,分析的具体内容会有差异,但一般都应对政治(Political)、经济(Economic)、社会(social)、技术(Technological)、法律(Legal)和环境(Environmental)这六大类影响企业的主要外部环境因素进行分析。

〔3〕 国标 GB/T 35770—2017/ISO 19600:2014《合规管理体系　指南》4.6。

《国家标准 质量管理体系 基础和术语》(GB/T 19000—2016/ISO 9000:2015)在进展评价部分提及:评定应该在整个项目中,项目生命周期的适当点,根据项目过程和产品或服务的项目准则进行。进展评定的结果可能导致项目计划的修改。

综上所述,就合规管理体系绩效评价,也可以理解为通过对合规绩效和合规管理有效性监视、测量所得结果和合规方针目标要求相符性及实现度的分析比较,包括设计、执行、效果层面的相符和有效实现程度。评价可分为进展中阶段性的,以及整体总结性的。评价需要有记录,并且要形成报告,向内外相关方面沟通汇报。评价往往会带来计划目标的修订与完善。

有关合规绩效反馈来源的部分,《合规标准》强调了文件化信息概念。

文件化信息

【原文】

3.10 Information required to be controlled and maintained by an organization and the medium on which it is contained.

Note 1 to entry: Documented information can be in any format and media, and from any source. Note 2 to entry: documented information can refer to: the management systemincluding related processes. Information created in order for the organization to operate, evidence of results achieved(records).

3.10 组织要求控制和维护的信息及该信息的媒介。

注1:文件化信息可以是任何版式、储存于任何媒介,且来源不限。注2:文件化信息指:包括相关过程的管理体系;为组织运行产生的信息;已实现结果的证明(记录)。

【注解/指南/补充解读】文件化信息的重点是信息,文件化是对信息载体和表现形式的要求,就是任何载体和形式。组织合规管理体系中应包含为确保合规管理体系有效所必需的文件化信息。由于组织的规模及其活动、过程、产品和服务类型不同,过程复杂性不同,且员工能力和企业合规管理成熟度不同,因此,决定了不同组织合规管理体系文件化信息程度不同。企业要创建和更新文件化信息,同时要注重文件化信息的控制,这在信息社会尤为重要。

(二)《合规标准》的变化

组织通过对合规绩效和合规管理体系有效性展开监视、测量、分析,能够确保实现合规目标,进而持续改进和完善合规管理体系。这些要求及方法,作为国际标准化组织的建议标准,在 ISO 19600 已明确提出。再往前探究,ISO 19600 合规管理体系标准的起源则可继续向前追溯至 1998 年的《澳大利亚标准 AS3806》(“AS3806”),后经 2006 年修订,并于 2009 年被新西兰采用,成为 AS/NZS3806。AS/NZS3806 由 12 项准则组成,且适用于所有组织,其部分准则为此后合规管理体系标准沿袭承继,其中准则 10 就是监控、衡量和报告合规计划的绩效。AS/NZS3806 标准在 2014 年后向 ISO 19600 转化。[1]

《合规标准》文件沿袭了 ISO 19600 的逻辑和方法论,原则思想一以贯之。比对二者可以看出,《合规标准》新版文件更强化了领导作用、治理和合规文化三大支柱,以及组织目标、原则及内外部环境作为合规管理体系建设三大基础的理念逻辑。新增了雇佣程序(7.2.2)、合规疑虑的汇报(8.3)、调查程序(8.4)。此外,新版文件相关内容的体例也有变化,即将具体指导性内容从文件要求正文部分调整至附录 A 的参考信息使用指南中。这样的安排更显合理,因为这些列举的方法或措施类型,并非强制性文件要求,也非穷尽和齐备,而是建议性、参考性内容,组织没有义务实施所有建议以建立整齐划一的合规管理体系模式,而是应根据自身所面临的合规风险的性质和程度,采取适合自身特点的措施。

仅就绩效评价部分而言,以下是概括性的差异比较,见表 20-1。

---

〔1〕 关于澳大利亚的《合规方案》(AS3806),参见本书第一章第一节“三、发展史”。

表 20－1　ISO 37301 与 ISO 19600 标准的差异比较（绩效评价）
（参考《质量与认证》2021·03）

9　绩效评价		
9.1　监视、测量、分析和评价 9.2　内部审核 9.3　管理评审	9.1　监视、测量、分析和评价 9.2　审核 9.3　管理评审	1. 由“审核”改为“内部审核”，审核结果上报的范围扩大 2. 增加治理机构的活动，增加管理评审的内容

将《合规标准》绩效评价内容的正文文件、附件使用指南和 ISO 19600 具体条款详细比对，更能清晰直观地反映体例变化的特点。条款详文对比表列于第三节后附录。

二、理解与应用

绩效评价是衡量工作效果或达成目标程度的重要判断依据，企业如果执行了各项管理制度但没有进行评价，就无从知晓该管理体系是否按设计要求发挥了作用，更难以判断是否应改进以及如何改进。所以，在企业合规管理的相关规范性文件中，多对管理有效性、绩效考评等作了明确规定。规范性文件相关条款示例见表 20－2。

表 20－2　规范性文件相关条款示例

文件名称	发文机构及文号	具体内容	条款编号
《中央企业合规管理办法》	国务院国有资产监督管理委员会（国资委令第42号）	企业应制定合规管理基本制度，明确总体目标、机构职责、运行机制、考核评价、监督问责等内容。应当建立合规风险识别评估预警机制，全面梳理经营管理活动中的合规风险，建立并定期更新合规风险数据库，对风险发生的可能性、影响程度、潜在后果等进行分析，对典型性、普遍性或者可能产生严重后果的风险及时预警。建立违规问题整改机制，通过健全规章制度、优化业务流程等，堵塞管理漏洞，提升依法合规经营管理水平。完善违规行为追责问责机制，明确责任范围，细化问责标准，针对问题和线索及时开展调查，按照有关规定严肃追究违规人员责任。中央企业应当定期开展合规管理体系有效性评价，针对重点业务合规管理情况适时开展专项评价，强化评价结果运用	第17条、第20条、第23条、第25条、第27条
《企业境外经营合规管理指引》	国家发展改革委、外交部、商务部、中国人民银行、国资委、国家外汇管理局、全国工商联（发改外资〔2018〕1916号）	企业应定期对合规管理体系进行系统全面的评价，发现和纠正合规管理贯彻执行中存在的问题。促进合规体系的不断完善。合规管理体系评价可由企业合规管理相关部门组织开展或委托外部专业机构开展。企业在开展效果评价时，应考虑企业面临的合规要求变化情况，不断调整合规管理目标，更新合规风险管理措施，以满足内外部合规要求	第27条

《合规标准》文件，对绩效评价既提出了监视、测量、分析、评价等活动的要求，也给出了相应的指南引导。以下通过要素、要点分析解读，探讨做什么和怎么做。

（一）监视和测量

合规监视及测量的关键目标之一是确定组织的合规程序包含通常认为必要

的要素，以适当地保护组织在业务及经营管理活动中免受来自治理经营管理层、员工、业务合作方等的非法及违规行为，以及组织已为此采取了必要的合规控制措施。

企业为确保合规目标实现，需对合规管理体系有效性及绩效进行评价，也需为此进行一系列活动。确定合规监视测量范围和内容，是其中要素之一，具体又可从目标和指标维度出发。

1. 明确目标和指标

之所以要明确合规目标和绩效指标，是因为企业有合规义务，同时又存在能否履行完成这些义务的不确定性，这种不确定性及可能的后果及影响，就构成企业合规风险。企业应基于识别出的合规义务和合规风险，设定适合企业自身的合规目标，并相应地确定与合规目标相匹配的、可以量化的合规绩效指标，以及跟踪这些绩效指标的完成情况。大致流程如下：识别合规义务→识别合规风险→设定合规目标→确定合规绩效指标→选定方法→评估与报告→内部审核→管理层评审→改进，见图 20－3。

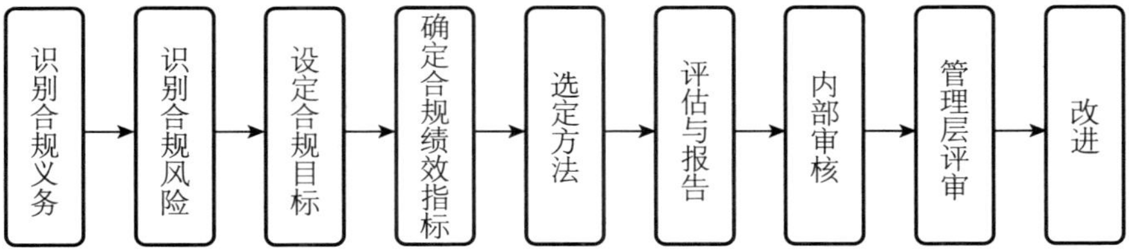

图 20－3　流程示意图

（1）就目标维度而言，一个好的目标，通常具备以下特征：

①目标与高层目标相符；

②目标设定遵循 SMART 原则，即

S：目标明确（specific）

M：目标可衡量（measurable）

A：目标可实现（achievable）

R：目标有明确负责人（responsible）

T：目标有时间限制（time-bound）

③目标有一定的挑战性。

如此，就可将抽象的、宽泛的、综合考虑了本企业的合规义务及合规风险排序后转化为具体翔实、可执行、可量化的目标计划过程，避免不落地的低效，甚至无效合规管理。

（2）就指标维度而言，需要考虑国家法律法规监管相关要求、与企业业务产品关联紧密性、企业内部规章制度有无要求、行业及社会伦理道德有无要求、违反的后果分析等维度，并进行识别和判断。现代企业治理概念下，企业越来越普遍地结合业务、财务及合规三方面目标以确定绩效考核指标。逻辑关系可概括如图20－4所示。

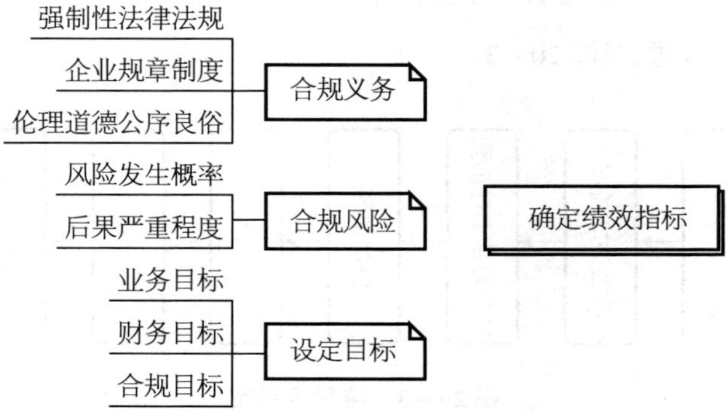

图20－4　逻辑关系

组织制定一系列可测量指标能帮助组织对合规目标的实现进行测量，并量化合规绩效。《合规标准》A.9.1.3，就指标设定提供了具体指引，提出了指标可包括：

①活动类指标，如：

a. 有效培训员工的比例；

b. 监管机构接入的频率；

c. 反馈机制的使用程度(包括用户对该机制的评价)。

②反应性指标，如：

a. 识别的不合规问题，按类型、区域和频率进行报告；

b. 不合规的后果，包括对货币补偿、罚款和其他处罚、补救费用、声誉或员工时间成本造成的影响估价；

c. 报告和采取纠正措施花费的时间。

③预测类指标，如：

a. 以长期目标(收入、健康和安全、声誉等)的测量损失/收益为衡量的不合规风险；

b. 不合规趋势(基于过去趋势的预期合规率)。

2. 监视和测量的方法

一般来说，以下元素是计划合规监视测量流程时应该被考虑的，但并未穷尽了全部：

(1)业务量；

(2)员工数，特别是与合规方案直接有影响的员工人数，如敏感部门或敏感职能的员工数量；

(3)商业模式，如经销或销售渠道；

(4)国际化程度/涉外业务占比/业务行为中涉及不合规风险增加的国家或地区；

(5)关于违规的总体风险暴露(如反腐败风险)；

(6)组织架构的复杂性；

(7)过往的不当行为/刑事犯罪行为。

【应用提示】了解业务量、员工数等信息，这些信息在涉及样本采集量、业务领域或区域覆盖选择、访谈或问卷的针对性问题等方案设计时需作为考虑因素；

根据商业模式、架构复杂性等信息，了解是否开展新的主营或者兼营业务，是否在新地域内开展业务或者新形式开展业务，是否采取新的销售模式或关系到企业价值链形成模式的业务活动，业务模式和业务的变化、发展战略等，以考虑业务模式变化对合规风险的影响，确定企业现有的合规管理体系是否足以应对上述影响；国际化程度、总体风险暴露的状态、过往的不当行为等信息，需作为合规风险监测重点和频率周期设计时加以考虑。综合以上因素，从而将设计有效性和控制执行有效性相结合，以监视测量关键合规风险点，发现合规问题。

判断评估合规风险常用的方法通常被称为 QUIZ 评估法：

■ Q：questionnaire 问卷调查

■ U：upfront assessment 初步评估

■ I：interview 访谈

■ Z：zoom in 聚集重点领域

此外，绩效测量和监视结果的数据应予以记录，以有助于发现问题，包括不合规和合规疑虑、新出现的合规问题等，以便为组织制定防止再发生的纠正措施和防止发生的预防措施提供分析依据。

3. 监视测量的时间与频率

图 20－5 概括了合规监视测量的时间和频率的要素及关系。合规监视和测量时间频率的执行没有统一标准，有些是内嵌在日常业务管理任务中实时进行的，如金融机构的大额可疑交易监测；有的则以周/月/季/半年/年度甚至几年为一周期进行监测。执行和判断标准仍是结合法律法规要求和企业自身特点，以风险为本，以重要性为原则设定。

（1）从时间性角度，通常可分为首次监视测量、定期监视测量以及后续的周期性监视测量。例如，很多新设企业在开办一定时间后，监管机构或上级主管部门会进行开业后的首次检查，这可以理解为外部机构以检查方式进行的首次合规监视测量分析评价。除首次监视测量外，同样也会根据内外部要求设有定期检查,包括以提交定期报告等形式,相对应的是定期监视测量。有时还会在前述的基础上制定周期性目标,相对应的就是周期性监视测量。

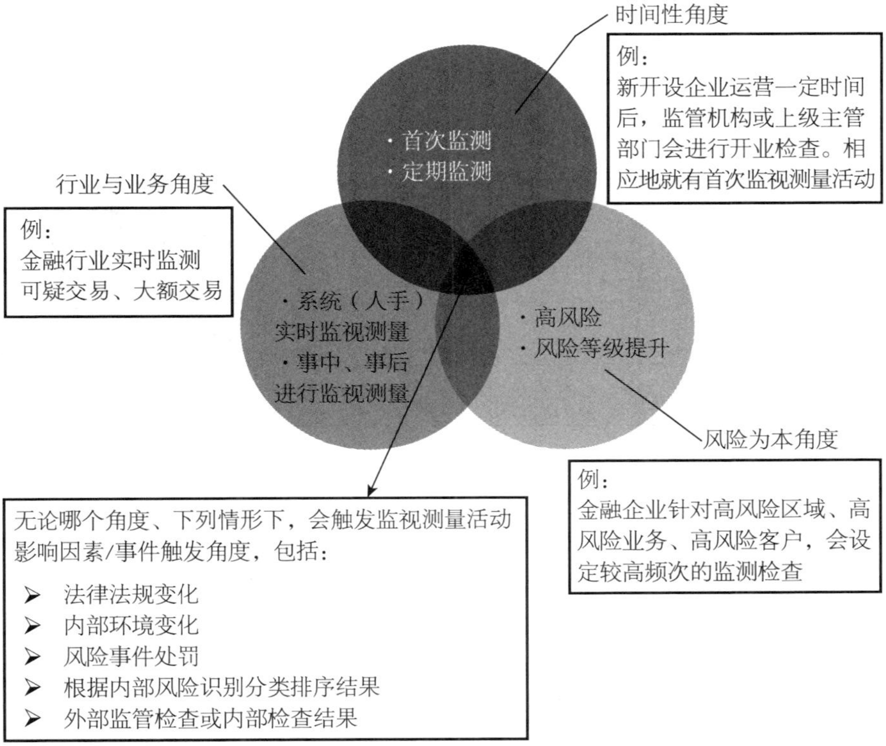

图 20－5　合规监视测量的时间和频率关系

(2)从行业与业务角度,通常可理解为与具体业务相关,或由业务性质决定的系统(人手)实时监视测量,以及在过程中(事中)或是结束后(事后)进行的监视测量。

(3)从风险为本角度,通常是评估为高(或中高)风险及以上,或者是合规风险增加的领域、业务方面,相应地会设定较高的监视测量频率。根据组织的实际情况,包括规模、业务、合规管理成熟程度等,对识别出的合规风险进行排序,并按“风险为本、重要性”原则,有效进行管理。风险等级评估通常用“事件”、“后果”和事件发生的“可能性”的组合来表示,[1]识别出合规风险高低分级和企业主要合规风险点及相应的风险程度。图 20－6 为某企业风险级别示例,就是采用了这一评估法,从事件发生带来的财务损失、客户流失、监管责罚、企业负面商誉影响等几个“后果”维度,并结合“发生可能性”评估得出风险等级。

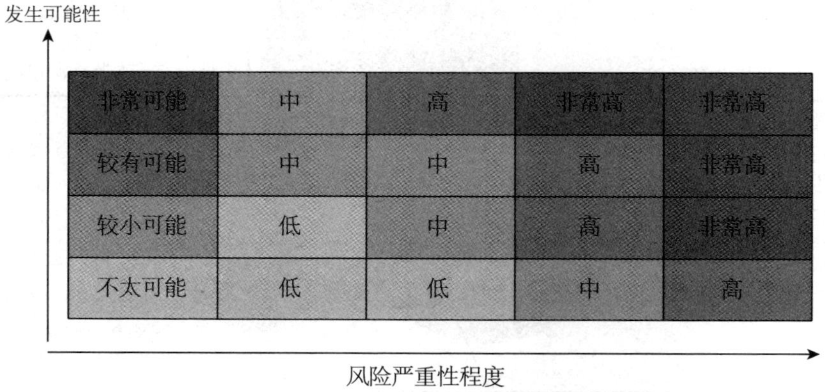

固有风险等级评估:

1. 首先从财务损失、客户流失、监管批评责罚、负面声誉影响四个维度进行考虑。据此得出内在固有风险低、中、高、非常高四档。
2. 将内在固有风险等级结合影响度、可能性元素进行综合判断。其中影响度分为:极端、重大、一般、次要四级。可能性分为:非常可能(发生概率超过90%)、较有可能(发生概率50%~90%)、较小可能(发生概率10%~50%)、不太可能(发生概率低于10%)。
3. 综合上述因素,形成固有风险等级评估结果。

图 20－6　合规风险等级评价方法示例

除风险为本原则外,还有重要性原则。《企业内部控制基本规范》就提出了要遵循重要性原则。2018 年发布实施的《中央企业合规管理指引(试行)》,已就重点领域、重点环节进行了列举(并非穷尽),在 2022 年 10 月发布的《中央企业合规管理办法》中,也结合当下环境列举了反垄断、反商业贿赂、生态环保、安

〔1〕《合规标准》3.7,注 4。

全生产、劳动用工、税务管理、数据保护等重点领域，并提及针对合规风险较高的业务、涉外业务重点领域，制定合规管理具体制度或专项指南。[1] 重要性原则同样适用于其他性质企业的合规管理。《中央企业合规管理指引（试行）》的相关规定见图20－7。

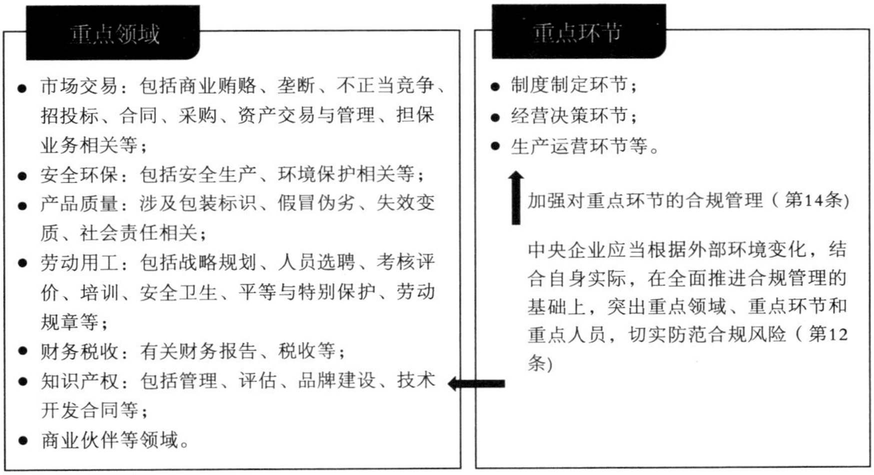

图20－7　《中央企业合规管理指引（试行）》的相关规定

（4）以上原则是基础，但即便是较长的周期频率，在出现以下情形时，应立即进行监测，以判断合规义务的变化影响，或者需立即检讨，确定原定周期频率的适用性，以及是否需要进行调整。这些触发因素有些是主动性、前瞻性的监视测量，有些则是被动、防御性的，主要包括：

①法律法规，或外部环境发生了变化；

②内部环境变化，包括组织架构改变，业务布局调整等、新业务上线等；

---

〔1〕《中央企业合规管理办法》第18条规定，中央企业应当针对反垄断、反商业贿赂、生态环保、安全生产、劳动用工、税务管理、数据保护等重点领域，以及合规风险较高的业务，制定合规管理具体制度或者专项指南。中央企业应当针对涉外业务重要领域，根据所在国家（地区）法律法规等，结合实际制定专项合规管理制度。

③外部监管检查或内部检查结果触发；

④风险事件触发，包括组织自身，也包括行业内风险事件的警示；

⑤根据内部风险识别分类排序结果。

企业合规义务经常处于变化过程中，业务部门的负责人应当对自己负责领域的合规义务变化情况保持敏感，要做到持续跟踪合规义务的变化、保持敏感性，可参考的渠道和方法包括：

①列入相关监管部门收件人名单中；

②成为专业团体的会员；

③订阅相关信息服务；

④参加行业论坛和研讨会；

⑤关注监管部门网站；

⑥与监管部门会晤；

⑦与法律顾问洽商；

⑧关注合规义务渊源（进入监管声明和法院判决）。

【应用提示】合规风险评估，风险分级分层，并不意味着可以容忍"低合规风险"的违反，对于违规，即触犯了底线和红线的行为，是不能容忍的。合规风险评估的分级分层旨在通过判断其发生可能性、发生频率、后果严重性等方面，综合指导企业合理分配资源，以及检查、整改的频率设置，这也是风险为本原则的体现。

4. 与监视测量相关的要求

（1）监测人员要求：合规监测人员是指内部的或外部的、独立和客观的人员。

如果是内部人员，应与对象目标人员相分离。实务中，有些机构在前台业务部门内设置相对独立的风控岗位，同时兼有确保所在业务部门及业务合规性要求职责，通常又被称为本地合规代表（local compliance representative）。此外，监测人员也可以是风险控制职能的第二道防线、稽核督察或内审第三道防线职能(特定项目需求时)的监测职责。如果是外部人员,则可以是来自监管机构、上级主管部门、行业协会成员等路径。

合规监视测量人员示例见表20－3。

表20－3　合规监视测量人员示例

<table>
<tr><td rowspan="7">合规监视测量人员</td><td rowspan="4">内部模式</td><td rowspan="2">业务部门(一道防线)</td><td>具体特定岗位(如金融机构大额可疑交易监测岗位)</td></tr>
<tr><td>业务部门中独立于前台的中、后台风控质量品控岗位(本地合规代表)</td></tr>
<tr><td>风控部门(二道防线)</td><td>法律、合规、营运管理(系统、信息技术、操作等)(二道防线中监察分析岗位或专职检查人员)</td></tr>
<tr><td>稽核督察/内审部门(三道防线)</td><td>有独立性要求,通常是事后进行,涉及特定项目时会前移,作为日常职责履行</td></tr>
<tr><td rowspan="3">外部模式</td><td>监管机构</td><td>指派监测人员</td></tr>
<tr><td>上级主管部门</td><td>指派监测人员</td></tr>
<tr><td>行业协会组织</td><td>指派监测人员</td></tr>
</table>

(2)设施设备系统等资源要求:监视测量设施设备要求,包括系统、软件、模型等各种设施设备和工具,以及电话录音、监控录像、邮件监测等有关技术支持手段。

需要注意的是,企业用于监视和测量的设施设备、技术工具、系统软件模型等,应定期安排校准、检定、维护等活动,这和质量管理体系的要求是一致的。实践中,金融行业监管机构常常设定综合或专项评级标准和要求,供机构相应校准,相应设立自身适用的目标及相应的监视测量;生产型企业中安全卫生、环境防护要求高的企业通常由安全卫生或环保部门直接监视其相关活动,监测设施也由指定的机构完成,有部分企业没有自备的监视和测量设备,而委托第三方机构做监测。

【应用提示】完善的监视测量程序可以保证企业提前预防合规风险及其后

果，并了解和弥补合规管理体系的不足。但监视和测量本身不负责对是否必要等作决定，只是洞察了解，在合规计划的实施过程中执行监视测量任务。在这种情况下，监测人员明确不充当顾问或培训师，即他不就必要的合规措施做出任何决定，也不涉及其实施和应用程序。如同医院 B 超室医师，只负责操作，进行观察测量，而不会面对患者作出诊断结论和治疗建议。

（二）分析和评价

分析活动，是基于洞察了解的后续环节，同时也为再下一步的判断评估提供依据。确定监测及分析的结果如何，就是评价活动。

1. 分析评价活动的要素

(1)对象和目标

①分析的对象：是监视和测量所得的数据和状态。

②评价的目标：是合规绩效及合规管理的有效性。

(2)内容、方法和标准

①分析活动

a. 分析覆盖范围：应涵盖制度、流程、实践操作、治理层、管理层、操作员工、第三方等。

b. 分析活动主要内容：

(i)数据分析：大多采用汇总、对比、趋势预测、交叉等几类方法，运用系统、软件、模型等工具。

(ii)文件分析：检查合规系统现有文件。所有与合规体系相关的措施都必须有记录，被检查，包括专项、全面、个案相关的文件。同时，也要确定样本量、比例、数量、区域、期间等。

(iii)行为访谈：监测分析员对选择的部分为公司工作的人士进行访谈，这些选择通常会包含部分执行管理层成员和一些相关部门主管。另外，访谈应该与敏感功能部门的员工进行(如采购、销售)以及随机抽查部分企业雇员。

②评价活动

评价标准:有效性评价,包括对设计有效性、执行有效性,以及效果(包括应用体系)有效性三个维度的评价。

(i)设计维度,注重于合规系统架构的构建,包含合规管理体系整体有效性、合规管理体系要素有效性、具体制度有效性等。主要检查:

相关的参照标准是否都已经被纳入了考虑范围;

合规措施设计的适当性如何(适当性检讨),是否要额外建立标准或措施。

(ii)执行维度,注重系统可行性以及起功效的能力。通过管理层评审(包括审定评审框架、检验、评审)、合规报告、记录、合规绩效管理、流程控制、侦查性控制、合规审计等执行。主要检查:

合规管理体系所需的符合适当性要求的所有元素是否发生功效(功效检查)。如为达到"已实施"的状态,合规措施必须被采纳和生效,相应随附指令(书面形式、技术系统等)必须准备就绪,合规措施能为其预期目的服务并且能满足设定好的目标。

(iii)合规效果维度,主要考察违规事件发生趋势,处理违规事件时的成熟度,员工对企业合规文化的认可程度,外部第三方对企业合规文化的认可程度等。主要检查:

合规管理体系的元素是否已内化在日常业务操作中,被加以运用(有效性检查)。

【应用提示】有效性评估中的设计有效性会直接影响执行效果的有效性,设计时不容忽视。以下示例作参考:

某企业内部制定了反贿赂制度。根据该制度的最初设计,进入其筛选区间的交易金额起点为人民币100万元,但该企业交易金额区间结构显示,金额在100万元及以上的交易占比较低,相应进入筛选区范围内的交易不足总量的

5%,但如果将其起点设在30万元或进一步调低至10万元,则将有超过50%,甚至超过75%区间的交易会被纳入监测系统。该企业在制度年度审核时对触发交易金额进行了调整,降低了交易金额的起点水平,极大地提升了制度设计的有效性水平,同时,也满足了将合规监测措施的真正遵循内化到企业日常业务和运行中,保障了执行效果的有效性。

③评价活动的内容及方法

评价活动考虑的内容因素,包括风险意识、外部合规环境、资源配置、职责权限、过程监控、奖惩机制、执行者能力等方面,如图20-8所示。

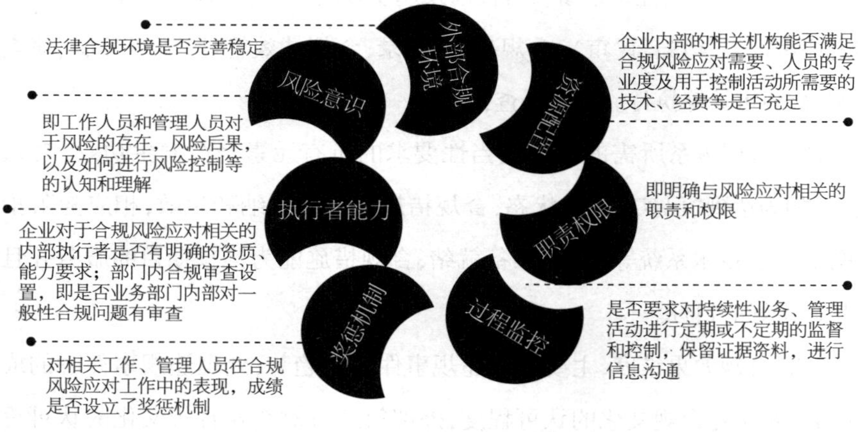

图20-8　评价活动应考虑的内容因素示例

评价活动方法主要包括对内部环境、风险评估机制、控制活动、信息与沟通等进行评价。同分析活动类似,评价过程中,检查合规系统的现有文件、所有与合规体系相关的措施都必须被记录和审查。面谈评价的对象也通常包括公司执行管理团队的相关成员、有关部门负责人,以及具有敏感职能(如采购、销售)的员工和随机选择的公司员工等。现场合规测试(检查)也是评价活动经常运用的方式之一。合规测试或检查,可以是自测自查,也可以互相测评,从覆盖面看,可以是全面测试检查,也可以是针对某些事项,或是个别问题的专项测试检查。

开展评价活动的主要程序包括制定评价工作方案→组成评价工作组→实施现场测试→认定控制缺陷→汇总评价结果→编写评价报告。流程如图 20 - 9 所示。

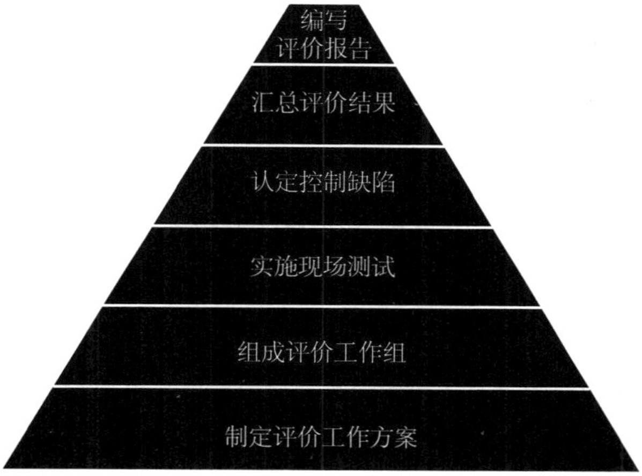

图 20 - 9 评价程序流程示意图

2. 分析评价活动的要求

(1)人员要求:分析活动的人员要求多与监测人员的要求一致,而在评价环节,则往往会加入合规部门管理者(如合规负责人,从涉及评估流程、引导评估进行、提供评估中适用及需要的工具等角度进行)、管理层、治理机构,甚至还会有监管机构、第三方评估机构等。在评价环节,具体业务部门往往作为信息提供方参与。

(2)工具设施设备要求:分析评估的工具及设施设备要求与监视测量基本一致。在评价环节,更需要全面运用各种工具设施设备所得的相关结果,互相验证,综合判断。

(3)评估活动的其他要求

①评价动态性原则。与监测的动态特征一致,评价也呈动态性,持续监控和

评价已被普遍认为是有效合规目标管理的基本组成元素。通常评价可分为常态化的日常合规评估、后续周期性合规评估。虽如此,以下变化因素的出现,可以改变原定的评估计划或方案,甚至触发即刻的监视和评估。变化因素包括:

a. 企业战略目标发生变化;

b. 组织结构出现重大改变;

c. 推出新产品或服务;

d. 业务结构发生重要变化;

e. 外部经营环境发生重要变化,如宏观经济环境,融资环境,竞争环境,客户环境等;

f. 立法和执法环境发生重要变化;

g. 行业内出现较为严重或较大影响的风险事件或违规行为。

②评价结果呈现及应用。评价报告是制定合规措施的基础和重要依据。评价人员应编写评价报告,包括合规体系的基本方向和目标、合规系统强弱情况的陈述,评估合规系统的设计、实施和应用状态,并包含推荐意见。评价应包括是否合格,以及等级/水平的评分。分析评价需注重客观性。

合规措施可分为基本措施、增强措施、特别措施,需结合风险等级而定。合规措施制定参与方包括治理层和管理层、合规专业团队、具体事项专家(Subject Matter Expert,SME)、执行团队、普通员工、外部第三方等。合规措施要注意科学合理性、内容重于形式,保留必要记录。完善的合规制度不仅要实现合规目标,同时具备证明功能,在遇到第三方调查或者其他方质疑的情况下可用于证明企业已经实施了有效的合规管理,这一考量因素在目前我国多地试行的合规不起诉制度安排中,更是进一步得到体现。

【实务提示】在涉及风险管控的话题内容中,我们常听到监视、监测、监控、监管等词。它们词义相近但不相同。简单举例,监视相当于观察员,既非顾问,也不是教练,不给意见不作判断;监测是监视加测量,运用设定的标准等去量化对象,明晰颗粒度,但仍属于信息反馈搜集阶段,并不采取措施,相当于B超室操作医师或化验员角色;监控,是对监测加入控制干预,以使监测对象及结果与设定目标方向一致或在一定偏离范围内,这个角色更类似于实验室实验员;监管则是赋予监督管理、特别是被赋予奖优罚劣权力,更接近于教导员职能。

(三)提供文件化信息作为结果的依据

在监视、测量、分析、评价活动过程中,都会与一个词紧密相关,即"信息",不论是作为输出物,还是作为活动的基础和来源。根据《合规标准》对文件化信息的定义,文件化是信息呈现的方式,也是作为证据的载体,即控制和维护的信息及信息的媒介。文件化信息可以是任何方式、储存于任何媒介,且来源不限。关于文件化信息,有以下两个要素。

1. 信息留痕

企业应落实合规管理工作信息留痕机制。包括从创建合规管理制度和文件,合规工作开展过程中产生的业务沟通、合规研究、合规举报、合规风险应对等信息进行记录和保存,包括保留不合格或不合规的信息资料,以作为合规或违规的判断证据,并作为整改和整改验证的依据。

2. 文件化

在信息时代,业务逐渐信息化,风控部门也同样如此,企业则更注重环境责任,无纸化办公日渐普及。对于合规管理而言,在法律法规、业务活动规则推陈出新的情况下,仅靠人工是难以应对的。企业应通过合规管理信息系统建立动态的合规风险管理信息库,实现对合规风险识别、分析评价、应对、监督、重大风险预警等的数字化和自动化管理。

(四)合规绩效的反馈

合规绩效离不开大量信息的获取收集,是企业作出精准分析评价及"对症下药”的基础,也是后续持续改进合规管理体系的重要依据,组织应建立、实施、评价和维护系统,以寻求并接收各种来源的合规绩效反馈。

1. 合规绩效反馈的要素

(1)反馈来源

反馈来源中关于WHO的问题。《合规标准》列出了人员、客户、第三方合作方、供应商、承包商、监管机构等。这里的人员可以主要理解为员工和根据行业性质适用的消费者/用户,通过举报设施、求助热线、情况反馈、建议箱等渠道进行反馈;客户则会通过投诉处理系统直接向企业反馈,或向主管部门、监管机构、行业协会,甚至在自媒体或媒体中进行反馈;第三方这里可主要理解为第三方合作伙伴,实则也包括供应商、承包商等;此外,还有监管机构的反馈,依职权主动履行的、被动从第三方(比如,员工举报、客户投诉)形成的反馈。除了文件列示的来源外,企业的其他利益相关方也是合规绩效反馈的来源,如债权人、社区等。

除了以人为主题外,反馈来源还可以是过程控制日志和活动记录(包括计算机和纸质记录)这类静态的对象,同样也可理解属于WHO或WHAT的范畴。

(2)反馈内容及方法

反馈内容,就是基于反馈来源而获取的相关信息,从这个角度理解,反馈方法也就是信息收集的方式和渠道。主要以问题为主导,包括发现或识别不合规行为的临时报告;通过热线、投诉和其他渠道(包括举报)获得的信息;通过非正式讨论、研讨会和焦点小组获得的信息;通过抽样和完整性测试,如神秘访客获得的信息;认知调查结果;通过直接观察,正式访谈,设施参观与视察获得的信息;审核与评审;利益相关方质询、培训期间(特别是员工)提供的相关方询问、培训要求与反馈[1]等获得的信息。

[1] 参照《合规标准》文件指南A.9.1.2。

【实务提示】在收集员工反馈、问卷调查方案、当面访谈时，对参与人员的要求较高，一方面要能真正发现问题，找到症结，同时也要客观、公正，尽量避免因为一些方式方法的不当（如报喜不报忧、过于表面而缺失重点）或因其他因素干扰（如顾及面子或关系而未能深入、又或者带着观点或先入为主有失偏颇、或归罪于外、相互指责等），影响信息结果的准确度或深入度。对于通过举报渠道，更要秉持公正、保密、可控、适度、禁止和防止打击报复等原则，并应从制度上加以保障落实。

2. 信息管理系统

《合规标准》在合规监视测量分析评估部分要求提供文件化信息作为结果的依据，在绩效评估反馈部分又提出信息管理系统要求，足见其在高度信息化环境下的重要性。经不同来源、不同渠道、不同方法所获取的反馈信息，还存在真实性、准确性、完整性、关联性等问题，因此，应进行信息整理，包括分类、储存，建立和维持较高水平的信息系统及管理，并结合交叉验证、实地调查等多种方式梳理判断，由表及里，层层深入，找到真正原因，触及问题实质，采取有针对性的措施。信息管理系统应同时收集问题和投诉，并对那些与合规相关的信息进行分类分级，分类可从以下角度进行：

（1）来源（如内部的、外部的）；

（2）部门（如财务部、业务部、营运管理部）；

（3）不合规问题说明；

（4）合规义务类别参考（如反垄断、知识产权保护、员工行为）；

（5）指标；

（6）严重性（如轻微、一般、严重、非常严重）；

（7）实际或潜在影响。

【实务提示】绩效评价的有效性如何，除前述要素和要求外，还与人力资源、专业能力、设施设备、技术支持、奖惩制度、来自治理层和管理层的支持（tone from the top)、价值观和合规文化的建立和维护(包括培训、畅通的沟通、鼓励 speak up 的氛围等)、应对机制、纠错机制、整改机制等的成熟和完善程度相关。

第二节 最佳实践

【例一】以下以业务行为合规为对象的合规规程元素清单设计示例(见表 20－4),包含规范要求、制度程序、执行操作、组织文化等各个视角,覆盖企业各个阶段,监测内容与企业目标一致,分析评价分别从制度设计(适当开发)、操作执行(发挥功能)和效果实现(是否有效)几个方面进行,清单列示的合规任务元素全面完整、指引清晰可量化,符合 SMART 原则,以供参考。[1] 企业在实务中可根据实际情况制定适合自身特点的合规规程并实施,同时也通过监测检查等,对绩效和有效性作出分析评价,并进行改进完善。

表 20－4 合规规程元素清单(业务行为合规)

合规元素	所处阶段	序号	合规措施	监测/分析	评价(设计/执行/效果)
				相关/不相关	适当开发/发挥功能/有效
		1	确认企业目标和价值		
行为规范	开发建设	2	明确商业道德原则		
(伦理守则)		3	确定主要利益相关方		
		4	识别适用的参照标准		

〔1〕 参考“Compliance Program Monitor” D. Compliance Monitoring, pp. 18－24(商业伦理中心 德国商业伦理中心 Zentrum für Wirtschaftsethik gGmbH ZfW)。

续表

合规元素	所处阶段	序号	合规措施	监测/分析	评价(设计/执行/效果)
行动指南		5	遵从法律,合规守则		
(行为守则)	发展	6	严禁腐败(零容忍)、严禁垄断违规行为		
		7	确保与客户及销售中介交往中遵守法律法规、符合商业道德		
		8	确保与供应商及分包商交往中遵守法律法规、符合商业道德		
		9	处理接受/馈赠礼物、餐饮邀请和其他利益		
		10	处理利益冲突(确保隔离企业与个人利益,将企业利益置于个人利益之上)		
		11	处理捐赠、非营利以及赞助行为		
		12	保护企业财产、保护商业伙伴财产		
		13	接受及馈赠礼物		
政策与流程	发展	14	管理层及雇员的合规声明		

续表

合规元素	所处阶段	序号	合规措施	监测/分析	评价(设计/执行/效果)
		15	建立业务联系前,对位于敏感国家、第三方敏感业务部门(如代理、顾问、销售代表)等开展合规调查(KYC)		
		16	与第三方之间的合规协议(合规声明、供应商检讨及评估)		
		17	供应商合规声明(如合规承诺,供应商检讨及评估)		
		18	制裁违规		
公开透明性	发展	19	敏感业务领域的风险筛选		
		20	敏感业务领域的风险管理控制		
		21	敏感支付类交易文件(如捐赠、佣金)		
		22	信息系统保护,以防止数据篡改		
		23	敏感职能的双人(双岗)原则		
		24	会计准则合规控制		
		25	合规性是法律、经济、生态、社会可持续发展的战略		

续表

合规元素	所处阶段	序号	合规措施	监测/分析	评价(设计/执行/效果)
领导力和企业文化	执行	26	企业道德价值培训		
		27	领导力类型:决定型、可信型、担责型、诚信型		
		28	自我承诺		
		29	管理层发挥合规表率模范作用(自上而下的声音)		
		30	董事会及管理层就合规内容管理进行积极主动沟通		
		31	内部沟通(会议、宣传手册、新闻、网络)		
沟通和培训	执行	32	外部沟通(年度报告、报告、对外宣传资料)		
		33	与代理、供应商、顾问间的书面及口头沟通		
		34	就合规主题和经验分享交流,成为会员和参与分享		
		35	就增加的合规风险向高级管理层进行面对面培训		
		36	对相关功能和高风险团队(如采购、销售、供应商)进行面对面培训		

续表

合规元素	所处阶段	序号	合规措施	监测/分析	评价(设计/执行/效果)
		37	以案说法的面对面培训		
		38	对员工进行网络在线培训		
		39	对合规高风险领域员工的诚信检查及合规承诺		
人员合规	执行	40	内化到员工选择和聘用程序		
		41	董事会和管理层的职业规划		
		42	对敏感业务领域设定的合规目标		
		43	薪酬奖励体系的合规风险		
		44	适当的纪律措施		
		45	高级管理层(董事会、经营管理层)的职责		
组织	执行	46	合规专委会(法律、合规、内审、人力资源)		
		47	合规职能的适当资源支持		
		48	外部合规监控		
		49	举报系统		

续表

合规元素	所处阶段	序号	合规措施	监测/分析	评价(设计/执行/效果)
		50	关于敏感业务领域合规管理的内部审计		
		51	敏感支付交易(如捐赠、佣金)等的控制		
审计	检查	52	在日常业务营运中遵从及执行合规管理系统的控制		
		53	向高级管理层进行的定期汇报和讨论		
监控	检查	54	企业及相关业务领域的自我评估		
		55	由专家和审计专员对管理系统开发建设、执行和适当性(与既定目标)的外部监控		

【例二】某商业银行根据自身规模、客户类型、业务模式等特点，评估其零售业务为合规风险等级较高的重点业务之一，而其中的销售适当性合规管理又是重点风险环节。该机构就针对销售适当性制定了较详尽的合规控制措施，也加强了合规检查频率，尽力确保合规计划的一致性，以实现合规目标。

表 20－5　合规控制措施示例(产品销售适当性)

控制手段	控制手段描述	细化控制	细化控制描述	结果/评估
政策制度	是否有政策制度；是否及时修订更新；修订更新是否反映新法律法规监管要求	相关政策制度的建立及后续修订检查；关于政策制度建立规则本身的修订检查	周期性自查、管理层检查、合规专项检查	

续表

控制手段	控制手段描述	细化控制	细化控制描述	结果/评估
流程程序	是否建有相关的操作流程或程序，是否定期或根据需要检讨更新，是否能反映法律法规及监管要求	相关流程程序的建立及后续修订检查；关于确立流程程序制度规则本身的修订检查	周期性自查、管理层检查、合规专项检查	
授权和资质	管理检查，以确保销售和交易员工受监管，有妥善批准，获授权，以及有能力履行符合监管要求的职责；必须有定期检查以确认销售员工持续保持他们所需要的监管许可以及适当执行监管职责；销售资质信息须清晰记录更新	业务条线管理层检查；机构销售员工的授权	管理层检查，以确保相关销售人员获得授权	
		销售主管检查：销售人员资质和有需要时所需要的持续专业提升	销售主管检查，以确保销售员工维护他们的资质和持续他们必需的专业提升。例如，销售顾问通过定期能力测试，以及关于新产品及其特点、风险和目标市场等的更新培训，确保有能力提供适当和合适的建议	
		销售和交易人员资质信息登记	确认相关销售或交易员工新加入者的信息；确保所有新入职销售人员都持有需要的许可和审批	
		授权及资质证书充分有效性核验（有关销售或交易员工）	验证具备许可和监管审批，验证相关人员遵守所有监管授权标准以及所有员工能够适当履行相应职责，如通过年度自我验证	

续表

控制手段	控制手段描述	细化控制	细化控制描述	结果/评估
		获审批人士的适当性检查	确保相关销售人员已获得适用的监管许可和批准。通过每年度核验等手段，确保相关销售人员在履行职务时已适当遵循所有监管标准要求	
强制培训	结构化学习和测试，以确保员工具备足够的关于组织和技术的知识用于履行职责	确定课程	理解和书面记录知识要求，经培训委员会审阅并同意确认风险培训种类，清晰构建课程要求和测试	
		培训落实	指派相关课程学习任务到具体员工	
		培训完成率监测	在线培训完成率统计，包括未完成和延迟完成培训的监测流程	
销售适当性检查	对于客户需求的评估（银行产品/服务知识和经验、风险偏好和财务状况）；销售流程获得定期检讨和审批，以确保所有适当性条件（满足目前法规要求）在销售产品或服务前已经适当地被考虑（客户需求画像、客户购买力、风险承受力、客户分类、产品适当性、产品风险评级、客户授权、公平交易、文件正确并充分）	客户需求	在销售前充分了解投资者，确保以下因素已被考虑：客户授权分类；根据客户明确指令要求执行交易；客户服务必须在**KYC**充分且更新的基础上建立和开展；检查在管理客户投资过程中推荐交易及/或交易执行都是适当的；客户理解产品交易的风险以及相应担保对客户是很适合的；客户签署了授权（如适用）	

续表

控制手段	控制手段描述	细化控制	细化控制描述	结果/评估
		客户分类	主管检查,确认客户已经适当风险分类,需求分析已经完成,证明了解客户和他们的需求。如需,更正客户分类	
		客户授权	确保获得必要授权(如适用)	
销售质量检查	销售过程关键环节	销售/交易电话录音	根据相关法律法规及监管的要求,有些员工的电话须录音。为此,定期的电话录音检查必须进行,以确认,是否正确的电话录音,是否都有录音,是否录音电话内容都符合监管要求,以及录音是否能被调取	
		交易确认控制	所有执行都是基于客户的指令,并且所有交易确认是否准确且及时送达客户,也得到客户的确认	
		检查确认产品到期通知	验证在产品/服务接近到期时,是否向客户发出足够的通知,以及明确告知客户不同选项	

续表

控制手段	控制手段描述	细化控制	细化控制描述	结果/评估
		产品撤销验证和审批	验证产品或服务撤销/退出计划需经相关方审阅及必要的审批,包括合规和标准的撤销/退出文件已经完成。与客户就产品撤销/退出的沟通是及时、透明和适当的	
客户服务	客户投诉	投诉个案分析、解决情况、问责情况、整改情况		
	监管查验	个案情况、监管要求及整改情况		
适当性管理延伸至第三方	第三方机构	就第三方代表机构进行产品销售的管理层检查(延伸至第三方)	对第三方代理的产品销售有适当的治理、尽职调查和监督程序,确保:适当的尽职调查;正确的许可和授权到位;充分的销售流程和文件;合格的销售团队;合适的销售渠道;适当的记录保留;包含有收费等条款的与机构的合同约定符合监管要求	
	第三方产品	对向机构提供的第三方产品进行管理层检查(延伸至第三方)	机构销售第三方产品时,必须确保在产品上架和整个期间都维持有适当的公司治理、尽职调查和监督流程	

【例三】信息收集是绩效评价反馈环节中的要素之一，示例中的“五个为什么”指的是面对生产过程中发现的问题，通过连续追问五个（或者更多）为什么，由表及里，层层深入，触及问题的实质，找到其真正原因，避免出现“差不多就行”的态度，这样挖掘收集的信息才是最有效的。一个最著名的例子是某日本公司在遇到一次生产线上的机器总是停转、虽然修过多次但仍不见好转的情况下，管理人员与工人进行了以下问答。从中可以看到，从最初的答案，到真正的原因，信息内容相去甚远。

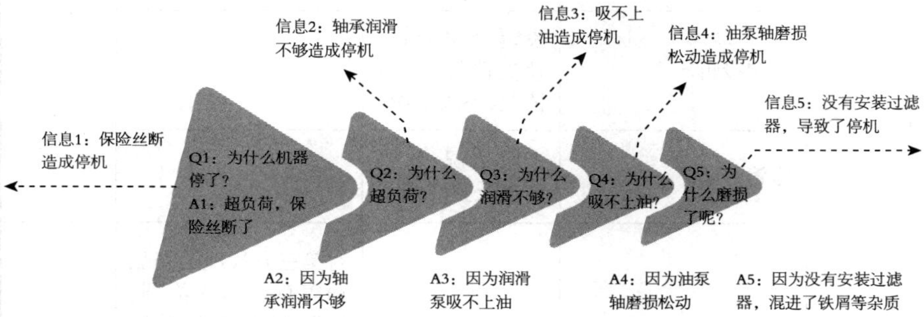

图 20－10 “五个为什么”信息获取法示例

【案例警示】2020 年，某商业银行一支行因假理财骗取 147 名客户资金约 27 亿元，该支行行长终审被判无期徒刑、副行长获刑 9 年。

此案一出，引发社会关注。从判决书显示的案件细节看，该造假案时间长达 4 年，涉及虚假合同、虚假客户、空白合同加盖图章、后私自刻制支行公章、有七八名支行员工参与到虚假理财产品的不同环节，但大多数均不了解产品的真实情况，该虚假产品不在该行产品登记系统内，但几年间均无人发现异常，该支行行长将骗取的钱款用于购买房产、汽车、奢侈品，也从未引起注意，其向个人、企业支付额外的存款好处费，也未被发现。该案最终案发也并非因为资金链断裂，而是有投资者向其在该支行工作的朋友询问这款虚假的理财产品时，该员工发现银行系统内并未查到这款产品，所属分行核查时从该支行发现了伪造的公章及虚假的空白理财合同，方才向公安机关报案。最终，该行总行代为赔付了144名被害人的全部损失21.71亿余元，及1名被害人的部分损失；尚有2名被害人的损失全部未受偿。

行业惊愕之余也引发反省，集体作案、时间很长、金额巨大，违规环节诸多，缘何所有防控环节集体沦陷，这并非以该案手段高明、蒙蔽性强等就能解释的。整个事件中的合规、风控、内控都存在问题。

如何通过合规管理体系建设，杜绝类似个案的再发生，是一个值得思考的课题。

第三节 推荐阅读

胡国辉：《企业合规概论》，电子工业出版社2018年版。

李明燕、洪麒：《企业大合规》，中国经济出版社2021年版。

蒋姮、王志乐编：《合规：全球公司发展新趋势》，中国经济出版社2012年版。

李素鹏、叶一珺、李昕原编著：《合规管理体系——标准解读及建设指南》，人民邮电出版社2021年版。

华东师范大学企业合规研究中心编：《企业合规论丛》（第1辑），中国法制出版社2018年版。

陈骏：《上市公司内部控制监管效果研究：形式合规抑或实质有效》，经济科学出版社2016年版。

郑石桥主编：《合规审计》，中国人民大学出版社2018年版。

GB/T 19000—2016/ISO 9000:2015《质量管理体系　基础和术语》。

GB/T 35770—2017《合规管理体系　指南》。

GB/T 24353—2009《风险管理　原则与实施指南》。

附录 ISO 37301(9.1.1~9.1.2)正文、ISO 19600 正本、ISO 37301 使用指南具体条款比对

章节	序号		文件原文		文件原文		文件原文
			ISO 37301		ISO 19600		ISO 37301 Annex A guidance for the use of this document 使用指南(参考文件)
9			Performance evaluation 绩效评价		Performance evaluation 绩效评价		
	9.1		Monitoring, measurement, analysis and evaluation 监视、测量、分析和评价		monitoring, Measurement, analysis and evaluation		
		9.1.1	General 一般要求	9.1.1	General 一般要求	A.9.1.1	General 一般要求
			The organization shall monitor the compliance management system to ensure compliance objectives are achieved 组织应对合规管理体系进行监视,以确保合规目标的实现				
			The organization should determine 组织应确定		The organization should determine 组织应确定		
		—	what needs to be monitored and measured 监视及监测内容	a)	what needs to be monitored and measured and why		
		—	the methods for monitoring, measurement, analysis and evaluation, as applicable, to ensure valid results 监视、测量、分析和评价的方法(如适用),以确保结果有效	b)	the methods for monitoring, measurement, analysis and evaluation, as applicable, to ensure valid results 监视、测量、分析和评价的方法(如适用),以确保结果有效		

续表

章节	序号		文件原文		文件原文		文件原文
		—	when the monitoring and measuring shall be performed 何时监视和测量	c)	when the monitoring and measuring should be performed 何时监视和测量		
		—	when the results from monitoring and measurement shall be analysed and evaluated 对监视和测量的结果进行分析和评价	d)	when the results from monitoring and measurement should be analysed, evaluated and reported 对监视和测量的结果进行分析和评价		
		—	Documented information shall be available as evidence of the results 宜提供文件化信息作为结果的依据		the organization should retain appropriate documented information as evidence of the results		
			the organization shall evaluate the compliance performance and the effectiveness of the compliance management system 组织应对合规绩效和合规管理体系的有效性进行评价		the organization should evaluate the compliancemanagement system performance and effectiveness of the compliance management system		
		9.1.2	Sources of feedback on compliance performance 合规绩效的反馈来源	9.1.2	Monitoring		

续表

章节	序号		文件原文		文件原文		文件原文
			The organization shall estaablish, implement, evaluate and maintain processes for seeking and receiving feedback on its compliance performance from a range of sources. The information shall be analyed and critically assessed to identify root causes for noncompiance, ensure appropirate actions are taken, and reflect this information in the periodic risk assessment required inn 4.6 组织应建立、实施、评价和维护程序,以寻求并接收各种来源的合规绩效反馈。应对信息进行分析和严格评估以确定不合规的根本原因,确保采取适当的措施,并在4.6中要求的定期风险评估中反映该信息		the compliance management system should be monitored to ensure compliance performance is achieved. A plan for continual moitoring should be established, setting out monitoring processes, schedules, resources and the informations to be collected		
			—		compliance monitoring is the process of gathering information for the purpose of assessing the effectiveness of the compliance management system and of the orgnization's compliance peformance		compliance monitoring is the process of gathering information for the purpose of assessing the effectiveness of the compliance management system and of the orgnization's compliance peformance

续表

章节	序号		文件原文		文件原文		文件原文
			—		Monitoring of the compliance management system typically includes		Monitoring of the compliance management system typically includes
			—	—	effectiveness of training	—	effectiveness of training
			—	—	effectiveness of controls, e. g. by sample testing outputs	—	effectiveness of controls, e. g. by sample testing outputs
			—	—	effective allocation of responsibilities for meeting compliance obligations	—	effective allocation of responsibilities for meeting compliance obligations
			—	—	currency of compliance obligations	—	currency of compliance obligations
			—	—	effectiveness in addressing compliance failures previoously identified	—	effectiveness in addressing compliance failures previoously identified
			—	—	instances where internal compliance inspections are not performed as scheduled	—	instances where internal compliance inspections are not performed as scheduled
						—	reviews of business strategy against compliance risks to enable appropriate updating

续表

章节	序号		文件原文		文件原文		文件原文
			—		Monitoring of compliance performan cetypically includes		Monitoring of compliance performan cetypically includes
			—	—	noncompliance and " near misses" (i. e. incidents without adverse effect)	—	noncompliance and "near misses" (i. e. incidents without adverse effect)
			—	—	instances where compliance obligations are not met	—	instances where compliance obligations are not met
			—	—	instances where objectives are not achieved	—	instances where objectives are not achieved
			—	—	status of compliance culture	—	status of compliance culture
			—	—	leading and lagging indicators established under 9. 1. 6	—	establishment of leading and lagging indicators established under 9. 1. 6
				9. 1. 3	Source of feedback on compliance performance	A. 9. 1. 2	Source of feedback on compliance performance
			—		The organization should estaablish, implement, evaluate and maintain procedures for seeking and receiving feedback on its compliance performance from a range of sources, including		Sources include

续表

章节	序号		文件原文		文件原文		文件原文
			—	—	employees, e. g. through whistle blowing facilities, helplines, feedback, suggesgtion boxes	—	personanel (e. g. through whistle blowing facilities, helplines, feedback, suggesgtion boxes)
			—	—	customers, e. g. through a compliants handling system	—	customers (e. g. through a compliants handling system)
						—	third parties
			—	—	suppliers	—	suppliers
						—	contractors
			—	—	regulators	—	regulators
			—	—	process control logs and activity records (including both computer and paper based)	—	process control logs and activity records (including both computer and paper based)
			—	EXAMPLE	Examples of feedback on compliance performance include		Feedback on compliance performance can include
			—	—	compliance issues	—	compliance issues
			—	—	noncompliances and compliance concerns	—	noncompliances and compliance concerns
			—	—	emerging compliance issues	—	emerging compliance issues
			—	—	on-going regulatory and organizational changes and	—	on-going regulatory and organizational changes and

续表

章节	序号		文件原文		文件原文		文件原文
			—	—	comments on compliance effectivenss and performance	—	comments on compliance effectivenss and performance
			—		Feedback should serve as a key source of continous improvement of the compliance management system		There are many methods for collecct-ing informaiton. Each method listed below is relevant in different circumstances and care should be taken to select the variety of tools appropriate to the size, scale, nature and complexity of the organization
			—	9.1.4	Methods of information collection		
			—		There are many methods for colleccting informaiton. Each method listed below is relevant in different circumstances and care should be taken to select the variety of tools appropriate nature and complexity of the organization		
			—	EXAMPLE	Examples of information collection include		Information collection can include
			—	—	ad hoc reports of noncompliance as they emerge or are identified	—	ad hoc reports of noncompliance as they emerge or are identified

续表

章节	序号		文件原文		文件原文		文件原文
			—	—	informamiton gained through hot lines, compliantes and other feedback, including whistleblowing	—	informamiton gained through hot lines, compliantes and other feedback, including whistleblowing
			—	—	informal discussions, workshops and focus groups	—	informal discussions, workshops and focus groups
			—	—	sampling and integrity testing, such as mystery shopping	—	sampling and integrity testing, such as mystery shopping
			—	—	results of perception surveys	—	results of perception surveys
			—	—	direct observations, formal interviews, facility tours and inspections	—	direct observations, formal interviews, facility tours and inspections
			—	—	audits and reviews	—	audits and reviews
			—	—	stakeholder queries, training requests and feedback provided during training (particularly those of employees)	—	interested party queries, training requests and feedback provided during training (particularly those of employees)
			—	9.1.5	Information analysis and calssification		

续表

章节	序号		文件原文		文件原文		文件原文
			—		Effective classification and managemnt of the informaimton is critical		
			—		A system should be developed for classifying, storing and retrieving the information		A system should be developed for classifying, storing and retrieving the information
			—	EXAMPLE	Examples of information classification criteria include		the information management systems should capture both issues and compliants and allow classification and analysis of those that relate to compliance. The analysis should conider systemic and recurring problems for rectification or improvement, as these are likely to carry significant compliance risks for the organization and can be more difficult to identify
							Informationn classification criteria can include
			—	—	sources	—	sources
			—	—	department	—	department
			—	—	noncompliance description	—	noncompliance description
			—	—	obligation references	—	obligation references

续表

章节	序号		文件原文		文件原文		文件原文
			—	—	indicators	—	indicators
			—	—	severity	—	severity
			—	—	actual or potential impact	—	actual or potential impact
			—		The informaiton management systems should capture both issues and compliants and allow classification and analysis of thou that relate to compliance		
			—		Once the information has been collected, it needs to be analsed and critically assessed to identify root causes and appropriate actions to be taken. The analysis should consider systemic and recurring problems for rectification or improvement as these are likely to carry signifcant compliance risks for the organization and can be more difficult to identify		
		9.1.3	Development of indicators 指标的制定	9.1.6	Development of indicators		

第二十一章

合规评估指数

【导读】

合规评估即如何评估合规计划有效性的问题。以相关国家或国际组织的合规规范文本为样本进行考察可以得出，合规计划的建构遵从个别化原则，其评估也应当个别化展开。从严格意义上说，由于公司治理属于公司自有经营范畴，加上公司治理高度的复杂性，标准化的尝试并不可取，或者说，公司合规治理没有标准。然而，通过对主流合规文本的考察，可以大概抽象出完整的合规计划的架构。完整的合规计划包括三大支柱：认识—确定—结构化；传达—促进—组织；反映—制裁—改进。通过对以德国西门子公司以及我国的湖南建工集团公司合规实践的考察不难发现，合规实践也大致遵循“三大支柱”这一基本架构。

【关键词】

合规计划　有效性标准　最佳实践

【思维导图】

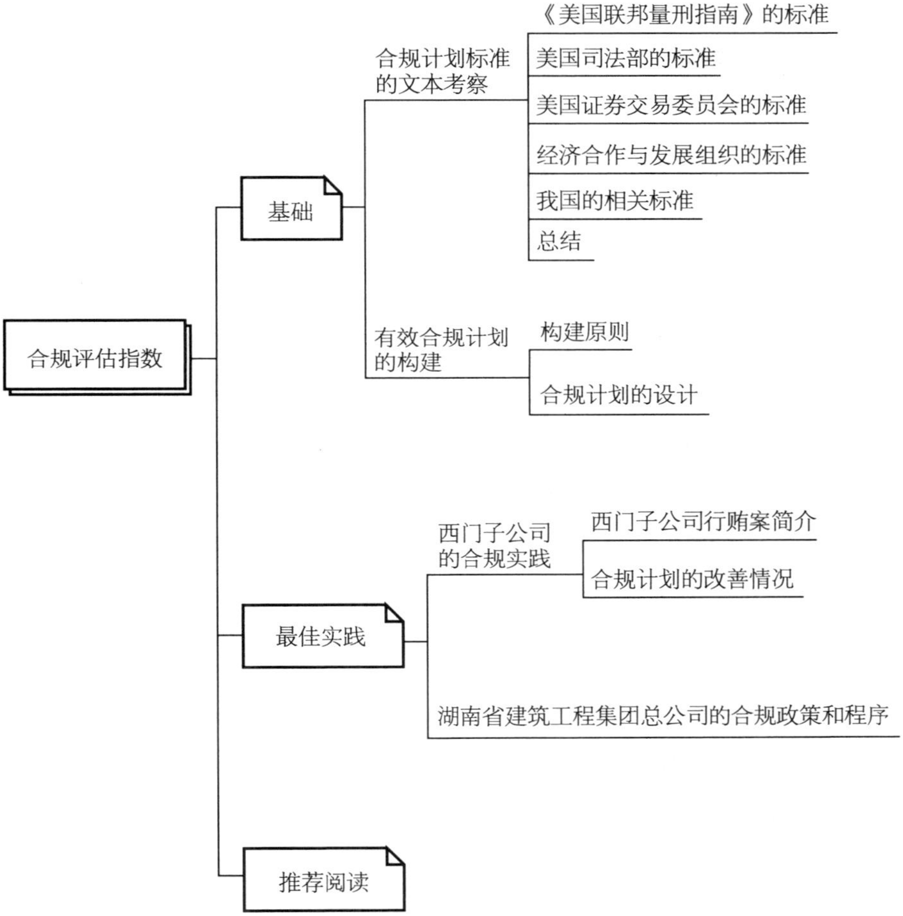
合规评估指数
基础
合规计划标准的文本考察
《美国联邦量刑指南》的标准
美国司法部的标准
美国证券交易委员会的标准
经济合作与发展组织的标准
我国的相关标准
总结
有效合规计划的构建
构建原则
合规计划的设计
最佳实践
西门子公司的合规实践
西门子公司行贿案简介
合规计划的改善情况
湖南省建筑工程集团总公司的合规政策和程序
推荐阅读

第一节 基础

一、合规计划标准的文本考察

（一）《美国联邦量刑指南》的标准

《美国联邦量刑指南》(以下简称《指南》)虽然提出了合规计划的概念,但是实际上并没有将什么是有效的合规计划这样的问题彻底解决。《指南》1990年草案首次细化了有效合规计划,列举了有效合规计划的4个组成部分:首先,企业应当设定关于员工的行为标准、规则、程序的政策;其次,这样的政策应当通过一定的方式,如培训、出版物使得员工了解到这样的政策;再次,企业应当通过正当程序确保其政策得到遵守,如通过监控系统和报告系统发现员工的违法行为等;最后,这样的政策应当得到有效的执行,如通过内部惩戒机制进行治理。[1] 该草案尽管列举了合规计划的四大构成要素,但这样的标准实际上并不能对企业形成有效的指导,而且随着实践的发展,对于什么是有效的合规计划在司法认定中成为一个主要的问题,因为这涉及是否起诉以及是否减轻刑罚的问题。为了解决这个问题,《指南》2004年修正案细化了合规计划的构成要素,规定了评估一个合规计划有效性的7个标准:(1)确定特定管理人员了解合规计划并对其进行合理的监督;(2)切实地配置职员负责合规计划的日常运行并直接将相关情况报告给具有监督职责的高级职员;(3)对执行合规计划的职员以及企业员工进行合规培训;(4)对合规计划的有效性进行定期的监督和审计;

---

〔1〕 See Jeffrey M. Kaplan & Joseph E. Murphy, Compliance Programs and the Sentencing Guideline: Preventing Criminal and Civil Liability, Thomson Reuters, 2013, p. 59.

(5)设置一个对犯罪行为的匿名举报系统，并使得举报者消除被报复的恐惧；(6)坚持对合规计划的执行，包括对不遵守计划者的惩戒；(7)对违法行为及时、适当地反应并采取适当的措施预防相关犯罪的再次发生。[1] 这一标准在量刑委员会公布的2018年指南手册中进行了进一步的细化，主要包括7个要素：[2] (1) 确立预防和发现不法行为的规范和程序；(2)第一，组织管理机构应该熟知合规及伦理计划的内容和运行状况，并对计划的有效运行进行监督；第二，组织高层人员应该按照量刑指南的标准建立有效的合规及伦理计划，并由高层专职人员对此负责；第三，负责合规的人员应该逐日对合规情况进行监管并定期向组织高层报告合规情况，如有适当的机会，向主管部门或者其隶属机构报告合规及伦理计划的执行情况及有效性；为了有效执行该任务，特定员工应该被提供充足的资源和权威，直接向相关部门报告合规情况；(3)组织应尽其所能确保其所知道或者通过特定程序应当知道的曾经实施过不法行为或者其他不符合合规行为的员工不被雇佣到合规部门；(4)组织应当采取必要措施，包括组织培训以及其他适当的传媒措施，定期就合规及伦理计划的标准、程序及其他方面与监督机构职员、高层职员、普通员工以及组织代理人进行沟通；(5)组织应当采取适当措施保证合规及伦理计划得到遵守，对犯罪行为进行监督核查，对计划的有效性进行评估，建立匿名举报机制以消除员工对报复的担忧；(6)组织的合规及伦理计划应当通过适当的奖励机制及惩罚机制对合规行为进行奖励，对犯罪及其他不合规行为进行惩戒，从而使计划得到加强；(7)犯罪行为被发现之后，组织应当迅速采取措施对此进行反应，并通过对合规及伦理计划的适当修正预防类似行

---

〔1〕 See U. S. Sentencing Guideline Manual §8B2.1 (b) - (c) (2004). 量刑委员会在评论部分对于上述标准进行了扩大的解释，例如，关于企业规模与合规计划的制定的问题，即企业规模直接影响企业合规计划的正式程度，一个大型企业应该具有纸面的计划程序，而小型企业可能不需要如此正式，而大型企业也需要对于员工进行正式的培训，这一点小型企业也随意很多，关于小型企业的合规计划的问题在后文中会逐渐提及。

〔2〕 See U. S. Sentencing Guideline Manual §8B2.1 (b) (2018).

为的再次发生。

（二）美国司法部的标准

美国司法部关于什么是有效合规计划的问题有过不同的标准，但是为学者所乐道的是 2003 年的“汤普森备忘录”（Thompson Memorandum），它为检察官是否起诉企业提供了一个参考标准，众多的标准主要包括企业的犯罪历史、犯罪的性质以及严重程度、企业是否存在有效的合规计划等。[1] 对于什么是有效的合规计划，该备忘录并没有给出如《指南》那样具体的标准，仅在“一般原则”中进行了原则性的概述，而在“评论”部分进行了描述性的说明。该备忘录首先强调了合规计划应当通过企业员工进行内化，甚至成为企业文化的一部分，否则不足以认定合规计划的有效性，即合规计划不应该是仅仅停在的纸面的装潢。合规计划应该适当地设计使得计划最大限度地起到预防和发现违法行为的作用。在此基础上，合规计划应该得到有效的实施，但是这种有效性不能因为个别员工实施了部分为企业利益的犯罪行为就得到否定。事实上，《指南》对于这一点也有说明，这是建立在对犯罪不可完全消除的犯罪规律的正确认知的基础上作出的一个说明。为了评估合规计划是否有效，检察官可以通过以下问题进行确证：企业的管理人员是否对合规计划特别建议的行为进行独立的监督；是否设置了内部审计系统对企业的交易活动进行独立的评估；是否具有内部报告系统使得企业管理人员及时、准确地了解企业的合规情况；企业合规计划本身是否强调针对企业特殊的性质而容易发生的犯罪行为；企业员工是否知晓企业的合规计划并确信它是企业价值和管理的反映；企业是否配置了足够的合规人员进行审计、记录、分析并充分利用这些合规信息。[2]

---

〔1〕 Thompson Memorandum, p. 3.

〔2〕 Thompson Memorandum, p. 8 – 11.

美国司法部关于合规计划有效性的认定，除了上述“汤普森备忘录”有说明之外，在检察官与当事企业达成的暂缓起诉协议中也有所体现。例如，在美国司法部与 Merrill Lynch & Co. Inc. 达成的暂缓起诉协议中就要求企业建立一系列的合规措施，具体包括：建立一个委员会对特定的高危险领域的交易进行审查；禁止任何的口头交易，使得内部及外部的律师、会计师以及管理者知晓交易情况；给予企业内部的合规人员对于受到委员会审查的交易的绝对否决权；协议还强制企业建立一系列的培训、匿名举报以及反报复条款以保证新的规程有效地传达到员工并融入企业之中。[1]

（三）美国证券交易委员会的标准

证券交易委员会的合规标准类似于司法部，并没有像《指南》那样明确的标准，而多体现在个案中的判断。美国证券交易委员会关于合规计划的最详细的陈述是在 2001 年的一个执行和解批准命令上，它设定了关于合规计划和自我报告认定应该考虑的标准。与司法部的暂缓起诉协议中对合规计划的描述具有相似性，它多采用问题式的方式判断一个合规计划是否有效。相关的问题主要是：企业主要采取了什么措施去预防犯罪；在犯罪行为被发现之后多久进行了有效的反应；企业为了了解违法行为采取了什么措施；企业是否立即制止了违法行为；事件责任人是否还就职于该企业以及是否还在原来的职位；企业是否立即将违法行为公之于公众、管理者；企业是否迅速、充分地了解了事实的真相，对事情的性质、范围、起因以及结果是否进行了彻底的检查；企业是否采取了积极的措

---

〔1〕 具体可参见美国司法部与 Merrill Lynch & Co. Inc. 达成的暂缓起诉协议：Merrill Lynch Letter, available at：http://www.corporatecrimereporter.com/documents/merill2003.pdf，最后访问日期：2022 年 1 月 29 日。

施预防类似的行为再次发生。[1]

（四）经济合作与发展组织的标准

上述三个标准都是美国相关部门对有效合规计划的指导意见，其具有明显的区域性，而2010年经合组织的一个标准则是全球性的，虽然它是针对企业反腐败合规提出来的，但是这样的标准实际上已经广泛影响到了其他类型的合规及伦理计划。相较于各个国家自己的合规计划，经合组织提出的合规标准具有更广泛的适应性。具体来讲，它首先规定了合规计划设立的一般原则，即合规计划应当适应企业自身的规模以及特殊环境，并建立在对企业风险评估的基础之上，合规计划还应定定期进行重新评估，以测评其有效性。在此基础上，经合组织发布的《内控、道德与合规最佳实践指南》还具体地列举了合规要素，具体包括：具有负责企业合规的专门的管理委员会；企业应当有明确的反腐政策并明确这样的理念，即合规是每个企业职员的责任；企业高级职员具体负责合规管理并可以直接报告给企业的主管部门（如审计委员会），同时强调合规官充分的自主权和权威；应当对第三方说明其守法的决心并谋求相互的守法承诺；内部控制应当确保相关记录的公正和准确性；定期的合规沟通和培训；对合规计划的积极鼓励和支持；企业职员，不分职位高低，如果违法或者违反合规计划均应受到惩戒；建立匿名举报系统，对举报者的保护机制以及对举报的处理机制，即举报受理后的调查以及采取相关措施防止类似行为的再次发生；对合规计划的定期的评估。[2]

---

〔1〕 Securities and Exchange Commission, Accounting and Auditing Enfoecement Release No. 1470, oct. 23, 2001, available at: http://www. sec. gov/litigation/investreport/34 –44969. htm，最后访问日期：2022年1月29日。

〔2〕 OECD, Recommendation of the Council for Further Combating Bribery of Foreign Public Officials in International Business Transactions, at: http://www. oecd. org/daf/anti-bribery/anti-briberyconvention/44176910. pdf，最后访问日期：2022年1月24日。

（五）我国的相关标准

我国企业在海外经历了诸多合规经营风险之后，国家逐步开始重视企业的合规管理。为此，国家发改委等七部委联合发布了《企业境外经营合规管理指引》（以下简称《境外合规指引》）；国资委印发了《中央企业合规管理指引（试行）》（以下简称《央企合规指引》）。这两个规范文件并未正面回应什么是有效的合规计划，归纳起来，标准的合规计划包括如下要素：（1）合规管理的独立性与全面性（《境外合规指引》第5条；《央企合规指引》第4条）；（2）合规风险的识别（尤其是重点领域或海外经营风险）以及合规机制的建立（《境外合规指引》第11、23、24条；《央企合规指引》第18条）；（3）合规机制的有效运行，尤其需要强调高层、合规委员会以及其他相关责任人员的合规责任的落实（《境外合规指引》第10、11条；《央企合规指引》第5～11条）；（4）风险发生后的有效应对，包括相关人员的惩戒以及对合规机制的完善（《境外合规指引》第21、27、28条；《央企合规指引》第21、22条）。总体来说，《境外合规指引》与《央企合规指引》对合规管理作了框架性规定，这一点值得肯定；另外，两个文件的规定缺乏体系性，因此需要参照其他国家的合规立法文本以及在其指导下广泛展开的合规实践，进一步做体系化、细化处理，以合理引导我国企业合规管理实践。

（六）总结

对于如何评估合规计划，或者什么是有效的合规计划的问题，从上述有关机构的设想可以看出，其实并没有一个统一的标准，从司法实践来看也多由法官根据当事企业的具体情况进行具体判断，但是总体来看主要包括以下两个方面。

第一，从一般标准讲，合规计划必须充分地显示企业尽职预防和发现违法犯罪行为的决心，这主要通过合规计划的合理设计，充分实施和执行得以体现。

第二，从具体标准看，《指南》的7个步骤基本上可以涵盖有效合规计划的主要要素：企业应该具有可以有效减少犯罪的合规标准和程序并使员工得以遵守执行；企业高层必须对上述合规标准和程序进行监督；合规职权不应该被授予那些具有违法倾向的员工；企业应该通过特定措施，如培训的方式使得员工充分了解合规的标准和程序；企业应该采取措施实现企业合规，如通过监控系统和审计体系对企业内的违规行为进行监督并设置匿名报告系统，消除报告者的忧虑；合规标准应该通过内部惩戒机制得到切实的维护；企业内部的违法犯罪行为一旦被发现，企业应当立即反应并采取措施对原来的合规计划进行修改完善，预防类似行为的再次发生。在这些程序中，具体制度的设计则要参考企业的规模、企业的性质以及违法犯罪历史。企业规模的大小直接决定合规计划正式与否，一般来讲大型企业具有雄厚的人力、物力，因此合规计划一般设计得较为正式，而小型企业则受限于自身条件很难与大型企业相媲美，但是这并不意味着小型企业就没有办法设置合规。企业的性质决定了企业所面临的具体风险，而合规计划恰恰是对这些风险的防御，因此企业的性质也是合规计划设计中必须参考的一个因素。企业的违法犯罪历史也是合规计划设计中重要的参考因素，因为企业的违法犯罪历史与企业性质一样，规定了企业合规计划的重点，使得合规计划有的放矢。

二、有效合规计划的构建

（一）构建原则

对于有效合规计划的构建问题，首先需要明确一点，即合规计划是一系列的企业内部控制措施，制度初衷在于通过企业自身进行犯罪预防，因此一系列的制度设计都不能脱离这样的制度初衷。在此基础上，具体的合规举措因企业而异，遵循合规构建的个别化原则，但是均应该满足《指南》中的最低要求。例如，食品加工生产企业以及化工企业的合规计划与金融行业的合规计划就应该各有侧重，食品加工产生企业以及化工企业均关涉公众的生命和健康，因此对该种企业的合规设计首先就应该重点预防食品安全的犯罪和环境犯罪，在这方面设置较高的标准，并对员工的合规情况进行切实的监督，而金融行业的合规则应放在诸如洗钱犯罪、违规发放贷款犯罪以及贷款诈骗罪等最为常见之犯罪。在弄清楚侧重点之后，根据企业的具体环境进行具体的制度构建。[1] 另外有一点需要注意，即合规计划将来有可能作为一个量刑的减轻证据出现在司法机关以及公众面前，因此它必须具有可理解性从而能够成为诉前阶段和量刑阶段的参考因素。[2]

（二）合规计划的设计

为实现企业内部对法律的遵守，我们必须构造一个有效的合规计划，而由立法者规定这样一个详尽的计划是不现实的，并且，这也不符合对自我规制的目的。因此，从国家的层面来说，只能对这样一个计划的基本框架进行规定，使之适用于任一领域的企业。

总体来说，一个合规计划需体现两大要素，这两大要素均需服务于更高的目的，即对法律的遵守。这两大要素分别为预防违法行为与发现可能的违法行为。在预防方面，其主要体现为减少有益于违法、加强有益于守法的因素。因此，在这方面，极为重要的一点是，将伦理因素纳入合规计划中，因为从原则上来说，合伦理行为的加强将有益于对法律规范的遵守。当然，只要法律没有将伦理道德规定为一项义务，国家就不能将伦理道德认定为义务。然而，这里所说的伦理道德义务并不意味着需要为企业课以一项具体的道德义务，而仅在于由企业建立

---

〔1〕 See Swensen & Clark, *The New Federal Guidelines*: *Three Keys to Understanding the Credit for Compliance Programs*, Corporate Conduct Quarterly, Winter, 1991, p. 1 – 2.

〔2〕 See Richard S. Gruner, *Corporate Crime and Sentencing*, The Michie Company, 1994, p. 869.

一个道德基准，以便使企业在日常运营中能体现道德行为之于守法这一目的的益处。一个有效的合规计划并非规范化的组织模式，而是一个以行为为导向的工具。在该工具中价值观和道德观均至关重要。因此，合规计划并不仅在于监控模式的建立，还在于建立一个必要的激励机制并为企业员工创造一个“积极”的氛围。与之相反，在发现违法方面，组织结构上的构建更为重要，这使得发现违法更为容易，而掩盖违法更为困难。

具体来说，一个有效的合规计划需建立在三大支柱之上：第一大支柱是一些分析需求、创造实施可能性的基本结构。第二大支柱包括在企业中落实合规指令的一些关键性措施。第三大支柱即为实施并进一步发展合规计划的一系列特殊措施。

1. 第一支柱：认识—确定—结构化〔1〕

(1) 风险分析和风险评估

合规计划的基础是对企业中具体的实际风险及相应法律风险的分析，而这里所说的风险主要指刑法与行政法上的风险。因此，首先需针对企业结构和企业经营范围建立相应的风险清单，清单上的风险需来自对企业目的及企业当下和未来战略方向的考虑。对于企业的法律风险，其主要为国内法和跨国法相关法规的分析，继而对其意义、可能危害的类型、范围及频发性进行评估。该评估使高风险领域得以识别、风险顺序得以确立。风险分析与评估必须长期进行，以便可以应对相应的变化。

(2) 以书面形式确立需遵守的规定与企业价值

在风险分析的基础上，企业的领导层还需将需遵守的规定以书面的形式确立下来。此外，还需要注意对企业价值、文化的确定和强调。这些法律与道德上

〔1〕《合规标准》4.6 对风险识别和评估问题作出了规定，4.5 对合规义务的具体内容进行了明确规定，4.4 对合规管理体系作出了规定，体现出了合规管理的结构化要求。也就是说，本部分的论述契合了合规管理体系的国际标准。

的规定应当与企业战略及营业目的相适应。首先,这些规定需以一般条款的形式拟定,以便可以既简明扼要又可以为整个企业所适用。其次,这些规定亦需详尽,且要以令所有员工皆清晰明白何规定对何行为作出何种要求的形式,这可以通过对具体利益冲突的详尽描述或案例来实现。

(3)创造一个合规组织

在企业中需建立一个合规组织,该组织负责合规任务的实现并具有相应的落实权限。根据企业大小的不同,合规机制可以千差万别。对于规模较小的企业来说,合规任务可以由个别人实现,如总经理或董事;对于规模较大的企业来说,一个分工明确的专门化组织是必须的。因此,下述对各个小点的分析均特指有相应复杂组织的大企业。

合规是企业整个领导层的任务,诸如确立合规守则之类的决定只能由全体作出,而不可委派给他人。而与之相反,在企业运营中,可以从领导层中选出一位合规负责人,其作为合规问题的最高负责人和联络人,负责向整个领导层报告合规问题并为相应决议做准备。[1] 此外,还需要建立一个独立于企业其他部门的合规部门,该部门包括一个独立的部门领导(chief compliance officer)。在股份有限公司中,首席合规官的主要工作在于对企业董事会负责,或必要时对董事长负责,在该部门中还有一些专门的工作人员,即合规官(compliance officer)。在企业运营过程中,他们需要具体落实合规任务。该部门及其雇员的任务、主管领域、权限需要明晰地进行界定。根据企业组织和规模大小的不同,企业还可以在各个分区设立区域合规部、分部等。无论如何设立企业合规部门,关键在于,企业的合规组织可以切实落实整个企业的合规指标,而要实现这一点,需为合规组织保证充足的人力与物质资源,最重要的是,足够的独立性和权威。

[1] 但这并不意味着,企业的其他领导人员便免除了合规的义务,他们仍有诸如监督的义务,只是,他们对日常合规工作的责任范围相对减小了。

2. 第二支柱:传达—促进—组织[1]

(1)交流与传达合规标准

合规标准需传达至每个雇员,以使其明晰在个人具体的工作领域什么法律与伦理指标是相关的以及应如何遵守。要实现这一点,首先应当公布合规守则;其次还应通过特别培训等方式不断向雇员传达合规及其落实的相关内容。这个过程中,重要的不仅仅是向雇员传达合规的专业知识,更多地需要在雇员当中树立遵守法律与伦理守则的意识。另外,需要定期对雇员的学习成果进行检测。检测可通过反馈问题、问卷等方式进行。通过这类方式可以了解合规标准的传达是否有效。

(2)促进对合规计划的遵守

企业需要通过个别措施促进员工对合规指标的遵守。这类措施中一项重要的措施为企业领导层对遵守合规规定的承诺,且该承诺需是长期的。该承诺可通过讲话、书面通知、员工谈话等方式实现。这类承诺还需体现在企业经营管理与领导层决策之中。另外,还需要采取特殊措施,以帮助员工实现守法,如为员工创造机会使其获得充分的合规信息。要实现这一点,可以在企业内部网络中建立一个平台或者一个专门的电话合规帮助专线,也可以在各部门中特别建立相关咨询处或者开放咨询时间。除此之外,还可以将合规规定作为人事管理的一部分。首先,可以通过书面的方式对雇员课以遵守合规规定的义务,这可以使雇员意识到合规的重要性;其次,可以将合规引入薪酬结构当中,即具体合规目标的实现可以作为获得灵活薪酬的条件之一,尤其在领导阶层,薪资构成中灵活薪酬可以占据较大比例,通过这种激励方式,可以为合规规定的切实落实提供支持;最后,在任命雇员具体职位时,无论是新录用还是企业内部职位调整都需要

[1] 《合规标准》7.2 对合规标准的传达问题作出了规定,5.1 对领导承诺等促进措施作出了规定,5.3 体现了对合规计划的促进和实现合规流程化的组织措施这些要素。也就是说,本部分的论述契合了合规管理体系的国际标准。

考虑合规的问题。在任命雇员时需对其进行合规筛选,根据该职位潜在风险的大小,可对筛选的严格程度进行调整。筛选主要是为了判断该雇员是否适宜担任该职位,而其判断标准主要为相关犯罪记录及其对合规守则的看法等。

(3)实现合规流程化的组织性措施

对合规指标的遵守可通过组织性措施得到保障,这类措施主要是为了预防违法,减少违法机会,同时亦使得违法行为的发现更为容易。为实现这些目标,一般会选择可被纳入日常工作中的措施,这样可以使这类措施发挥长期的作用。风险不同,这类措施的实施程度亦不同。具体地讲,可以引入合规报告的模式,对合规计划实施的不同阶段建立有相应联络人的报告途径,对其课以报告义务。对领导阶层应采取一些特殊措施,因为只有少数更高级别的领导才可以查看并监控他们的行为。这些措施包括明确的职能分工、风险领域严格的信息分离等。此外,为确保对法律的遵守,还可以建立一个特殊的合规委员会,领导人员需定期向该委员会报告情况。除前述措施外,还应经常对遵守合规指令的状况进行检查。这类检查一方面需定期进行,另一方面亦需进行不定期抽查,为了保证这类检查的有效性,还需要确立检查的方式和标准。该检查体系亦包括员工可对潜在的违法行为进行举报。这类报告系统应在允许员工举报的同时,避免其受到上级干涉,以便一个独立的检查监控体系得以实现。该系统至少应当保证举报者不会受到来自其他方面的压力。同时,接受举报的部门还应对所获信息进行审查,以排除错误举报。匿名举报的措施并不应全然被排除,但是由于缺乏再次询问的可能,所以它不应当作为标准措施得到提倡。在匿名举报的情形下应当通过特殊方式保证举报的可信度,以实现对可疑内容的审查,只有这样才可以避免错误举报。

3. 第三支柱:反应—制裁—改进[1]

(1)违法事件发生时程序的确立

针对可能违法的情形还应采取进一步的行动,包括确定何人在何时被以何种方式在何种程度上被调查过什么,其结果被如何记录,何人被通知了该项结果。这些信息的确认方式如下:一方面应当客观说明实际情形,另一方面还需保障当事人的人权。此外,在这类情形下,还应当全面地向企业领导层报告这类事件及其调查程度,以便可以在企业中说明该类事件的结果并为进一步行动确立方针。针对涉及领导人员的事件,还需保证调查独立公正地进行,以避免这类领导人员对调查施加影响。在这类调查中,必要时需引入企业外部独立的调查员,如律师等。

(2)确立制裁的标准

企业需要针对确定违反合规指令的行为采取措施。该类措施需根据违法程度与影响分为不同的级别,包括纯口头训诫、警告、降职及在情况严重时做出开除处理。制裁标准的确定对合规的促进极为重要,客观上对员工合规也是一种心理的威慑。

(3)持续评估和改革方案

企业需要规定对合规计划进行定期审查,尤其是在违法事件发生的情形下,需对合规计划的有效性进行审查。对审查的方式、时限、需投入的资源、信息收集的方式及评估的方式都应明确规定。此外,还需定期引入企业外部的审查员,以实现对合规计划客观独立的评估,这就是所谓的"外部基准化分析法"(external benchmaking)。在发现问题后,应当对合规计划进行改进,完善合规计划,这一点在不同机构的合规标准中都有要求。

[1] 《合规标准》10.2 对违规行为发生时的反应、纠正措施作出了规定,10.1 对合规管理体系的适配性、充分性和有效性的改进问题作出了规定。也就是说,本部分的论述契合了合规管理体系的国际标准。

第二节 最佳实践

一、西门子公司的合规实践

（一）西门子公司行贿案简介

2006年9月，意大利检察机关率先对西门子公司进行了调查，随后瑞士、德国、美国等多个国家开始调查西门子公司全球行贿的案件。最终调查发现，西门子大约有15亿欧元的可疑支付。据此，慕尼黑地区法院对西门子公司处以2.01亿欧元的罚款，多位高管受到刑事追诉。在美国，西门子公司与美国司法部达成认罪协议，支付了共计4.5亿美元，并完善合规计划。

（二）合规计划的改善情况

总结起来说，西门子公司的合规努力包括以下几个方面：第一，展开广泛的内部调查。为了提升内部调查的效率，西门子公司还制定了“大赦”和宽大处理方案。第二，保存证据。第三，在广泛内部调查的基础上，与外部执法机构充分合作。第四，完善合规计划，包括更换领导层，改革并扩大合规组织，发布新的反腐败合规政策，成立专门工作组，专门负责全面实施新的合规政策，基于以往经验，加强对业务顾问的审查和批准程序，加强对公司资金的控制，集中和减少公司银行账户的数量以及向第三方支付的款项。通过以上努力，西门子公司的合规体系得到显著加强，目前已经形成了防范、监察、应对的三大模块（如图21-1所示）。

防范措施：合规风险管理、政策和流程、培训和沟通、建议和支持、与人事流程相结合、联合行动。

检察措施:举报渠道“Tell us”和全球特派调查官、合规控制、监督与合规审查、合规审计、合规调查。

应对措施:不当行为的后果、整改、全球案例追踪。[1]

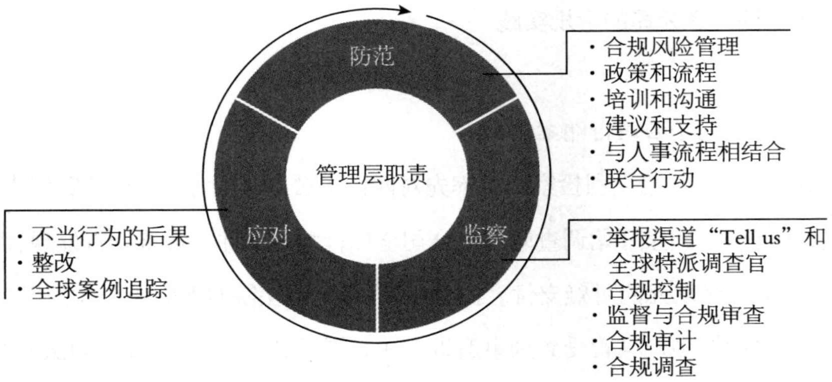

图 21-1　西门子合规体系

二、湖南省建筑工程集团总公司的合规政策和程序

湖南省建筑工程集团总公司(以下简称湖南建工)是一家中国 500 强大型国有企业,曾因竞标欺诈,被世界银行作出“附解除条件的取消资格”的制裁。为了满足世界银行的诚信合规要求,并顺利解除制裁,湖南建工完善了自己的诚信合规体系,并于 2017 年 6 月 29 日被世界银行解除制裁。通过浏览器官网,[2]可以大致总结出,湖南建工的合规体系主要包括以下几个方面。

第一,确立风险评估机制。合规委员会应当至少每年一次对集团的合规风

〔1〕 参见张远煌等编著:《企业合规全球考察》,北京大学出版社 2021 年版,第 257~260 页。

〔2〕 参见《湖南省建筑工程集团总公司诚信合规政策和程序》,载 http://www.chceg.com/Info.aspx? ModelId=1&Id=3803,最后访问日期:2022 年 3 月 6 日。

险进行评估，对集团的每个部门和子公司进行风险等级分类。在评估合规风险时应当考虑总公司、每一个子公司或分公司、每个部门的规模、业务领域、经营地点及其他特殊因素以及对本政策的执行情况。对于海外子公司和项目的风险评估还应考虑当地的法律和政治环境、腐败程度等，并应参考透明国际组织发布的各国腐败指数。

第二，基于风险评估，确立了禁止行为清单，并规范了涉及政府官员的支付行为。例如，禁止回扣、贿赂、欺诈、串通及施加压力；在涉及政府官员时，应特别严格地遵守集团的禁止性规定，严禁集团的任何组织和员工为取得或维持业务而直接或间接地向政府官员行贿或作出提供贿赂的任何承诺和支付。

第三，建立合规委员会，聘用首席合规官，并明确各自的职责。集团设立诚信合规委员会，作为合规政策的议事机构，对董事会负责。董事会任命一名首席合规官，作为合规事务的具体执行负责人。合规委员会和首席合规官都有明确的职责分工。

第四，合规培训。通过合规培训，确保所有员工都了解集团政策，并严格遵守集团的行为准则。

第五，通过合规工作审查、评估和审计，沟通和报告，促进合规计划的遵守。例如，鼓励员工就有关反贿赂法律、贿赂、促进酬金、招待、礼品和相关事宜的问题或疑问与首席合规官进行讨论，在遇到"可疑情况""危险信号""可疑行为"及任何可能涉及欺诈、贿赂，其他腐败付款，串通，施加压力或者其他不正当的可疑的事实和情况时，应当通过规定的举报方式进行内部举报。集团也有专门的对举报人的保护政策。

第六，举报的处理、奖励、惩罚以及对合规政策的修改机制。集团员工如有任何违反本政策的行为，根据违规行为的性质，采用影响年度考核或按照《中国共产党纪律处分条例》《湖南省建筑工程集团总公司行政责任追究暂行办法》或其他相关规定给予相应处分直至解除劳动合同，有违法行为的移交司法机关处理。与此同时，根据首席合规官的推荐并由总经理批准，集团将对在合规审计中获得优秀的部门、子公司和员工进行奖励。

通过以上描述不难发现，湖南建工集团的合规计划与相关国际标准，以及通过理论所建构的完整的合规模型，都具有内在一致性。这也在一定程度上说明，上文所建构的理论模型具有适用性。

第三节　推荐阅读

李本灿：《企业视角下的合规计划建构方法》，载《法学杂志》2020 年第 7 期。

李勇：《涉罪企业合规有效性标准研究：以 A 公司串通投标案为例》，载《政法论坛》2022 年第 1 期。

李玉华：《有效刑事合规的基本标准》，载《中国刑事法杂志》2021 年第 1 期。

周振杰：《合规计划有效性评估的核心问题》，载《国家检察官学院学报》2022 年第 1 期。

第二十二章

合规报告

【导读】

一份合规报告,提供的信息表明组织正在遵守所有适用的监管要求和标准。要创建特定的合规性报告,通常需要从整个组织中收集数据。深入的合规报告是组织衡量当前合规计划的有效性并创建所有必需操作的清单的最佳方式,它也将帮助组织审核合规方法是否全面。合规报告可以指出组织内成功满足合规计划的区域,也可以确定需要投入哪些更多工作以满足适用法规、标准或内部控制的领域。这些信息可以帮助组织就风险管理、资源分配和战略规划等作出更有效的决策。

【关键词】

合规报告　企业规范　风险评估

【思维导图】

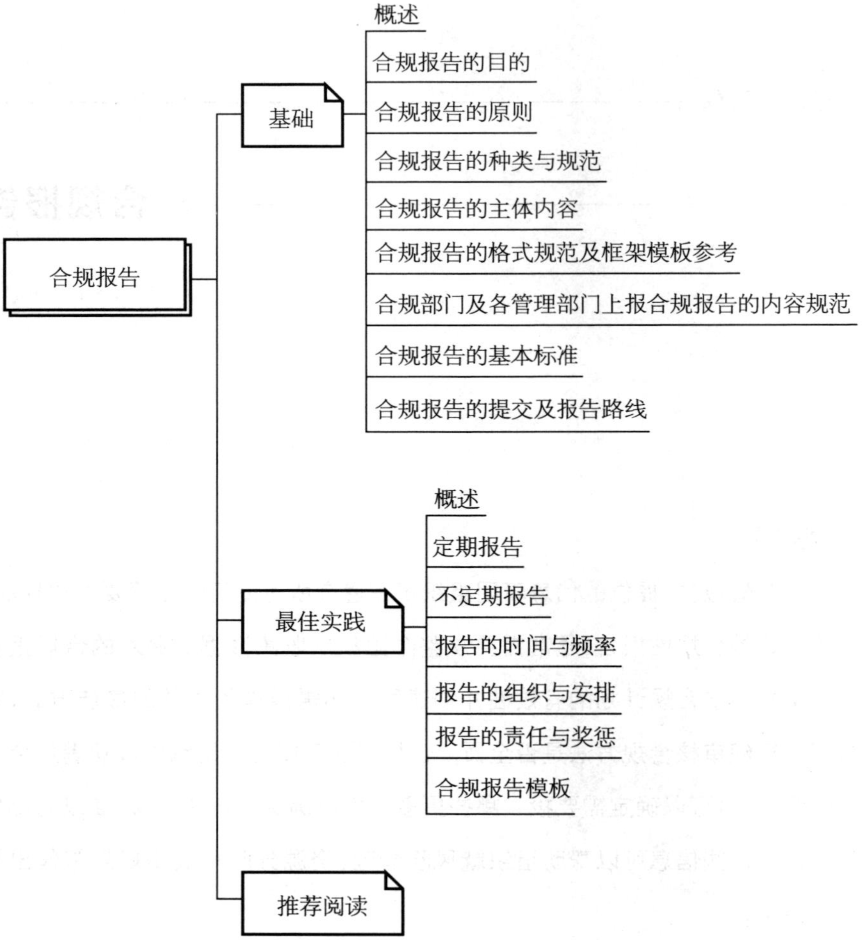
合规报告
基础
概述
合规报告的目的
合规报告的原则
合规报告的种类与规范
合规报告的主体内容
合规报告的格式规范及框架模板参考
合规部门及各管理部门上报合规报告的内容规范
合规报告的基本标准
合规报告的提交及报告路线
最佳实践
概述
定期报告
不定期报告
报告的时间与频率
报告的组织与安排
报告的责任与奖惩
合规报告模板
推荐阅读

第一节 基础

一、概述

合规报告是指报告提交组织向报告接受组织提交的,反映一定时期内的综合合规信息或特定合规事项的一项合规管理活动,是合规管理组织架构中沟通工作信息的重要内容。合规报告应遵循及时、全面、完整、真实、准确等原则。

一份合规报告,提供的信息表明组织正在遵守所有适用的监管要求和标准。要创建特定的合规性报告,通常需要从整个组织中收集数据。创建报告的人还必须具备所审查的特定业务运营方面的专业知识以及相关合规计划中涉及的法规。

合规报告可以发送给几个不同的受众——董事会和高级管理人员、外部审计师和监管机构、业务合作伙伴等。接收报告的受众取决于报告的具体重点以及报告是面向内部的还是外部的。

深入的合规报告是组织衡量当前合规计划的有效性并创建所有必须操作的清单的最佳方式,它也将帮助组织审核合规方法是否全面。合规报告可以指出组织内成功满足合规计划的业务领域,也可以确定需要投入哪些更多工作以满足适用法规、标准或内部控制的领域。这些信息可以帮助组织就风险管理、资源分配和战略规划等作出更有效的决策。

完善合规报告制度,发生合规风险事件时,合规管理牵头部门和相关部门应当第一时间向首席合规官报告,重大合规风险事件应当在 7 个工作日内向国资委和有关部门报告,后续有关进展和处置情况要及时报告。

合规管理牵头部门于每年年底全面总结合规管理工作情况,年度报告经董事会审议通过后及时报送国资委。[1]

二、合规报告的目的

组织应建立、实施和维护合规报告程序，以确保：[2]

1. 明确适当的报告标准；

2. 确定定期报告的时间表；

3. 实施异常情况报告系统以便于临时报告；

4. 实施确保信息准确和完整的系统和程序；

5. 向组织中合适的职能部门或系统提供准确和完整的信息，以便及时采取预防、纠正和补救措施。

合规职能部门向治理机构或最高管理层提交的任何报告均应受到充分保护，以防被修改。

三、合规报告的原则

（1）及时性：发生合规事项时，报告应及时调查核实且在规定时限内及时提交报送。

（2）真实性：合规报告反映的事项状况应当真实、客观，不得隐瞒或故意掩饰修改。

（3）准确性：报告应如实、准确反映合规管理情况，陈述客观实情。

（4）全面性：报告应覆盖组织各级机构的各类合规管理工作情况以及合规风险状况。

（5）规范性：报告应按照规定的要素、格式、频率和路径报送，内容完整，形

〔1〕 参见《中央企业合规管理办法》（公开征求意见稿）第27条【合规报告】。

〔2〕 参见《合规标准》。

式规范。

(6)有效性：对于报告反映的情况和问题，责任机构需要及时采取合理的整改措施，以有效降低和化解合规风险。

(7)保密性：接触合规事项的人员均严禁将报告内容及相关信息向报告路线以外的人员泄露。

应将规章制度的修改、补充、废止及清理等情况和合规管理工作中好的做法、经验进行报告。报告主要包括以下内容。

(1)报告期内已有规章制度是否覆盖本单位已开办业务，流程和岗位要求与岗位职责是否明确，分工是否合理；各条线的规章制度有无抵触；是否合法合规；是否符合外部监管、行业管理以及自身发展的需要；规章制度缺失情况；规章制度建设规范化情况等。

(2)报告期内具体针对哪些业务，流程和岗位新建了哪些规章制度。

(3)报告期内适应政策，环境以及外部法律法规等变化对哪些已有规章制度进行了修订、完善和废止。

(4)报告期内对集团公司或其子公司等定期或不定期要求开展的制度梳理、修订和完善工作的完成情况。

(5)报告期内外部监管部门和行业管理部门开展检查涉及内部规章制度建设方面存在的问题及相关的整改要求。

(6)对加强规章制度建设方面的建议和要求。

(7)报告期内合规管理工作中好的做法、经验等。

四、合规报告的种类与规范

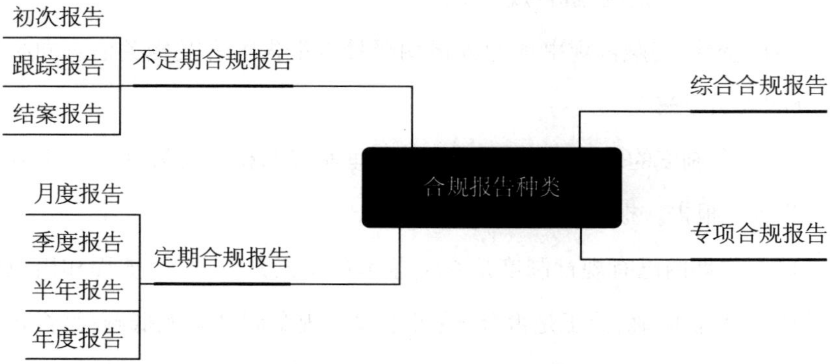

图 22－1　合规报告的种类

根据报告的内容和频率,合规报告一般按照内容划分为综合合规报告和专项合规报告;按照报告的频率或报送时间又可分为定期合规报告和不定期合规报告。

综合合规报告是指全面汇报本机关工作情况,可以和总结工作、计划安排结合起来。要有分析,有综合,有新意,有重点。往往有一文数事的特点。

专项合规报告是指向上级反映本机关的某项工作、某个问题或某一方面的情况,要求上级对此有所了解的报告。所写的报告要迅速、及时,一事一报。呈报、呈转要分清写明。

定期合规报告是指各单位就报告期内本单位的合规现状及变化,规章制度建设与完善,经营管理中的违规事件和主要合规缺陷,合规工作组织与实施,合规工作目标与实现等情况作出的报告,分为月度报告、季度报告、半年报告和年度报告。

不定期合规报告是指各单位在经营管理过程中发生的某一或某类重大突发性违规事件、合规缺陷或重要合规信息以及对外部监管部门检查出具的书面监管意见的即时报告,报告可分为初次报告、跟踪报告、结案报告三个层次。

五、合规报告的主体内容

合规风险评估报告应当至少包括以下内容:

(1)简要总结风险评估过程;

(2)高合规风险业务活动总结;

(3)合规风险业务活动总结;

(4)已经采取的合规措施有效性总结;

(5)差值合规风险总结。

在合规风险评估报告中要避免建议进一步的合规措施,因为评估报告要经过管理层验收后才能作为下一步工作的依据,在风险评估报告中提出合规措施建议会对管理层的判断造成影响,甚至误导管理层认为合规风险都已经有了妥善的应对措施而错过深度检查的机会。

六、合规报告的格式规范及框架模板参考

合规报告可以采用多种形式,包括一般报告中常见的平铺直叙的形式,也可以采用表格等比较灵活的形式。

(一)定期合规报告的格式

1. 标题“某单位某年某季度(或上半年、年度)合规报告”

2. 主送部门

3. 正文

4. 附件(根据实际需要确定)

5. 报告单位(签章)及报告日期

（二）不定期合规报告的格式

1. 标题“某单位某年度不定期合规报告之几”

2. 主送部门

3. 正文

4. 附件(根据实际要确定)

5. 报告单位(签章)及报告日期

以下年度报告模板仅供参考,各类报告还需根据不同的行业、不同组织的实际情况进行调整完善。

×××公司××××年度合规报告

一、合规管理状况概述

二、合规政策的制定、评估和修订

三、合规负责人和合规管理部门的情况

四、公司内部管理制度和业务流程情况

五、重要业务活动的合规情况

六、合规评估和监测机制的运行

七、重大合规风险及应对措施

八、重大合规事件及处理

九、合规培训情况

十、合规管理存在的情况及改进措施

十一、其他

七、合规部门及各管理部门上报合规报告的内容规范

合规报告是一份非常重要的文件，也是会经常性地被使用和引用的文件，因此应当力求中立、无感情色彩。用语方面要准确、直白，避免歧义和被过度解读。

定期合规报告包括月度报告、季度报告、半年报告和年度报告。其中，定期合规报告的正文部分仅针对报告期内规章制度的修改、补充、废止及清理等情况和合规管理工作中好的做法、经验进行报告，主要包括以下内容。

(1)报告期内已有规章制度是否覆盖本单位已有业务、流程和岗位，要求与岗位职责是否明确，分工是否合理；各条线的规章制度有无抵触；是否合法合规；是否符合外部监管、行业管理以及自身发展的需要；规章制度缺失情况；规章制度建设规范化情况等。

(2)报告期内具体针对哪些业务、流程和岗位新建了哪些规章制度。

(3)报告期内适应政策、环境以及外部法律法规等变化对哪些已有规章制度进行了修订、完善和废止。

(4)报告期内对组织定期或不定期要求开展的制度梳理、修订和完善工作的完成情况。

(5)报告期内外部监管部门和行业管理部门开展检查涉及内部规章制度建设方面存在的问题及相关的整改要求。

(6)对加强规章制度建设方面的建议和要求。

(7)报告期内合规管理工作中好的做法、经验等。

此外，半年、年度合规报告正文部分还应包括以下内容。

(1)报告期内的合规状况及变化趋势。具体可从各单位组织的不同业务方面的合规状况进行总体与全面的描述，可采用定量和定性相结合的描述方式。

(2)报告期内发现的重大违规事件、违规行为以及投诉事件，已经或即将采取的纠正措施。

(3)报告期内规章制度的修改、补充、废止及清理等情况(同季度合规报告要求)。

(4)报告期内发现的重大合规缺陷,已经或即将采取的纠正措施,上期合规缺陷纠正情况。

(5)报告期内监管部门和行业管理部门开展各类检查涉及合规方面的问题及相关的整改要求,受到的相关处罚,已经或即将采取的纠正措施以及整改情况,自身组织开展的各类检查涉及合规方面的问题,已经或即将采取的纠正措施以及整改情况。

(6)合规文化建设情况以及对加强合规管理的建议和要求。

不定期合规报告包括初次报告、跟踪报告、结案报告三个层次。正文部分主要针对经营管理过程中发生的某一或某类重大突发性违规事件、合规缺陷或重要合规信息,具体从时间、地点(或环节)、性质、原因、可能造成的损失和影响以及拟采取的纠正措施等方面进行描述和外部监管部门出具的书面监管意见。

初次报告是对合规风险事项的首次报告,其主要内容包括事件的基本情况,已形成的损失、不良影响和后果,事态分析评估及风险预测,已采取的布局措施及结果,下阶段工作的建议等。

跟踪报告是对合规风险事项的情况发生重要变化、处理措施取得重要进展时所做的报告,其主要内容包括事态变化进展情况,已形成的损失和风险隐患、已确定的责任人或责任部门、已采取的补救措施及产生的效果、风险和损失的变化情况、建议措施的调整情况等。

结案报告是对合规风险事项所做的终结报告,其主要内容包括:(1)情况概述,如事件基本情况,发展过程,已造成的损失及不良影响和后果。(2)原因分析,包括发生的事件违反了哪些规章制度,涉及合规管理的哪些薄弱环节、风险因子和漏洞等,规章制度和内控措施是否完善或未有效执行。(3)整改措施,如资产的保全或损失减少,挽回不良影响,建立预防和补救措施,针对风险点和薄弱环节提出整改意见和方法，进一步避免风险事项的发生。(4)责任认定和责任追究。在事件已经分析清晰的基础上，确定造成风险点的各个环节和各个层级的人员及部门应该承担的责任，并且通过直接间接结合、主观客观结合的方式来区别责任的主次和大小，对有关责任人和部门进行责任认定和处理。

八、合规报告的基本标准

治理机构、最高管理者和合规职能部门应当对合规管理体系有最新的和整体的了解，尤其是在偏离合规目标的情况下，汇总、分析公司合规管理情况及合规风险状况，发布合规风险提示。为此，持续监督的结果应当以适当的形式、时期以及频率向相关的职能部门报告。汇总、分析公司合规管理情况及合规风险状况，发布合规风险提示。

只要法律没有规定特别的程序，关于合规监督的报告应该纳入组织的日常报告中。在特定情况下，如果信息量非常大，则应当制作独立的报告。无论如何，不合规报告应当及时和独立制作，尤其是在不合规对组织造成损失或潜在的损失的风险情况下。

另外，评价报告的适当性，尤其是针对治理机构和最高管理者的报告，应该按照所传达的信息是否能够描述合规管理体系的落实情况，以及所确定的目标是否实现来判断。报告应当避免过于细化，对细节掌握的责任，由能够给出说明的合规职能部门和运行部门管理者承担。

为了能够协助治理机构、最高管理者和管理者作出决策，合规报告至少包含以下内容：(1)所有的有义务向监管机关报告的情况；(2)合规义务及其影响的变化情况；(3)不合规行为、没有被遵守的合规管理体系措施以及所有的(纠正)措施；(4)监督活动和(内部的和外部的)评审结果，包括策划的和实施的纠正措施。

九、合规报告的提交及报告路线

一个组织能够拥有完善合理的合规报告路线,并不断优化改进合规报告要素和报告方式是组织内部提高工作效率的重要环节。

企业合规部的汇报路线通常有两种模式,一是垂直汇报路线,二是双线汇报路线。欧洲企业集团和我国企业(包括商业银行、保险公司、国有企业等)更多采用双线汇报路线。双线汇报路线是各类业务管理部门应向所在部门负责人和合规管理部门同时提交报告。总公司法律合规部向公司高级管理层报告,同时按照监管、股东方要求履行内部审批程序后向监管部门及股东方报告。分公司合规部向分公司负责人报告,同时向总公司法律合规部报告。[1]

第二节 最佳实践

一、概述

以某股份制金融机构不同类型合规报告为例,将规章制度的修改、补充、废止及清理等情况和合规管理工作中好的做法、经验进行报告。主要包括以下内容。[2]

(1)报告期内已有规章制度是否覆盖本单位已开办业务,流程和岗位要求与岗位职责是否明确,分工是否合理;各条线的规章制度有无抵触;是否合法合规;是否符合外部监管、行业管理以及自身发展的需要;规章制度缺失情况;规章制度建设规范化情况等。

---

〔1〕 参见《企业合规师手册》第五章:合规组织之企业合规部汇报路线。

〔2〕 报告模板仅供参考,各类报告还需根据不同的行业、不同组织的实际情况进行调整完善。

(2)报告期内具体针对哪些业务,流程和岗位新建了哪些规章制度。

(3)报告期内适应政策、环境以及外部法律法规等变化对哪些已有规章制度进行了修订、完善和废止。

(4)报告期内对集团公司或其子公司等定期或不定期要求开展的制度梳理、修订和完善工作的完成情况。

(5)报告期内外部监管部门和行业管理部门检查涉及内部规章制度建设方面存在的问题及相关的整改要求。

(6)对加强规章制度建设方面的建议和要求。

(7)报告期内合规管理工作中好的做法、经验等。

二、定期报告

各级业务或者管理部门应当在每月度、季度、半年度和年度结束后向本公司合规管理部门提交月度、季度、半年度和年度合规报告。其中,公司各部门向公司合规管理部门提交月度合规报告的时间通常为该月度结束后 10 个工作日内,提交季度合规报告的时间通常为该季度结束后 15 个工作日内,提交半年度和年度合规报告的时间通常为该半年度或年度结束后 30 个工作日内。

公司的合规管理部门或合规岗位应当在每月度、季度、半年度和年度结束后向上一级合规管理部门或合规岗位提交月度、季度、半年度和年度合规报告。各子公司合规管理部门向集团公司合规管理部门提交月度合规报告的时间通常也为该月度结束后 10 个工作日内,提交季度合规报告的时间为该季度结束后 15 个工作日内,提交半年度和年度合规报告的时间为该半年度或年度结束后 30 个工作日内。

集团公司合规管理部门在每季度结束后 30 个工作日内向集团公司合规负责人提交季度合规报告;并在每半年度和年度结束后 60 个工作日内向集团公司合规负责人提交半年度和年度合规报告。

三、不定期报告

合规报告原则上采用书面和电子介质形式。对于重大突发性违规事件，各单位可先口头报告，后补充提交书面报告，并通过办公系统报送电子版报告。合规报告的文字与排版要求同公文格式。

四、报告的时间与频率

基层分行及各管理部门定期合规报告的季报、半年报和年报的报送时间分别为季度、半年度、年度终了后次月6日内。如发生重复报告，则仅报送半年报或年报。

不定期合规报告报送时间原则上为发生重大突发性违规事件、合规缺陷或重要合规信息后及时报告，视具体缓急情况，书面报告和电子版报告上报时间不超过事发后2个工作日。

各支行及各管理部门报送合规报告的主送部门为省行合规部，各单位、部门须报送书面报告，并通过OA等办公系统报送电子版报告。

省行合规部门合规报告的主送部门为省合规风险处，须报送书面报告，并通过OA等办公系统报送电子版报告。

省行合规管理部受理各报告单位的合规报告，并负责向省行属地监管部门报送合规报告。

五、报告的组织与安排

各单位要结合本单位的实际情况，明晰报告途径、报告所涉及岗位以及相关人员的职责和要求。

明确合规部门为牵头部门具体负责，各单位、部门要明确合规报告人员，并将具体联系人员名单报省行合规部。

六、报告的责任与奖惩

对承担合规报告工作的人员及单位,将其报告情况纳入绩效考核之中,并作为其履职评价的内容之一。

为明确责任,各单位合规岗位人员和主任分别为直接责任人和管理责任人。报告失实、不及时、不完整以及不准确,造成风险损失和不良影响的,各行将对照《××银行员工违规行为处理暂行办法》相近或类似条款对有关责任人进行处罚。

七、合规报告模板

定期合规报告

一、序言

二、××公司××××年合规工作情况

1. 行为守则

2. 反腐败

3. 反垄断

4. 数据保护

5. ……

三、合规组织

四、合规风险分析

五、合规培训

六、合规绩效考核

七、展望

第三节 推荐阅读

胡国辉:《企业合规概论》,电子工业出版社2018年版。

郭凌晨、丁继华、王志乐主编:《合规:企业合规管理体系有效性评估》,企业管理出版社2021年版。

叶海波主编:《反海外腐败合规实践指引》,法律出版社2021年版。

李素鹏、叶一珺、李昕原编著:《合规管理体系标准解读及建设指南》,人民邮电出版社2021年版。

李丽霞:《劳动人事管理与企业合规》,载http://www.east-concord.com/zygd/Article/20215/ArticleContent_2291.html。

第二十三章

内部审核

【导读】

内部审核是组织评价合规管理体系有效性的主要方法,本指引中强调了组织建立内部审核方案,保持审核员独立性的要求。结合国际标准化组织其他指引内容和内部审核领域的专业技术,本章就内部审核的定义和主要内容作出说明。

【关键词】

内部审核　独立性　审核员　内部审核方法

【思维导图】

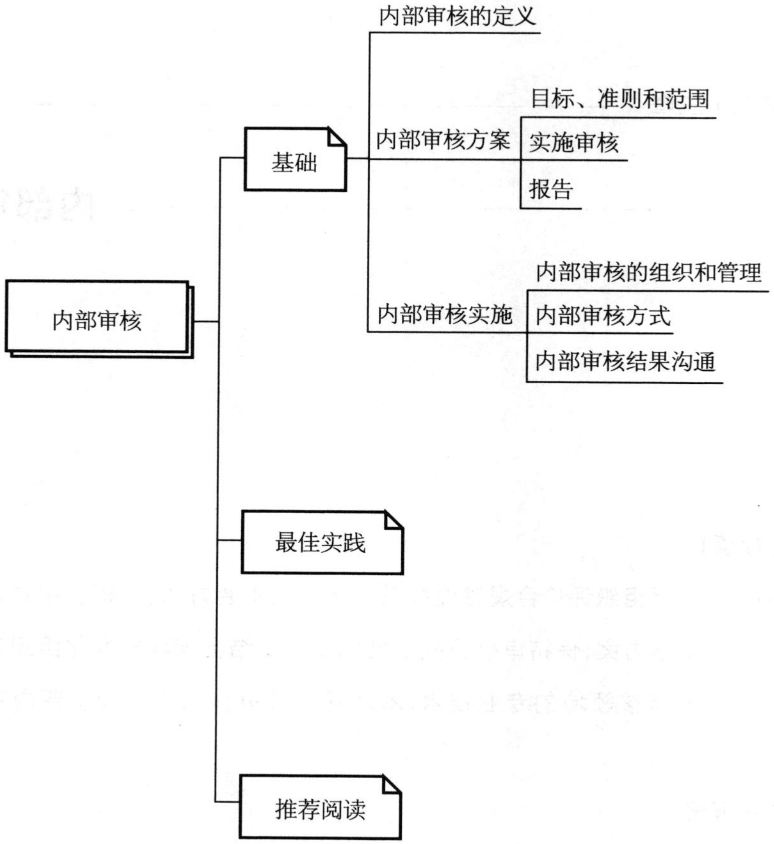
内部审核
基础
内部审核的定义
内部审核方案
目标、准则和范围
实施审核
报告
内部审核实施
内部审核的组织和管理
内部审核方式
内部审核结果沟通
最佳实践
推荐阅读

组织建立起合规管理体系之后，需要持续地评价合规管理体系的有效性，其中最主要的手段之一是定期实施内部审核。内部审核作为绩效评价中的组织，在《合规标准》中的体系位置，参见表23-1。

表23-1 内部审核的体系位置[1]

建立	组织环境(4)	领导作用(5)	策划(6)	支持(7)
实施	运行(8)			
维护	绩效评价(9)—内部审核(9.2)			
改进	改进(10)			

第一节 基础

一、内部审核的定义

组织在策划的时间间隔内实施内部审核，旨在判断合规管理体系是否符合组织的期望，满足合规管理指南以及相关合规指引的要求，并得到有效的实施和维护。

该定义包含了多重的含义：

1. 内部审核由组织本身主动发起，而非合规监管者、组织的治理层、第三方评级鉴证机构或其他利益相关方；

2. 内部审核需要定期执行，这是由其项目式执行方式决定的，这也区别于利用合规指标实施监测收集的合规监视机制；

3. 内部审核的标准需要考虑组织本身的合规期望，即基于合规方针（《合规

[1] 表23-1中的数字对应的是《合规标准》中的序号。

标准》5.2)所指定的各项合规目标和策划,同时也需要兼顾各项外规要求,包括但不限于本指引;

4. 内部审核应针对日常业务中是否充分执行合规管理体系的各项措施开展审核;

5. 内部审核应针对合规管理体系自身的维护开展审核。

二、内部审核方案

开展内部审核的全过程包括计划、准备、实施、报告和后续跟进。本指引中尤为重视组织制定合理的内部审核方案,以确保内部审核工作开展的有效性。完整的内部审核方案应包括以下关键要素。

(一)目标、准则和范围

对组织的合规管理体系开展内部审核的总体目标应是审核该体系的运行有效性,判断违规风险是否在各个业务流程中,通过明确应对策略得到管理,降低合规风险的发生或减轻违规损失。在这一整体目标之下,应检查具体合规标准在经营活动中是否得到贯彻执行,如针对财务管理领域,关注核算真实性、资金安全性一类具体目标。

开展内部审核的主要准则分为两个层面:一是围绕合规目标的衡量准则,包括组织制定的合规制度和明确的外规要求;二是内部审核本身为了保证审核质量,降低审核风险而需要遵循的专业标准,包括 ISO 19011 管理体系审核指南,以及内部审计协会发布的内部审计指引等。

内部审核的范围是基于组织关注的重点机构、业务领域,所界定的审核对象范围,需要在内部审核方案中明确审核针对的机构范围、职能条线、具体开展的业务活动,以及审核所覆盖的时间区间。

（二）实施审核

恰当选择内部审核员，确保其能够充分保证以下基本原则：

1. 诚实正直：以诚实和负责任的精神道德从事审核工作，对所有事物保持公正和无偏见；

2. 公正表达：真实、准确、客观、及时、清晰、完整地反映审核意见，报告审核过程中的重大障碍以及与受审核方的分歧意见；

3. 职业素养：在审核中勤奋工作，充分发挥专业判断能力；

4. 保密性：审慎地适用和保护审核过程中获得的敏感、保密信息；

5. 独立性：审核员应独立于受审核的活动，没有利益上的冲突；

6. 基于证据：在时间和资源有限情形下的审核活动，应审慎地选择审核程序，确保审核证据能够保证审核结论的可信性；

7. 风险导向：围绕审核目标，关注具有重要意义的事项。

本指引及 ISO 19011 管理体系审核指南中均强调了审核员的独立性要求，而在组织内的各个职能当中，无论是合规管理体系的设计和维护部门，还是合规管理具体策略的实施业务部门，均不能充分保证其对合规管理体系有效性的充分独立。因此，在实际执行中一般由内部审计人员，或组织聘用的会计师事务所专业人员实施内部审核。在我国，不同监管部门对境内上市公司、国有企业、行政事业单位均要求设立内部审计职能部门。

（三）报告

合规管理内部审核报告的内容包括：

1. 本次内部审核工作的整体说明，阐述本次内部审核的整体目标、审核组织形式、审核范围、审核准则、审核工作执行情况及相关需要报告的信息。

2. 详细的审核发现，逐一列示执行内部审核程序后，得出各项审核发现。审核发现的结论一般包括以下陈述：符合合规要求、不符合合规要求、发现潜在合规风险等。

3. 审核结论：基于上述审核发现做出被审核单位整体的评价结论，可采用如下陈述：合规管理体系完整有效、合规管理体系存在缺失领域、合规管理体系严重缺失等。

4. 与受审核方未解决的分歧意见。

5. 对审核抽样局限性的风险声明。

基于具体情况，审核报告还可以包括以下内容：

1. 审核人员提出的良好实践建议；

2. 与受审核方商定的后续整改行动计划；

3. 保密性声明；

4. 对后续审核的计划安排。

合规管理审核报告需要向各有关职能报告，包括：

1. 合规职能，了解其组织建立的合规管理体系实施的有效性，帮助其完善合规管理体系，改进各项合规管理措施。

2. 最高管理者和治理机构，合规管理体系内部审核是最高管理者和治理机构开展管理评审（《合规标准》9.3）的主要参考依据之一。

三、内部审核实施

本指引中未详细明确内部审核的具体实施指引，参考 ISO 19011 管理体系审核指南和一般内部审核实施的实践案例，组织需要更为具体地明确以下内容以确保内部审核工作的开展。

（一）内部审核的组织和管理

内部审核由选定的审核员团队以项目方式开展，因此需要明确内部审核项目的基本步骤，包括：

1. 明确审核团队的具体成员分工，包括统筹领导审核项目组的审核组长、针对各个审核范围具有专业经验的审核员、引入的技术专家、随同审核工作的观察员等。

2. 对内部审核程序的资源投入和各项客观限制，如团队能力、时限、差旅安排、技术和设备、办公环境、保密限制等。

3. 整体项目进度安排，包括发送内部审核通知、提出项目配合需求、召开入场会议、执行审核的工作安排等。

4. 对内部审核委托组织的定期汇报机制。

（二）内部审核方式

开展内部审核的具体执行方法包括：

1. 面谈：与合规管理机制的具体管理职能部门和执行人员进行访谈，了解其合规管理的环境、评估其潜在合规风险情况，了解评价期间内合规机制的执行情况。面谈工作应选择恰当的参与人员，并详细记录面谈关键信息。

2. 观察：审核员现场观察被审核机构的日常业务执行情况、涉及合规管理的环境情况、资产状况等相关信息，并留存相关音像证据或书面文档。

3. 成文信息评审：对受审核组织的各项书面制度、业务单据、财务单据、管理报表或其他书面材料进行审阅，检查合规机制的留痕证据。

需要强调的是，内部审核对成文信息的评审需要明确合理的抽样方法，审核人员应充分发挥专业判断，结合统计随机抽样和特定条件抽样方法，尽可能降低审核质量风险。

除上述指引中明确的测试方法外，内部审核还可以采用以下方法。

1. 数据分析：基于业务及财务数据的异常波动和偏离，识别潜在合规风险的暴露情况。例如，了解组织对外赔偿、法律诉讼的情况，是否由于违反法律法规造成。

2. 外部取证：除组织提供的信息外，审核员采用询证、调查等方式取得第三方证据了解信息的真实性。例如，利用征信网站检查组织供应商库的真实性。

（三）内部审核结果沟通

内部审核的所有工作执行完毕后，与被审核组织沟通所有审核发现，沟通的内容包括：

1. 声明审核发现是基于已获得的信息样本，并不一定完全代表受审核方的整体有效性，提醒受审核方未充分处理审核发现的可能后果。

2. 以受审核方管理者理解和认同的方式提出审核发现和审核结论。

3. 阐述任何相关的审核后续活动（如纠正措施的实施和评审、审核投诉的处理、申诉过程）。讨论与受审核方之间关于审核发现或审核结论的分歧，并尽可能予以解决。如果不能解决，应予以记录。如果审核目标有规定，可以提出改进建议的机会，并强调该建议没有约束性。

第二节　最佳实践

案例背景

国内某大型生产型国有企业在全国各地建立了规模大、机构多的供应链体系，每年涉及生产型采购总额达到数亿元，维护了数量庞大的供应商群体。在历年经营中，合规部门基于《招标投标法》、国有资产管理要求建立了整套的采购管理制度，以合规为准绳，设计了详细的内部控制机制。然而，仍不断发现采购过程中的违规行为。2018 年，企业总部内审部门引入某会计师事务所组建联合团队，以采购中心为内部审核对象，对 2015～2018 年采购管理领域开展合规性内部审核。

内部审核项目介绍

总部内审部门高级经理牵头担任内部审核组组长，会计师事务所派出的生产型行业审计经理为副组长，以内审部门财务专业、供应链管理专业、信息技术专业背景人员，以及会计师事务所派出的顾问为审核员组建了联合团队，对采购中心开展为期 2 个月的现场内部审核。

审核通知提前一周时间下发受审核单位，随通知下发的还有首批文件材料需求清单，包括采购中心各项管理制度、采购业务系统查询权限、供应商管理系统查询权限、相关业务台账、财务结算单据等。

项目组入场后，审核组组长组织召开入场动员会，采购中心总经理作为受审核单位代表列席，采购中心各分部部长、商务部、财务部、合规部负责人列席。会上审核组组长告知整体项目开展的工作方案，需配合事项等。

现场审核过程中，审核人员分别访谈了采购中心各部门负责人及关键岗位人员十余人次，调取了大量内部单证，查询了各项业务及财务信息系统，电话联系或走访了部分供应商，对部分结算银行发出询证函。

各审核人员将采购中心各项业务按流程分为采购项目建档、采购方案制定审批、公开招投标采购、竞争性谈判采购、询比价采购、采购变更及追加、采购结算、供应商管理、信息系统管理等流程模块，由各审核人员分配审核工作，审计组副组长负责组内审核底稿质量的复核。

现场审核工作结束后，采购组长向受审核单位总经理做了总结汇报。共计发现合规管理体系的设计性缺陷 10 余项，发现执行层面管理问题 70 余处，部分问题随审核过程整改完毕。针对未整改事项，各主责部门明确了整改措施、时限和完成标志。

会上主要发现的合规性问题包括：

(1)公开招投标标准低于标准与相关监管要求、总公司管理要求。经筛查共计200余项应采用公开招投标事项采用了邀标采购方式。

(2)单一来源采购条件执行条件不明确,经筛查共计50余项单一来源采购缺乏充分的理由说明,且存在需求部门、采购部门职责边界模糊情况。

(3)供应商评价机制执行不到位,共计30余家遭投诉供应商应做剔除出库处置的未处置。

(4)标准物料采购价格分析机制执行不到位,针对70余种标准物料采购价格发生的300余次异常波动预警未做后续跟进处置。

(5)供应商付款与质量控制流程发生倒置,如部分结算事项发生时间早于验收入库时间、调试安装时间或合同中约定的结算时点。

(6)询比价采购形式存在多笔可疑采购交易,疑似围标情况。数家中标供应商反复在特定供应商内胜出,经审核人员查验,落选供应商与中标供应商存在关联关系,或落选供应商无工商登记信息。

此外,审核员发现部分采购结算单证在采购系统中没有相关采购记录,本地采购经理的解释是为紧急追加采购事项,无须另起采购事项,且经过口头请示。审核人员作为未达成一致意见事项报告。

会上,采购中心总经理对审核中发现的各项结论意见表示认可,并与各相关部门确认了后续整改计划,审核团队将于6个月后开展整改验收审核。

最终审核报告提交总部审计部审核后,提交公司总经理办公会、董事会审计委员会审阅。经公司总经理批示,针对相关责任人作出绩效考核扣分处理决定。

参考文献

ISO 9000:2015《质量管理体系　基础和术语》。

ISO 9001《质量管理体系　要求》。

ISO Guide 73:2009, Risk management-Vocabulary.

ISO/IEC 17021. Conformity assessment-Requirements for bodies providing audit and certification ofmanagement systems-part 1: Requirements.

第三节 推荐阅读

《行政事业单位内部控制规范(试行)》(财会〔2012〕21号)。

《中央企业合规管理指引(试行)》(国资发法规〔2018〕106号)。

中国内部审计协会:《中国内部审计准则》。

鲍国明、刘丽云主编:《现代内部审计(修订版)》,中国时代经济出版社2021年版。

宋建波:《企业内部控制》,中国人民大学出版社2004年版。

杨力:《中国企业合规的风险点、变化曲线与挑战应对》,载《政法论坛》2017年第2期。

陈瑞华:《企业合规的基本问题》,载《中国法律评论》2020年第1期。

尹云霞、李晓霞:《中国企业合规的动力及实现路径》,载《中国法律评论》2020年第3期。

第二十四章

管理评审

【导读】

管理评审是治理机构和最高管理层履行合规管理职责的具体方式之一。管理评审的目的是保证合规管理体系的适宜性、充分性和有效性。管理评审是组织评价合规管理绩效的方式之一,适用绩效评价的通用方法。

【关键词】

管理评审　绩效评价　有效性评价

【思维导图】

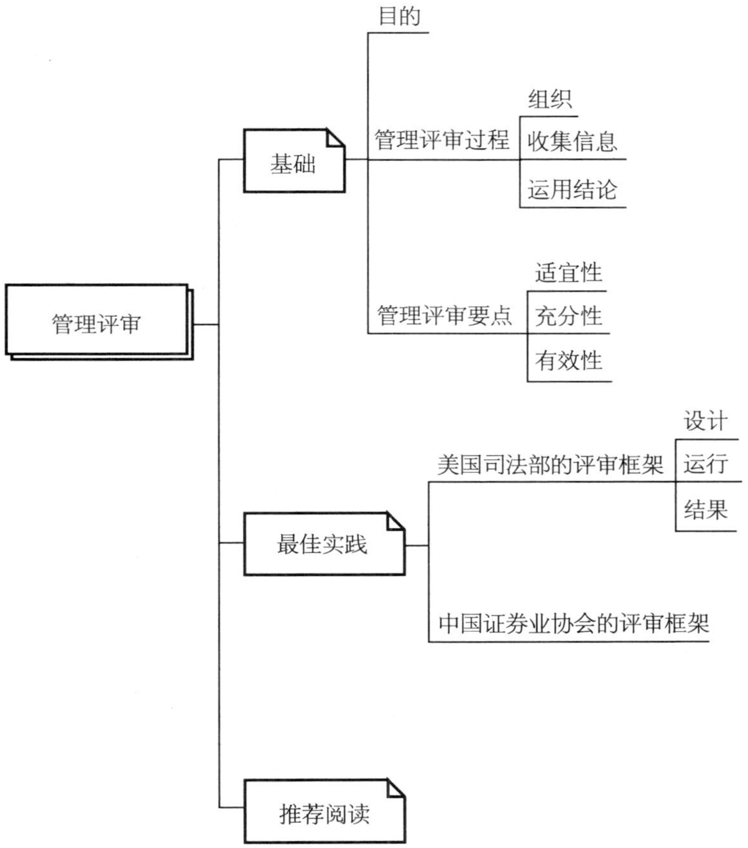

管理评审
基础
目的
管理评审过程
组织
收集信息
运用结论
管理评审要点
适宜性
充分性
有效性
最佳实践
美国司法部的评审框架
设计
运行
结果
中国证券业协会的评审框架
推荐阅读

第一节 基础

一、目的

《合规标准》要求治理机构和最高管理层定期对组织的合规管理体系进行评审。前文中关于管理者职责和合规组织的章节包含了对治理机构和最高管理层职责和角色的要求,本条要求是对前文的回应,是治理机构和最高管理层履行职责的具体方式之一。

管理评审的目的是保证合规管理体系的适宜性、充分性和有效性。

管理评审是组织评价合规管理绩效的方式之一,适用绩效评价的通用方法。由于处于组织架构的上层,治理机构和最高管理层有机会获取关于组织内外部情况的全面信息,并在平衡各种需要考量的因素的基础上,对合规管理体系的实际状况做出判断。治理机构和最高管理层的判断对组织是否以及如何改进合规管理体系起到关键作用。与业务部门和合规部门日常或者定期进行的合规绩效评价相比,管理评审更具权威性和全局性,但是通常周期间隔较长,而且颗粒度较大,很少针对个案问题。

管理评审是国际标准化组织在管理体系类型标准中提出的通用要求,并非合规管理体系所独有。质量管理体系、环境管理体系、信息安全管理体系等国际标准中均有类似要求,差异在于按照各管理体系进行管理评审时,侧重不同的内容。当外部认证机构对组织的合规管理体系进行审核时,开展管理评审的情况是审核项目之一。

二、管理评审过程

（一）组织

管理评审是按照计划开展的。组织通常在合规政策或者合规管理方案中明确开展管理评审的方式。

1. 程序

管理评审的程序通常包括发起评审、收集信息、各单位自评、合规专业人员评审、管理层评审、形成结论和建议、审议报告等环节。

2. 职责

管理评审是治理机构和最高管理层的职责。在企业中，治理机构对应董事会，最高管理层对应以总裁或总经理为核心的领导班子、经理办公会或管理委员会（以下统称管理层）。

管理层负责开展管理评审，可以授权合规负责人和合规部门进行工作组织和协调，但是管理层对评审工作质量和评审结论负责。

管理层可以授权合规负责人和合规部门制订管理评审计划，经过管理层确认后，以管理层名义签发通知，要求相关部门和人员在规定时间内提交信息和支持材料、参加访谈和会议讨论。管理层成员也应当参加访谈和会议讨论，提供信息和意见。合规负责人和合规部门根据收集到的信息撰写评审报告，经管理层确认后，提交董事会审议。

3. 周期

实践中，组织通常以年为周期开展合规管理评审。合规管理评审可以作为组织年度工作总结的组成部分，与年度绩效评价工作同步开展。同时开展的还包括内部控制评价、风险管理工作总结等活动，这些总结活动中的信息可以同步采集，按照不同需要进行整理，可以相互对照。年度工作总结也是进行下一年度工作计划的基础。

在两次定期评审之间，如果发生特殊情况，治理机构或者最高管理层可以决定进行特别评审。这些特殊情况包括组织内外部环境发生的重大变化可能影响合规管理体系运行、组织的合规管理被发现可能存在严重缺陷、组织内部发生重大违规事件或者行业内发生重大违规事件可能波及本组织。

4. 范围

按照范围，可以把管理评审分为全面评审和专项评审两类。前者是对组织合规管理体系进行的全面评审，后者针对具体的合规管理专项，如反贿赂合规专项、个人信息保护合规专项、出口管制合规专项等。

5. 参加人员

管理层成员、合规负责人和合规部门代表必须参加管理评审。其他参加人员应当根据评审范围确定，通常包括相关下级单位和部门代表以及相关重要岗位人员。如果组织建立了合规联络人网络，则应当邀请相关节点上的合规联络人参加管理评审。

（二）收集信息

在管理评审过程中，应当全面收集可能影响评审结论的信息。

1. 信息分类

按照内容，可以将管理评审中收集和使用的信息分为事实和观点，以及处于二者之间的观察。

事实。事实是指客观事实，如企业名称、企业员工人数、企业上一年度收入总额等。事实应当是可以核实和验证的。在实践中，信息采集人员和信息提供人员对表述可能存在不同理解。例如，关于“企业成立时间”，有的人理解为营业执照上记录的成立日期，有的人可能一直追溯到企业的前身。信息采集人员应当尽量避免可能导致歧义的表述。

观点。观点是指个人的感受、态度和判断，如管理不到位、制度过于烦琐、业务团队认真负责等。观点受到很多因素的影响，如认知、情绪、人际关系、利益联系、个人立场等。在很大程度上，观点对管理评审结论的影响超过事实。

观察。观察是对事实的组合，连接着事实和观点，但是个人很容易受到先入为主的观点影响，只关注支持自己观点的事实，忽视与自己观点冲突的事实，甚至扭曲事实。

在合规评审中，信息采集人员应当意识到事实、观察和观点之间的区别，对信息提供者的观点是否客观作出判断，避免受到信息提供者个人偏见的误导。同时，信息采集人员也应当遵守职业道德的要求，避免故意误导信息提供者或者诱使信息提供者给出自己期望的观点。

2. 信息来源

在管理评审中，可以通过内部资料审阅、外部调研、现场观察、问卷调查、单独访谈、集体讨论等方式收集信息。

内部资料审阅的范围包括组织的基本情况、上一个评审周期的经营管理状况、发生不合规事件的情况、与合规相关审计发现和整改情况、与合规相关内控缺陷识别和整改情况、法律争议情况、客户投诉情况等。

外部调研的范围包括立法和执法环境的发展变化情况、与合规相关的政治、经济和社会环境的发展变化情况、与合规相关的社会舆论（如消费者权益保护）和社会运动（如环境保护）的发展变化情况等。

现场观察的范围包括办公区、生产区、向客户开放的经营场所等。

问卷调查可以视为通过书面方式进行的访谈。问卷中的问题包括单选问题、多选问题、归类问题、排序问题、量表问题、开放式问题等。问卷的优势在于效率高，但问卷发放之后内容就固定了。除非有专人在问卷填写中提供辅助，否则问卷调查的交互性较差，这对问卷的设计提出了更高的要求。设计一张合格的问卷有很大难度，问卷的发放、回收和整理也涉及大量的细节工作。

单独访谈是通过与被访谈人直接沟通获得和交换信息的过程，需要运用人际交往技巧。访谈一般需要进行事前准备，确定访谈的目的和对象，获取背景信息，如果涉及多个被访谈人，还要分别设定目标并排列访谈顺序。访谈过程中要控制好谈话的气氛，观察被访谈人的态度和肢体语言，灵活运用提问、倾听、沉默、重复、追问等方式使谈话顺利进行下去并从中获得有价值的信息。

集体讨论是通过会议形式进行的信息交流，适用会议管理的一般规则。会议主持人应当控制会议节奏，使发言人相互之间的影响保持在合理限度内，保证聚焦于会议主题，并且防止由于权力距离带来的“一言堂”现象。

3. 信息处理

对采集到的信息，应当区分直接信息和二手信息。对存在可信性有疑问的二手信息，应当通过溯源确认其真实性、准确性和完整性。

评审过程是逐步聚焦的过程。对于在评审中发现可能存在缺陷或者需要重点关注的领域，应当补充采集和确认信息。

（三）运用结论

管理评审应当形成明确的结论，作为决定下一步行动的依据。

《合规标准》建议组织就以下方面形成管理评审建议：

（1）是否需要对合规政策、合规目标、管理系统、组织架构和人员进行调整；

（2）是否需要对合规相关管理程序进行调整，确保其融入经营管理活动和运营体系；

（3）下一步需要重点关注的合规风险领域；

（4）对不合规的纠正措施；

（5）合规管理体系当前存在的缺陷或不足，以及改进计划；

（6）如何在组织内部推广合规管理的典型做法。

管理评审的结论和行动建议应当采取书面形式，可以作为合规报告的组成部分。

三、管理评审要点

管理评审的核心是就现有合规管理体系的适宜性、充分性和有效性作出判断，这也是管理评审的三个重要方面。

（一）适宜性

适宜性是指合规目标符合组织的实际需要。适宜性具体表现为：

(1)合规目标的设定适应组织的外部环境；

(2)合规目标与组织的其他管理目标相互协调；

(3)合规目标实现后，能够满足利益相关方的合理要求和期望。

（二）充分性

充分性是指合规目标的实现获得保障。充分性具体表现为：

(1)合规管理体系经过系统性地设计，目标明确，要素清晰，举措合理；

(2)在设定合规目标时，充分考虑了合规风险；

(3)合规目标得到治理机构和最高管理层的认可；

(4)组织通过明确职责、权利和义务为实现合规目标提供保障；

(5)组织为实现合规目标提供必要的人员、预算和物质条件支持。

（三）有效性

有效性是指合规目标得到实现。有效性具体表现为：

(1)相关人员实际履行职责；

(2)组织计划采取的措施被付诸行动；

(3)组织对控制措施和绩效指标进行监控；

(4)组织能够及时收到对不合规的举报,开展调查并纠正不合规；

(5)组织能够就合规管理中存在缺陷和不足的状况获得真实的反馈。

管理评审通常依托一系列管理指标开展,这些指标应当涵盖以上要点。合规负责人和合规部门在制订管理评审计划时即采用清单或者表单的形式设计这些指标,并得到管理层批准。

第二节　最佳实践

虽然管理评审是组织的内部活动,但是外部方对组织的合规管理进行评审或者评价的方法可以供组织参考,因为组织内部管理评审的开展情况和评审结论通常也是外部评价的关注指标。

一、美国司法部的评审框架

美国司法部于2017年发布了《企业合规计划评估》(以下简称DOJ评价方案),并在2019年和2020年进行了两次更新。DOJ评价方案主要适用于发生贿赂行为,可能构成犯罪的企业,用于判断企业在实施犯罪行为时是否存在反贿赂合规管理体系及其反贿赂合规管理体系在多大程度上有效。对于其他类型的合规管理体系,DOJ评价方案也基本适用。

DOJ评价方案供美国司法部的检察官参考,并非强制性适用,但是对检察官提起刑事指控和与企业达成和解具有指导意义。

DOJ评价方案围绕三个核心问题展开：

1. 企业的合规管理体系是否经过良好设计；

2. 企业的合规管理体系是否得到足够的资源支持和充分赋能;

3. 企业的合规管理体系是否实际发挥了作用。

在每个核心问题之下,DOJ 评价方案提供了一系列可供参考的指标。

(一)设计

在评估企业的合规管理体系是否经过良好设计时,美国司法部建议检察官考虑6个指标:

1. 风险评估。例如,企业应当对经营活动所在地、所处行业、市场竞争状况、监管状况、潜在客户和业务伙伴等相关因素进行分析,识别本企业经营管理活动中最有可能发生的不当行为。

2. 制度和流程。经过良好设计的合规管理体系应当建立制度和流程,鼓励符合商业伦理的正当行为。企业至少应当制定行为准则,明确企业的合规立场。行为准则应当适用于全体员工,而且全体员工都能获得行为准则。此外,企业的制度和流程应当有利于使合规文化融入日常运营。

3. 培训和沟通。企业应当定期对管理人员和全体员工进行制度和流程培训,在必要时应当对代理人和商业伙伴进行培训。培训内容应当与风险评估的结果匹配,培训形式应当符合受众的特点。企业应当对培训效果进行评估。

4. 举报和调查。企业应当允许员工匿名举报违反行为准则、公司制度、涉嫌或者实际的不当行为。企业应当保护举报人,使其免于遭受打击报复。企业应当及时调查涉嫌的不当行为,做出处理并对相关人员进行纪律处分。

5. 第三方管理。在与代理人、顾问和经销商等第三方伙伴建立合作关系前,企业应当进行尽职调查。

6. 合并与收购。在进行并购前,企业应当对目标企业进行尽职调查,并在交易完成后将其纳入本企业的合规管理框架和内部控制体系中。

（二）运行

经过良好设计的合规管理体系在实际运行时可能因为措施未得到执行或者资源不足而无法发挥作用。企业应当防止发生“纸面合规”的情况。

1. 高级管理层和中层管理人员的承诺。企业应当在内部各个层级促成道德与合规的文化。企业高级管理层应当奠定企业的合规基调。中层管理人员应当不断强调企业的合规要求,并且鼓励员工遵守。

2. 赋权和提供资源。企业的合规团队应当获得充足的人员和资源,在企业的组织体系中处于足够高的管理层级,能够向董事会或者董事会的审计委员会等直接汇报。合规专业人员应当具备任职所需的知识、能力和经验。

3. 激励机制和纪律处分机制。企业应当建立激励机制,鼓励合规和遵守职业道德的行为。企业应当建立激励处分机制,在发生违规行为时,按照明确的程序和标准做出处理,无论参与违规行为的人员处于何种岗位或级别。

（三）结果

发生违规行为并不必然意味着合规管理无效,而且任何合规管理体系也无法杜绝员工的违规行为。如果企业的合规管理体系能够及时发现违规行为,并且妥善做出处理,则可以认为合规管理是有效的。

1. 持续改进、定期检验和评审。企业应当对合规管理体系进行评审,以避免落后于外部环境的变化和企业业务的发展。评审可以通过员工普查以测量员工对合规文化的认同情况,评估控制措施的力度,还可以定期进行合规审计。企业应当从实际发生的违规行为中吸取经验教训。

2. 调查违规行为。企业应当建立机制确保涉嫌的违规行为得到及时、深入的调查。

3. 分析根源和补救。在确认发生违规行为时,企业应深入剖析违规行为的根源,及时、妥善采取补救措施。企业应当分析违规行为的波及范围和普遍性,参与违规行为的员工人数和级别,违规行为的严重性、持续事件和频率。企业应当采取补救措施以防止违规行为再次发生。

二、中国证券业协会的评审框架

中国证券业协会于2021年发布了《证券公司合规管理有效性评估指引》。该指引的目的是指导证券公司开展合规管理有效性评估,指引是行业自律文件,对协会会员具有约束力。指引就有效性评估的范围、周期和组织进行了规范,并在附件中提供了合规管理有效性评估报告基本格式和参考表。[1]

第三节　推荐阅读

[美]佛洛德·J.福勒:《调查问卷的设计与评估》,蒋逸民等译,重庆大学出版社2010年版。

郭凌晨等主编:《企业合规管理体系有效性评估》,企业管理出版社2021年版。

[美]赫伯特·J.鲁宾等:《质性访谈方法》,卢晖临、连佳佳、李丁译,重庆大学出版社2010年版。

[美]诺曼·布拉德伯恩等:《问卷设计手册》,赵锋译,重庆大学出版社2018年版。

王志乐主编:《合规:建立有效的合规管理体系》,中国经济出版社2016

〔1〕 参见中国证券业协会:《证券公司合规管理有效性评估指引》(2021修订),附件1和附件2。

年版。

王志乐主编:《企业合规管理操作指南》,中国法制出版社2017年版。

中国证券业协会:《证券公司合规管理有效性评估指引》,2021年。

周万里:《合规型监管研究》,人民出版社2021年版。

周万里主编:《企业合规讲义》(第2版),中国法制出版社2022年版。

周万里主编:《企业合规师手册》,法律出版社2022年版。

Carole Basri, Corporate Compliance, 2017.

Evaluation of Corporate Compliance Programs in Criminal Antitrust Investigations, U. S. Department of Justice, 2019.

Evaluation of Corporate Compliance Programs, U. S. Department of Justice, 2020.

Export Compliance Guidelines: The Elements of an Effective Export Compliance Program, U. S. Department of Commerce, 2017.

第二十五章

合规认证

【导读】

合规管理体系认证是由第三方认证机构对组织合规管理体系所进行的系统性专业评价活动,并根据评价结果确定是否可以授予认证证书。本章主要介绍第三方认证的基本概念、程序、方法、证书内容等,以及基于 ISO 37301 标准进行合规管理体系建设的基本步骤和重点。

【关键词】

管理体系　体系建设　认证审核　认证证书　持续改进

【思维导图】

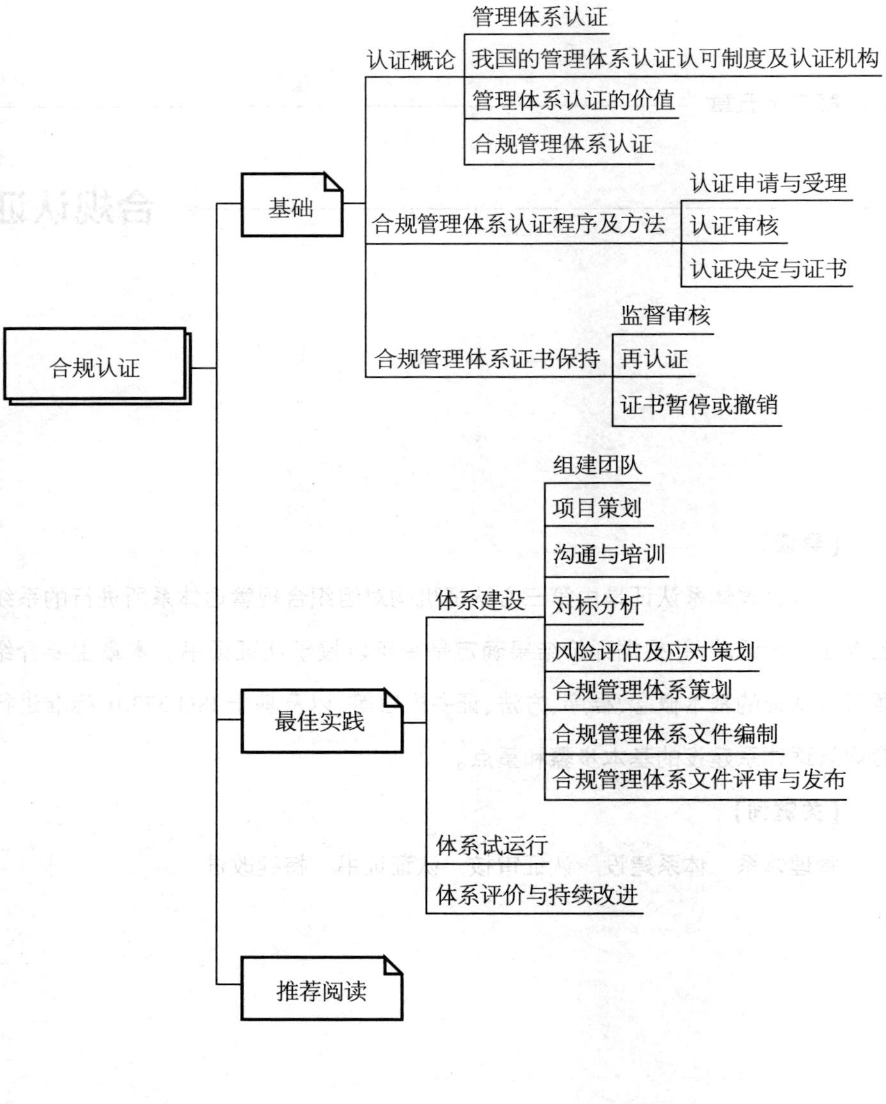
合规认证
基础
认证概论
管理体系认证
我国的管理体系认证认可制度及认证机构
管理体系认证的价值
合规管理体系认证
合规管理体系认证程序及方法
认证申请与受理
认证审核
认证决定与证书
合规管理体系证书保持
监督审核
再认证
证书暂停或撤销
最佳实践
体系建设
组建团队
项目策划
沟通与培训
对标分析
风险评估及应对策划
合规管理体系策划
合规管理体系文件编制
合规管理体系文件评审与发布
体系试运行
体系评价与持续改进
推荐阅读

第一节 基础

一、认证概论

认证,是一种独立第三方或政府监管机构的信用保证形式。

按照国际标准化组织和国际电工委员会(IEC)的定义,认证是指由国家认可的认证机构证明一个组织的产品、服务或管理体系符合相关标准、技术规范或其他要求的合格评定活动。

我国在认证领域的主要法规《认证认可条例》(2020 年修订版)中也给出了认证的定义:认证是指"由认证机构证明产品、服务、管理体系符合相关技术规范、相关技术规范的强制性要求或者标准的合格评定活动"。

认证按强制程度可分为自愿性认证和强制性认证两种,按认证对象分主要有管理体系认证、产品认证和服务认证三种。

(一)管理体系认证

管理体系认证通常是由第三方认证机构对组织的某个或多个管理体系进行的合格评定并出具认证证书的活动,最早是从质量管理体系认证开始起步的。

1987 年,国际标准化组织发布了世界上第一套管理体系国际标准,即以 ISO 9001:1987 为代表的质量管理体系系列标准。ISO 9001 等质量管理体系标准获得大多数国家的广泛认可和等同采用,随之引发了世界范围的质量管理体系认证热潮,并延续至今。

之后,随着《环境管理体系 要求及使用指南》《职业健康安全管理体系规范》《信息安全管理体系 要求及使用指南》《能源管理体系 要求及使用指南》《反贿赂管理体系　要求及使用指南》等各个领域管理体系国际标准的陆续发布，越来越多的企业愿意通过各类管理体系标准的导入和贯标活动，来规范企业管理并提升管理水平和管理绩效，相关领域的管理体系认证活动开展也方兴未艾。

今天，管理体系认证活动已发展成为当今社会各类经济活动中不可或缺的一环，其对促进企业及各类组织管理水平与经济贸易活动的发展发挥了重要作用。

（二）我国的管理体系认证认可制度及认证机构

1. 概述

依据《认证认可条例》总则规定，中国实行统一的认证认可监督管理制度，对认证认可工作实行在国务院认证认可监督管理部门统一管理、监督和综合协调下，各有关方面共同实施的工作机制。国务院认证认可监督管理部门确定的认可机构，独立开展认可活动。

这里所称的国务院认证认可监督管理部门，即国家认证认可监督管理委员会（CNCA），隶属于国务院直属的国家市场监督管理总局。所称的认可机构，即中国合格评定国家认可委员会（CNAS），由国家认证认可监督管理委员会批准成立并确定的认可机构，统一实施对认证机构、实验室和检验机构等相关机构的认可工作。

《认证认可条例》也给出了认可的定义：认可是指“由认可机构对认证机构、检查机构、实验室以及从事评审、审核等认证活动人员的能力和执业资格，予以承认的合格评定活动”。

2. 管理体系认证认可要求

同认证一样，认可本质上也是一种合格评定活动，它代表着一个国家的监管机构对认证机构及其人员能力的一种认可。

目前，我国的合格评定认可机构对管理体系认证机构的认可工作，主要依据

《认证认可条例》、《认证机构认可规则》（CNAS-RC01：2020）、《合格评定　管理体系审核认证机构要求》（ISO/IEC17021－1：2015）（2019年第一次修订）等文件要求进行。

根据认可目的以及认可决定的不同，认可机构对管理体系认证机构的认可活动主要包括以下类型：

（1）初次认可；

（2）监督评审；

（3）复评。

通过认可机构认可的认证机构，会获得相应的认可证书和认可标志。认可证书通常会注明认可业务范围（获得认可的认证业务范围）。根据不同的认证目的，对认证业务范围的分类可能有多种分类方法。一般根据行业或活动的不同特征（如初级生产、制造、服务业等）、产品或服务实现的不同过程（如机械、电子、食品、金融、医疗等）和活动的不同属性（如质量、安全、环境等）、产品标准等进行认证业务范围的分类。

需要注意的是，认可机构对认证机构的认可仅表明，认可机构承认获准认可的认证机构在认可范围内具有从事认证服务的能力，但并不表明认可机构批准了认证机构所颁发的认证证书。

除了中国的认可机构CNAS之外，世界知名的其他国家认可机构还有美国的ANAB（美国国家认可委员会）、英国的UKAS（英国皇家认可委员会）、德国的DAkkS（联邦德国国家认可委员会）、日本的JAB（日本国家认可委员会）等。

认证机构可以申请不同国家多个认可机构的认可，获得多个认可机构认可的，可以根据认证申请组织的需要，在所颁发的认证证书上同时使用多个认可标志，以彰显其认证证书的权威性。

3. 管理体系认证机构

认证机构是指依法取得资质，对产品、服务和管理体系是否符合标准、相关技术规范要求,独立进行合格评定的具有法人资格的证明机构。认证机构从事认证活动,须向国家认证认可监督管理委员会提出申请并获得批准,不得超出批准范围从事认证活动。

认证机构可以结合业务发展需要及自身能力,申请包括产品、服务和管理体系在内的一项或多项认证业务。取得认证机构资质,需要符合下列条件:

(1)取得法人资格;

(2)有固定的办公场所和必要的设施;

(3)有符合认证认可要求的管理制度;

(4)注册资本不得少于人民币300万元;

(5)有10名以上相应领域的专职认证人员。

目前,我国经国家认证认可监督管理委员会批准的、包括各类管理体系的认证机构总数有数百家。其中主要的认证机构包括中国质量认证中心、方圆标志认证中心、上海质量体系审核中心、中国船级社质量认证公司、北京中质协质量保证中心、广东质量体系认证中心、广州赛宝认证中心服务有限公司、杭州万泰认证有限公司等。另外,还有一些国外认证机构也在中国设立分支机构并获准从事管理体系认证业务,如BSI(英国标准协会)、SGS(瑞士通用公证行)、BV(法国必维国际检验集团)、TüV(德国技术监督协会,含德国莱茵集团和南德意志集团)、LRQA(英国劳氏质量认证有限公司)等。

(三)管理体系认证的价值

管理体系标准基本上都属于推荐性标准,并且具有普适性,各类组织均可自愿采用,管理体系认证也基本上属于自愿性认证。不同的组织申请管理体系认证并取得认证证书的主要目的不尽相同,有的是提升管理水平并促进管理体系的持续改进,有的是通过第三方认证证书获得市场和客户的认可,有的是为了满足对外合作及招投标的准入要求等,不一而足。

当然,不同领域管理体系标准的应用为组织带来的核心价值也肯定有所不同。总体来说,组织依据某个管理体系标准要求,策划、建立并有效运行相应的管理体系,通过第三方认证并保持认证证书的活动,在客观上可以确保所建立的管理体系得到有效保持和持续改进。此外,在不同的应用场景下,组织还可以在不同程度获得以下 4 个主要的综合价值。

1. 获得第三方信用保证,提升品牌形象

这也是认证活动的基本价值。在某种程度上,组织成功通过第三方认证取得认证证书,就是获得第三方认证机构的信用背书。证书既是对组织管理规范性和专业性的证明,也是对组织管理能力的一种认可。

证书可以帮助组织获得潜在投资者、监管机构、市场和客户、合作伙伴、融资渠道、保险公司等利益相关方更多的信赖,从而有利于组织在经济活动和市场竞争中取得一定的相对优势。

另外,在管理体系标准发布初期,就率先通过第三方认证的企业,也会因积极拥抱国际先进管理理念并进行规范管理,有成功打造积极进取的品牌形象,或成为行业典范。

2. 借助第三方监督评价,促进管理水平的持续提升

国际标准化组织管理体系国际标准的立项、起草和发布,是一个非常复杂且严谨的过程。基本上,管理体系国际标准都是相关领域最佳管理实践和先进管理理论的结晶。对于大多数组织而言,标准具备较高的应用价值。

组织依据管理体系国际标准建立相应的管理体系并有效运行,可以在现有基础上进一步优化管理理念、规范管理过程、提升管理能力。同时,通过第三方认证并保持证书,可以借助第三方的持续监督和评价,促进管理体系的持续完善与提升,实现较好的管理绩效。

3. 越过准入门槛,获得更多的市场机会

管理体系认证虽然是一种自愿性认证,但在很多经济活动和商业实践中,管

理体系认证证书又是一种必备的通行证，这在客观上又让管理体系认证有些“强制性”色彩。比较典型的就是招投标活动，很多组织都会在招标采购文件中，把能提供一个或多个管理体系证书作为准入门槛之一。

在许多国内国际贸易活动中，客户在选择供应商时，也会对供应商的管理体系认证提出明确要求，甚至要求供应商的供应商也需要进行管理体系的认证。这样，通过整个供应链的逐级驱动，在整个行业形成管理体系的“强制性”认证现象。比较典型的是汽车行业对 **IATF16949** 质量管理体系的认证要求。

4. 减少二方审核，降低管理体系的评价成本

很多公司在选择、确定供应商或合作伙伴时，会对供应商、合作伙伴的质量、环境、职业健康安全、社会责任等管理体系进行审核和评价，以验证供应商、合作伙伴在相关领域的管理理念和管理能力是否满足要求。这通常被称为二方审核，即需方对供方的审核。

为有效识别并降低供应链可靠性和商业合作的风险，二方审核当然无可厚非，但也的确存在一定弊端。一方面，一个供方通常要为多个需方供货，供方要频繁地接待不同需方的二方审核，这不仅对供方正常的工作秩序造成一定影响，也在人力、时间、费用方面给供方带来不小的负担。另一方面，需方为实施二方审核也需要付出相当大的成本，同时还要考虑实施二方审核的人员经验、能力和职业道德问题，若审核人员本身不能胜任，即使花费不菲也达不到预期目的。

第三方认证活动可以在一定程度上消除这个弊端。经过国家认可的第三方认证机构无论是在专业能力还是在公信力方面，都有一定的保证。其所出具的第三方认证证书，可以代替或简化大量的二方审核活动，从而降低整个社会在管理体系评价方面的成本。

（四）合规管理体系认证

1. 合规管理体系认证标准

国际标准提供了合规管理的基本原则、框架和系统方法论，是世界各国在合规管理领域最佳实践和先进理论的集大成者。标准一出台，各国认证机构立即开启了合规管理体系标准的研究与认证活动。截至目前，在国际上，有迪拜市政厅、韩国LG能源公司、奥地利AME公司等组织已获得合规管理体系认证证书，国内也已有美的集团、中国移动国际有限公司、百度智能云等成功获得第三方认证证书。同时有更多的领先企业也已走在合规管理体系的对标建设的道路上，准备积极申请第三方认证。

在当今全球各国都在加强合规监管的大背景下，对于各类企业而言，“拥抱监管、合规运营”已是大势所趋。基于《合规标准》的合规管理体系建设及其认证活动，势必会在全球范围内的合规热潮中，将企业的合规治理与管理推向一个更高的层次。

2. 合规管理体系认证证书的作用

我国最高人民检察院、司法部、财政部、生态环境部、国务院国有资产监督管理委员会、国家税务总局、国家市场监督管理总局、全国工商联、中国国际贸易促进委员会等部委在2021年6月3日出台了《关于建立涉案企业合规第三方监督评估机制的指导意见（试行）》。该意见规定，涉案企业应提交合规计划，且其合规计划应“主要围绕与企业涉嫌犯罪有密切联系的企业内部治理结构、规章制度、人员管理等方面存在的问题，制定可行的合规管理规范，构建有效的合规组织体系，健全合规风险防范报告机制，弥补企业制度建设和监督管理漏洞，防止再次发生相同或者类似的违法犯罪”。同时，“第三方组织应当对涉案企业合规计划的可行性、有效性与全面性进行审查，提出修改完善的意见建议，并根据案件具体情况和涉案企业承诺履行的期限，确定合规考察期限”。

这里提及的对涉案企业合规计划内容的要求,以及对合规计划可行性、有效性与全面性的评价,也是《合规标准》的基本要求。同时,基于风险的防范思维、持续改进思维、系统性思维等都是管理体系标准的基本管理理念。相信《合规标准》的先进管理理念和科学方法论,无论是在帮助涉案企业完善合规管理体系建设方面,还是在帮助第三方组织对涉案企业合规管理体系的适宜性和有效性进行评价方面,都会充分发挥积极作用并展现其价值。

虽然世界各国尚未就合规管理体系的第三方认证证书在行政监管和司法量刑中如何发挥积极作用作出明确规定,但随着合规管理体系标准的普遍应用,以及合规管理体系认证活动的深入开展,体系证书的积极作用应该是可以预见的。事实上,在《合规标准》的引言中已明确提道:“监管和司法机构也可以将本标准作为一个基准,并从中受益。”

3. 我国的《合规标准》

2014 年 12 月 15 日,国际标准化组织发布了首个关于合规管理体系的国际标准 ISO 19600:2014《合规管理体系　指南》。之后不久,中国标准化研究院发起了对该标准的等同采用及转化工作,连同中国石油天然气集团公司、中兴通讯股份有限公司一起,共同起草并于 2017 年 12 月 29 日发布了中国国家标准 GB/T 35770—2017《合规管理体系　指南》。

2016 年 9 月,第 39 届国际标准化组织大会在中国北京召开,会议决定成立由英国标准协会(BSI)提议的 TC309 组织治理技术委员会,负责起草或修订与组织治理有关的管理标准,其中一个重要组成部分即合规管理体系标准。

之后在 2018 年 11 月,ISO/TC309 组织治理技术委员会在澳大利亚悉尼召开会议,确定将 ISO 19600 标准升级为合规管理体系的要求标准,并基于最新的合规管理实践,着手起草《合规标准》,以替代 ISO 19600 标准。中国标准化研究院作为 ISO/TC309 的国内技术对口副组长单位,连同北京大成律师事务所、中建科技集团、中国工商出版社、深圳市标准技术研究院等单位一起,组织相关专家共同参与了 ISO 37301 标准的制定,为该标准贡献了中国理论和最佳实践。

目前,在中国从事管理体系认证业务的部分第三方认证机构,已获准依据 ISO 37301:2021 标准开展合规管理体系的认证工作,主要包括 BSI(英国标准协会)、SGS(瑞士通用公证行)、CQC(中国质量认证中心)等。

二、合规管理体系认证程序及方法

组织可以根据自身需要,选择合适的第三方认证机构进行合规管理体系的认证。一般而言,初次认证程序包括认证申请与受理、认证审核、认证决定与证书三个阶段。

(一)认证申请与受理

认证申请与受理,是申请认证组织与认证机构之间双向选择与确认的一个过程。一般而言,认证机构不会受理其业务范围和能力之外的申请,也不会受理不符合认证基本条件的申请。

1. 认证申请

接到组织的认证申请后,认证机构一般会要求认证申请组织提交以下资料并对其进行评审,以确定是否受理申请。

(1)认证申请书,描述认证申请组织的基本情况,包括主要的产品/服务及相关活动、相关地点与人数、主要的供应商和客户信息、主要的外包活动等;

(2)认证申请组织法律地位的证明文件,若合规管理体系覆盖多场所活动,还需要附每个场所的法律地位证明文件;

(3)合规管理体系覆盖的活动所涉及法律法规要求的行政许可证明、资质证书、强制性认证证书等;

(4)主要的合规领域和合规义务;

(5)合规管理体系的主要文件化信息,如合规管理手册等。

对于存在以下情形之一的组织,认证机构通常不会受理其认证申请:

(1)不具备必要的行政许可证明、资质证书、强制性认证证书的;

(2)被执法监管部门责令停业整顿期间的;

(3)被全国企业信用信息公示系统或者政府其他信用公示系统列入严重违法失信名单的;

(4)其他适用的情形。

2. 认证合同

在认证机构受理认证申请后、实施认证审核前,应与申请组织订立具有法律效力的书面认证合同,合同通常包含但不限于以下方面的内容。

(1)拟认证的合规管理体系范围;

(2)认证服务的费用、付费方式及违约条款;

(3)在认证审核实施过程及认证证书有效期内,认证机构和申请组织各自应当承担的责任、权利和义务;

(4)申请组织对获得认证后持续有效运行合规管理体系的承诺;

(5)申请组织对遵守认证认可相关法律法规,协助认证监管部门的监督检查,对有关事项的询问和调查如实提供相关材料和信息的承诺;

(6)申请组织对获得认证后正确使用认证证书、认证标志和有关信息,不利用合规管理体系认证证书误导公众的承诺;

(7)申请组织获得认证后,针对合规管理体系的重要变化情况或发生重大不合规事件时,需及时向认证机构通报相关信息。

(二)认证审核

认证审核也称第三方审核,是由认证机构委派审核组对申请组织的合规管理体系进行客观、独立评价的过程。通常包括审核策划、审核实施、审核报告、跟踪验证 4 个环节。

1. 审核策划

审核策划通常由审核组长牵头实施,依据认证机构确定的认证规则或国家认证认可监督管理委员会发布的认证规则(适用时),以及申请组织所提供的各类信息,对审核活动进行策划并形成书面审核计划。审核计划一般包括以下内容:

(1)审核目的;

(2)审核范围;

(3)审核准则;

(4)审核日期及场所;

(5)审核所需时间;

(6)审核组成员、角色和分工;

(7)审核日程及具体审核内容的安排;

(8)需要申请组织配合的事项;

(9)公正性声明等。

审核计划一般应提交申请组织确认后执行。

2. 审核实施

合规管理体系的初次认证审核分为两个阶段实施。第一阶段审核的主要目的是评价申请组织理解和实施《合规标准》的基本情况,是否具备进入第二阶段审核的条件。这一阶段审核通常包括以下内容。

(1)确认申请组织的实际情况与其提交的合规管理体系文件化信息描述的一致性,特别是产品和服务、主要活动、组织架构与职责权限等方面;

(2)确认申请组织所申请的合规管理体系认证范围的合理性,包括对组织内外部情境及相关方需求的理解;

(3)确认申请组织合规管理体系覆盖范围内的有效人数、场所;

(4)确认主要合规义务及其基本遵从情况,以及面临的主要合规风险;

(5)审核申请组织理解和实施《合规标准》要求的基本情况,确认合规管理体系是否已运行并且超过3个月,是否实施了内部审核与管理评审;

(6)结合合规管理体系覆盖活动的特点,识别对合规目标的实现具有重要影响的关键控制点,并结合其他因素,科学确定重要审核点;

(7)与申请组织讨论确定第二阶段审核安排。

对合规管理体系文件化信息不符合现场实际、相关体系运行尚未达到3个月或者无法证明达到3个月的,以及其他不具备第二阶段审核条件的(如发现有重大不合规情况),通常不能进入第二阶段审核。

第二阶段的重点是审核申请组织的合规管理体系符合《合规标准》要求和有效运行情况,至少覆盖以下内容。

(1)在第一阶段审核中识别的重要审核点的相关过程控制的有效性;

(2)为实现合规方针而在相关职能、层次和过程上建立的合规目标是否具体适用、可测量并得到沟通、监视;

(3)对合规管理体系覆盖的活动和相关过程的管理及控制情况;

(4)申请组织的实际工作记录是否真实,对于审核发现的真实性存疑的证据会被记录,并在作出审核结论及认证决定时予以考虑;

(5)申请组织的内部审核和管理评审是否有效。

3. 审核报告

通常由审核组组长对审核活动形成书面审核报告,准确、简明和清晰地描述审核活动的主要内容,一般包括以下内容。

(1)申请组织的名称和地址;

(2)申请组织活动范围和场所;

(3)审核的类型、准则和目的;

(4)审核组组长、审核组成员及其个人注册信息;

(5)审核活动的实施日期和地点,包括固定现场和临时现场;

(6)对偏离审核计划情况的说明,包括对审核风险及影响审核结论的不确定性的客观陈述;

(7)结合《合规标准》要求和申请组织的主要活动,对主要审核内容及结果进行描述,或引用审核证据、审核发现和审核结论;

(8)对合规目标及相关过程、合规绩效的实现情况进行评价;

(9)识别出的不符合项;

(10)审核组对是否通过认证的意见建议。

认证机构通常在作出认证决定后30个工作日内将审核报告提交申请组织,并保留签收或提交的证据。

4.跟踪验证

对审核中发现的不符合项,认证机构会要求申请组织分析原因,并提出书面的纠正措施。对于严重不符合项,还会要求申请组织在最多不超过6个月的期限内采取纠正措施。

认证机构会对申请组织所采取的纠正和纠正措施及其结果的有效性进行验证。如果未能在第二阶段结束后6个月内验证对严重不符合实施的纠正和纠正措施,则认证机构可能作出不予通过认证的决定,或者要求重新实施第二阶段审核。

可能被判为严重不符合的,包括但不限于以下情形:

(1)合规管理体系标准要素的管理存在严重缺陷,如没有建立、实施和保持"提出关注事项"的控制程序;

(2)未实施合规管理体系关键过程,如没有实施内部审核或管理评审;

(3)合规管理体系有效性存在系统缺陷,如未能识别合规义务并实施控制,造成不合规后果;

(4)对实现合规目标具有重要影响的同一个关键点存在多个轻微不符合;

(5)没有建立合规方针或可测量的合规目标;

(6)其他严重不符合项,如认证期间出现重大不合规。

关于管理体系认证审核的流程、方法和具体要求,国际标准 ISO 19011:2018《管理体系审核指南》可供参考。

(三)认证决定与证书

1. 认证决定

认证决定是认证机构对申请组织的合规管理体系进行最终评定并确定是否通过认证的过程。认证决定由认证机构的认证决定人员(不包括审核组成员)独立作出。在作出认证决定前通常会确认以下内容。

(1)审核组提供的审核报告及其他信息,是否能够满足作出认证决定所需要的全部信息;

(2)对于严重不符合项,认证机构是否已评审、接受并验证了纠正措施;

(3)认证机构对其他一般不符合项是否已评审,并接受了申请组织计划采取的纠正和纠正措施。

在以上基础上,认证机构有充分的客观证据证明申请组织满足下列要求的,则评定该申请组织符合认证要求,向其颁发认证证书。

(1)申请组织的合规管理体系符合标准要求且运行有效;

(2)认证范围覆盖的合规义务得到基本遵从;

(3)申请组织按照认证合同规定履行了相关义务。

如果评定该申请组织不符合认证要求,认证机构通常会以书面形式告知申请组织,并说明其未通过认证的原因。

2. 认证证书

认证证书由认证机构负责制作和颁发,多数情况下,其材质和形式可以根据申请组织的需要进行定制。证书通常包含以下主要信息。

(1)获证组织名称、地址、统一社会信用代码(或组织机构代码);

(2)合规管理体系的认证范围;

(3)合规管理体系符合《合规标准》的表述;

(4)证书编号;

(5)证书有效期的起止年月日;

(6)认证机构名称及其标志信息;

(7)签发者的签名;

(8)相关的认可标识及认可注册号(适用时);

(9)证书的查询方式。

合规管理体系认证的证书范围,通常会明确合规管理体系所覆盖的组织范围、业务范围、业务活动所在国家,以及具体的合规领域等信息。

比如,美的集团股份有限公司,其认证范围描述为:美的集团智能家居、工业技术、楼宇科技在中国境内业务运营的反垄断与数据保护合规管理。[1]

再如,韩国LG能源公司,其认证范围描述为:电动汽车、能源存储系统和小型电池系统的蓄电池研发、生产和销售。在该范围内,尤其是在以下领域运营,符合韩国的法律和监管规定:公平交易、环境、健康和安全、信息安全和隐私。[2]

需要说明的是,尽管获得《合规标准》证书表明组织已经建立一个符合认证要求的文件化合规管理体系,并已在特定范围内得到有效运行。但这并不意味着组织一定不会发生违背相关法律法规、行业规范和组织自身规章制度的情况。

然而,申请《合规标准》认证的组织,仍然可以借助第三方专业机构的客观评价和定期监督,实现对合规管理体系的保持与持续改进,促进合规文化在组织

〔1〕 信息来源:全国认证认可信息公共服务平台,http://cx.cnca.cn/CertECloud。

〔2〕 信息来源:BSI官网,https://www.bsigroup.com。

及其业务伙伴中不断得到发展，使不合规行为更加显而易见并在其发生时及时得到处置，从而大大降低组织的合规风险。

三、合规管理体系证书保持

合规管理体系认证证书的有效期一般为三年，获得认证机构颁发的合规管理体系证书的组织（以下简称获证组织），需要在证书有效期内接受该认证机构的定期监督审核，以确保获证组织持续运行合规管理体系并符合认证要求。

（一）监督审核

初次认证后的第一次监督审核，通常应在认证证书签发之日起 12 个月内进行。此后，监督审核应在至少每个日历年（应进行再认证的年份除外）内进行一次，且两次监督审核的时间间隔不得超过 15 个月。

在认证范围没有变化的情况下，监督审核所需的审核时间（审核员人 × 天数量）通常为初次认证的 1/3。

监督审核时通常应审核以下内容：

（1）上次审核以来影响体系的重要变更情况，如体系覆盖的活动范围、合规义务、运行体系的资源等方面；

（2）已识别的关键控制点是否按合规管理体系的要求在正常和有效运行；

（3）对上次审核中确定的不符合项采取的纠正和纠正措施是否继续有效；

（4）合规义务是否得到持续的基本遵从；

（5）是否及时处理举报和投诉；

（6）内部审核和管理评审是否规范和有效；

（7）合规绩效是否满足合规目标要求，如果没有达到，是否识别了原因并实施了改进措施；

（8）获证组织对认证标志的使用或对认证资格的引用是否符合《认证认可

条例》及其他相关规定；

(9)其他应当关注的问题。

对监督审核中发现的不符合项，获证组织也需要分析原因、完成纠正和纠正措施，并在规定时限内向认证机构提供改进有效性的证据。

认证机构根据监督审核报告及其他相关信息，作出继续保持或暂停、撤销认证证书的决定。

（二）再认证

认证证书期满前，若获证组织申请继续持有认证证书，认证机构可通过实施再认证审核来决定是否延续认证证书。

认证机构将结合历次监督审核情况，制订并实施再认证审核计划。在合规管理体系及获证组织的内外部情境无重大变更时，再认证审核可省略第一阶段审核，但审核时间一般不少于初次认证审核的2/3。

对再认证审核中发现的严重不符合项，获证组织应在规定时限内实施纠正与纠正措施，并需要在原认证证书到期前获得认证机构对纠正与纠正措施的验证。

获证组织如果继续满足认证要求并履行认证合同义务，认证机构将向其换发认证证书。新证书的有效期仍然是三年。

（三）证书暂停或撤销

1.证书暂停

获证组织有以下情形之一的，认证机构将会在调查核实后的5个工作日内暂停其认证证书：

(1)合规管理体系持续或严重不满足认证要求的；

(2)不承担、履行认证合同约定的责任和义务的；

（3）被有关执法监管部门责令停业整顿的；

（4）持有的与合规管理体系范围有关的行政许可证明、资质证书、强制性认证证书等过期失效的；

（5）故意的或持续的不满足合规管理体系适用的法律法规要求的；

（6）拒绝配合执法监管部门的监督检查，或者提供虚假材料或信息的；

（7）不能按照规定的时间间隔接受监督的；

（8）未按相关规定正确引用和宣传获得的认证信息，造成严重影响或后果的；

（9）主动请求暂停的；

（10）其他应当暂停认证证书的情形。

认证证书的暂停期通常不超过6个月。

2. 证书撤销

获证组织有以下情形之一的，认证机构将会在获得相关信息并调查核实后5个工作日内撤销其认证证书：

（1）被注销或撤销法律地位证明文件的；

（2）被执法监管部门认定存在严重违法失信行为的；

（3）暂停认证证书的期限已满，但导致暂停的问题未得到解决或有效纠正的；

（4）其他应当撤销认证证书的情形。

认证证书被撤销后，认证机构将收回被撤销的认证证书。若无法收回，认证机构会及时在相关媒体和网站上公布或声明撤销决定。

第二节　最佳实践

组织要申请第三方对合规管理体系进行认证，首先得依据《合规标准》及相关要求建立、实施、保持一个文件化的合规管理体系，并通过内部审核、管理评审等活动持续改进其有效性。

下面结合相关组织的最佳实践，将合规管理体系认证前组织需要完成的准备工作，分为体系建设、体系试运行、体系评价与持续改进三个阶段，分别介绍相关的工作内容及注意事项。

一、体系建设

管理体系建设是管理体系从无到有，或依据管理体系标准对现有管理体系进行对标分析、确定差距、差距改进等一系列提升与完善的过程。基于《合规标准》的合规管理体系建设，可以按照以下几个步骤实施。

需要说明的是，体系建设的工作步骤和工作内容，并无一种普适性的标准做法，组织可结合其自身情况和需要，从本章内容中获得参考价值。

（一）组建团队

合规管理体系的建设涉及组织的各个层次、职能和不同业务领域，是一个系统工程，需要一个强有力、跨部门、协调一致的工作团队或者项目组，通常包括领导小组和工作小组。

领导小组成员宜包括组织治理机构和最高管理层的关键角色，如董事长、总经理、分管副总等。工作小组成员宜包括合规部门、法务部门、内控部门、风控部门的相关岗位，以及审计部门、纪检监察部门、财务部门、人力资源部门等相关职能部门和各业务部门的代表。

必要时，可以聘请第三方专业咨询机构参与，以提供咨询和支持。

（二）项目策划

项目组需要对体系建设项目的实施进行策划，形成项目方案书，以确保项目实施的一致性和规范性。方案书宜明确以下方面的内容：

(1)项目背景及其目标；

(2)项目组织架构及职责分工；

(3)项目工作计划，包括阶段划分、工作内容、时间表等；

(4)项目各阶段输出物及其质量标准；

(5)项目关键节点及相关的验收活动安排；

(6)项目资源保障与协调安排；

(7)其他必要信息。

（三）沟通与培训

项目正式启动前，召开项目启动会是非常有必要的。项目启动会的主要目的在于，通过领导讲话统一思想和行动，凝聚力量以获得广泛支持。同时，通过项目方案的介绍，进一步明确项目目标、任务、职责，以及相应的工作方法及质量要求。

项目正式启动后，应组织对项目组所有成员，以及可能会参与合规管理体系建设的其他人员，进行必要的合规管理基础知识的培训。主要的培训内容宜包括以下几项。

(1)政府及监管机构对合规管理的要求；

(2)《合规标准》解读；

(3)适用的其他“合规管理规范”解读;

(4)风险评估方法论;

(5)体系文件编写方法及要求;

(6)其他。

(四)对标分析

对标分析即对照《合规标准》及相关的“合规管理规范”要求,对组织情境及合规管理的现状进行调研、诊断、分析,以确定后续的项目工作重点。对标分析需要完成以下方面的主要工作。

(1)对组织内外部情境的理解与分析;

(2)相关方的识别及其需求分析;

(3)初步识别组织的主要合规义务及面临的主要合规风险;

(4)合规管理的现状,包括机制、制度、资源、职责、意识等方面;

(5)初步确定体系范围;

(6)确定合规管理的主要提升方向。

体系范围一经界定,则意味着范围内的合规管理需要满足《合规标准》的要求。这既是组织合规管理体系建设的边界,也是第三方认证的边界。当然,基于某种情况的考虑,后者的范围可以小于前者,但其合理性需经第三方认证机构的确认。

(五)风险评估及应对策划

风险评估结果及其应对的策划,是合规管理体系策划的重要输入。这里的风险既包括合规管理体系自身的风险(含机遇),也包括基于合规义务的合规风险。本步骤需要完成的工作及其主要输出包括以下几项。

(1)识别、界定合规义务,并形成动态的管控清单;

(2)基于合规义务的关键控制点及其职责;

(3)对照关键控制点,识别组织对其遵从及管控现状;

(4)合规风险识别、分析、评价,确定主要合规风险,并策划应对方案;

(5)确定与组织情境和相关方需求有关的风险和机遇,并策划应对方案。

(六)合规管理体系策划

合规管理体系策划是对合规管理体系的顶层设计,其输入信息应包括以下方面的内容。

(1)组织价值观及经营理念;

(2)组织发展战略;

(3)与内外部情境及相关方需求有关的风险和机遇,及其应对方案;

(4)组织必须遵守以及选择遵守的合规义务;

(5)主要合规风险及其应对方案。

合规管理体系策划的输出结果主要包括以下方面的内容。

(1)合规管理体系范围;

(2)合规承诺与合规方针;

(3)合规目标及其实现计划;

(4)合规管理的组织架构、角色及相关职责;

(5)相关资源的安排;

(6)合规管理体系文件架构及文件清单。

(七)合规管理体系文件编制

合规管理体系文件是指与合规管理有关的各类手册、制度、程序、规范、指引等文件的总称,是体系有效运行的重要保障。除了上述合规承诺、方针、目标、职责之外,通常还包括以下内容。

(1)合规管理的纲领性文件,如合规管理总册/大纲/办法等;

(2)各类支撑性管理制度,如合规义务管理制度、合规风险管理制度、合规宣传与培训制度、合规尽职调查制度、合规审查制度、业务伙伴合规管理制度、合规举报与调查制度、合规检查与测试制度、合规报告制度、合规考核与奖惩制度、合规审核与评审制度、合规改进制度、合规信息化管理制度、合规记录管理制度等;

(3)各类专项/业务/岗位合规指引;

(4)各类业务/岗位操作规范;

(5)适用的外来文件等。

由于组织规模、业务、人员能力以及合规义务与合规风险的差异,不同的组织对体系文件的需求也不相同。组织可根据外部监管要求以及自身管理的需要,建立适当层次、数量、复杂程度的合规管理体系文件。需要注意的是,这些文件不必单独存在,可以考虑与其他管理体系相关文件进行整合。

(八)合规管理体系文件评审与发布

合规管理体系文件形成后,需要经过适当的评审/审查与批准。对体系文件的符合性、充分性与适宜性审查也是合规审查的一部分。合规管理体系文件审查的依据通常可包括以下内容。

(1)《合规标准》;

(2)适用的其他“合规管理规范”;

(3)组织的合规义务;

(4)合规承诺与合规方针;

(5)与之有关联的其他文件(考虑协调性与一致性)。

经批准的合规管理体系文件正式发布后,应组织对相关人员进行文件宣贯培训,以确保相关人员对体系文件的正确理解与应用。

二、体系试运行

基于《合规标准》建立的合规管理体系文件的正式发布,意味着合规管理体系进入试运行阶段。通常认证机构会要求合规管理体系的试运行时间不得少于3个月,否则无法实施认证审核。

如果说体系建设阶段的主要工作是由项目组负责完成的,那么体系运行则与体系范围内的组织所有人员都相关。组织各个层次、职能的人员应基于其职责,严格依据合规管理体系文件及相关要求,规范开展各类业务活动以及相关的合规管理工作,并保留必要的运行记录。

在合规管理体系运行过程中,通常需要关注以下方面的运行活动与体系要求的一致性,包括所要求的运行记录的完整性和规范性:

(1)合规文化、方针、目标的宣传;

(2)合规义务信息的动态维护与传达;

(3)合规管理体系文件的发放/获取与版本控制;

(4)合规资源的提供及其可用性保障;

(5)合规计划的落实;

(6)对体系相关人员的尽职调查与培训;

(7)内外部沟通活动;

(8)对第三方的监督与控制;

(9)合规举报与调查机制的落实;

(10)各类合规控制措施的执行与测试;

(11)各类监视和测量活动的开展;

(12)不合规原因分析及纠正措施;

(13)惩戒、问责与激励机制的落实;

(14)对变更(如有)的策划和评审。

在体系运行过程中，如果需要实施计划的变更（如开展新业务、发展新客户等），需要对变更进行策划，以控制变更带来的风险。如果发生非预期变更（如环保设备突发故障、产品检测装置失效等），需要对变更结果进行评审，必要时采取措施预防任何不利的影响。

三、体系评价与持续改进

持续改进是治理机构和最高管理层对合规管理体系的承诺之一，也是组织自我完善能力的重要体现。可通过以下方式对合规管理体系进行综合评价并识别持续改进的机会和方向。

（1）基于监测结果的数据分析；

（2）合规报告；

（3）内部审核；

（4）管理评审。

这4种评价方式的主要目的并不在于及时发现并纠正不合规行为，而是通过对合规管理体系的综合评价来识别体系存在的系统性改进机会。数据分析和合规报告通常由合规管理的牵头部门实施，内部审核通常由经过适当培训而对《合规标准》要求有深刻理解的内审员团队实施，管理评审则由治理机构和最高管理层亲自实施。

一般来说，在认证机构实施第三方审核之前，至少需要完成一次完整的内部审核和管理评审。完整的内部审核，应覆盖《合规标准》的所有要求，以及体系范围内的相关业务、部门和角色。完整的管理评审应确保输入信息的完整性。

第三节　推荐阅读

ISO 19011:2018《管理体系审核指南》。

ISO 9000:2015《质量管理体系　基础和术语》。

ISO/IEC17021－1《合格评定　管理体系　审核认证机构要求》。

《中华人民共和国认证认可条例》(2020 年修订版)。

中国合格评定国家认可委员会:《认证机构认可规则》(CNAS-RC01:2020)。

国家认证认可监督管理委员会:《管理体系认证规则(征求意见稿)》。

国家认证认可监督管理委员会:《质量管理体系认证规则》(2016 版)。

郭青红、马海鹏:《企业合规管理验收、评审、审计、体系认证实务指南》,人民法院出版社 2022 年版。

第五篇

改　进

第六篇

技巧

第二十六章

持续改进

【导读】

合规是一个不断变化、演变的动态系统，合规或不合规的状态会随着时间的推移而演变，监管的要求也会不断变化，合规也需要不断改进。持续改进的功能，就是适应合规动态变化的特点，对合规管理体系不断进行调整、改善，确保企业的合规管理系统始终与内外部环境的更新、监管要求的变更、风险点的变化等保持“同频共振”，以确保企业的合规管理体系符合“三性”的要求，即适宜性(suitability)、充分性(adequacy)、有效性(effectiveness)，实现公司合规管理的绩效。一个企业的合规管理体系是否有效的重要标志是其持续改进和发展的能力。一般步骤包括目标设定、现状调查、原因分析、调在整政策、培训沟通、政策试行、效果检测。

【关键词】

持续改进　动态评估　适宜性　充分性　有效性

【思维导图】

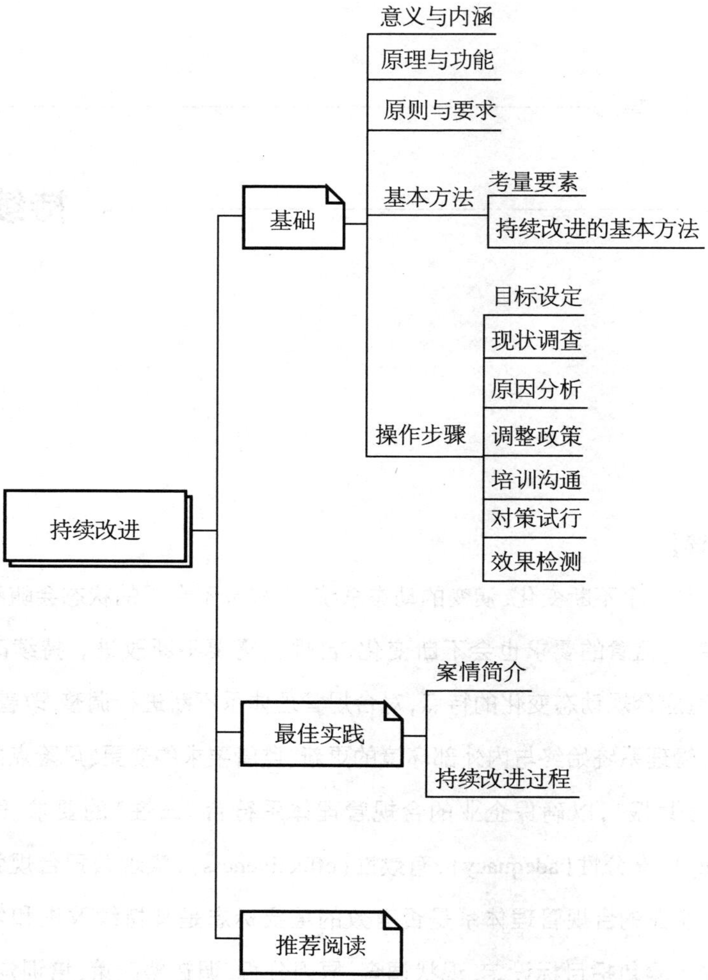
持续改进
基础
意义与内涵
原理与功能
原则与要求
基本方法
考量要素
持续改进的基本方法
操作步骤
目标设定
现状调查
原因分析
调整政策
培训沟通
对策试行
效果检测
最佳实践
案情简介
持续改进过程
推荐阅读

第一节 基础

一、意义与内涵

《合规标准》最后一章规定了持续改进,该标准用了两句话来描述和定义持续改进(continual improvement):“组织应持续改进合规管理体系的适宜性、充分性和有效性。当确定合规管理体系需要变更时,组织应按计划实施变更。”

首先,持续改进(continual improvement)本质上是提高绩效的一种循环活动。合规管理体系运行是一个 PDCA 循环,即“Plan—Do—Check—Act”。这个循环最初由美国质量管理专家 Walter A. Shewhart 首先提出,后被 Edwards Deming 发扬光大,又称“戴明环”,这个循环不是一个单循环,而是一个螺旋式上升,不断改善和提高的动态循环。持续改进是这个循环运行的重要支撑。

其次,持续改进的对象是组织的合规管理体系。合规管理体系理论上又称为合规计划(compliance programs)。根据《合规标准》,这里的合规管理体系是指组织为确立方针、政策和目标以及实现这些目标的过程所形成的相互关联或相互作用的一组要件,具体来说,包括组织的结构、岗位和职责(与领导作用相关)、运作(与组织环境、策划、支持、运行、绩效评价、改进相关)。

最后,持续改进的目标是确保企业的合规管理体系始终具有“三性”,即适宜性(suitability)、充分性(adequacy)、有效性(effectiveness)。尽管一个企业当初建立的合规计划(合规管理体系)是符合企业的实际情况,具备适宜性、充分性和有效性的,但是随着时间的推移,组织环境的变化,原有的合规管理体系就未必符合“三性”的要求，因此，需要持续动态进行调整和更新。持续改进达到目标就是确保企业合规管理体系始终符合“三性”的要求。

二、原理与功能

合规是一个不断变化、演变的动态系统，合规或不合规的状态会随着时间的推移而演变，监管的要求也会不断变化，合规也需要不断改进。[1] 合规计划的本质特点是“最佳实践”，具有动态化、多样性的特质。合规风险是动态的，会随着环境、业务等因素进行动态变化，因此，风险点从来都不是固定的，也没有一劳永逸的风险评估报告，企业需要定期进行风险评估，并应采取适当措施修改合规计划的各项要求。[2] 这就需要持续改进。因此，《合规标准》在附件中指出“合规管理体系的有效性特点是它具有持续改进和发展的能力”。总而言之，持续改进的基本原理就是合规是一个动态系统。

持续改进的功能，就是适应合规动态变化的特点，对合规管理体系不断进行调整、改善，确保企业的合规管理系统始终与内外部环境的更新、监管要求变更、风险点变化等保持“同频共振”，以确保企业的合规管理体系符合“三性”的要求，实现公司合规管理的绩效。一个企业的合规管理体系是否有效的重要标志是其持续改进和发展的能力。因为，公司的业务活动、运营环境、法律法规、行业标准、监管要求在不断变化和调整，合规义务、合规风险在持续地动态变化，如果合规管理体系一成不变或者没有及时更新，这样的合规管理系统、合规计划就会

〔1〕 See Robert C. Bird & Stephen Kim Park, *Turning Corporate Compliance into Competitive Advantage*, 19:2, U. of Pennsylvania Journal of Business Law, 285,296 - 297 (2017).

〔2〕 参见李勇：《涉罪企业合规有效性标准研究——以A公司串通投标案为例》，载《政法论坛》2022年第1期。

流于形式,“锁在抽屉里积满灰尘”。[1] 从这个意义上来说,也可以是持续改进的功能在于检测公司合规管理体系的有效性。

三、原则与要求

持续改进应当坚持以下原则。

一是及时性原则。持续改进讲求时效性,因为风险因素、组织环境、监管要求的变化具有随机性,持续改进要“与时俱进”,跟得上这些变化的节奏,就必须坚持及时性。比如,法律法规关于监管的要求已经发生了变化,而企业合规管理体系还没有变化,那么结果就是,要么就是可能违反新的监管要求,产生违法违规事故;要么就是原有的合规管理造成资源浪费。

二是针对性原则。持续改进的基础是问题剖析和原因分析,持续改进以问题为导向,针对存在的问题及其原因分析,发现问题及时纠正,采取有针对性的改进措施对合规管理体系存在问题的环节和方面进行修补和完善。

三是常态性原则。由于合规管理体系的运行是一个动态的循环,运行过程中随时出现问题随时完善改进,这就需要一个常态化的持续改进机制,比如有专门的部门和人员、有专门的配套制度、有充足的资源和权限等。有一套成熟的持续改进工作机制,可以随时启动应对出现的问题,防止出现问题时手忙脚乱。这也是持续改进之“持续”的应有之义。

---

[1] See David Hess, *Ethical Infrastructure and Evidence-Based Corporate Compliance and Ethics Programs: Policy Implications from the Empirical Evidence*, 12, New York University Journal of Law and Business, 317, 338 – 339(2016).

四、基本方法

(一)考量要素

根据《合规标准》,持续改进应当将以下要素结合起来进行考量:(1)变更的目的及其潜在后果;(2)合规管理体系设计和运行的有效性;(3)充足资源的可用性;(4)职责和权限的分配或再分配。持续改进的进一步信息来源可以是顾客调查的结果、报告疑虑、定期的监视、定期的审核或管理评审。

(二)持续改进的基本方法

1. 风险评估动态更新。持续更新是建立在风险评估动态更新的基础之上的,否则持续改进既没有依据也没有目标。风险评估更新是建立在常态化的内部审计、控制测试基础之上的。合规管理人员应当自问这样的问题:(1)是否有专门的部门或人员跟踪了解外部、内部法律、规则的变化?(2)是否根据合规义务、监管要求等变化持续进行风险评估?(3)有无对风险等级根据情况变化定期或不定期进行调整?(4)同行业、同领域特别是竞争对手所犯下的错误,是否吸取了他们的教训作为更新和完善本公司合规计划的信息?[1]

2. 措施持续改进。针对更新的风险点采取新的措施或者对原有措施进行改进和修补。合规管理人员应当自问这样的问题:(1)有无根据风险变化而调整、修改、完善对应的管控措施?(2)合规政策、流程和操作手册多久审查或更新一次?(3)是否定期或不定期进行偏离分析,以确定在政策、控制或培训中是否存在未充分关注特定的风险领域?(4)企业采取哪些方法来确保政策、流程和操

[1] Karen L. Shapiro, 10 *Steps to a better day*: *The key components of compliance*, Business Law Today, Vol. 13, No. 1 (September/October 2003), p. 42.

作手册符合公司及其业务部门的实际，确保具有适应性、充分性和有效性？

(5)企业是否根据本企业的不合规行为以及同行其他企业类似的经验教训中审查和调整其合规计划？

3. 效果持续跟踪。更新改进了控制措施，这些措施是否真的能够应对变化了的风险，需要持续跟踪改进的效果，要不断进行偏离分析，以确定特定的风险领域是否在其政策、控制或培训中得到充分的处理？公司采取了哪些步骤来确定其政策程序对特定的业务活动是否有成效？

五、操作步骤

持续改进的操作步骤一般包括以下方法：一般步骤包括目标设定、现状调查、原因分析、调整政策、培训沟通、政策试行、效果检测。同时这也是一个循环，效果检测发现新的问题，需要再确定改进目标，循环往复，实现持续改进，如图 26－1 所示。

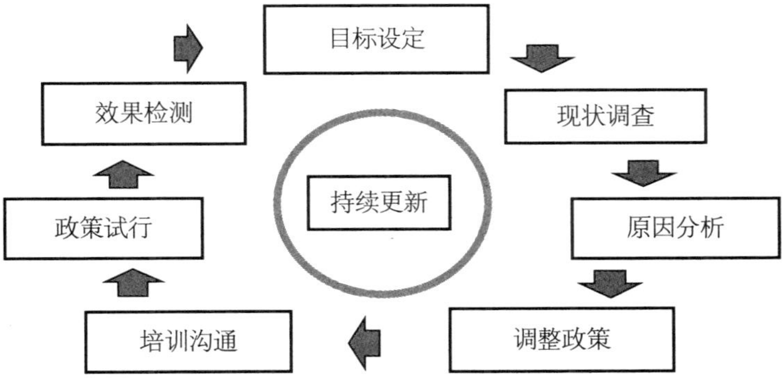

图 26－1　持续改进

（一）目标设定

持续更新是建立在风险评估动态更新的基础之上的，否则持续改进既没有依据也没有目标。根据动态变化风险确定每一次具体的持续改进的目标，也就是这一次持续改进要解决什么问题，需要改进合规管理体系中的哪些方面和环节，这一点必须明确。比如，政府环保部门对扬尘的监管要求发生了变化，控制得更严格了，那么这次持续改进的目标就是采取措施把扬尘控制在符合政府新的监管要求上来。为了增强改进的效果，尽量确定与改善主题相符合的可量化的衡量指标，一般由改善前数值与改善目标数值组成。

（二）现状调查

合规管理体系的充分性和有效性宜通过多种方法进行持续和定期的评估，如评审或内部审核、测试。在此过程中发现问题，就要启动持续改进，因此持续改进的基础是合规运行过程中通过调查、审计、内部测试等方法发现了问题。但是这并不意味着在启动持续改进后就不需要进行再次调查了，而是应当针对发现的问题再次进行深度调查，也可谓“二次调查”，这里的“二次调查”目标性更强，调查得更深、更细、更具体，以获取更充分的信息。因为，持续改进的基本依据是组织所收集、分析和评价的信息以及纳入合规报告的信息。

（三）原因分析

原因分析与现状调查在实务中基本上是同步进行或交叉进行的，这里之所以单列出来是为了强调和突出原因分析的重要性，防止将现状调查等同于信息收集。调查报告不能仅有数据罗列和现状描述，必须要有原因分析，只有找到根本原因，才能制定有针对性的改进措施。这里的原因分析重点是原有的政策程序与管理目标的偏离性分析。对于涉及业务专业领域的问题，合规部的人员对原因的分析不能闭门造车，而应当与专业部门进行充分的沟通，必要时进行专家论证。

（四）调整政策

在对问题进行调查和原因分析的基础上，采取有针对性的措施，对原有合规计划的政策、程序进行调整、修改、完善、增删，弥补漏洞，确保不良问题和缺陷不再出现，包括操作流程、操作手册的修改和更新。调整的政策和程序应当充分听取业务部门的意见，还要有配套的可供执行的资源，确保政策和程序是具体的、可理解的、可执行的、可操作的和可验证的，杜绝流于形式。

（五）培训沟通

认知是预防的前提，通过培训、沟通将合规的制度和理念传达到每一个公司成员，让每一个公司成员都了解、认同和接受公司的合规政策。改进后的政策程序，要想得到有效执行，就必须将更新后的政策程序传达到每一个员工，确保员工能够理解和认知更新后的政策程序，并按照更新后的政策程序开展生产、经营和业务活动。这就要求开展培训和沟通，这里的培训沟通是合规计划培训和沟通的一部分。

培训沟通至关重要，但也最容易流于形式。美国泰森食品公司的合规培训值得借鉴，每节课都设计了合规官、团队成员的互动活动，假设性问题在培训课程开始之前就由合规官和团队成员设计好。每位参加者必须填写合规部门创制的表格并将其反馈给合规办公室，以进行准确的记录保存和监控。他们发现幽默是一种有效的学习工具，他们开发了两个卡通鸡角色来传达合规信息。虽然并非所有的海报都幽默风趣，但是这些海报兼顾创意，并向所有泰森团队成员强调：所有人都有责任践行“做正确的事”的公司道德格言。[1]

---

〔1〕 See Copeland, John D., *The Tyson Story*: *Building an Effective Ethics and Compliance Program*, Drake Journal of Agricultural Law, Vol. 5, Issue 2 (Winter 2000), p. 340 – 341 (305 – 354).

（六）对策试行

实践中很难有完美的政策和一劳永逸的程序，为了确保改进的政策程序合宜，可以“边行边试”不断调整和完善。试行过程中发现问题再及时调整和修改。

（七）效果检测

当对合规管理体系作出改变时，企业宜考虑这些变化对合规管理体系、运行、资源可用性、合规风险评估、组织的合规义务及其持续改进过程的影响。测量、验证和分析实施更新改进后的措施之结果，对实施情况进行监控、测量、验证、分析其结果，确认已采取了解决办法，实现了改进目标。这一步是对效果进行确认，效果要进行量化，若还未达到预期的目标，还需要重复前面的步骤，再次进行持续改进。

第二节　最佳实践

一、案情简介

2021 年 1 ~ 5 月，某电子器件厂有限公司实际负责人田某、查某，违反国家规定，私设暗管将生产过程中产生的废镀镍液、清洗废液排放至污水井内，排放量共计 0.0345 吨。经鉴定，上述液体属于危险废物。公安机关以该公司涉嫌环境污染罪移送检察机关起诉。检察机关经研究后认为，此案情节轻微，在企业停止污染行为，并承诺建立合规计划的情况下，可以先行作出相对不起诉决定，同时发出检察建议要求企业持续改进，确保不再污染环境。该公司自愿承诺合规，全面停产整顿，同时委托律师建立并实施环保专项合规计划。

二、持续改进过程

该企业根据合规计划购进多台废气、粉尘处理设备，对焊锡、浇注等四道工艺进行改进。由于检察机关在不起诉决定作出后，发出检察建议要求企业持续改进，并将跟踪监督合规计划的实施情况，确保生产作业符合环保要求。公司制订了持续改进计划。一是设定目标，就是确保新设备和改进后的工艺正常运转，并适时监测排污有无超标，特别是员工有无按照规范的工作流程进行操作，后者是持续整改的重点。二是现状调查，对目前更新后的设备及改进后的工艺运行情况进行调查，对员工的操作行为规范和习惯进行摸底调查，形成问题和潜在问题表单。三是制定与对发现的问题调整和修改相关的管理制度、操作流程。例如，对改进后的操作工艺，印制了操作手册，但是一线员工文化程度较低，有些内容不太理解，这就要对操作手册进行修改。四是培训沟通，不断地对更新后的设备和工艺操作流程进行培训，确保员工准确规范操作。同时对绩效考核制度进行修改，动态调整绩效考核指标，确保考核指标与合规整改相匹配。五是政策试行，对调整后的操作工艺、考核指标进行运行，发现问题再不断调整。六是效果检测，适时进行检测，发现问题再次循环持续改进。

第三节 推荐阅读

曹志龙：《企业合规管理：操作指引与案例解析》，中国法制出版社2021年版。

李素鹏等：《合规管理体系标准解读及建设指南》，人民邮电出版社2021

年版。

王志乐:《企业合规管理操作指南》,中国法制出版社 2017 年版。

郭凌晨、丁继华、王志乐:《企业合规管理体系有效性评估》,企业管理出版社 2021 年版。

[美]布兰登·L.加勒特:《美国检察官办理涉企案件的启示》,刘俊杰、王亦泽等译,法律出版社 2021 年版。

陈瑞华:《论企业合规的基本价值》,载《法学论坛》2021 年第 6 期。

李奋飞:《论企业合规考察的适用条件》,载《法学论坛》2021 年第 6 期。

李勇:《涉罪企业合规有效性标准研究——以 A 公司串通投标案为例》,载《政法论坛》2022 年第 1 期。

第二十七章

合规危机管理

【导读】

在合规管理中,应对紧急或突发事件是一个必不可缺的环节。危机管理是企业为应对各种危机情境所进行的规划决策、动态调整、化解处理及员工培训等活动过程,其目的在于消除或降低危机所带来的威胁和损失。

【关键词】

危机管理　纠正措施　改善建议

【思维导图】

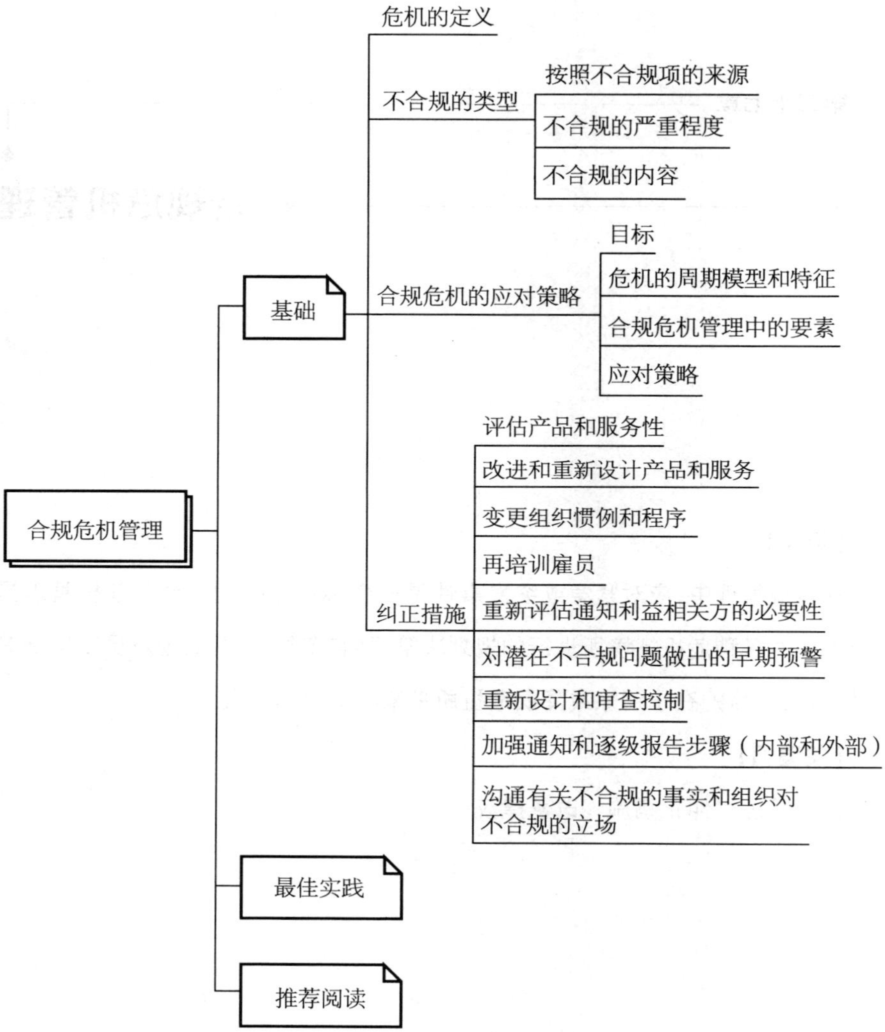
合规危机管理
基础
危机的定义
不合规的类型
按照不合规项的来源
不合规的严重程度
不合规的内容
合规危机的应对策略
目标
危机的周期模型和特征
合规危机管理中的要素
应对策略
纠正措施
评估产品和服务性
改进和重新设计产品和服务
变更组织惯例和程序
再培训雇员
重新评估通知利益相关方的必要性
对潜在不合规问题做出的早期预警
重新设计和审查控制
加强通知和逐级报告步骤（内部和外部）
沟通有关不合规的事实和组织对
不合规的立场
最佳实践
推荐阅读

第一节　基础

一、危机的定义

在西方国家的教科书中，通常把危机管理称为危机沟通管理，原因在于，加强信息的披露与公众的沟通，争取公众的谅解与支持是危机管理的基本对策。

笔者认为合规危机，即指企业在动态/不确定的地域市场监管环境中，可能（突发）遇到的包括反腐败、反垄断、反洗钱、贸易制裁、产品质量与安全、数据隐私、ESG 欺诈[1]、数据完整性等涉及道德与诚信的各种危机情形，并将在声誉、财务、法律三个主要维度给企业带来一定程度上的损害，比如声誉受损进而导致估值下浮，甚至涉及刑事或民事诉讼给公司造成的巨额罚款等情形。

二、不合规的类型

在实践中，不合规的类型存在多种不同的分类方法，企业或单位可根据自身的需求进行选择。

（一）不合规项的来源

1. 部门内部自查

在某个内部范围中查出的不合规项，比如来自 EHS 部门[2]的自查、质量部

〔1〕 ESG 欺诈，亦称漂绿，是企业对其在环境、社会和公司治理方面的非财务绩效表现，作出不真实、误导性的陈述。

〔2〕 企业中负责环境、健康与安全的职能部门。

门年度国际标准化组织管理体系审核、公司接受总部或外部审计前的自我预审查,以及按照客户要求所做的自查等。

2. 审计不合格项

年度审计计划中,无论是内部审计还是外部审计公司,除了财务、内控相关主题以外,在针对公司相关高风险部门进行审计时,总会有所发现或开口项,并体现在审计报告中,需要责任部门在一定期限内进行改善、补救和关闭。

3. 内部举报发现

在众多的投诉案件中,可能会出现实质的违规案例,并由此确定不合规项。一般合规委员会或相关管理委员会都要求责任部门在一定期限内完成整改、补救。

4. 外部客户审计发现

在供应链管理中,来自客户的审核不可或缺。许多企业在接受客户定期/飞行审核时,经常会被发现一些低等、中等甚至严重的违规情形。

5. 外部监管部门的发现

因收到举报或者诉讼请求,企业也会受到政府部门诸如市场监督管理部门、检察院、法院、质监局、经侦部门甚至司法部门的突击检查。通常情况下,司法部门都是有备而来的,他们将没收所有相关文件、电子设备包括电脑、手机、文件柜里的所有文件,并约谈相关人员,以获取更多有效信息。

(二)不合规的严重程度

1. 低级

低级也可称为轻微,仅因个人疏忽大意、操作失误、系统故障等出现一个不合规项,但本人并不存在任何违规意图,且不存在持续性的违规可能性。企业可通过自身现有的流程/政策进行即时纠正,短时间内违规情形将迅速可以得到消除、缓解、整改或补救。一般牵涉的部门较为单一。

从财务、法律、声誉角度考量,低级不合规的损失微乎其微,通常不会涉及法律危险，亦不会影响财务报表和企业估值，继而不存在造成负面声誉的风险。

2. 中级

此类等级，不合格项将会涉及流程/系统修订，一般需要合规部门或专家团队介入，修订完毕的流程/系统还需要经过专人审核验证后，为目标群体提供培训，并在实施后通过再次复审和验证，方能彻底得到妥善解决。经常会牵涉两个及以上部门，通过跨部门沟通和反复论证，最终确定整改方向和具体纠正措施，并上报管理委员会批准。然后，各部门/个人认领任务清单，分别承诺在规定期限内完成改进措施直至关闭不合规项。

从财务、法律、声誉角度考量，中级不合格项可能存在一定的法律风险；财务上会出现一些损失；声誉上存在影响，但通常可控。

3. 高级

如果是人为原因，违规个人或集体通常具备一定的违规意图，不合规项明显将给公司造成财务、法律、声誉上的巨大风险，甚至所涉及的不合规项将会造成管理层受到刑罚判决，有时伴随补偿金额，如在召回过程中发生的与之相关的各种费用。由此，企业不得不临时调拨款项处理相关事宜，不限于临时成立解决小组、聘用外部法律和公关资源等进行危机干预，以期将损失降到最低。

从财务、法律、声誉角度考量，高级不合规项的法律风险必然存在；财务上会出现明显损失，且对声誉已经产生一定负面影响。

在实际操作中，每家公司对此维度上的定义可能会略有不同。究其根本，主要是依据严重程度，投入不同的资源。

（三）不合规的内容

1. 产品质量和产品安全

关于产品质量，主要根据《产品质量法》围绕调整产品质量管理关系和产品质量责任关系开展产品合规管理工作。产品质量的风险主要见于产品瑕疵和产品缺陷，企业如作为生产者需要承担产品质量责任，包括满足：

（1）安全性——无不合理危险（默示担保）；

（2）适用性——与产品性能一致的适用（默示担保）；

（3）诺承性——符合承诺（明示担保）。

在市场监督管理局查处的案件中，如涉嫌不合规并违法，产品将有可能被检查、调查、查阅、复制、封存和扣押，认定违法的处理包括停业、罚款、没收甚至吊销执照。产品质量的检验制度分为企业自我检验和第三方检验。生产者应当保证产品的内在质量。

在食品、医药、交通等行业，产品安全至关重要，也是常见查处不合规或违法情形中多发的地带。如牛奶违规添加剂事件、飞机事故涉及产品缺陷事件、汽车相关产品因产品安全进行召回等。

2. EHS 相关

EHS 近年来受到越来越多的企业重视，从企业自身到供应链管理无处不在，并由原来的环境管理体系和职业健康管理体系整合为 EHS 管理体系。EHS 违规成本逐年增加，主要不合规内容涉及如下，且常见于生产型企业。

（1）环保文件/环评报告/排污许可证；如针对工厂排放不达标，其中包含废气、废水、废弃物等转移/处理问题，尤其在全球倡导碳中和的环境下，相关企业受到更多关注；

（2）消防设施及人力资源配备不满足规定的情形；

（3）特种作业操作证（电工、焊工、高处作业等）、特种设备操作许可证（叉车驾驶员、锅炉操作工、电梯操作工、行车操作工等）；

（4）食堂卫生许可证、厨工健康证；

（5）化学品存储运输要求；

（6）相关工人的职业病健康体检报告；

（7）其他。

3. 财务报表

违规“调整”财务报表的案例近年来呈上升趋势，诸如上市公司财务报表造假、企业调整财报偷税漏税等较为多见。从财务和内控角度看，舞弊主要表现在销售收入、成本、负债和费用、资产和披露等形式上。财政部公布的会计信息质量检查公告显示，截至2022年2月28日，各地财政厅(局)对多家会计事务所及相关注册会计师作出行政处罚，其中不乏被吊销执业许可和被暂停执业和警告的情形。当前，准确且如实入账是基本原则，无论是企业自身还是作为第三层防御机制的会计师事务所，都需要在这方面得到及时指导、监督和纠正。

4. 反垄断

我国《反垄断法》实施以来，国务院反垄断执法机构共审结经营者集中案件逾4500件，案件交易总金额超过50万亿元。域外的反垄断案件都呈现上升趋势，一些头部企业也由原来的兼并整合策略逐步走向拆分、独立上市。比如有消息称某科技公司有意将旗下的广告科技业务分拆出来独立运作。究其原因，主要是其在市场上的支配地位及可能存在的违规行为将受到监管部门的审查。以下为常见的禁止行为。

(1)价格垄断；

(2)串通投标；

(3)市场或客户分配；

(4)影响生产和能力的协议；

(5)干扰另一家公司竞争能力的某些协议。

5. 腐败贿赂

在不合规的案例中，腐败贿赂案比比皆是，广泛存在于医药、工业、能源、电信、交通等领域。与所受的处罚相比，行贿所获得的巨大利益驱动着许多个人、单位不断地铤而走险。打击行贿远比惩处受贿复杂许多，只能从制度流程上不断完善，多管齐下，建立起防控体系，从而更切实有效起到监管的积极作用。全球范围内,许多跨国公司在过往的失败教训中全面整改,逐步积累了丰富的经验,有效遏制了商业贿赂问题,甚至及时通过自我揭露和纠正,与司法部门达成和解。不少国家注重为公司提供一系列的激励机制以推进公司合规体系的建立,如此促使全球不同国家的公司都坚定地向其员工传递反腐败、反贿赂的承诺,并执行自己的商业行为准则。

6. 贸易制裁与出口管制

贸易制裁是美国基于国家安全等诸多因素的考量,针对特定国家、地区和对象所采取的禁止和限制相关经贸往来的措施。其中,贸易制裁与出口管制的区别主要见表 27 – 1。

表 27 – 1　贸易制裁与出口管制的区别

项目	贸易制裁	出口管制
针对对象	受制裁的特定对象和特定交易	受管制的美国物项及受管制的特定行为
管制行为	根据制裁对象的不同,涵盖进出口、金融服务、航运、证券投资、旅行等多种经贸活动	美国物项的出口、转出口、境外转移及其他受管制的出口活动
约束对象	涉及受制裁交易的所有相关主体,包括美国实体、美国实体控制的外国实体及特定情况下的外国实体	实施出口行为的美国或非美国实体
主管部门	OFAC	BIS

就贸易制裁的角度而言,一般来说,企业主要需要考虑两个方面:

(1)涉及交易的国家及其相关领域是否存在贸易制裁;

(2)交易对象是否是美国的制裁对象。

根据《国际紧急经济权力法》(IEEPA)、OFAC[1]的《报告、程序和处罚条

〔1〕 OFAC(The Office of Foreign Assets Control of the US Department of the Treasury),即美国财政部海外资产控制办公室,是美国财政部的下属单位。

例》(Reporting, Procedures and Penalties Regulations, RPPR)及相关总统行政令，违反美国的贸易制裁规则，在存在美国连接点时(如涉及美国物项和美国实体、协助美国实体从事相关违规活动时)，OFAC 可以对非美国实体直接处以行政处罚，或移交司法部追究刑事责任，即一级制裁(primary sanctions)。相应的处罚如下。

(1)民事罚款，就每个违规行为，OFAC 可以实施单笔最高 295, 141 美元的罚款；或者该违法行为基础的交易金额的两倍罚款二者之中高者作为民事罚款；

(2)扣押货物；

(3)禁止与美国实体交易并限制入境。

如涉及刑事责任，可处以单笔最高 1, 000, 000 美元的罚款或犯罪行为违法所得的两倍罚款，同时，对单位犯罪的主要责任人员和自然人，最高可处 20 年的有期徒刑。

7. 数据合规

大数据一般有很多类型，如公共数据、商业数据、科学数据、个人数据等。随着《个人信息保护法》《数据安全法》《网络安全法》的出台，中国在数据保护和利用的问题上，有两条轨迹可循：一条是以网信办为主的执法部门，其下有一系列的执法机构，严格进行数据应用监管；另一条是以发改委系统为主，鼓励数据的应用与交易，实现以数字经济为发展目标的国家发展战略。综观欧盟、美国等国家和地区，由于历史沿革与宏观环境的不同，其对于数据立法的考虑维度与定义都不尽相同。

大数据之所以有价值，就在于它具有预测作用。从国家角度俯瞰，它能够预测各种政治风险，能够促进国家治理。对于商业机构而言，基本上可以做到精准营销。目前这种预测在精准广告方面的应用非常广泛，零星的关键词检索、电话问询时提到过的词汇，都可能导致未来会收到相关广告文案的推送。前文所述科技企业美国谷歌，作为全球最大的数据公司之一，它的大数据通过专门的数据公司进行处理，几乎覆盖了全球所有的商业模式，掌控了所有未来潜在的电子商务模式的发展趋势。所以欧洲乃至美国始终都在打击谷歌的数据商业模式。

无论哪种大数据，都是由个人数据构成，在处理个人数据的基本原则上，我国《个人信息保护法》中给出了明确要求，即合法、正当、必要、诚信，其下再展开诸多具体的原则。对于敏感的信息以及未成年人的信息，在《数据安全法》和《个人信息保护法》中都提到了“重要数据”，加上国家安全数据，它的通知同意、跨境以及评估都具有十分严格的要求。而且这些基本原则贯穿在处理个人信息/数据的全过程中，包含收集、储存、使用、加工、传输、提供、公开、删除。

由于域外法规的千差万别，企业在调整未来政策的方向和趋势时，也就不可能做到全球合规统一，只能做到区域合规，然后分国家地区进行管理。

8. 洗钱和恐怖融资

随着洗钱规模和深度的日益加剧，由初期依附于毒品、有组织犯罪、腐败犯罪三类上游犯罪，为掩饰、隐瞒其来源与性质，而提供资金账户，协助将财产转换为现金、金融票据、有价证券，通过转账或者其他结算方式协助资金转移，将资金汇往境外，进而演变为当下恐怖分子隐藏其收入和获取资金渠道的恐怖融资，反洗钱的策略也调整为不让恐怖组织进入国际金融体系，摧毁恐怖分子的融资能力，孤立和暴露恐怖分子的金融网络。洗钱的危害性开始发生核裂变，逐渐地从依附于上游犯罪的单一属性中脱离出来，升级为非传统性安全中的突出问题，具有自己独立的属性，如今已威胁到社会政治、经济、法律、公共秩序等多个领域，并被国际社会公认为冷战之后典型的“非传统安全问题”之一。鉴于此，反洗钱已被提升到维护国家经济安全和国际政治稳定的战略高度，是国际合作的重点领域之一，许多国际多边合作机制均将预防和打击洗钱与恐怖融资作为重要议题。

9. 其他类型

如近年来逐渐受到关注的人权问题、冲突矿产等违规主题。随着企业合规工作的不断深入和延展，合规的专项主题日益丰富。

以上是常见的分类方式，现实操作中也许还存在其他多种分类方式，恕不能详尽所有。

三、合规危机的应对策略

（一）目标

辩证看待合规危机，每一次危机本身既包含导致失败的根源，也孕育着成功的种子。与日常性合规管理体系的建立不同，企业开展合规整改的直接动因在于寻求司法机关宽大的刑事处理。简言之，如果处理得当，危机完全可以演变为“契机”。

（二）危机的周期模型和特征

图 27－1 为芬克四阶段周期模型。

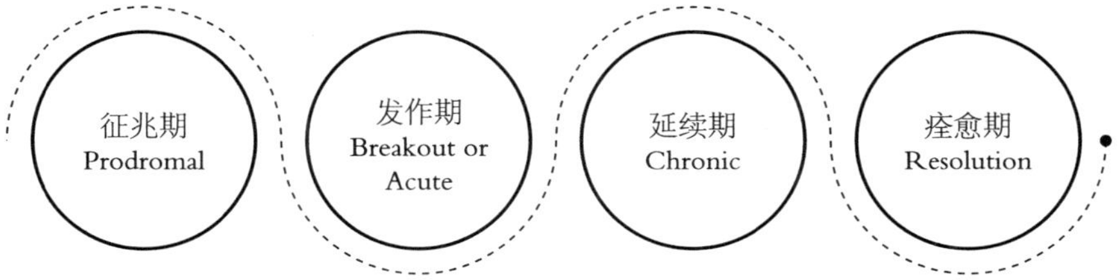

图 27－1　芬克四阶段周期模型

根据芬克的危机周期模型，每个阶段具有不同的应对策略。

第一阶段是征兆期，通过大数据抓取线索在早期识别出潜在危机发生的可能性是首要任务；第二阶段是发作期，具有伤害性的事件发生并引发危机，如何通过内外部协同配合，调查分析根本原因，继而控制影响并在最大程度上减少损失尤为关键；第三阶段是延续期，危机的影响持续，同时也是努力清除危机的过程，通过逐步落实纠正措施，缓解影响直至彻底清除；第四阶段是痊愈期，危机事件已经解决，后续改进还在持续，并确保已建立有效的机制防范再次发生类似事件或控制再次发生时的影响和损失。

危机一般具备以下特征。

(1)突发性

不期而至，令人措手不及；给企业带来混乱和惊恐。

(2)破坏性

财务、法律、声誉和运营上的影响。

(3)不确定性

爆发前的征兆不那么明显，难以预测。

(4)紧迫性

涉事企业必须立即进行事件调查与对外说明。

(5)信息的局限性

决策者在有限时间内筛选准确真实的信息存在一定困难。

(6)被关注性

受好奇心驱使，危机将成为热门话题和媒体争相跟踪报道的内容。企业越是束手无策，危机事件越会增添神秘色彩而引发各方关注。

（三）合规危机管理中的要素

1. 人力资源；

2. 政策制度；

3. 系统设置。

（四）应对策略

在第一阶段征兆期，树立危机意识，建立预警系统，成立危机管理小组，进行模拟训练是主要工作中心。企业可通过相关培训，增强关键岗位人员的危机意识。通过预警系统的大数据分析，抓取具有价值的线索，在早期识别出潜在危机发生的可能性。比如在竞争对手出现危机时，主动自查内部是否存在类似情况，可先于监管部门展开调查之前揭露自身问题，积极争取获得谅解/和解。危机管理小组一般由各部门负责人组成，其中危机中的发言人和小组领导具备创新、沟通、严谨细致、沉稳、亲和力等素质，以便于总览全局，迅速作出决策。在常规的模拟培训中，包含心理训练、危机处理知识培训和技巧演练。

在第二阶段发作期，需要做到集体决策、迅速应变、务实并保证信息沟通畅通。其中在集体决策时，如何审时度势根据调查结果确定是否升级危机干预、是否通知客户、是否通知监管、是否受到监管部门的“黎明突袭”、是否存在刑事起诉的情形等，采取控制和纠正措施，即同步进行中止/隔离/利用/排除伤害性事件的影响是关键。在危机中，企业或官方发言人的认错态度对公众重建信任具有不可或缺的作用，关注公众和消费者的利益，担当企业责任并从企业长远利益出发。如在此期间涉及监管部门的调查取证，务必保证内部信息传播口径一致，协同配合各方开展工作，客观调查分析危机根源/根本原因，继而控制影响并在最大程度上减少损失尤为关键。

在第三阶段延续期，主要有调查结果分析、妥善处置后果、确定改进措施、获得认可 4 个重心。在此期间，调查分析已经告一段落，企业将根据整改清单逐步识别到内部部门负责人并落实相关纠正改进措施，努力清除危机的同时新建持续性预防机制，如新设立合规部门，并投入资源建设合规体系；调整组织架构；改进、新增流程；增加系统管控，取代人为操作的风险等。如涉及监管部门的监督或客户的整改，企业还需定期面临审查，并最终在一定期限内获得监管部门和客户的认可，从而彻底关闭所有整改建议或开口项。

在第四阶段痊愈期，任何所需的措施基本实施完成，并获得了监管部门、客户、权威认证机构或内部审计部门的认可，即通过所采取的任何纠正措施有效性的评审。至此通过 PDCA 的模型持续改进,以备为将来可能出现的类似问题、新问题提供参考,确保已建立有效的机制防范再次发生类似事件或控制再次发生时的影响和损失。其中,可根据表 27－2 自查企业危机管理的能力:

表 27－2 危机管理能力自查表

序号	问题
1	如果在非办公时间出现危机,公司有什么样的内部沟通系统?需要多长时间消息能够传达到每一位相关责任人?
2	公司有什么样的应急反应计划?这项计划最后一次更新是什么时候?以前是否使用过以确认它是否有效?它与公司其他的反应计划能否匹配?
3	公司有什么内部问题或者弱点一旦曝光后会对公司的经营造成损害?如果某一个心怀不满的员工或股东的诉讼案、政府调查或者新闻调查被公之于众,公众的反应将会如何?我们将如何做出解释以降低事件对公司经营和公司财务的影响?已经采取了哪些措施把问题发生的可能性降到最低?
4	如果出现危机,谁将是发言人?或者由谁去向大家沟通?如果发言人不在或者不适合这样的场合,由谁替代?他们应对记者尖锐问题的能力如何?对他们的可信度和说服力,公司有多大的信心?在没有危机的时候,谁是指定的发言人?
5	如果公司发生了危机,发言人应该和公众沟通多少信息?由谁来决定沟通的内容?决定的过程如何?由谁来决定?
6	公司如何与管理队伍和员工沟通,使他们首先从公司内部而不是新闻媒体或者客户等外部渠道获得公司消息?公司的顾客、供应商以及其他重要听众如何沟通?公司应该如何做?用多长时间去做?
7	公司的竞争对手在过去几年有什么危机被“曝光”?他们是如何处理危机的?用了多少管理时间?到目前为止,他们为此付出了多少成本、业务损失多少?他们被起诉和政府调查的前景如何?甩掉这样的麻烦用了多长时间?如果事情发生在贵公司,贵公司会怎么做?从他们的经历中,贵公司学到了什么?

在过往的危机管理中,研究人员也分析汇总了一些常见的失败原因,列举如下。

1. 决策者采取“鸵鸟政策”,希望没人知道在意这件事情,并始终迎合那些提建议的人，却不采取措施，而将头埋进沙子里，两耳不闻窗外事。

2. 企业没有危机预案，只在危机公开后才开始着手处理初始的危机情形。

3. 管理层盲目期待公司的过往声誉能为公司说话。

4. 管理层视媒体为敌人或对立者。

5. 公司陷入被动回应模式，不采取积极主动姿态。

6. 新闻发言人使用公众不能理解的语言，一味发表观点和书面声明，忽视公众的感情。

7. 负责人或危机处理人过于乐观。

四、纠正措施

关于合规整改纠正措施，目前有两种学说。

一为法学界的体系化整改说，建立合规管理体系的思路，将体系化的合规整改视为发现和预防犯罪再次发生的基本目标。根据陈瑞华教授的合规整改思路，被纳入合规监督考察的对象，一般应引入四项基本的合规整改要素：在认罪认罚的前提下停止犯罪行为，积极配合刑事追诉行动，采取补救挽损措施，处理责任人；查找犯罪原因，发现造成犯罪发生的制度漏洞、管理隐患和治理结构的缺陷；针对上述漏洞、隐患和缺陷，进行有针对性的制度纠错和管理修复，切断犯罪发生的因果链条，避免同一犯罪的再次发生；建立一种整体的、全面的和长远的预防犯罪机制，引入有针对性的专项合规管理体系。

二为实务界的针对性整改说，吸收欧美“有效合规计划”的理念，将美国司法部有效合规计划三要素，作为评估合规整改有效性的主要标准，也就是强调合规计划设计的有效性、执行的有效性和结果的有效性。根据企业合规体系评估指引，“有效合规计划”包含三个方面，一具有高中级管理层的承诺；二具有自主权和足够调配的资源，其中包含合规组织架构、合规人员的年资地位及其经验和资格、外包合规职能的权力；三具备奖惩措施，通过人事流程将纪律处分流程落实到位，且在组织内实施时标准一致，同时确保这些流程与违规行为相称，具备激励机制鼓励合规行事。

建议在考虑不符合或不合规项的纠正措施时，根据《合规标准》A. 10. 2 不符合与纠正措施章节从以下纬度进行分析。

（一）评估产品和服务性

评估产品时主要涉及产品质量和产品安全；与之匹配的服务同样会受到质量和安全的约束，其中服务因其量化的局限性，存在可能因客户不知情造成欺瞒行为。产品质量和产品安全相关违规案例常见于与人身安全相关的行业，如食品、医药、交通运输包括航空飞行器材、汽车、轮船及其零配件厂商中涉及安全系统的相关企业。在实务操作中，会发现有的公司将质量与合规放在同样至高的地位。保证产品质量与安全是企业应尽的义务，即保证：

1. 安全性——无不合理危险（默示担保）；
2. 适用性——适于与产品性能一致的适用（默示担保）；
3. 诺承性——符合承诺（明示担保）。

（二）改进和重新设计产品和服务

设计研发阶段是不合规的重点领域，在许多中外的合规案件中，因为受到成本和时间的限制或挤压，造成设计研发趋于形式化，尤其是在验证试验阶段，本应保证产品质量与安全，需要经过多轮反复实验验证不断发现问题不断纠正改进，全力解决问题直到消除产品缺陷或者限制在合理可控标准范围内，却由于各种原因受到阻挠或刻意规避，造成缺陷产品最终轻而易举地流向市场，从而影响甚至侵害到终端客户或使用者。此类问题在诸多重大的交通事故分析中非常多见。后期通过根本原因的深入分析，最终都会追溯到前期开发阶段或试产阶段，在这两类环节中如果存在缺陷且未得到管理层的重视，没有听从专家意见及时解决，一定会在量产期间给企业带来更深层次的教训。比如纪录片《一落千丈：波音大调查》在事故分析中全面剖析了此类问题发生的根本原因，并诠释了产品质量安全的重要性。窥一斑而知全豹，此类问题同样出现在食品、汽车、医药行业等，包括其下游零配件或原材料供应商。以此类推，监管部门和企业自身必须加强合规意识，尤其是企业内部，管控重点主要在高层承诺，包括董事会的认可和坚持，其次在推进中确保中层被赋权并可以落实到位，特别是实验室和质量部门，它们作为企业内部运营中的监督部门，作用不容小觑。架构设置中必须满足互相监督和牵制的原则，如果允许，建议明确“四眼原则”[1]和公开透明原则，然后在企业文化中，不断强化合规和质量意识，确保质量部门不是形同虚设，它作为公司产品和服务流向市场的最后一道关卡，必须尽职尽责。通常，在整改过程中，还应配合一定的系统自动化管控措施，以此规避人为篡改数据的可能性。

（三）变更组织惯例和程序

在分析频繁出现的不符合或不合规项时，一定会触及组织内部的惯例和程序，其中总会存在不合理的地方。通过变更不合理的内部流程和程序，不符合和不合规项会自动消失或得到根本纠正。比如设计生产制造型企业，其实验室和质量部绝对不能汇报给研发和生产部门，否则权力受到约束，无法起到应有的监督作用。又如采购流程中，在业务需求部门和采购部门双方争执不下时，财务控制部门作为监督者的介入是非常有必要的，它会从公司利益出发给采购流程增添更多的客观性。整改中变更的这些程序后续应该得到保留，否则将退回原点，最终出现重蹈覆辙的情形。在合规不起诉环节中，监管部门可加强这方面的审查，以判断其是否存在故意违规意图。

---

〔1〕 是指重要的决策或活动不应当由一个人完成。

（四）再培训雇员

在整改中大部分发现的不符合或不合规项，可以通过再培训相关雇员作为有效的补救措施。培训应该定期刷新回顾，保证由于人员流失造成工作交接中存在的一些疏漏得到及时补足。尤其，当漏洞出现在较为关键的管控环节，如未能及时通过企业内部的职责岗位描述和相应的定期培训机制补足，会给企业造成再次影响。

（五）重新评估通知利益相关方的必要性

在发现不符合或不合规项后，通常首要任务会识别相应需要实施整改措施的职能部门，即利益相关方。尤其是在监管部门指导的情形下，企业首先应正确解读整改意见，并将其转化为企业内部的语言，交由利益相关方执行整改。很多情况下会涉及多个部门联动，此时更需要重新评估各个部门在每个环节需要担当的角色，并相应落实到人制定完成节点，最终保证纠正措施的有效落地。

（六）对潜在不合规问题做出的早期预警

早期预警依赖于企业是否具备一套完整的合规体系，通过年度风险评估、举报机制或与之相关的预警系统或渠道及时捕捉潜在不符合或不合规项的可能性。评估合规体系的有效性时，举报机制是一个必选项。

（七）重新设计和审查控制

在判断不符合或不合规项是否得到有效解决时，可以通过重新设计和审查控制来识别脆弱性。审查控制测试的内容包含公司是否在与不当行为相关的领域审查和审计其合规体系？即公司进行了哪些控制的测试、合规数据的收集和分析以及与员工和第三方的会谈？其审查结果是如何报告的，行动项目是如何追踪的？

（八）加强通知和逐级报告步骤（内部和外部）

在评估一家公司的合规体系在发生不当行为是否有效时，会考虑不当行为是否会被及时发现，以及是如何发现的，为调查疑似不当行为是否投入足够的调查资源，以及该公司补救努力的性质和力度如何。

（九）沟通有关不合规的事实和组织对不合规的立场

对于调查的回应，公司的调查是否被用于发现根本原因、系统漏洞以及责任失效（包括在中、高级管理之间）？回应调查结果的程序是什么？调查结果在公司中能到达多高层级？组织中的管理层对不合规的立场是否零容忍？

综上所述，监管部门可从不同维度考量合规体系的完整性和有效性，确保纠正措施涵盖了不当行为的全面根本分析、及时适当补救并得到彻底解决。

第二节 最佳实践

以某跨国企业完成为期三年的监督期为例，企业在认罪认罚后会接受监管部门的审查要求，审查范围覆盖违法犯罪事件涉及的所有关联公司及公司内部的相关部门，在监督期内至少接受 4 次以上的定期审查，内容不限于审查控制测试和人员访谈。

第一次展开全球范围内的调研，主要针对道德合规意识和合规体系的排摸，以及围绕违规行为在企业内部（上、下游部门间）的情况调查分析，并给出切实可行的整改意见。企业在收到整改意见之后，召集相关人士不局限于外聘专业人员(新设合规组织架构)进行正确解读并确定整改期。此时,组织机构越庞大,需要时间越长,因为整改目标是确保所有关联的法律实体全部如期完成整改意见,细化到每条建议的每一个考核点。

第二次跟进审查距离第一次初始报告约半年到一年左右(根据企业规模)的时间,以审查形式确定整改建议在本土的落实状态,并对质疑或存疑的整改意见进行交互讨论,帮助企业正确解读整改建议,以保证后续正确执行纠正措施。如需要,可在初始报告的基础上,制订工作计划,协助企业如期完成整改措施。企业在收到第二次跟进报告和工作计划后,继续深入研究整改建议在本地的落实情况,并细化到具体政策、流程等文件。其中,识别负责人至关重要。从全球层面到区域到地方,层层识别,逐步细化分工完成所有整改意见。

第三次跟进审查距离第二次大约半年到一年不等(根据企业规模)的时间,根据各地落实情况,逐步展开审计工作,测试纠正措施的有效性,并探讨整改意见量化达标的要求。此时,企业对整改建议已经具有相对深入的了解,并在此基础上努力完成目标,最终通过审核。可能会出现较难整改的区域或者棘手的部门,企业为此不得不采取进一步措施包括人事任命和终止雇佣,引入更契合的专业团队与企业共同努力,达成最终目标。

第四次最终审查时间主要根据企业完成情况确定,通常会预留半年左右时间做最后调整和跟进直到关闭。在本次行程中,企业基本完成了监管部门出具的所有整改意见。偶有个别实体或区域或部门需要更长时间整改,但关键部门和关键措施一定落实到位且确认有效实施。其他已经完成的整改项在此期间的主要工作是不断加强和完善。基于以上,监管部门会出具官方的认证书,确认所有整改意见的有效实施。监督期至此顺利结束。

假使企业未在监督期内完成所有整改措施,监管部门则有权延长一次整改期,企业将为此付出额外的代价即逾期后巨额的罚金,直到彻底完成整改措施。

第三节 推荐阅读

周万里主编:《企业合规师手册》(第2版),法律出版社2022年版。

Al Ries/Jack Trout, The 22 Immutable Laws of Marketing: Violate Them at Your Own Risk!, 1994.

Edward Segal, Crisis Ahead: 101 Ways to Prepare for and Bounce Back from Disasters, Scandals and Other Emergencies, 2020.

Jeff Hunt/Geoff Leavenworth, Brand Under Fire, 2021.

附 录

合规管理体系审查清单

一、概述

企业可以基于框架不同的标准或指引,开展合规管理体系建设。根据企业的具体情况,企业选择适合自己的合规管理体系。企业在初次建立或改进现有的合规管理体系时,可供选择的合规管理体系参考标准比较多。如国际标准化组织发布的《合规管理体系　要求及使用指南》或国务院国资委发布的《中央企业合规管理指引(试行)》和《中央企业合规管理办法》。如果是刑事司法程序中的涉案企业,其应当基于《涉案企业合规建设、评估和管理办法》开展合规管理体系建设工作。企业开展反腐败合规建设,可供选择的方案更多。典型的是国际标准化组织发布的《反贿赂管理体系　要求及使用指南》、美国的《反海外腐败法》和英国司法部发布的《反贿赂法》。企业开展出口管制合规建设,可参考我国商务部发布的《关于两用物项出口经营者建立出口管制内部合规机制的指导意见》及其附件《两用物项出口管制内部合规指南》。

没有放之四海而皆准的合规管理体系标准。合规标准提炼的一些共性特征和要素,反映了合规管理体系的一些共同规律。这并不意味着,套用合规标准可以解决所有的问题。合规管理体系参考标准的选择,是场景化的和个性化的。企业应对基于合规管理面临的共同问题、企业本身情况以及所在行业特点,建设适合的和有效的合规管理体系。

本清单主要是基于《合规管理体系　要求及使用指南》,以问题清单的形式，提炼关于企业开展合规管理体系建设的一般性要求，协助企业或第三方审查合规管理体系建设的情况。该审查清单适用于所有类型的企业。

如上文所述，这些审查清单并未考虑企业的个性化和行业特点。另外，该审查清单仅适用于所谓的“事前合规”建设，不适用于涉案企业合规建设。后者需要考虑刑事司法程序对涉案企业合规整改的特殊要求。

二、审查清单

（一）组织环境

1. 企业是否对其所处环境开展分析

为了开展合规管理体系建设，企业首先应当对其所处环境开展有针对性的分析。尤其是一般性的法治环境和所在行业的特殊的监管要求等。这些外部法律法规和监管要求，构成所谓的“外法库”。

2. 企业是否对其内部开展分析

对于企业自身而言，企业分析其经营模式、业务流程、企业文化、组织架构、战略发展以及产品服务等主题。其一，该分析有助于为后期开展合规管理体系建设奠定基础。其二，企业分析是差距分析的基础，为合规管理的“应然”与“实然”的比较提供依据。企业分析最终以《调研报告》或《合规尽职调查》的形式呈现。

3. 有哪些利益相关者对企业合规管理提出期望和要求

合规管理回应的不仅有法律法规的要求，还包括诸多利益相关者（亦称相关方）的期望和要求。这些要求包括强制性的，也包括非强制性的但得到企业认同，成为合规义务的来源。确定利益相关者及其诉求，是利益相关者管理的重要环节。合规管理也是如此。

4. 企业的合规义务有哪些

合规义务是合规管理体系的“元概念”。合规、不合规以及合规风险等，都是围绕合规义务展开的。因此，企业应当制作合规义务清单，明确合规义务类型、来源及其不利后果。实践中，企业多是以外法库为基础且作为工作重心，分析合规义务。为了管理外法库中的合规义务，企业制定内部规章制度，也即“内规”。外法内规都是合规义务的来源。

5. 企业面临哪些合规风险，是否开展了合规风险评估

基于上述的环境分析、企业分析、利益相关者管理和合规义务清单，企业制作合规风险清单。合规风险包括不利后果及其发生的可能性。合规风险评估针对这两个组成部分，分别开展合规风险识别、分析和评价。通过合规风险评估，企业分析得出中、高、低不同程度的合规风险类型，并基于风险管理的方针或制度，采取相应的应对措施。

6. 合规风险评估的结果是否作为企业建设或持续改进合规管理体系的基础

合规风险评估的结果，是后续确定合规管理体系范围、实施风险应对措施、改进合规管理体系的基础。在该意义上，合规风险评估是合规管理体系建设的关键，是整个合规管理体系的不可或缺的环节。

7. 企业是否确定合规管理体系的适用范围，包括具体的风险领域范围、组织范围甚至地域范围

合规管理体系应当设定明确的适用范围。适用范围一方面由合规风险评估的结果决定，另一方面由企业的需要决定。一般而言，企业按照合规风险高中低的层级，选择合规风险领域，并且开展合规管理体系建设，单次同时进行重点领域合规管理建设，一般不超过三个。此外，适用范围还涉及组织层面，即组织适用范围涉及整个集团企业，还是二级公司抑或某个业务领域，甚至某个职能部门。地域范围则是合规管理体系建设是在某个地区，还是在全国抑或在全球范围。

8. 企业是否建立、实施、维护和持续改进合规管理体系

企业应明确开展合规管理体系建设，包括建立、实施、维护和改进的4个连续的“闭环”。此外，合规管理体系应反映企业的价值观、目标、战略及相应的合规风险，以确保合规管理体系与企业的整体价值观不冲突。更为重要的是，合规管理体系建设应当符合一些基本原则，如良好治理、匹配、诚信、透明、问责及可持续的原则。

9. 在建设合规管理体系时，企业是否基于业务模式和合规风险评估结果，考虑到特殊的合规管理体系要素

合规管理体系建设不是对“高阶结构”和“PDCA循环”的“模板”的简单复制和重复利用。不同类型的合规风险，往往决定了合规管理体系的特殊要素。不同合规管理体系的一个主要区别，体现在特殊的合规风险在应对措施和运行阶段的区别。如反腐败合规与数据合规，这两类的合规管理体系虽然在个别地方有相似处（商业伙伴合规），但在运行阶段上有明显区别。反腐败合规管理体系关注商业行为的合规，数据合规管理则是关注数据处理行为及过程控制。此外，不同的业务模式和企业所在的行业，往往也决定了合规管理体系应具备特殊的要素。

（二）领导作用

1. 企业的董事会、监事会是否知道其对合规工作的管理和监督职责

合规管理体系建设工作的职责，首先应当由企业的董事会和监事会承担。这不仅是企业法和公司法的要求，也是有效合规管理的必然要求。为此，企业的董事会和监事会应当理解其在合规管理体系建设中起到的关键作用。

2. 企业的董事会、监事会是否积极开展合规管理体系建设，并作出合规承诺

有效的合规管理，应当自上而下开展。为此，企业的董事会和监事会通过作出合规承诺和起到模范作用，表达对企业的内部和外部展现开展合规工作的决

心。合规承诺不仅需要以书面方式明确,也需要企业高层以实际行动履行承诺,所谓的合规"言行一致"。

3. 企业是否开展合规文化建设

合规管理的基本形态是法律合规,目标是确保企业及其员工的行为符合法律法规及在其基础上制定的企业内部规章制度。此种规则导向的合规管理,有时很难得到员工的认可。重视合规文化建设,则是另一种合规管理视角。企业合规文化建设的目的是使员工从内心接受企业的价值观,认同企业的合规文化。在无规则或规则模糊的情形下,合规文化能够为企业员工提供行为指引。

4. 企业是否确保合规职能部门(合规团队)直接接触董事会和监事会,具有独立性和适当的职权和能力

合规职能部门,也就是负责企业合规日常运行工作的合规团队或合规管理牵头部门,与业务部门或其他的职能部门之间,应保持独立性和专业性,以避免利益冲突。另外,合规管理工作的第一责任人虽然是董事会和监事会,不过,具体的合规管理工作由合规职能部门完成,并且合规职能部门相对于企业高层也具有合规工作独立性。最后,为了确保有效开展合规管理,合规职能部门应拥有适当的职权和能力。

5. 合规职能部门是否定期向企业最高层汇报

合规职能部门定期向企业最高层汇报,一方面,能够确保最高层及时了解合规管理的情况,履行合法经营和监督企业的义务;另一方面,定期直接给企业最高层汇报,不仅提升了合规职能部门的地位,也能够避免不合规信息被业务部门和经理层"过滤"。合规职能部门直接接触董事会或直接向董事会汇报,或定期列席董事会会议,发挥合规职能部门在企业战略制定中的作用,提升了合规职能部门的地位。

6. 企业是否确立合规方针或行为守则

合规方针作为合规管理制度的基本文件，明确了企业开展合规管理的基本认识、基本理解、合规文化、合规组织以及重点关注的合规风险领域。在实践中，合规方针一般以行为守则、道德守则或商业行为准则等文件作为载体。合规方针可以是独立的文件，也可以是与其他文件整合成为一份文件，如合规方针与合规手册整合为一份文件。

7. 企业是否明确董事会、监事会、经理层、合规职能部门等业务部门或职能部门的合规管理职责

合规管理不只是合规职能部门的工作，也是企业管理者、各个业务部门和职能部门的工作，也是所有员工的职责。因此，有“全员合规”的说法。企业的董事会对经理层完成合规目标的情况进行考核，对合规管理体系的运行情况做监督。企业经理层不仅要为合规管理工作提供足够、适当的资源，而且要确保公司战略与合规管理一致，建立和维护违规问责制度，确保合规激励制度的有效运作。业务部门作为“第一道防线”，部门领导应当确保其部门及其员工履行合规义务。

（三）策划

1. 企业是否基于合规风险评估的结果，策划相应的应对措施

合规风险评估的结果，是企业采取合规风险的应对措施的前提。风险由不利后果及其可能性两个方面组成。企业从违法违规后果及其可能性这两方面采取预防性的干预措施。

2. 企业为应对合规风险，是否确定了合规目标

基于上述的合规方针，企业应确定具体的合规目标。合规目标应尽量可量化，可以被监督。合规目标是评价合规管理有效性的重要指标。

3. 在合规管理体系发生变更的情况下，企业是否有相应的策划

如果企业的内外部情况发生变化，影响到合规风险评估的结果，对合规应对措施产生影响时，企业应该及时对合规风险应对措施进行调整，做好相应的策划工作。

（四）支持

1. 合规职能部门开展合规管理工作是否有适当的资源

企业开展合规管理工作，为了有效实现合规目标，防范合规风险，合规职能部门需要适当的资源，包括物资、财务和人力资源等。

2. 企业是否有合规咨询的渠道

企业员工应当能够通过便利的渠道，获得合规方面问题的咨询。合规咨询可以通过企业的合规官提供，也可以通过企业的OA平台、合规手册、问题清单等多种方式获得。另外，企业应通过制度保证合规咨询的质量。合规咨询应当通过详细和完整的记录实现“留痕”。

3. 企业对合规重点领域是否定期开展合规培训

合规培训的目的是培养员工的合规意识，认识不同类型的合规风险及其对企业和员工的影响，以及可能的合规风险应对措施。合规培训是一种赋能活动，能够帮助企业员工应对合规风险，进而促进合规文化在企业的传播。合规培训的方法论是目标群导向，基于目标群的特点，决定合规培训的内容、形式和频率等。合规培训内容包括企业的行为守则和重点领域合规手册等。

4. 企业中是否有合规沟通的整体策划

通过有效的以目标群为导向的合规沟通，能够使员工和商业伙伴理解企业内部规章制度、部门的合规管理职责、岗位合规职责和汇报路线等，进而遵守这些内部的合规管理规定。针对内部合规沟通和外部合规沟通的区别，企业应当提出不同的合规沟通规划方案。

5. 企业是否建立激励机制，包括正向激励和反向激励，以促进员工的行为合规

企业应当将合规纳入管理层和员工的绩效评价体系，如员工的年终奖与培训次数或不合规情况挂钩。激励机制分为正向激励和反向激励。正向激励是以奖励的手段，促进员工选择合法合规的行为。反向激励则是以惩罚的手段，阻止员工实施不合规行为。

6. 企业对合规工作人员的专业能力是否有保障措施

合规工作人员的专业能力是企业开展有效合规管理的前提。因此，企业有必要明确合规工作人员的专业背景、能力、技能和经验。我国在2021年明确了企业合规师职业，正是向这个方向发展。对此，企业应当提供资源和机会，定期培训企业合规工作人员，持续提高合规工作人员的专业素质和技能。

7. 公司在人员聘用、调动、晋升和评优中是否考虑到合规风险

针对企业的一些对于合规而言有重要意义的工作岗位，在人员聘用、晋升、转岗等环节，应重点关注该岗位工作人员的从业经历、信用记录和合规意识等信息。新员工签订合规承诺，是必经的用人程序。

8. 企业是否建立文件化信息制度，对合规措施和合规过程等做记录、保存并对其进行控制

对于企业的合规管理活动，包括合规风险识别、合规培训以及合规咨询等，都应当留有“痕迹”，以文件化、书面化的方式固定下来。一方面，这有利于证明企业建立和实施了合规管理措施；另一方面，也有利于企业在不合规行为发生后，基于文件化记录信息，分析不合规行为的根本原因，开展“根源分析”。文件化信息对企业开展合规认证以及应对行政处罚和刑罚等，是必要的措施之一。

（五）运行

1. 企业是否开展合规制度建设，包括制定行为守则及其基础之上的详细的合规制度

合规制度建设是合规管理体系建设的重要内容。以行为守则为基础，企业制定详细的专项合规制度，主要是从合规方针、合规目标、合规组织、合规过程等方面，规范企业及其员工的经营管理行为。

合规制度体系应当区别不同层级和不同领域的合规管理制度。合规制度形成体系化的框架。另外，这能够使员工便捷地获得合规制度文件。

2. 企业是否提供员工和第三方的举报渠道

举报是合规沟通的一种方式，更是企业发现不合规行为的重要渠道。企业建立有效的举报体系，能够掌握处理不合规行为的主动权，及时制止和控制不合规行为。为此，企业应当以体系化的方式，制定企业的举报制度，内容包括举报渠道、举报方式、举报处理程序、举报管理的原则等。举报应当对企业员工和第三方开放。举报的有效运作，需要有严格的保密制度，并且有公平的举报处理程序，禁止对举报人及其相关人员打击报复。

3. 企业是否有内部调查程序

企业应当对所有的涉嫌违法违规的行为开展调查。为此，企业需要建立制度化、常态化的内部调查机制，对发生的不合规行为或可能的不合规行为的举报线索，开展公平的、中立的调查，并及时作出决定。内部调查可以完全由企业内部的合规部门或其他部门独立或联合开展，也可以委托外部律师与企业内部主管部门的专业人员联合开展。调查的过程和结果应当有明确记录。调查部门应当及时向企业董事会报告内部调查的结果，并提出处理建议。

4. 企业是否对第三方或外部过程开展合规管理

合规风险主要涉及企业员工的生产经营管理等活动。不过，企业在外包、采

购、销售以及合作等过程中,需要与第三方发生业务往来,第三方也可能对企业带来合规风险,给企业造成法律责任、经济损失或声誉损失。因此,在国内外众多的合规法律法规、标准文件中,一般都有关于第三方合规管理的规定。在有些法律中,第三方合规或商业伙伴合规,是组织体的法律义务。

5. 企业是否对合规风险开展持续监督

企业应当对遵守法律法规和企业内部规章制度的情况开展持续监督,也即对合规管理,需要采取控制措施。控制措施包括两个要素。其一,企业需要制定标准或制度,也即应然状态。其二,企业基于标准或制度,对合规管理的实际情况进行评价,也即实然状态。通过应然状态与实然状态的比较,分析合规落地的效果。控制措施可以是样本抽查,也可以是定期抽查。

6. 企业是否将合规要求嵌入业务流程,开展合规内部控制建设

除上述的控制措施外,还有体系化的内部控制体系。由于合规是内部控制体系的目标之一,因此,可将合规管理体系与内部控制体系整合,形成合规内部控制体系。该体系包含了上述的控制措施和监督措施。合规内部控制的基本要求是控制活动和监督活动等,要将合规义务嵌入业务流程,以阻止不合规性行为的发生,或者至少增加了发生不合规行为的难度。

7. 企业是否有做出纪律措施的统一的和文件化的过程

在内部调查后,如果确定员工或第三方实施了不合规行为,企业应当对其采取纪律措施。一般而言,企业采取纪律措施,需要人事管理部门的密切参与。纪律措施的实施,应当客观、公平和及时。为此,企业应当事先制定做出纪律措施的统一标准,包括做出什么样的纪律措施,由哪些要素决定的。

8. 企业是否有开展不合规根源分析的内部程序

在发生不合规事件、制度漏洞、流程不完善等情况下,企业应当及时开展根源分析。根源分析的目的是找出现有的合规管理体系的漏洞和缺陷。根源分析的结果,成为合规风险评估、绩效评价等重要的信息源。此外,合规管理部门与

内部审计部门定期交流,开展合规审查或合规审计,也有助于企业及时发现合规流程的缺陷。

9. 企业是否有处理合规危机的团队

企业在发生不合规事件或重大合规风险事件时,应当有应对合规风险的方案。该方案包括处理合规危机的固定团队、负责人、合规危机的界定、内外部危机应对措施,尤其是企业在合规危机的情况下与政府机关和媒体的沟通。

(六)绩效评价

1. 企业是否持续对合规管理体系开展监视、测量、分析和评价

企业应当对合规管理体系定期开展监视(监督)、测量,进而分析合规管理体系的运行情况,评价合规管理体系的有效性。有效性是指合规管理体系事实上制止了不合规行为。合规管理体系并不能百分之百地防范和制止不合规行为。有效性针对的是系统性合规风险,也即企业的合规方针、制度、组织架构以及流程等方面存在瑕疵或漏洞,导致不合规行为发生。非系统性合规风险,即使发生了,也不能从结果证明合规管理体系无有效性。如何测量合规管理体系,是一个理论和实践的热点话题。企业应当探索科学的量化方法或质化方法,测量合规管理体系的表现情况。

2. 企业是否建立并完善合规报告体系

合规报告是合规沟通的重要方式。通过合规报告,企业能够了解合规管理体系的运行情况和效果如何。合规报告分为定期报告和特别报告。企业应当明确合规报告的形式、频率以及报告路线等细节内容。

3. 企业是否定期对合规管理体系开展合规审计

合规审计是一种客观、独立的事前合规措施。通过合规审计,企业能够了解合规管理体系的整体运行情况,进而改进合规管理体系。合规审计可以通过企业内部的审计部门开展,也可以委托外部的审计服务机构或律师事务所完成。

4. 企业治理层是否定期对合规管理体系开展评审，确保合规管理体系具有适宜性、充分性和有效性

合规评审的主体是企业的治理层，也即董事会。管理评审关注的是合规管理体系的适宜性、充分性和有效性。关注点的具体内容，包括企业外部环境和内部情况的变化，以及利益相关者期望和要求的变化，对企业合规管理体系产生的影响，评审内容还包括上述的监视、测量、合规审计等的结果以及持续改进的措施。

（七）改进

1. 企业是否对合规管理体系开展持续改进

企业在监视、测量、分析、评估、审计以及审核中发现合规管理体系或其个别要素有改进的余地时，应当及时采取改进措施。改进措施也应当经过企业的策划、实施和评价的阶段，形成持续改进的过程。

2. 企业是否对不合规行为采取应对措施

不合规行为发生后，除了上述的合规危机管理外，企业还需要及时制止、控制和纠正不合规行为，并对不合规行为开展根源分析，采取必要的措施改进合规管理体系或其要素。另外，企业应当全面记录针对不合规行为采取的应对措施。

作者简介

马海鹏 合规认证专家

英国标准协会中国区高级项目经理，高级讲师。资深管理顾问，拥有国家注册质量管理体系审核员、环境管理体系审核员、职业健康安全管理体系审核员、业务持续性国际协会高级会员和卓越绩效全国质量奖评审员等资格。在诸如卓越绩效评价、全面风险与合规管理、质量风险管理、业务流程管理、企业标准化管理、协作商业关系管理以及定制化审核等方面，积累了深厚的理论功底和丰富的实践经验。

马靖云 律师

上海市法学会律师法学研究会会长，海华永泰律师事务所主任、党委书记。全国律师行业优秀党员律师、上海市第四届优秀女律师、上海市律师行业优秀党员律师，国家层面第三方监督评估机制专业人员，中国国际贸易商事调解员，上海交通大学、华东政法大学、华东师范大学兼职硕士生导师、兼职研究员。出版法学专著《律师商谈沟通与司法商谈机制的构建》，发表学术论文数十篇。

王宗秀 检察官

上海市金山区人民检察院第三检察部主任，四级高级检察官，办理上海市首例涉案企业合规试点刑事案件，在《人民检察》等刊物发表多篇学术文章，参与多项企业合规重点课题研究。

卞传山 合规专家

江苏宁沪高速公路股份有限公司纪委书记，兼任江苏省法律援助基金会理事、上海交通大学企业法务研究中心客座研究员、中国公路学会法律工作委员会委员。1996年毕业于武汉大学法学院，研究生学历。著有《企业法务与合规管理实务》《商业合规的微观理论研究》。自1994年起在《经济与法》《政治与法律》《学习与实践》《社会科学家》《江苏社会科学》《中国改革》《青少年犯罪问题》《上海法学研究》《南京社会科学》《法人》《中国公路》等报纸杂志上发表法学类论文150余篇。曾被全国中小企业协会评为全国十大首席合规官，被《法制日报》评为中国企业治理能力榜单“最具法治影响力人物”，多篇论文先后获“周鲠生”法学奖、中宣部全国人大内司委“好作品”奖和江苏省企业改革与管理优秀论文奖。

石子立 合规专家

北京在礼合规信息技术有限公司高级咨询顾问。

朱　焱 律师

海华永泰律师事务所高级合伙人。北京航空航天大学研究生学历。发表《不动产‘连环买卖’中次买受人物权期待权的要件审查》和《互联网情境下回应型刑事司法模式的构建》等学术论文数篇。

刘　芸　合规专家

华润集团总部高级合规顾问。在外资企业、国有企业内从事合规管理工作多年，中南财经政法大学国际经济法研究生学历及硕士学位，兼任深圳市法学会粤港澳大湾区法治建设青年研究会理事、个人信息保护合规审计领航计划专家成员和深圳大学合规研究院校外导师。

孙宋龙　检察官助理

上海市金山区人民检察院检察官助理。上海企业合规检察研究基地特约研究员，上海市人民检察院涉案企业合规改革试点工作专班成员，在《人民检察》《检察日报》《中国检察官》等刊物发表多篇企业合规学术文章。

孙培岳　合规专家

世界银行项目大夏合规高级顾问。新西兰梅西大学管理科学与工程硕士。负责参与合规课程设计及相关书籍撰写，包括《合规学高等教育及其课程设计》《全球医疗健康企业ESG合规》《企业合规师执业必备规范汇编》等。

宇文沛 合规官

上海镁信科技有限公司合规总监，上海对外经贸大学国际法硕士。

杜友震 检察官助理

江苏省张家港市人民检察院第四检察部检察官助理，山东大学硕士研究生。2021年起参与张家港市人民检察院涉案企业合规改革试点工作，所在“合规护企”团队获评最高人民检察院“优秀办案团队”称号。

李　勇 检察官

江苏省南京市人民检察院法律政策研究室主任。东南大学研究生学历，东南大学博士学位。全国检察业务专家、江苏省优秀青年法学家。国家检察官学院检察教官，东南大学反腐败法治研究中心、民事检察研究基地特约研究员。《中小企业合规管理体系有效性评价》团体标准核心起草组专家。出版《结果无价值论的实践性展开》《刑事证据审查三步法则》等著作五部，发表文章200余篇。

李本灿 法学博士、教授，博士生导师

李本灿，山东大学法学院教授、刑事合规研究中心执行主任，先后在《法学研究》《中国法学》等刊物发表论文三十余篇，出版《刑事合规的基础理论》等著作，主持国家、省部级课题若干。

李玉玲 律师

上海汉盛律师事务律师，创始及管理合伙人，国际专业委员会主任。毕业于美国芝加哥肯特法学院及复旦大学法学院，获国际知识产权法专业研究生学历。上海市浦东新区人大常委会监察司法工委委员，上海自贸区涉案企业合规第三方监督评估专业人员库专家，德国DIS国际仲裁中心等多家境内外仲裁机构仲裁员。

李素鹏 合规专家

安达风控研究中心主任，risk-doctor微信公众号主理人，中国人力资源开发研究会风险管理分会首任秘书长。长期致力于风险管理、内部控制、合规管理领域的理论研究和实践探索，持续为中央企业、地方国企、金融机构、政府机关等提供咨询、培训、评审服务。主要代表作有《合规管理体系标准解读及建设指南》《企业合规管理实务手册》《企业风控体系建设全流程操作指南》。

沈艳蓉 环境、社会与公司治理高级顾问

2022年曾任世界银行大夏合规项目高级顾问，是《全球医疗健康企业ESG合规》的联合主编。2022年参与起草《中国企业合规师职业技能团体标准》，被聘请为《法人》杂志特约撰稿人。

陈　炽 合规专家

安永法证及诚信合规服务的合伙人。美国Suffolk大学研究生学位。全国企业合规委员会专家委员会合规管理研究会个人成员，上海市企业法律顾问协会特邀专业委员会委员，企业社会责任及合规工作委员会智库专家，华东政法大学特聘硕士生导师。

周　淼 国际注册内部审计师

德勤华永会计师事务所副总监。首都经济贸易大学学士学历，对外经济贸易大学研究生学位。历任金融机构风控专家、首席风险官。具有丰富的中央企业及大型国企、各地上市公司服务经验，在集团管控架构咨询、风险管理及内部控制体系建设、内部审计服务方面具有丰富的经验。

郑　莉　检察官

江苏省张家港市人民检察院第四检察部主任。安徽师范大学硕士研究生。2009年起从事检察工作，先后从事职务犯罪侦查、民事行政检察、刑事检察工作；2020年起参与张家港市人民检察院涉案企业合规改革试点工作，参与办理的涉案企业合规案件获评最高人民检察院企业合规改革典型案例，所在“合规护企”团队获评最高人民检察院“优秀办案团队”称号。

郑　婷　合规专家

世界银行大夏合规项目助理， 上海企业合规检察研究基地科研助理。华东师范大学法律（法学）硕士。

赵　亚　合规咨询师

北京在礼合规信息技术有限公司合伙人。大学学历，财务专业。

胡国辉 资深合规从业者

北京在礼合规信息技术有限公司执行董事。北京大学法学院毕业，法学硕士学位。国际标准化组织TC309机构治理技术委员会注册专家，GB/T 35770:2022 – ISO 37301：2021《合规管理体系 要求及使用指南》主要起草人。华东师范大学兼职研究员，中央财经大学法学院兼职教授。出版专著《企业合规概论》，参与《企业合规师手册》和《企业合规讲义》等撰稿。

姜迎宁 资深律师

上海市方达（深圳）律师事务所资深律师。中国青年政治学院法学学士学位，对外经贸大学MPA学位。在合规体系建设、合规风险管控、涉案企业合规建设与整改及政府执法等领域经验丰富。

殷秀芳 合规官

曼恩（中国）企业管理有限公司亚太区合规官，历任均胜安全系统、江森自控和捷豹路虎中国区合规官。

郭青红 律师

上海市汇业律师事务所高级合伙人、企业合规专业委员会主任，兼任华东政法大学校外研究生导师和华东师范大学合规研究中心研究员。出版专著《企业合规管理体系实务指南》和《企业合规管理验收、评价、审计、体系认证实务指南》。

翟伯荫 合规专家

安永法证及诚信合规服务的高级经理。华东师范大学情报学硕士学位，信息系统审计师（CISA），SAS Advanced全球认证。参与多家互联网和金融企业的信息系统调查以及系统管理风险评估。

潘露铃 法律合规专家

某新能源科技企业总部法律合规总监。香港城市大学法学硕士，华东师范大学企业合规研究中心研究员，CAMS国际认证反洗钱师，上海仲裁委员会仲裁员、常州仲裁委员会仲裁员。长期从事法律合规领域工作，曾服务于律师事务所、外资金融机构和国有控股上市公司等，先后任执业律师、企业内部首席法律顾问、合规负责人等职。参与编写《企业合规讲义》和《金融合规》等书籍和文章。